# 心向顶峰

## 登顶七大洲最高峰的故事

吴皓 著

Heart Towards the Summit
My Story of Climbing the Highest Peaks
on Each of the Seven Continents

机械工业出版社
CHINA MACHINE PRESS

# 序

## 山巅之上，心之所向

在这个世界上，有些路注定孤独而漫长，有些梦想注定非凡而伟大。我的朋友吴皓，就是那些勇敢追梦人中的一位。他的新书，不仅是关于攀登七大洲最高峰的记录，更是一段关于勇气、坚持和自我超越的心灵之旅。

我是王静，一个喜欢极限运动，也与山有着不解之缘的探险家。从2007年登顶乞力马扎罗开始，我的生命便与雪山紧紧相连。10次成功登顶海拔8000米以上的雪山，4次站在珠穆朗玛峰之巅，也完成过"地球九极"（登顶世界七大洲最高峰并以徒步滑雪的方式抵达南北两极极点），我深知攀登的艰辛与壮美。每一次登顶，都是对自我的极限挑战，每一次下撤，都是对生命的深刻领悟。

对于我，对于吴皓，登山早已超越了运动的范畴，它更像是一种修行。山不过来，我便过去，这不仅是对山峰的挑战，也是对生活的态度。在商界和山峰间游走，我学会了在挑战中寻找机遇，在困难中发现可能。

吴皓的"七峰计划"，历时15年。在这本书中，吴皓以三次攀登珠峰为主线，细致描绘了他攀登七大洲最高峰的历程，以及不同人物在不同山峰上时空交汇的精彩故事。这是关于登山的真实记录，更是对于人生的无尽探索。

我常引用德国哲学家马丁·海德格尔的话："人这一生，其实都是走向死亡的旅行，但他告诉人们，不是如何'死'，而是怎样更好地'生'。" 人生本身，就是在登山。或者说，攀登，是人类成长的可能。吴皓的旅程，正是这一哲学的生动实践。

我和吴皓是2019年攀登珠峰北坡的队友，我们曾一起挤在海拔8300米的突击营地帐篷里。书中提到，在那样的高海拔环境下，吴皓还在利用手机信号工作，"在珠峰海拔8300米的高度还在回公司邮件，恐怕再找不到第二个人了。" 这些常人难以想象的细节，让读者置身其中，感受到高山生活的真实情境。

大家总以为，登山焦点就是登顶。当经历越来越多，我就越发现：登山的目的地并不是登上山巅，而是回归平地，安全回家。当你真正地完成一次登顶，然后安全地回归到日常的生活中时，才会明白"我回来了"是登山者听到的最幸福的话语。

在登山的过程中，我们学会了敬畏自然，学会了与自然和谐共存。这种敬畏之心，也转化为吴皓对待事业和生活的态度。我们都相信，无论是在山峰之巅还是在商界的战场，谦逊与坚持的力量是无可匹敌的，也更珍惜当下的生活。他写道：在攀登中获得的最珍贵财富，便是坚信：普通人也能够成就非凡事。

登山是你选择了什么样的山，就要做相对不同的准备。人生也是一样，你选择了怎样的生活，就会有相对应的困难需要克服。还有一点最重要，登山和人生都一样，有时候，短暂的调整休息是为了积蓄能量，为了下一次更好地出发，热爱生活才是真谛。

这本书，是对七峰的赞颂，也是对所有攀登者勇气和毅力的见证。

衷于热爱，此生无憾。山不过来，我便过去。鲜活的人生，向来喜欢主动的生命。

愿吴皓的这本书，能够激励每一个有梦想的人，无论是攀登真实的山峰，还是生活中的高峰。愿你们在阅读这些故事时，找到自己内心的力量，勇敢地面对生活中的每一个挑战。

它是关于登山的故事，更是关于人生的启示。

王静

探险家、企业家

# 前言

2019年5月23日10点04分，我从北坡成功登顶珠峰，圆满完成了历时15年的"七峰计划"，即登顶世界七大洲的最高峰。

这个梦想并非一蹴而就，而是一个逐步发展的过程。2005年，我首次登顶非洲最高峰乞力马扎罗；2008年，我又登顶了欧洲最高峰厄尔布鲁士；2010年和2011年，我成功登顶南美洲最高峰阿空加瓜和北美洲最高峰迪纳利。这期间，我偶然读到了《七峰》（*Seven Summits*），这本书激励了我，从此开始计划每年去一个大洲攀登一座山。

我从未想过，完成这个计划将花费整整15年。在这段漫长的旅程中，我经历了许多意外与挑战，甚至面临生死考验。但当我终于从世界之巅，安全回到家人身边，与好友分享这些经历时，心中又萌生了一个新的念头——我想把这些年与山的故事记录下来。

利用日常工作之余的闲暇时间，经过一段漫长的写作过程，这些故事终于汇聚成了您手中的这本书。书中以我三次攀登珠峰为主线，串联起其他六大洲最高峰的攀登经历，展现出各自不同的侧重点和独特体验。每一座山都有其特点和适合的攀登方式。在实现"七峰计划"的过程中，我深刻体会到不同地域攀登理念的不同。这些差异带来了碰撞与不适，更促使我反思和进步。

这不仅是一本介绍个人攀登经历的书，更是对我这些年与山同行的感悟和总结。通过登山，我得以抵达难以到达的地方，目睹鲜为人知的风景，体验多样的生活方式和人生态度；同时，登山也让我更深入地了解自己，明白哪些人和事才是生命中最重要的，深刻感受到亲情与友情的珍贵，我感恩家人这些年的付出，也感谢所有在这个过程中鼓励和帮助过我的朋友们。

我希望，这本书能为您展开一幅纵横交错的经纬图：横向，它跨越整个地球，展现各大洲迥异的自然风貌和人文情怀；纵向，它描述每一座山在历史时间轴上的不同人和事，如何在相同的空间交汇。

回首往昔，我对大自然的热爱与对山的向往，或许早已在我童年时期深深扎根。只是在那时，我还无法预见未来与山的深厚缘分。

"Ordinary Men Do Extraordinary Things."（普通人成就非凡事。）这是我在一次分享中展示的最后一句话，也是我在多年登山经历中最深刻的领悟。在伟大的自然面前，我们都是渺小的存在。然而，再普通的人也可以去挑战自我，为目标而坚持不懈，为梦想而勇敢前行。登山让我发现了自己的潜能。在明确目标后，追求的过程中，我的能力在不知不觉中得到了锻炼与提升，推动着我越来越接近目标，最终完成了登顶七大洲最高峰的梦想。这份信念也激励着我在事业和生活中不断向前。

无论是在山顶还是山下，面对困难，我始终保持这样的心态：只要去做，就一定能找到解决方案；只要设定了目标，无论遇到什么挫折，都要坚持到底。绝大多数事情都是可以完成的。从这个角度来看，人生确实如同登山。

为什么要去登山？每位攀登者都有自己的答案。对我而言，登山是一种修行，带给我内心的宁静和灵魂的慰藉。走进雪山，心灵变得简单、纯粹，现实生活中的所有杂念都被抛开，这种与大自然的默契共鸣让我深深着迷。每一次登山的过程都充满艰辛，在山上我常常会问自己："为什么要自讨苦吃？"但下山后，回想起山中的记忆，那种平静的释然感便会萦绕心头。

并不是每个人都有机会走进雪山并攀登它，每个人心中也不一定都有一座山，但这些山所象征的"远方"与"梦想"，却是我们生命中的慰藉与希望。如果书中的故事能为您带来共鸣与启发，我将倍感荣幸。

1924年，英国登山家马洛里和他的搭档欧文在冲顶珠峰的最后一段路上消失。100年后的今天，欧文的遗体在珠峰北坡被发现，而那部可能记录了人类首次登顶珠峰真相的照相机仍未见踪影。他们留下的谜团依然无解，无数探寻者必将继续踏上珠峰。而渴望自我发现的人们，也必然会在一座座雪山上留下足迹。

我自己也不会停止探索的脚步。2023年12月，我再次踏上南极大陆，从南纬89度出发，历经7天120千米的滑雪徒步，抵达南极点。我的探索，仍在继续……

吴皓

2024年11月25日于上海

第十章 箭在弦上 178
　第一节 热闹首日 178
　第二节 煨桑 185
　第三节 魔鬼营地 190
　第四节 半日闲 199
　第五节 北坳 201
　第六节 休整 207

第十一章 站在世界最高处 216
　第一节 整装待发 216
　第二节 向顶峰 223
　第三节 珠峰悲喜 234
　第四节 上山是为了下山 250

第十二章 登山看世界 257
　第一节 山里的多样风光与人生 258
　第二节 不同的登山理念 264
　第三节 登山中的亲情与友情 269
　第四节 人生如登山 274

附录 278
　附录A 七峰基本情况 278
　附录B 吴皓珠峰登顶训练计划 286
　附录C 吴皓迪纳利登顶训练计划 287

鸣谢 290

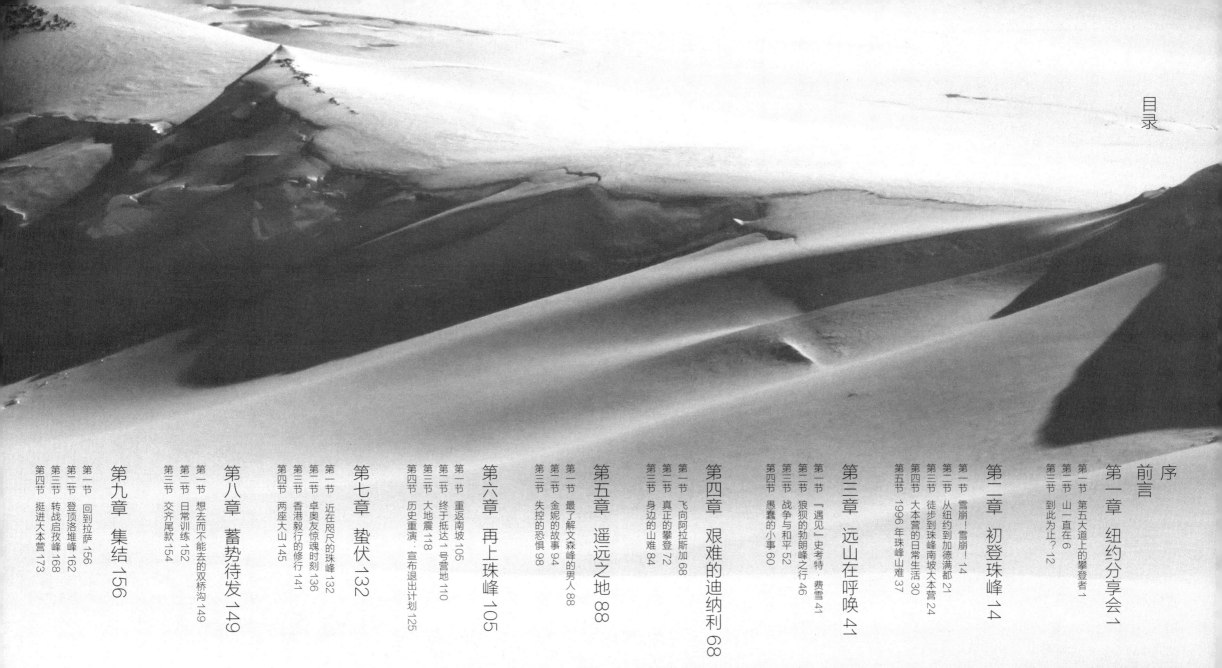

# 目录

序

前言

## 第一章 纽约分享会 1
第一节 第五大道上的攀登者 1
第二节 山一直在 6
第三节 到此为止？12

## 第二章 初登珠峰 14
第一节 雪崩！雪崩！14
第二节 从纽约到加德满都 21
第三节 徒步到珠峰南坡大本营 24
第四节 大本营的日常生活 30
第五节 1996年珠峰山难 37

## 第三章 远山在呼唤 41
第一节 "遇见"史考特·费雪 41
第二节 狼狈的勃朗峰之行 46
第三节 战争与和平 52
第四节 愚蠢的小事 60

## 第四章 艰难的迪纳利 68
第一节 飞向阿拉斯加 68
第二节 真正的攀登 72
第三节 身边的山难 84

## 第五章 遥远之地 88
第一节 最了解文森峰的男人 88
第二节 金妮的故事 94
第三节 失控的恐惧 98
第四节 历史重演：宣布退出计划 125

## 第六章 再上珠峰 105
第一节 重返南坡 105
第二节 终于抵达1号营地 110
第三节 大地震 118

## 第七章 蛰伏 132
第一节 近在咫尺的珠峰 132
第二节 卓奥友惊魂时刻 136
第三节 香港毅行的修行 141
第四节 两座大山 145

## 第八章 蓄势待发 149
第一节 想去而不能去的双桥沟 149
第二节 日常训练 152
第三节 交齐尾款 154

## 第九章 集结 156
第一节 回到拉萨 156
第二节 登顶洛堆峰 162
第三节 转战启孜峰 168
第四节 挺进大本营 173

# 第一章　纽约分享会

### 第一节　第五大道上的攀登者

2015年夏日的纽约第五大道,一如往常繁华喧嚣。人群匆忙,车流熙攘。

阳光透过钢筋水泥构筑的丛林洒落下来,照亮着人们的脸庞,仿佛给这个城市蒙上了一层金色的光晕。林立的高楼大厦投下浓重的影子,为行人提供一处阴凉。

街道两旁的商店橱窗里,陈列着各种各样的时尚商品,行走在这里的人们也怀着各种各样的心事。

想着接下来要做的事情,我的思绪不由飘到了雪山之上。极寒的空气凝结成雪粒,打在脸上,冰凉清冽。一片白茫茫中,时间似乎静止了。我只能听到自己的呼吸声和耳边的风声,以及冰爪踩在雪地上的脚步声。每一步都像是踏在世界的尽头。

"好!"

"太棒了!"

街头艺人的精彩表演,引发观众们一阵热烈掌声和欢呼声,这热闹把我从冰雪世界拉回了纽约的夏日阳光里。

不知不觉间,醒目的"安达仕酒店"的标志出现在眼前。

第五大道安达仕酒店建筑高耸入云,散发着一种神秘而又庄重的气息。步入大堂,高高的天花板上悬挂着巨大的水晶吊灯,闪耀着璀璨光芒。富丽的装饰营造出一种奢华的氛围。

朝我走过来的酒店工作人员微笑着说:"先生,有什么可以帮您的?"

"我要到小宴会厅。"

"好的,您跟我来,电梯在这边,小宴会厅在2楼。"

我跟随着工作人员进到电梯里,然后穿过一道道门廊,来到最终的目的地。

"这个画架放在入口这个位置,一定要确保每一张照片都能看得很清晰,不要反光。"专注和现场工作人员沟通的凡没有注意到我的到来。

"好的,我会调整好画架的角度。"

八个画架摆放在宴会厅入口的走廊上,每一个都陈列着一张巨幅照片,记录下我这些年登山的几个瞬间。站在画架前的我看着这些照片出了神,凡回过头来看到了我,说:"你什么时候到的?怎么样?有没有画廊的感觉?"言语间满是自豪。

"太有感觉了,谢谢你。"

"好了,就这样!"凡在宴会厅门口贴上一个牌子之后,满足地说道。牌子上写的是——

吴皓登山经历分享会
2015年6月19日

在珠峰南坡历经了2015年尼泊尔大地震之后,归途中的我就一直在想,这是不是我最后一次攀登珠峰,甚至,不止珠峰,而是任何一座高海拔雪山。家人的压力太大了。

对于我的平安归来,凡及所有的家人想法都很一致——"谢天谢地,回来就好,以后可千万不要再去了。"

一段时间后,当大家的心情都差不多平复的时候,凡跟我商量说:"你这次好不容易回来了,这段经历实在是太惊险了。我想邀请我们的朋友一起举办一个分享会,大家来听你讲讲登山的故事,好好庆祝一下。"

"可是,我都没有登上珠峰。有这个必要吗?会不会太麻烦?"我对这件事心存迟疑。

"当然有必要,没登顶又不代表没有故事,再说又不是只讲珠峰,你这么多年登了那么多山,每一座都很值得讲啊。"在凡看来,这是一件非常值得庆祝的事情,而且值得举办一场非常隆重的分享活动。

她补充道:"不麻烦的,我来筹划这件事,我会把需要你配合的事情列出来,你把这些完成就好。"一番话彻底打消了我的犹豫。

说干就干,凡投入了巨大的热情在这件事上。

需要我配合的第一件事就是提供我想要邀请的朋友名单。凡将我们两个人给出的名单汇总之后,最终确定了五十位嘉宾。这些人都是我们在纽约的好朋友,有以前的同学,也有工作上的伙伴,其中一部分是我和凡的共同好友。

接下来,确定场地,"这个环节我来跑,你不用操心,你可以开始准备到时候分享的内容了。"凡要找的这个场地,需要符合几个条件:首先,要在纽约市中心;其次,条件要好;第三,要有大屏幕,方便分享。更重要的是,要有两个相邻的空间,一个供大家听分享,一个供大家进行自助晚餐,交流聊天。

有几家酒店和餐厅被凡列入备选项,经过一番筛选比较,最终选定第五大道安达仕酒店。

它位于曼哈顿的中心,距离时代广场很近,酒店开业不久,各种设施都很新。这让凡非常满意。

最后就是制作请柬了。请柬的设计思路和具体内容,由凡亲自把控。

两页淡绿色水墨渲染风格的请柬上,第一页写着简单几句话——

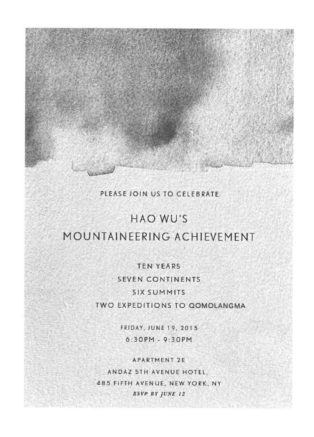

> 加入我们一起庆祝
> 吴皓的登山成就
> 十年
> 七大洲
> 六座顶峰
> 两次珠峰探险

第二页在介绍了分享会的流程安排之后,按照时间顺序,把从2005年到2015年我登顶过的一些山峰罗列了出来——

乞力马扎罗:海拔5895米,非洲,2005年
瑞尼尔山:海拔4392米,北美洲,2006年
勃朗峰:海拔4808米,西欧,2007年
厄尔布鲁士:海拔5642米,欧洲,2008年
阿空加瓜:海拔6962米,南美洲,2010年
文森峰:海拔4892米,南极洲,2012年
查亚峰:海拔4884米,大洋洲,2015年

请柬的最后还号召所有参加分享会的朋友们，向尼泊尔公益组织捐款支持震后重建，取代为分享会准备礼物。

这是我和凡的共识，也是这次分享会的另一层意义。

还有一项重要的工作，必须由我来完成，那就是把凡纠结到不知如何选择的登山照片删减至八张。在她看来，我在每一座山上拍摄的很多图片都值得被选中。

最终保留下来的八张照片经过放大，摆放在了分享会现场。

当天下午6点，就已经有嘉宾站在这些照片前面驻足观赏了，比邀请函上标注的活动开始时间提前了半个小时。

这些照片赢得了很多赞叹，我和凡在一旁解答着大家对它们的好奇提问。

"这是在哪里拍的？好美啊。"

"这是在文森峰，南极洲最高峰。"

朋友们陆陆续续来到现场，每个人都穿得很正式，以示对这次分享会的重视。

"祝贺你！"

"你太厉害了！"

"真了不起！"

受邀前来的朋友们几乎没有人自己尝试过去登雪山，他们并不了解我登山的经历。纷纷送上的祝贺，大多源自他们对于我完成登山这件并不容易的事情的敬佩吧。

尽管请柬上倡议朋友们不用带礼物，还是有很多人带来了花束和酒作为礼物。而我们所发出的为尼泊尔震后重建捐款的倡议，他们也积极地响应。

"爸爸，我们来了。"贝贝和奶奶一起赶过来，开心地与我和凡拥抱，然后就跑向甜品台了。相比那些登山照片，小点心对她的吸引力明显更大。

凡提前安排好的各式奶酪、手工面包、甜品摆在饮食区的高台面长桌上。各种啤酒、白葡萄酒、红酒、鸡尾酒等种类繁多。我仔细一看，果然，少不了我最喜欢喝的来自阿根廷的马尔贝克（Malbec）红酒。

大家围桌而立，一边品尝美食一边闲聊着。端着托盘的服务生礼貌地为每人送上一杯酒或者无酒精饮品。旁边的几张桌子旁还有一些人坐着交流。

等人都到齐了之后，凡把大家召集到旁边的分享会场地。待所有人落座后，她讲了几句自己的感想，作为开场："欢迎大家来到吴皓的登山分享会，邀请大家聚在一起是想庆祝他从珠峰平安回来。今天的分享会也是吴皓从2005年开始的十年登山经历的总结。作为见证他这些年攀登历程的人，我能真切地感受到他的不容易，也由衷地为他感到自豪。"凡的开场白把我的思绪带回到两个月前的珠峰1号营地，脚下原本踏实的地面仿佛也回到当时天旋地转的震动中……

夏尔巴向导的帐篷内突然亮起一道炽热的火焰，火柴点燃高山炉，慢慢融化锅中的积雪。凌晨4点半的天色中，简单的早餐正在准备中。按照计划，我们吃完早餐，准时在6点出发前往2号营地。我们要尽早启程，以便在炙热的阳光将昆布冰川变成一片巨大的烤炉之前，安全返回1号营地。在返回大本营之前，我们还要在1号营地度过最后一个夜晚，这才算是完成珠峰攀登的第一次高海拔拉练。

前往2号营地的路上，向导大卫·汉恩（Dave Hahn）不时仰望天空。乌云密布，洛子峰上涌现出一团团的云雾，天气的恶化让他的脸色变得凝重起来。艰难地走了4个小时，我们终于到达了位于西库姆（Western Cwm）冰川顶部的2号营地。餐厅帐篷、厨房帐篷、住宿帐篷，各式各样的帐篷整齐地搭建在营地中，相比1号营地的4个小帐篷，这里的条件简直豪华至极，不愧为"前进大本营"。

2号营地也更加安全。营地旁边的一条巨大裂缝就像是一条护城河，一旦发生雪崩，就足以吞噬从垂直山坡上倾泻而下的冰雪。

"天要变了，大家抓紧时间下撤！"稍作休息后，大卫提醒道。天空中的湿气越来越重，我们没有多少时间可以耽搁。

11点15分，伴随着飘落的雪花，我们终于返回了1号营地。每个人都又渴又疲惫，脱下安全带和登山靴，只想钻进各自的帐篷，好好休息一下。

突然间，躺在帐篷睡袋里的我感觉到地面在颤动！这种感觉非常真实，大地正在颤抖！我看了一下手表，时间是2015年4月25日11点56分。"难道是帐篷下的冰正在滑动吗？"我转过头，一脸困惑地对着旁边的队友德国人汉斯·希尔舍尔（Hans Hilscher）问道。

"应该不是，你看上面！"顺着汉斯的眼神示意，我看到小冰粒从帐篷上面簌簌砸下，"该不是又要雪崩了吧？"这一瞬间，前一年珠峰雪崩的阴影立刻涌上心头。

我和汉斯拉开帐篷拉链，把头伸出去，想一探究竟。在密集的落雪和浓重的灰雾外，我们只看到其他人的脑袋也伸出帐篷来打探。大家互相询问着"到底是怎么回事？"

急性子的印度人HP·帕尔瓦尼（HP Parwani）直接喊道："这是什么？大卫，发生什么了？这正常吗？"

紧接着，上方冰层裂开的吼声带着雪崩后的积雪迅速向下滚动，回荡在群山环绕的山谷中。地面继续上下起伏着。

雪崩携带积雪的轰鸣声越来越大，地面仍在剧烈摇晃着。冰雪席卷了我们的帐篷，砰砰作响。

八十年来尼泊尔最大的地震正在席卷喜马拉雅山脉……

## 第二节　山一直在

追根溯源，对大自然的亲近感以及对山的喜爱，或许是在童年时期就已经深深烙印在了我的生命中。只不过那时的我完全预想不到，自己日后将与山结下怎样深厚的缘分。

**青春有山好做伴**

我的童年，因为父母工作的原因，很长一段时间都是在安徽山区度过的。那里没有城市，只有山。那里没有娱乐，只有山。

这就够了。在山里会更快乐，能让人忽略生活条件的艰苦。童年的记忆里，总是漫山遍野地开着各色杜鹃花，飘着毛栗子的香气。小孩子探索大山的方式比大人有趣得多。周末时我们几个小男孩儿总会一路从山脚跑到山上的一个神秘山洞。我们将它命名为"野人洞"，这个秘密基地激发着我童年时强烈的好奇心和探索欲。

我读复旦附中时正是"学好数理化，走遍天下都不怕"的年代，班里学习好的同学都去学物理了。因此，我的高考志愿只报了两个，一个是复旦大学物理系，一个是南京大学地质系。

"学地质可以到处走走看看。"我把这份工作想象得很浪漫。这个想法像一颗种子，而它一定是小时候在山里生活的那些年种下的。

最终，我还是被复旦大学的物理系录取了。进入大学，"想看看世界"的念头更加强烈。它驱动着我把自己打造成非典型物理系学生——

大一时，参加百科知识大赛；大二时，在考虑是否选择国际新闻专业作为第二专业；大三时，勤工俭学卖百科全书。

大三的暑假，我坐了一个月的火车，每到不同城市，就去当地邮局查看电话黄页，找到我觉得可能会买百科全书的地址，先把学校的介绍信和百科全书的介绍寄过去，收到反馈订单后，再联系出版社把书寄过去。就这样卖了几百本百科全书，赚了不少钱，顺便也爬了好几座国内的名山。

山的吸引力，对我来说，一方面来自于各不相同的风景；另一方面来自于爬到山顶的过程。

旺盛的好奇心让我对山顶充满向往。

当时各大名山风景区都没有缆车，全靠双脚爬上去。我爬峨眉山的时候，没有经验，下过雨后山上路很滑，鞋子都走丢了，就打着赤脚继续爬。看得沿途的人们直劝我说："小伙子，你这样不行的，很危险。"

"是啊，很容易滑下去的。"

"赶紧买一双鞋吧。"

最终，我凭借路上买的一双草鞋爬到了山顶。

山让我知道，爬山很辛苦，坚持很值得。

## 登上美国本土最高峰

大学毕业后我去了美国留学，忙于学业与工作，很多年没有登过山，直到我看到大学同学陈文良群发的一封邮件：

"我和两个朋友一起登顶了海拔4418米的威特尼山顶峰，这是美国本土最高峰，高度差不多是珠峰的一半。

这座山位于洛杉矶附近，夏天的山上没有雪，沿途的风景很美。

我从网上看到别人登威特尼山顶峰的经历，说是要一次爬20个小时，对体能有要求，必须进行训练。我就开始每天负重训练，还会去健身房用登山机进行训练。坚持了一个多月，能明显感觉到自己的体能有进步。

体能练好了，登这座山就没有特别大的困难，但高海拔还是会有一些风险。我到海拔3800多米的地方就高反了，头疼、气喘、很难受。缺氧带来的高反症状是可以得到缓解的，要了解一些小技巧，如呼气时不要一下子呼出去。

登威特尼山顶峰的路线很远，要背着帐篷、睡袋在半路露营，第二天凌晨再出发前往顶峰。我们是在凌晨3点出发的，中午12点登顶，晚上7点左右回来。必须要在下午1点之前登顶，不然极有可能遇到雷阵雨，会有受到雷电袭击的风险。"

……

这封邮件勾起我强烈的尝试欲望，尤其"最高峰"这三个字让我来了兴致。

我刚到美国时就在南加州读书，以为对加州很熟悉，竟然从来不知道加州还有一座美国本土最高峰。

"陈文良在大学时也不是很擅长运动，他都上去了，我是不是也可以试一下？"这个想法浮现在我脑海，但当时和凡都在纽约工作，去一趟加州要穿越整个美国，实在太远了。想法只能暂时搁置。

5年之后，2003年2月，凡接到旧金山的同学发来的婚礼邀请。

"既然都大老远去加州了，我们可以先去登威特尼山顶峰，再去参加婚礼。"我向凡提议道。

"好啊，我也没去过那座山。"那时并没有徒步、登山经验的凡欣然同意。

我在网上查了一些攻略，看到有些人是半夜出发，有些人早上很早出发，"我们不用半夜出发吧，早点儿出发，下午就回来了。晚上或者第二天一早飞回旧金山参加婚礼。"

这么说定后，我和凡飞到加州，租了辆车，直接开到威特尼山脚下，住在一家简陋的小酒店里。

我们在凌晨4点起床，小背包里装着自己做的三明治，带上两瓶水就出发了。

我们没有针对这次登山做任何训练，心想着，爬山嘛，不就是顺着路往上走。刚一出发，我们的体能短板就暴露了，不断有登山者超过我们。一路都走得很辛苦。直到下午4点，才终于到顶。这条路，我们整整走了12个小时。

本就没多少的体力，早在上山路上消耗殆尽，下山路也走得越发艰辛，脚步越来越沉重，速度也越来越慢，下山后半程已是深夜。一路上除了我们两个，没有其他人，为了在山上不遇到熊，我们一路走一路大声叫，想着这样会吓走熊。

水早都喝完了，自己做的三明治又特别难吃，闻到味道都想吐，根本没法补充能量。因为比预计的时间长很多，新买的头灯也没电了，凭借微弱月光，不知不觉走到湖边，可我们上山时根本没有路过任何湖，又不知不觉走到森林深处，似乎早已偏离了徒步线路。

我们迷路了！

"怎么办？"又饿又渴又累的凡有点紧张。

"别慌，慢慢想想我们上来时走的是哪条路。"

"我们会不会困在这里下不去？"

"不会的，我们明天上午还要赶去参加婚礼，今天晚上无论多晚都要下去。"我沉住气，两个人不能都乱了阵脚，那就真有可能下不去了。

我和凡绷紧了神经，不停地找路尝试，终于回到了正途。尽管浪费了很多时间，但总算在凌晨2点回到山下，从出发到回到小酒店我们不停地走了22个小时。

也顾不上睡觉，马上离开小酒店开车赶到机场，搭乘早上8点的小飞机飞1个小时到旧金山。坐上飞机，凡睡眼惺忪地看着我，苦笑着说道："这一趟旅程可真是难忘啊。"

"虽然过程很狼狈，但还是干成了一件事，我们登上了美国本土最高峰。"我心里暗自庆幸，没有因为登山耽误参加同学的婚礼。

"那倒是。"

很多年后，得知我将他视为自己的登山启蒙者，陈文良很是意外。在他眼里，我上学那会儿看上去就是体育成绩很差的样子，也不像是会对户外运动产生兴趣的人。

他第一次听说我要去登山，就是去珠峰。他的第一反应就是，"为什么要去做这么危险的事？家里人会同意吗？"陈文良没有见过珠峰，他自己也从来没有想过去登雪山，这在他看来太过危险。

后来他知道我真的去了，还一连去了两年，并且在珠峰上接连遭遇了雪崩、地震。他说我做了他不可能去做的事，他的朋友圈里也没有第二个人会这么做，"这很了不起"。

## 我的第一座雪山

登顶威特尼山之后，2006年的一天，我下班回到纽约的家中，在家门口看到邻居正从车上取下一个硕大的登山包。

看到我一脸疑惑的样子，还没等我问出口，他就主动笑着说："哦，我刚去登瑞尼尔山回来。"

"瑞尼尔山？在哪里？"我很好奇。

"在西雅图，华盛顿州。很漂亮的雪山。"

"它有多高？"

"4392米。"

"你登到顶峰用了多长时间？"

"我这次没有登顶，天气不好，我以后会再找机会过去的。"

听他说完，我掩饰住内心的惊讶，悄悄打量起这位邻居，他的身体看起来很好，怎么会没有登顶呢？

回到家里，我向凡复述了刚才和邻居的对话。她立刻就知道我心里在想什么，"怎么？你又想去试试了？这次我可不陪你去了，登雪山太难了。"

我的心确实在蠢蠢欲动。即使一个人也要去。

第一步先在网上找到靠谱的登山公司，几番比较之后，我选择了RMI公司。这家公司的向导团队组织瑞尼尔山的攀登最有经验，累计带领客户登顶400多次，是登顶次数最多的，登顶率接近100%。

成功报名之后,我按照装备清单的要求准备好装备,因为缺乏经验,我的装备又大又重,很不专业。登山时需要的随身行李,甚至一个大背包都装不下。

这一次,我也没有做什么准备。那时的我对雪山完全没有认知,就凭着一股无知者无畏的劲头,一个人飞到西雅图,抵达阿什福德镇。

整个攀登周期是五天时间,前面三天训练,后面两天登山。RMI公司分配的向导布伦特·冲田(Brent Okita)非常有名,他攀登过瑞尼尔山几百次,对路线非常熟悉。在训练期间,他教会了我们如何使用冰爪和冰镐、如何结组等一些基本的登山技能。最让我受用的是休息步(rest-stepping)和压力式呼吸(pressure breathing)。这些技能在我后来多年的登山历程中一直发挥着极其重要的作用。

"我觉得凭我自己的体能,在登山过程中实在背不动睡袋这些装备。你可以帮我找个向导来背吗?"我向布伦特申请道。

"没问题,我们有两个向导之后准备去登迪纳利⊖,他们愿意多背一些东西进行负重训练。"他痛快地答应了。

结束训练,开启正式攀登,第一天的晚上住在海拔3000米的小木屋。当布伦特推开门,示意我们进去的时候,我愣在了门口。

木屋里有好几支队伍一共几十个人,包括队员、向导。"我们是要和所有人睡在同一间屋里吗?"我问道。

⊖ 美国当地时间2025年1月24日,特朗普政府表示,正式将北美最高峰"迪纳利"更名为"麦金利山",重新以美国历史上以征收关税而闻名的共和党籍总统威廉·麦金利的名字命名。本书仍沿用作者登山时的名称"迪纳利"。

"是的，我们半夜12点出发。"随后，布伦特就给每个人分配好了床铺。

这是我人生中第一次和这么多人一起睡觉。整个晚上都是各种各样嘈杂的声音，我非常不习惯。加上自己的睡袋又不够保暖，那一晚，我虽然没有高反，依然没有休息好。

"大家起床了，我们12点准时出发。"迷迷糊糊熬到11点多，我被布伦特叫醒。这也是我第一次在半夜12点出发登山，非常不适应。

走出木屋，就是一个上坡，走了不到10分钟，我就已经感觉自己走不动了。布伦特按照正常节奏在最前面带队，而我完全找不到自己的节奏，一直都跟不上队伍，狼狈不堪。

冲顶的路刚刚开始，对我而言，就像要结束了一样。

接下来，就是无穷无尽的爬坡、横切，我感觉这条路我永远也走不到头了。耳边呼啸的风声，不光把我的手脚吹得冰冷，把我的脑子也吹麻木了，我就像一个行走机器人，只会机械地跟着队伍一步一步往前挪。

我突然想到了我那没有登顶的邻居，原来不能登顶很正常，登雪山并没有我想的那么轻松。

布伦特发现我的状态不太好，示意另一个向导到前面带队。他退回来走到我面前，把另一个走在后面的队友也拉过来，说道："我们三个结组，一起往上走，你们跟着我的脚步，我迈哪只脚你们就迈哪只脚，没有问题的。"

我开始尝试布伦特的方法，眼睛只盯着他的两只脚，然后跟着迈出自己的脚，左脚、右脚、左脚、右脚……

他的步伐明显慢了下来，我们小组很快就与大部队拉开了距离。但我惊喜地发现，自己的呼吸开始均匀起来，不再特别费力地大喘气了。

"很好，就是这样，不要想着去追别人。想一想前两天我们练习过的休息步和压力式呼吸，慢慢来，随着呼吸调整自己的节奏。"在冲顶过程中，布伦特一路都非常有耐心地照顾我们、鼓励我们。

就这样，走1个小时休息10分钟，我不再精疲力竭，开始适应了这样的节奏，一步一步撑到了山顶。

然后，从山顶一直走回半山小木屋，第二天乘飞机回到家。我的腿始终像灌了铅一样，之前从来没有过，这种状况持续了好几周。

伴着双腿的酸疼与沉重，我总结着攀登瑞尼尔山带给我的经验。这一次向导给予我的很多帮助，让我更加坚定，以后登每座山都要找当地最优秀的向导公司，用这种方式来降低风险。登山的时间也要选择每座山的最佳攀登季节，气候越好，登顶相对来说就越容易。

从瑞尼尔山回来之后，我觉得自己很酷，干了一件城市里的人根本无法想象的事情，虽然狼狈，但这是一个奇妙的经历。

## 第三节 到此为止？

"我的每一座山都是这样登过来的，一边总结一边提升一边设立新的目标。完成的目标越多，越明白在登山这件事上，并不存在人定胜天。很多时候，这件事能不能做成，甚至我能不能平安回来，都不是我能决定的，无论我准备得多么充分。"纽约分享会上，我站在大屏幕前，面对着五十位嘉宾讲述着自己的登山经历和感悟。

2014年、2015年两次在珠峰南坡遭遇的灾难，那些触目惊心的图片让在场的每一个人都倒吸一口凉气。

攀登除亚洲之外其他六大洲最高峰的图片，又让大家领略了各不相同的雪山风貌。

这大概是在座的很多人第一次这么详细地听到登山真实经历的介绍。他们的震撼溢于言表。

我的分享结束于一张让大家笑着欢呼鼓掌的照片，照片中我和凡伴着朝霞站在非洲最高峰乞力马扎罗的顶峰。

"从2005年到2015年，我这十年的攀登历程中，凡都扮演了最重要的角色，她也是我最想感谢的人。没有她给予我的这么多支持，我不可能去完成这些事情。就像今天这场分享会，如果没有凡的筹划张罗，我也没有机会和大家分享这些经历和感受。"我由衷地表达着对凡的感谢。

进入提问环节。

"既然登山这么危险，为什么要去呢？"

这个问题一抛出来，大家频频点头，这恐怕是现场所有人的困惑。

很难和不登山的人讲清楚这么形而上的话题。我尝试着向他们表述登山对我的吸引到底源于哪里，但很多感觉真的只有走在向上攀登的路上，才能有所领悟。

凡精准地控制着时间，分享进行了半个小时之后，她宣布这一环节结束，进入下一个欢乐的环节，"大家现在可以回到餐厅区域，我们的自助晚餐马上就要开始了。"

高台桌面上颇具艺术性地摆放着纷繁的菜品——羽衣甘蓝、甜菜、红薯、无花果、山羊奶酪、塞拉诺辣椒、腌洋蓟、红洋葱、帕尔马干酪、烤芦笋、雪松烤三文鱼、腌蘑菇、烤牛排、日式烧烤……

色彩搭配、摆盘形式都让人非常有食欲。看着朋友们大快朵颐的开心表情，凡更加开心。

她精心安排的酒单也受到朋友们的赞赏。大家举着酒杯，走来走去互相交流，很多人走过来跟我聊天，表达自己听完分享的心情。

"我认识你那么多年，真没想到你还有这样一种形象，有这么丰富的登山经历，感觉今天见到了一个不一样的你。"

"说实话，今天是我第一次知道登山是这么一回事。以前也听说过谁去登山了，但是从来没有进一步了解过他们在登山的过程中要经历什么，要做多少准备，更是没想到会有这么艰苦。"

几个认识很多年的老朋友，端着酒杯朝我走来，我们默契地碰碰杯，没有多说什么。他们知道登山这件事有很大风险，也明白凡为我举行这个分享会的用意。

"你的登山经历就到此为止了。以后我们一起玩个更安全的运动。"

"这个珠峰可不要再去了，太危险了。"

我点着头，做出认同的姿态。

那一边，我们共同的几个女性朋友围在凡身边，声情并茂地讨论着。

"哎呀，吓都吓死了，可别再让他去了。"

"所以他这次从珠峰回来的时候，我就说你已经试了两次了，你看这有多危险，对吧？尤其是第二次，其实第一次也挺危险的。能活着回来，都是侥幸，登山这个事真的要告一段落了。"凡回应道。

"是的呀，多危险呀，在家里跟着他担惊受怕。"

"要是我的话，我肯定不会让我老公去爬山的。"

"你开这个分享会就是想告诉他不要再爬了，是吧？"

"是的，对于这个问题我和吴皓已经达成共识了，第二次去，能爬上去就爬，爬不上去的话，已经试了两次了，就不要再去了。差不多他刚回来的时候，我心里就在做这个打算，一个多月后开一个分享会，他登山的整个过程就有了一个终结。"凡说完这番话，看到我走了过来。

恰好这时，服务员开始上甜品了。蜂蜜山核桃棒、什锦迷你芝士蛋糕、什锦杏仁饼，一款款新鲜出炉的甜品吸引了女士们的注意，她们的话题也自然地切换到美食上来。

这个专门为我而开的分享会，获得了很好的效果。我能看出来，凡非常满意，朋友们也都挺高兴的。整个活动进行得非常顺利，没有什么技术故障，一切按部就班。酒店服务也是非常专业到位。分享会达成了凡最初设想的目标。

这是一个圆满的总结，画一个惊叹号就都结束了。

可是，真的就这么结束了吗？我的"七峰计划"只剩一个珠峰了，一切到此为止了吗？

# 第二章　初登珠峰

## 第一节　雪崩！雪崩！

**火线救援**

"等我们的消息，今天就在大本营休息。"

领队大卫·汉恩一身攀登行头，背上的背包塞得满满的，眉头紧皱地对我们说完这句话，就急匆匆地出发了。跟随他一起的，还有向导美国人JJ和团队中的两名夏尔巴人。

在他们出发前，我们听到了一声巨响远远传来。

2014年4月18日，是我们来到珠峰南坡大本营第14天。早晨我又一次被昆布冰川的冰崩声吵醒。这样的动静对于这片每天都在缓缓移动的冰川来说，实属寻常，我们都已经习惯了。

只是，这次的声响似乎有些不太一样，不是炸雷一般惊天动地的炸响，而是沉闷的，如同用锤子敲击被捂住的铃铛。

随后，帐篷外来回奔走的脚步声、从对讲机里传出的声音渐渐嘈杂起来。

这一天是我们的休息日，前一天我们刚刚完成通过昆布冰川的第一次拉练。我走出帐篷，很快便感受到气氛有一种说不出的异常。向导们走来走去很匆忙，似乎是在忙着什么事情，大卫·汉恩和JJ尤其忙。

"今天凌晨昆布冰川发生了雪崩，具体位置在珠峰西坡的山肩，雪崩的路线正好是我们的攀登路线，其他很多支队伍的夏尔巴人正在这条线路上运输物资，大概有几十个人。"大本营经理马克·塔克（Mark Tucker）神情不安地跟大家说。

整个大本营笼罩在一片肃穆的氛围之中。

塔克手持无线电对讲机，忙着和山上取得联络。大家围在他身边，断断续续了解到更多的信息。

事故现场的救援行动正在进行，一部分救援人员在大本营的直升机停机坪等待直升机前往冰瀑区中被称作足球场（Football Field）的区域，那里相对安全。另一部分包括大卫、JJ和我们团队两个夏尔巴人在内的其他人徒步前往，以防直升机因天气或者机械故障原因而延迟，耽误救援。

大本营的那架高山望远镜旁，也始终"黏"着一圈人。大家轮流趴到望远镜前，试图从中观察到渴望了解的现场情况。轮到我的时候，我只看到穿着鲜艳服装的向导们分散在昆布冰川中快速行进着，看不清楚更高处的雪崩事发地到底是什么状况。

时间一分一秒地过去，漫天的消息和传闻在大本营各个队伍间扩散。无线电对讲机频繁响起，信息在尼泊尔语和英语间切换，加上信号断断续续，我们能捕捉到的很有限——

"又发现一名遇难者。"

"确认没有其他幸存者了。"

"直升机现在运送遗体下山。"

"至少有十人遇难。"

……

头顶的蓝天，不时有悬吊着一个人的直升机飞过。我们终于意识到了事件的严重性，这绝非一次寻常的雪崩，远没有我们最开始想象的那么简单。

每年的珠峰登山季，作为高山向导、冰川"医生"，以及高山协作、背夫的夏尔巴人至少会往返昆布冰川三四十次，在冰裂缝及冰壁上架设便于通行的金属梯、运送大量物资到更高的营地、带领客户完成前期拉练和正式攀登。他们所从事的工作算得上是世界上最危险的工作。他们看到的、经历过的雪崩不计其数。

但这一场雪崩却是一次不一般的雪崩。

下午两点多，终于看到JJ回到了大本营，随后是两位夏尔巴人。缓慢的步伐、无言的表情，无不透露出他们的沉重心情。特别是JJ，情绪明显十分的低落。尽管我们都有一肚子的问题想问，却没有人敢凑上去打扰他们。

"直升机在分批运送救援人员，大卫排在后面，快回来了。"JJ语调低沉地说完，便进到自己的帐篷里。

大约一个小时后，大卫·汉恩的身影出现在大本营。"这真是一场可怕的灾难。现在能确定的是有13人遇难，3人失踪。"大卫·汉恩在帐篷门口坐下，一边脱冰爪、安全带，一边跟大家简短地报告。

待他稍事休息后，我们围坐在公共帐篷里，在他的讲述下了解了救援的详细过程。谁也没想到，山上发生了这么大的灾难。

雪崩之后，昆布冰川上的路线更加支离破碎。从大本营出发，大卫·汉恩预估最快也要1个多小时才能到达事故地点。他心里非常清楚被雪崩掩埋的人已经没有任何生还的可能了，寻找遗体必然会成为救援工作的主要内容，"他们最多能支撑15分钟。这很残酷，却是不得不接受的事实。"

途中，几名幸运躲过雪崩的夏尔巴人正在往山下走。

"山上是什么情况？"大卫·汉恩拦着他们问道。

"雪崩，很多雪，太可怕了，很多人被埋了。" 其中一个人语无伦次地回答道，其他人默不作声，他们的脸上全部都是一种受到极度惊吓之后的呆滞神态。

大卫·汉恩一边问着"要不要喝些水？"，一边和JJ一起把背包里的水分给他们。随后，拍拍他们的肩膀，不知道还能说些什么。

抵达足球场后，大卫·汉恩向先期抵达的救援人员了解道："现在是什么情况？"

"已经发现10具遗体了。你们去那边，那里有一具还没有挖出来，再上面一点的雪坡上也有一具，你们可以分成两组。"顺着救援人员手指的方向，大卫·汉恩和JJ来到雪崩碎雪堆的最下面。

一具遭受重创的遇难者遗体呈现在眼前，冲击性极强的画面让JJ哽咽起来。"我很理解他的感受。"大卫·汉恩用尽可能平和的语气向我们讲述道，"遇难者戴的头盔只剩下一个塑料头带，周围的雪都被鲜血染红了，我们砍掉了很多冰才把遗体挖出来。"

足球场附近的冰面上，直升机不断地起飞降落。先是把3名重伤幸存者送回大本营，在那里，有9位来自多支探险团队的医生聚集在喜马拉雅救援协会（HRA）急诊室的帐篷内，对伤者进行紧急处理。随后这些伤者被陆续运往加德满都的医院接受治疗。

伤者运送完，就开始运送遇难者的遗体。大卫·汉恩和JJ配合着把他们从雪崩现场挖掘出的遗体绑在直升机吊索上。绳索在两人的手中传递，他们都默契地没有说话。确认绳结固定好之后，大卫·汉恩示意JJ站到冰面的安全地带，他自己则站到直升机前面，伸出双臂，引领飞行员安全起飞。

转动的螺旋桨掀起大风，打得人站立不稳，随着直升机的升高，机身之下的绳索开始绷紧，悬吊着的破损的遗体在半空摆荡。JJ望着那个远远的小点，感觉自己的心也随着飘忽不定。

由于担心下午回暖的气温会使冰瀑更加不稳定，有可能导致珠峰西山脊再次发生雪崩，救援人员在14点10分结束了救援工作。

现场还有一具遗体没能挖掘出来，他头部向下，悬挂在三架梯子之上的一处冰裂缝中。现实条件让救援人员不得不选择第二天再来挖掘运送这具遗体。

直升机开始转运救援人员回到大本营。"你们先回。"大卫·汉恩知道JJ不想在这个环境中再多待一分钟，就让他和另外两个夏尔巴人先上了直升机。

一架直升机只能运送四个人，留在最后的大卫·汉恩落单了。在他独自等待的时候，面对眼前的惨烈景象，一个事实让他无比痛心与懊恼：有11个人是在同一地点遇难的，他们当时在排队等待沿着梯子下撤。

在这场灾难性雪崩发生的前一周，大卫·汉恩和冰川医生们有过一场与此相关的对话。

"我希望你们能够改进前往C1的路线，这个点是雪崩风险最大的地方，现有的梯子数量一定会造成拥堵。"大卫·汉恩在攀登路线图前，指着其中一个点说道："我建议在这里再增加一倍的梯子，上去和下来的人都有各自的通道，这样就可以避免因拥堵在危险路段而造成的潜在伤亡。"

"这个建议非常好。"冰川医生和他们的管理者似乎都同意了。

"我以为它会被及时落实，没想到雪崩先发生了。"大卫·汉恩难掩失望与内疚，我们试图给他一些安慰。

当他缓缓说出最后一句话时，整个帐

篷再次陷入沉默——

"发生雪崩的地方，就是我们昨天拉练时走过的路。"

我们的幸运和遇难者的不幸，一时间让人百感交集。

## 走过同一条路

自从4月5日来到珠峰南坡大本营，我们就在训练、休息的切换中不断适应海拔，日子按部就班地过着，训练的强度和难度也循序渐进地提升着。终于要正式进入昆布冰川拉练了。

"大家准备起床了，吃完早餐我们就要出发了。"

4月17日凌晨3点，一轮满月挂在夜空，大本营里大部分人都还在睡梦中，我们已经在向导的招呼下起床了。

吃过简单但却分量十足的早餐，在一阵叮叮当当的碰撞声中，所有人穿戴好了装备。"大家都把头灯打开，注意脚下，保持节奏慢慢走。" 大卫·汉恩一声号令，我们出发了。

头灯和月光照亮黑暗，大家默默向前走着。一进入昆布冰川，所有困顿一扫而光。在这样一座巨大的冰雪迷宫中，复杂而危险的路况足以让每个人迅速打起十二分精神。

"我们在这里换上冰爪。安全起见，接下来我会把队伍分成三个组，每个小组都会有向导带路和收尾。"在大卫·汉恩的安排下，我和队伍中的一名女队员卡拉·斯蒂森（Kara Stinson）分到了第二组。

这位美国达美航空公司的女飞行员，只剩珠峰就要把她的七峰攀登计划全部完成了。我的进度和她一样，有关之前攀登其他六峰的经历是我们平时交流的主要内容。

但在昆布冰川，我和卡拉并没有什么交流，因为根本顾不上，宽宽窄窄的裂缝、上上下下的冰墙随时会出现在路线上，起伏穿梭其间需要我们全力以赴。

清晨的第一缕阳光猝不及防地投射在冰面上，闪着晶莹剔透的光。天亮之后的昆布冰川，是另一个截然不同的世界。就连这样震撼的美景，我们也无暇欣赏。

"跟上队伍，跟上队伍。"大卫·汉恩不时的提醒，更让我不敢有丝毫懈怠。

在登山季开始前，冰川医生们就已经在昆布冰川架好了长长短短的金属梯。如何安全快速地通过这些梯子，是珠峰攀登前期必不可少的训练。

"一定要让绳子绷紧，冰爪的前齿要卡在梯子上。"每一次通过梯子，大卫·汉恩反复强调的两个要点总会在我脑中自动循环。同时浮现在我脑中的还有一双带记号的高山靴。

这双鞋属于和我一起攀登欧洲最高峰厄尔布鲁士的一位英国队友。他曾穿着它登上珠峰顶峰，鞋底两侧画下的记号就是用来帮助他一步一步走过我眼前这些摇摇晃晃的梯子的。

深不见底的裂缝让人心悸，但昆布冰川的难关远不止这些。当我们走到被称作爆米花

（Jumbo Popcorn）的区域时，仿佛掉进了胡乱堆砌的冰块积木里，每一块"积木"都至少有一间房子那么大。爆米花，顾名思义，冰川像爆米花一样四散爆裂，足见这里有多么难通过。

"走得不错，看来攀冰训练很有用啊。"当我顺利通过这片区域，长长地舒了一口气时，大卫·汉恩站在我面前夸了一句。

"是啊，多亏了你的建议。"我在2014年1月专程赶到美国科罗拉多州欧雷镇参加的5天攀冰训练，就是大卫·汉恩推荐的。

欧雷是科罗拉多州西南部一个沉睡的小镇，20多年前，一些有远见的登山者开始在陡峭的峡谷峭壁上用水流制作冰瀑布。从那时起，欧雷冰上公园就开始凭借绵延1.6千米的冰瀑巨网，成为世界顶级攀冰目的地。

在欧雷获得的攀冰能力让我顺利来到这次拉练的终点，这里正好是大本营和C1的中点。这一天的拉练对我们来说，虽然疲累却很轻松，它预示着一种希望，我们已经准备好向山峰更高处攀登了。

然而，对于第二天重走这条路参与雪崩救援的JJ来说，它是一种无法摆脱的绝望。冰块砸在遇难者身上的惨状在他的脑海中挥之不去。当把最后一具破损的遗体绑在直升机吊索上，目送其飞向大本营的时候，JJ对身边的大卫·汉恩说："我再也不想来登珠峰了。"

## 登山季结束了

在得知雪崩消息的第一时间，凡的电话就打了过来。

"我觉得登山活动应该会继续进行下去，别担心。" 我当时还没有意识到事情的严重性。

初步的救援活动结束后，我们以为，经过短暂的哀悼期之后，登山活动应该会恢复。毕竟，大家都知道攀登珠峰是一项危险性极大的活动，之前珠峰还从没有过因为山难而取消登山季的事情。我们的适应性拉练依然在按部就班进行着，大家都还没有放弃继续登上珠峰的可能。

但让大家都没有想到的，是几天后尼泊尔政府宣布向每位遇难者的家属仅提供40000卢比（约为人民币3330元）的补偿。如此低廉的金额，甚至不足以支付丧葬费用，被激怒的夏尔巴人将这视为一种侮辱，震惊与愤怒的情绪迅速在大本营里的夏尔巴人中扩散。他们很快在大本营组织了罢工活动。

一时间，珠峰大本营被一场接一场的会议填满，愤怒、质疑、传言、诉求充斥其间。夏尔巴人的妻子、父母和孩子陆续打来电话，劝他们不要回到山上去。接下来的珠峰攀登被迫来了个"急刹车"。

大卫·汉恩在大本营参加完萨加玛塔污染管控委员会（SPCC）的会议之后，回到我们的营地，把团队中的所有人召集在一起。形势看起来不妙。

果然，他的第一句话就是："我认为今年的珠峰攀登季很可能要因为雪崩而结束了，因为夏尔巴人不想上去了。"

"情况比我们预想的复杂很多，事情的发展不是我们能够左右的。"大卫·汉恩说完，大家开始讨论起来，是否应该继续前进，以及是否可以说服夏尔巴人改变主意。

我的两点建议得到了大家的响应，"一个是我们可以给遇难者家属捐款，另一个是有没有可能让冰川医生重新找到一条更安全的路线，继续攀登计划。"

JJ没有参加我们的会议。"他需要时间消化这些冲击。"大卫·汉恩的话我们都明白。不只是JJ，大卫·汉恩自己同样需要好好消化短时间内发生的这么多事情。他这几天一直在生病。

"他说的只是有可能要结束，就是说也有可能继续。" 我的心里存着一丝希望。登山旅程开启一个月以来，雪崩发生之前我的状态前所未有的好，志在必得。

两天后，大卫·汉恩宣布："很遗憾，我们这次旅程必须要结束了。我们已经尽了最大的努力，还是没有办法。"

这太让人失望了，我们甚至还没有去过C1。

数年的精心准备，换来的竟然是这样的结果。真的就到此为止了吗？无论如何，我都不愿意相信。

这可是我"七峰计划"的最后一座山峰，我不能就这么放弃！我想找找其他队伍，看看他们能否收纳我。

在珠峰南坡大本营，除我之外，还有一些中国登山者分散在几支队伍里。最小的一支只有两个人，龙文和他的尼泊尔向导。聊过几次之后，我们逐渐熟络起来。

"张伟的队伍就在那边，我带你过去看看。"通过龙文的引荐，我才知道大本营还有一支全是中国队员的队伍。

在他们的公共帐篷里，领队张伟热情地接待了我们，美味的羊肉汤和晚餐里的其他中国菜让人印象深刻。他的队伍中有两位传奇人物：罗静，正在完成全世界14座海拔8000米以上山峰的攀登；夏伯渝，中国无腿登珠峰第一人。如果这一次他们都能顺利登顶，又将开创中国登山新纪录。

另一位中国登山者王静在罗塞尔的队伍里。一次拉练回来后路过他们的营地，我还去找过她。不巧，他们当时集体下撤到罗布切（Lobuche）了。

虽然这一次没能见到王静，但几年之后她却成为我在珠峰北坡的攀登队友，我们在海拔8300米的营地挤在一个帐篷里，这是后话了。

雪崩之后，龙文和张伟的队伍也要撤了。尼泊尔旅游局宣布，每名登山者花费10000美元办理的登山许可证将延至2015年登山季。这给了所有探险公司一条出路，也宣告了2014年的攀登结束。

"我是不是可以到北坡去登？"不甘心的我又想到一条出路。

"去北坡必须要有8000米的登顶证书。" 张伟的回答彻底堵死了我去北坡的路。我虽然已登顶"七峰计划"中的六峰，但还没有登顶过任何一座海拔8000米级的山峰。

尝试了所有可能，我真的无能为力了。这还是我头一回没能一次登顶的山峰，登山经历中第一个重大挫折。

"我们想念你们所有人。我们为RMI的向导和夏尔巴人不顾风险参与救援工作感到骄傲。我很遗憾听到今年的探险已经结束，因为我知道大家为这次探险付出了多少努力。 让我们记住那些遇难的人，感谢那些还在这里的人。把我们的爱与支持给你们，愿大家旅途平安。"

在大卫·汉恩发布的登山博客下面，我看到了凡的留言，失望的情绪被这段文字缓解了一些。只是，我的"七峰计划"还能实现吗？

## 第二节 从纽约到加德满都

在纽约下城百老汇附近，有一家非常不起眼的户外店叫"Tent & Trails"。这里离著名的纽约美联储不远，只有几百米，离"9·11"纪念碑也不远。从狭窄的门进去，里面却是一个巨大的"宝库"，有各种各样的登山户外装备。他们的口号是："我们可以为您提供从纽约Catskills山到喜马拉雅山的所有装备。"前几次登山前，凡和我也来过这里买装备。

"你准备去哪里？"

"我去珠峰。"

"徒步到大本营吗？"

"不，我要去登顶。"

来自尼泊尔的店员听到我的回答，面露赞赏，他看着凡问道："你们要一起去吗？"

"不，我先生自己去，我只参与准备阶段。"

"很荣幸能为你们的准备阶段提供一些建议和帮助。"

在接下来的时间里，我险些忘了我们是在繁华的纽约下城购买高山装备，我们好像是在参加一场沉浸式的高海拔攀登装备讲座，期间甚至还穿插了很多珠峰攀登的注意事项。

我终于明白，为什么Tent & Trails店面这么小人气却这么旺了，能够在知名户外店丛生的纽约占有一席之地，靠的就是他们的专业。

"你是攀登过珠峰吗？"我和凡在惊喜之余，禁不住向这位尼泊尔店员问道。

"是的，登顶过三次。我的家乡昆琼村就在去往珠峰大本营的必经之路上。你这次肯定会去到那里。我很想念它。"这句话让我对珠峰之行又增添了一些期待。

"祝你好运，享受登山。"提着包括海拔8000米级高山靴在内的一大堆收获，我们在店员的祝福中结束了这次愉快的购物。推开门的一瞬间，我们飘飞到珠峰雪山的思绪，被繁华的城市街景拉回了现实。

"我猜，你们中的任何人都不需要被提醒，一场盛大的攀登即将到来。希望你们的准备工作进展顺利，请努力锻炼自己，并彻底熟悉你们将带上珠峰的装备。

再次提醒大家，请认真对待装备清单。如果你忘记了一些重要的事情，可以在加德满都及南池获得一些优质装备，但最好不要指望在最后一刻购买。

有一些事项我希望你们多加考虑。

关于太阳镜和护目镜，正如我在之前的旅行中向你们大多数人提到的那样，对于攀登珠峰来说，拥有几副不同质量的太阳镜是明智的。因为只有到了山上，才会知道到底哪一款眼镜与氧气面罩更适合。"

这封来自大卫·汉恩的邮件提醒了我，我还需要备份太阳镜。

"那我们去联合广场的Paragon Sports看看吧，那边肯定有合适的。"凡并非只是准备阶段的参与者，她的功课比我做得还要详尽。

与Tent & Trails小而专的风格完全不同，创立于1908年的Paragon Sports可谓大而全。它被誉为"纽约运动爱好者的大本营"，是各类运动装备和服装的质量标杆。毫不夸张地说，在这里能找到运动爱好者需要的一切。

我和凡之前在这里买过的不少背包，陪着我们去了很多地方。这一次，我买到了适合高海拔攀登的定制太阳镜，全遮光，并且有近视度数。这太合我的心意了，不由地向凡感慨道："跟之前登迪纳利简直是天壤之别，你还记得我当时的那副眼镜吗？"

"怎么不记得？遮光效果全靠绿色胶带缠出来。"

"对对对，这次到珠峰，大卫·汉恩不会再指出我的装备不合格了。"

我们从联合广场走向纽约曼哈顿中心的哥伦布圆环，去Whole Foods超市采购登山期间的路餐。

"巧克力棒你应该多买几种口味。"看着我放到购物车里的物品，凡建议道。

"不用，只要坚果口味就行了。"我还是更知道自己在山上的喜好。

回到家后，我们把各种食品拆包分装，按照攀登行程规划准备每一顿路餐，尽量做到营养均衡，口味丰富。孩子们也开心地参与其中，这对他们来说，更像是一场有趣的游戏。

这时我才发现，摊在眼前的巧克力棒除了我自己拿的坚果口味，不知道什么时候又多出了几包其他口味。

"准备得很到位，"在加德满都的酒店里，大卫·汉恩检查完我的装备说道，"尤其是食品，分门别类每餐一包，非常清晰。"

"还有这些。"我拿出打印好的一叠有关珠峰攀登的资料展示给他看。

"这么说，关于珠峰的一本书或者一部电影，还有我们的攀登路线和珠峰攀登历史，你也都了解过了？"

"当然，你在邮件里要求做到的所有准备，我都完成了。这些很有用，'历史是伟大的，因为山本身是惊人的。'"当我很自然地说出大卫·汉恩在邮件里提到的这句话时，他满意地说："我想你确实准备好了。"

我也这么觉得。这一次，无论是前期的准备，还是我自己的身体状态，都前所未有的好。

RMI探险队在加德满都安排的酒店叫"Hotel Yaks & Yeti"，直译过来就是"雅克和雪人酒店"。这是一家很古老的酒店，由原来的尼泊尔皇室旧宫殿改造而成，尼泊尔风情与西洋建筑风格自然融合，气势宏伟。住店客人大多是来尼泊尔登山或徒步的，酒店大堂的角落里，经常堆放着很多五颜六色的登山驮包。

得益于酒店在市中心的位置，我和队友们步行十分钟就能到达加德满都著名的旅游购物街泰米尔区。走在这尘土飞扬、拥挤嘈杂的街道，感觉像是回到了20世纪80年代的中国三四线小城市。沿街店铺里，热情的店员用各种语言招揽着客人，我无心跻身这份热闹中，也没有时间闲逛和游览景点。最重要的是买当地的电话卡和网络流量，之后与外界联系就靠它了。

2014年3月24日

2014年RMI探险队攀登珠峰已经开始。七名登山者和三名RMI向导分别从加拿大、波兰和美国等地来到加德满都，开始了这场派对。所有人都带着行李准时到达，真是个小奇迹。我们在尼泊尔旅游局领到了登山许可证。

从这一天起，只要有网络信号，大卫·汉恩就会把当天的情况发布在自己的博客里。

"旅程终于开始了！光是读到它，我就很兴奋，可以想象你的感受！所有的训练和准备工作终于要接受考验了。祝福整个团队！——凡"

几乎每一篇下面都能看到凡的留言。她在以这种方式将自己的参与感从准备阶段延伸至攀登阶段，而我也从这些留言中感受到莫大的支持和鼓励。

攀登的旅程终于开始了！

## 第三节 徒步到珠峰南坡大本营

**降落卢卡拉**

"我们准备降落了。"坐在旁边的大卫·汉恩碰碰我的胳膊，我猜他说了这句话。

我确实没有听清他具体在说些什么。这架只能坐下十八个人的喷气式小飞机噪声实在太大了，即便戴着耳塞，轰隆隆的声音还是直灌进耳朵。

舷窗外风景越来越近，但我已无心观赏了。随着飞机越飞越低，我抓着座椅扶手的力度也越来越大。

"卢卡拉机场，世界十大危险机场排名之首。"

"跑道长度只有460米。"

"没有雷达导航设备，全凭目视飞行。"

"起飞、降落都只有一次机会。"

之前查阅的资讯，此刻就在眼前展现。地面上的跑道近在眼前，它被山包围着，短得让人很难不心生恐慌。飞机直冲过去，跑道的尽头就是陡峭的山壁。

心跳不由地加速，终于感受到飞机轮子着陆了。平安降落！ 机舱里响起欢呼声和掌声。

这四十五分钟的飞行一波三折。我们一大早七点就来到机场，通过安检后，被通知天气情况达不到飞行条件，要等。等多久？没人说得清。于是我们喝着咖啡，听着音乐，看着人群，打发了几个小时，终于可以起飞了。

飞机从加德满都山谷的雾霾中"爬"出来，喜马拉雅的壮丽景色就呈现在眼前。随之而来的便是对安全降落的祈祷。

卢卡拉机场由珠峰首登者埃德蒙·希拉里（Edmund Hillary）于1964年自行集资兴建，以回报当地居民对攀登珠峰的支持和帮助。机场的高事故率主要是因为依山而建的跑道太短，降落难度很大，坠毁的基本都是降落的飞机。

在我们离开这里的几年之后，2018年4月14日，尼泊尔国内航空公司的一架飞机在卢卡拉机场降落时冲出跑道，撞向在此停放的直升机，造成1名乘客死亡和数人受伤。调查认为，飞机在降落时失控，可能是由于能见度不佳和风向突变引起的。2019年5月12日，又一架来自尼泊尔国内航空公司的飞机在卢卡拉机场失事，导致3名乘客死亡。据悉，这起事故是由于能见度不佳和恶劣的天气条件引起的。

"欢迎来到卢卡拉，从现在开始，我们的命运就掌握在自己手上了。"下了飞机，大卫·汉恩把大家召集到一起，兴奋地宣布道。

长舒的一口气又提了起来，接下来就要正式进山，靠我们的双脚走向珠峰了。

**徒步EBC**

"这是我们进山的路线，著名的EBC（指尼泊尔萨加玛塔国家公园内的珠峰大本营）徒步线路，世界十大徒步线路之首。"在加德满都的行前会上，大卫·汉恩指着一幅地图，向我们介绍后面的行程。

我们的徒步以卢卡拉为起点，在南池巴扎中转，终点是珠峰南坡大本营。高度一路攀升到海拔5360米，加上休息适应的时间，全程需要10天。

"这将会是我们正式开始攀登珠峰之前非常好的适应过程。"大卫·汉恩告诉我们，"沿途可以欣赏到4座海拔8000米级的雪山，包括海拔8848.86米的世界第一高峰珠穆朗玛峰，海拔8516米的世界第四高峰洛子峰，海拔8463米的世界第五高峰马卡鲁峰，海拔8201米的世界第六高峰卓奥友峰，以及几十座超过海拔5000米的雪山。"

令人期待的EBC徒步从昆布河谷下游一家安静的茶馆开始。悠闲的山谷散步缓解了卢卡拉机场的惊魂时刻，三个多小时就走到了第一天的目的地帕克丁。

"很轻松，对吧？"晚饭时大卫·汉恩跟大家闲聊起来。

"我甚至觉得比出发时更舒服。"

"这里的高度比卢卡拉要低200米，只有2650米。从明天开始，高度就会一直上升了，直到海拔5360米的大本营，之后每天徒步的路程也会比今天长很多。"大卫·汉恩解释了大家在第一天觉得轻松的原因，也为我们敲响警钟。

杜德科西河(Dudh Koshi)从客栈旁边潺潺流过，伴着舒缓的水流声，我看到了凡在大卫·汉恩博客下的留言："很高兴在照片里看到你和队员们。每个人看起来都很棒！纽约的气温仍在零摄氏度左右。好好享受你的徒步旅行，安全到达大本营！"

后面的行程里，只要有网络信号，就可以看到凡的留言。

阴云在夜里散去了。醒来后，我们看到了帕克丁清澈的天空，周围的雪山一览无余。出发前，大卫·汉恩提醒我们，在此之后，这条小路将会挤满徒步旅行者、背夫和驮畜，"要注意在一些路段会出现'堵车'，也要小心一路都有可能踩到的牛粪、马粪。"

EBC的徒步小路沿着连绵不断的河流蜿蜒起伏，我们先是在峡谷底部的松林和风景如画的农田中漫步，进入萨加玛塔国家公园之后，就走上攀升的山路，台阶路两边都是遮天蔽日的大树。

中途休息时，所有人的目光聚集在大卫·汉恩手指的方向，"看，那就是珠峰。"

这是我们当中的大多数人第一次亲眼看到珠峰。典型的金字塔形的山体仿佛自带一种力量，让人感到它的沉稳与安详。

沿着蜿蜒的山路继续前行，翻过一个陡峭的山头，EBC徒步线路上最大的中转站南池巴扎展现在我们眼前。这是一片依山而建的扇形村落，三面山体上错落排列着功能不同但风格统一的建筑，民居商铺穿插其中。白塔、玛尼墙、大型水车转经筒，以及远处的寺庙，展示着南池巴扎的另一面。

"我们走这边，这里是南池巴扎的'CBD'。"大卫·汉恩带着我们进入有着短小连廊的村门，继续沿正对村门的路拾阶而上。这条清晰的主干道，如叶脉一般向两侧分散出很多蜿蜒小路。客栈、餐厅、咖啡馆、酒吧、超市、旅游商品摊位、药房、诊所、邮局就在这些蜿蜒小路两边，应有尽有。这里完全拥有着不亚于城镇的热闹繁华。

"接下来的三天我们都要在这里休息适应，主要任务就是购物和上网。离开南池之后我们就很难有这么畅通的网络了，当然也没有机会购买好的攀登装备了。"大卫·汉恩说在南池巴扎可以买齐攀登珠峰从头到脚、从里到外所需的所有装备。

"这几家店卖的都是正品，可以放心购买。这家店的价格比较高。"他的建议让我们接下来的购物更加有针对性。

走进这些从外观看并不起眼的户外店，必须要承认，它们才是彰显南池巴扎最鲜明特色的存在。因登山而兴盛的小村庄，汇聚了来自世界各地的登山户外大咖和爱好者。他们和当地人一起享受雪山的馈赠，同时也以各种方式回报雪山。它就像一个小小的乌托邦，承载着众多与山有关的梦想。

在这里，既能看到耳熟能详的世界名牌，也有尼泊尔当地的新兴品牌。有些装备甚至在加德满都的户外店都没有见过，最关键的是价格便宜。进到每一家店，我和一同前来的队友们都很亢奋。除了衣服、驮包这些大件装备，我也买了很多不常见的小装备，如可以在睡袋里穿的保暖鞋。在南池天天逛商店的后果就是我的行李重量又增加了不少。

尽管南池的生活物资都要靠背夫和牦牛驮运上来，售价比加德满都和卢卡拉要贵一些，但相比我们各自生活的城市还是很便宜的。3个苹果200卢比，1公斤胡萝卜100卢比，只花了人民币十几块钱就买够了我到大本营这一路的植物纤维储备。

几乎所有EBC徒步和珠峰攀登团队，都要在南池停留两三天。

这里海拔3440米，周边众多原生态小路通往一条条或长或短的徒步线路，适当的运动可以增强我们的适应能力，丰俭由己。没有让人生畏的徒步目标，没有沉重的行李，没有艰苦的训练，一切都是为了慢慢适应海拔。

在南池的每一天，大卫·汉恩都会带着我们在附近徒步，蓝天白云，烟气缭绕，真是在世外桃源的感觉。

"做好准备，我们即将迎来震撼大场面了。"在一条山间小路的拐弯处，大卫·汉恩的表情让我们加快了脚步。

拐过那个弯，扑面而来的绝佳视野让每个人的反应都很一致，"这太壮观了！"

在珠峰观景酒店开阔的露台上，大卫·汉恩不露声色地向大家介绍眼前的每一座山峰："从左到右，珠峰、努子峰、洛子峰、阿玛达布朗峰，请收好这份喜马拉雅大礼包。"

这家由日本企业家宫源隆在1971年建造的酒店，设计非常巧妙，完美利用了360度山峰全景的地理优势，在这里的每个房间都可以看到雪山。

我们围坐在餐厅露台，一边啜饮热柠檬茶，一边欣赏美景。在洛子峰和珠峰的高处，云烟蒸

腾。"黄昏时在这里可以看到珠峰的日落,非常漂亮,不过我们没这个运气了,一会儿就要出发了。"大卫·汉恩说道。

穿行于酒店门前的小路,走到山坡的最高点时,视野豁然开朗。一片平坦开阔的山谷出现在眼前,蓝绿白相间的房屋成片散落其间。"下面就是我们要去的两个村子,左边是昆琼村,右边是昆德村。"大卫·汉恩说道。

昆琼村可谓夏尔巴人的故乡,活跃在喜马拉雅群山之上的向导、背夫绝大多数来自这里,村子里家家户户都有人在雪山上工作。村民们给予登山者的帮助,从一百多年前人类初探喜马拉雅攀登之际就已经开始了。埃德蒙·希拉里能够成为第一个登上珠峰的人,同样受益于这里的帮助。他的命运因为一座山而改变,他也借助被改变的命运回报着山脚下的人们。

村子入口最醒目的白塔和玛尼墙旁边,是希拉里当年援建的小学,学校就以他的名字命名。希拉里的雕像矗立于看上去有些简陋的校园中。

"Hello, Namaste(尼泊尔语,意为'你好')"坐在地上玩耍的孩子们挥着手大声向我们问好,每一张脸上都是天真烂漫的笑容。

焕然一新的寺庙、能带来清洁水源的饮用水工程,以及隔壁昆德村的诊所……希拉里尽一己之力留下的诸多痕迹,影响和改变着这里人们的生活。

"阿妈,你好,我又来了。"大卫·汉恩轻车熟路地走进一户人家。不算大的两间房和一个院子,还有房子后面的一小片耕地,是这个家的全部。虽然有些简陋,但是非常干净、整洁。这是我们的一个夏尔巴向导的家。他早已提前进驻珠峰大本营,完成建营工作,等待迎接我们的到来。

家里只有他妈妈一个人招待我们,在登山季的昆琼村,是看不到青壮年男子的,只有老幼妇孺留守家园。尽管语言不通,老人家和蔼的笑容传递着热情。自制奶茶、红茶,自家种的高原小土豆,一顿简单的午餐,吃得格外舒服。

返程时走在田间小路上,越发觉得整个村子就像一个世外桃源,群山环绕,炊烟袅袅,田园牧歌。一回头,阿玛达布朗峰的全貌赫然在目,美不胜收。

在南池的最后一天,完成了上午的例行徒步适应之后,大卫·汉恩发起号召:"有谁想跟我一起去参观珠峰博物馆?"响应者寥寥,最终只有我一个人跟着去了。

就在其他队友忙着散步、做按摩、吃芝士汉堡的时候,我们流连于珠峰博物馆。博物馆只有小小的两个展厅,一个介绍夏尔巴人的民俗文化,另一个介绍珠峰攀登的历史。

"你看,这就是那所学校的由来。"大卫·汉恩在一张老照片前驻足说道。

照片上,一名昆琼村的孩子为埃德蒙·希拉里念着捧在手里的长长的名单,名单上是村子里想要上学的所有孩子的姓名。我们参观的那所小学就是为这些孩子而建的。此后,希拉里和家人会经常来到昆琼村看望学校里的孩子们。

"他真的很伟大。"我不禁感慨道。

"他是我们的榜样。登山者的责任不仅仅是成功地登上一座山，更要考虑我们可以为这座山以及山峰所在地的人们做些什么。"

在距离珠峰博物馆不远的地方，希拉里的老搭档，和他一起在1953年5月29日第一次站上世界之巅的夏尔巴人丹增·诺尔盖（Tenzing Norgay）的雕像，就矗立在萨加玛塔国家公园博物馆门前，背对珠峰，接受人们的瞻仰。

伟大的夏尔巴不仅在历史中，也在现实中。

晚餐时，客栈餐厅的门被推开，进来一队人，大卫·汉恩兴奋地起身和其中看上去是领队的那个人握手拥抱："阿帕，很高兴我们在这里又见面了。"随后，他自豪地向我们介绍他的这位老朋友，阿帕·夏尔巴，当时全世界登顶珠峰次数最多的纪录保持者，他曾经21次站上顶峰。（2024年5月12日，尼泊尔登山向导凯米·瑞塔·夏尔巴第29次登顶珠峰，打破全世界登顶珠峰次数最多纪录。）

"祝你们这次攀登一切顺利。"迎着我们崇拜的眼神，阿帕腼腆地祝福道。

同样的祝福，我们在两天后的腾波切村子，从格西喇嘛那里也收到了。82岁的格西喇嘛是山谷中夏尔巴村落里最为人们所敬重的喇嘛。

根据RMI及所有国际登山队的传统，我们路过腾波切时，都会去格西喇嘛的家里拜访，祈求他的祝福。他端坐在一张床上，整个人散发着智慧而祥和的光芒。我们在他的对面，围成一圈，然后排着队，依次走到他的面前，低下头，等待他吟诵着经文，在每个人的脖子上系一条红丝带。这条红丝带将保佑着我们，在整个登山过程中，都不能把它取下来。

最后，每个人会收到一张祝福卡，格西喇嘛面带微笑地跟我们每个人碰一下额头，表达他的祝福。祈福的过程简洁而庄严，这份仪式感让珠峰和我们的心理距离更近了。

在物理层面，我们同样离珠峰越来越近了。越往上，海拔越高，植被逐渐消失，只剩下泥土和冰川，呼吸也变得更加沉重。

海拔4267米的费里切，在小客栈的餐厅里，温暖的火炉旁坐了三四十人，热闹非凡。作为这条线路上的常客，大卫·汉恩成了当晚的社交达人。熟识的夏尔巴人、在其他山上认识的登山者和向导、EBC徒步旅行者，不断有人上前和他打着招呼。

继续上行。从罗布切徒步返回客栈的路上，我注意到一个名为意大利/尼泊尔季风和天气研究中心的建筑。在这么遥远的地方，为什么会有一个如此先进的科学研究基地？

"有人想去这里看看吗？"其他队友对这样一个地方并不感兴趣，我向大卫·汉恩申请道："我可以自己去参观一下吗？"

"好的,我们先回去,你自己注意安全。"

走进一个非常现代的三角形建筑物后,我的眼前出现了各种各样的仪器设备,它们是用来研究风力、降雪量等数据的。

一个人回去的路上,我再一次来到可以看到珠峰的山口,远远地望着它,巨大的鹰隼在头顶盘旋。走过一重一重的山峦,历时10天的EBC徒步接近尾声。

珠峰,终于要来到你身边了。

## 第四节 大本营的日常生活

**进驻大本营**

慢慢地爬上一个陡坡后,豁然开朗的视野让每个人忍不住惊呼起来。层层叠叠的冰川像是给山峰穿上了一件长长的拖尾裙。冰川在我们脚下绵延几千米,转了个弯向右被隐藏在了山后面。绕过那座小山,我们就要到达EBC徒步最后一天的目的地——珠峰南坡大本营了。

从高乐雪(Gorak Shep)这个大本营之前的徒步路线上最后的村落出发后,在我们右手边横延伴行的乱石堆就是昆布冰川的一部分。它和印象中的"恐怖冰川"相去甚远。直到翻上那个陡

坡，昆布冰川的气势才彰显出来。

午后的阳光依旧很猛烈，跋涉了一个多小时后，我们走到一块挂满经幡的大石头旁，上面写着"珠峰大本营5364米"的英文字样。不远处的冰川泛着微微蓝意。珠峰被旁边的努子峰和洛子峰挡住了，只露出一点几乎不可辨认的黑色岩顶。

这里就是EBC徒步者的终点了，却是我们这样的登山者下一阶段攀登的起点。远处星星点点的帐篷为接下来的登山季开启序幕，营地就建在昆布冰川上。

"这里就是珠峰大本营了，我们的营地还要再往前走一段路。现在团队还没有很多，他们会在未来几天或下周过来，到时候这里就全都是帐篷了。"大卫·汉恩带着我们边走边介绍着。我们新奇地看着身边一块块平整好的地面，想象着未来一段时间这里将会出现的景象：来自世界各地的众多登山者聚集于此，数百顶帐篷，浩浩荡荡延绵一两千米，宛如一个小小的地球村。

而往上看昆布冰川，又是另一种风貌。每一座冰塔都像一座山，而人就变成了小人国里的小矮人。遮挡住珠峰的努子峰成了一堵扑面而来的墙，悬在头顶。大自然的鬼斧神工令人震撼，但支离破碎的冰川看上去随时都有坍塌的可能，"恐怖冰川"里危机四伏。

"嗨，杰夫！"大卫·汉恩突然兴奋地挥舞着手臂，和远处的一个人打着招呼。那人听到喊声，朝着我们的方向慢跑了几步。

"老伙计，我们又见面了，大本营情况如何？"

"大本营一切就绪，就等着大家了。你们这一路怎么样？"

"一切顺利，整个团队都很好，每个人都很健康。"随后，大卫·汉恩向我们介绍道，"这位是杰夫·马丁，在我们徒步期间他一直在这里忙着把营地整理好。"

和每个人打过招呼后，杰夫·马丁带领我们走到营地，"欢迎各位来到我们的大本营。"先期抵达营地的夏尔巴人列队迎接我们。餐厅帐、厨房帐、洗手间、浴室，以及每个人的帐篷，条件虽然简陋但设施完备。而且，它就在昆布冰川脚下，巍峨的喜马拉雅群山环绕着我们，这感觉真是太棒了。每个人的兴奋之情溢于言表，我们开心地互相拥抱祝贺。

"嘿，我们做到了！"

"完美的第一阶段！"

平安抵达，没有伤病，整个珠峰攀登的第一阶段的确堪称完美。

## 营地生活

"早上好，睡得怎么样？"

"非常好。"

大卫·汉恩的问候得到所有人的肯定回复，让人担心的高反没有侵袭任何一个人。在大本营

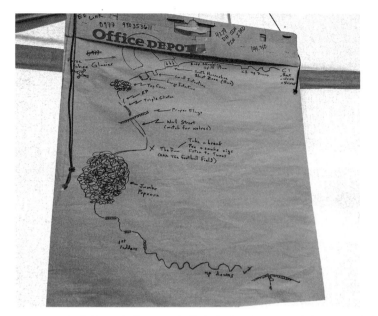

的第一晚,大家都过得很好,这是一个好的开端。跋涉结束,攀登开始。接下来的主要任务就是适应环境,休息、喝水、放松,是大卫·汉恩反复叮嘱我们要做的事项。

"我来介绍一下我们的攀登路线和行程。"在公共帐篷的白板前,大卫·汉恩用一支马克笔简单勾画着。

珠峰南坡攀登路线上共设有5个营地:海拔5300米的大本营(BC);海拔5900米的1号营地(C1);海拔6200米的2号营地(C2);海拔7300米的3号营地(C3)和海拔7925米的南坳4号营地(C4)。

位于大本营和1号营地之间的昆布冰川,是比较困难的部分。我们必须沿着铺设好的路绳和铝制梯子才能通过危险的冰裂缝、冰塔林和冰壁。

C1是一片宽阔且平坦的区域,积满了厚厚的雪,有幽深的冰裂缝和高耸的冰壁,经常被雪崩冲积。

C2位于洛子壁脚下,路面凹凸不平。从C2出发,需要借助上升器攀爬过洛子壁这堵长达1219米的冰壁来到C3。从C3穿过黄岩地带,到达南坳4号营地(C4)。

从C4出发,登上南坡峰顶前,有一条狭窄的山脊通向赫赫有名的希拉里台阶,这段冰岩混合路段,是通向峰顶的最大障碍。登顶之后,一般会在当天返回到C4,第二天回到C2,第三天回到大本营。正式冲顶前,我们要经历一个月左右从大本营到C2甚至C3的反复训练和休整。

在整个攀登过程中,我们团队的夏尔巴人扮演着重要的角色。生活在喜马拉雅山脉南麓的夏尔巴人是天生的攀登者。可以说,没有他们,我们的珠峰攀登根本就不可能实现。从到达EBC开始,一部分夏尔巴人负责大本营的后勤保障;一部分夏尔巴人负责从C1到C4的建设和必备物资的运输,如氧气、食品等。还有一部分夏尔巴人作为我们的向导,负责我们的拉练。正式冲顶时,所有夏尔巴向导从大本营开始,按照事先约定好的计划,一对一陪同我们攀登。

尼泊尔旅游局会在每年的珠峰登山季安排俗称为"冰川医生"的夏尔巴团队负责"修路",把路绳从昆布冰川修至顶峰,供所有攀登者使用。他们会监控冰川运动状况,确保路绳及铝梯完好。

攀登珠峰,就像打一场比赛,需要团队协作,队员拉练与向导建营双线并进。

拉姆和次仁是我们团队中的明星向导，他们有着相当丰富的攀登和带队经验。在离大本营不远的冰川上，他们用梯子和固定绳索搭建起一个训练场，我们称之为"攀爬架"。

"抓紧绳索，身体前倾，确保冰爪卡在梯子上。"两位向导指导我们练习如何通过这些梯子。这样的梯子在昆布冰川里有30多处，是去往C1的必经之路。

与此同时，大卫·汉恩、比利、JJ，这三位队伍中的美国人向导，和其他夏尔巴向导一起，检查路线，携带必要物资，来到海拔5900米的位置，搭建C1。他们是这个登山季第一批穿越昆布冰川的人。

在我们前往大本营附近的普莫里山（Mount Pumori）徒步拉练时，夏尔巴向导们已经完成了C2的搭建。

一切按部就班进行着。我们都以为自己距离顶峰越来越近了。

4月10日，是做"普迦"的日子。这是在喜马拉雅山区开展攀登活动必不可少的祈福仪式。前一天，夏尔巴向导们就挥舞着铁锹，在灰褐色冰碛碎石上平整出一块场地，堆砌石块打造了一个方方正正的祭坛。佛像唐卡挂上，五彩经幡撑开，当附近寺庙里的几名僧人被簇拥着请到营地时，我们已经把自己的攀登装备整整齐齐地摆放在祭坛脚下。

"接下来的流程，大家如果不了解，就看我们的夏尔巴向导怎么做。"大卫·汉恩叮嘱我们。

僧人们抑扬顿挫地吟诵着厚厚一本经文，听不懂经文的内容，我便在心里自顾自地默默祈祷着，希望这一次能够顺利登顶，平安回来。

到进驻大本营的队伍越来越多了，珠峰攀登季越来越热闹了。我们也迎来了大本营经理马克·塔克。他刚刚带完一支EBC徒步团队，送他们返程之后，就赶来珠峰大本营报到。

马克·塔克无疑是大卫·汉恩的得力助手。有他在，营地里各项事务井井有条，休息日也多了很多乐趣。

"有没有人要打高山高尔夫球？"

"我要来。"

马克·塔克的张罗总能得到队友们的积极响应，"那我介绍一下规则。"

很快，欢呼声、抱憾声就热热闹闹地在大本营响起。

大家对高山高尔夫球的兴致未减，马克·塔克又有新花样。

"我们可以在这边玩这个。"只见他抱着两个木桩和几个马蹄铁从帐篷里走出来。队友们踊跃参加的这些活动，我一般都是旁观者，总是笑着摆摆手回绝马克·塔克的邀约。

"我发现了，你喜欢安静的活动。"晚上，公共帐篷里的牌桌前，马克·塔克一边洗牌一边邀请我一起打德州扑克。

"但是我们没有筹码,怎么玩?"我提出疑惑。

"这个好办。"他环视一圈,找到了合适的替代物,"就用这个。"

他把筹码分发给大家,是一颗颗润喉糖。一桌人被他的风趣创意逗笑了。

打德州扑克,在营地里我肯定是高手,马克·塔克虽然很喜欢玩,但每次都会输。他的这句"下次我一定要赢回来"从来没有兑现过。

马克·塔克的反击就是看我和大卫·汉恩下国际象棋。每一次我都会输,表现就像马克·塔克打德州扑克一样。即使我经常手捧宝典,仔细钻研,也从来没有赢过他。

"你看的是什么书?"大卫·汉恩很好奇。

我把书的封面展示给他看。

"《如何打败你的小孩》?"他好奇地重复着书名。

"是的,这是一本在国际象棋方面专门教家长怎么打败自己的小孩儿的入门书,通常来说,下国际象棋的小朋友技术都会比父母好很多。"

"看来,我的技术不比小朋友差。"大卫·汉恩的棋艺的确非常好,和其他人下棋,基本上都是我赢,但《如何打败你的小孩》始终不能帮助我打败大卫·汉恩。我也因此成为大家公认的团队里下棋第二好的人。

在大本营,还有一项运动是我的娱乐活动,那就是冰川徒步找网络信号。

在珠峰大本营,WiFi上网全靠购买上网卡,连接大本营WiFi热点,但这个WiFi时有时无,能不能连上、网速快不快全凭运气。在阳光明媚的休息日,遇到WiFi出现故障实在是很扫兴,队友们又在呼唤马克·塔克了。

"塔克,为什么又没有网络了?"

"山谷里的信号塔又在维修,等它修好了,我们就有信号了。"

"欢迎回到20世纪90年代。"

我在一次拉练时意外掌握了重返21世纪的方法,这需要换上高山靴和冰爪,在冰川上徒步大约30分钟,有一个位置,可以找到飘忽不定的3G信号。

支撑我在冰川之中晃动着手机寻觅信号的是凡发来的信息,还有她在大卫·汉恩博客的留言。

"很高兴听到大家都很好。攀

登快乐！"

"很难想象接下来的几周你会生活在这样的海拔甚至更高的地方！接下来的几天你要慢慢适应。我们都很想你。"

"适应快乐！旅行安全！"

只言片语，足以慰藉攀登生活的寂寥。

## 三个女队友

"你来自哪里？""你是做什么工作的？"

自从在加德满都相聚之后，这两个问题成为我们队友之间寒暄熟络的必答题。在远离家人的雪山上，朝夕相处的六名队友成为慢慢熟悉的朋友。

"我是一名飞行员。"

"飞行员？"卡拉·斯蒂森的回答让我对这位女队友产生了好奇。飞行员来登珠峰，有意思。

"对，在达美航空，飞国际航线的。"

"那你经常都在比珠峰还高的高度上了。"

"没错，不过都是在波音767的驾驶舱里，比现在舒服多了。"

她和我一样，只差一座珠峰就完成七峰攀登了，而她的七峰梦想也是从乞力马扎罗开始的。这些共同点，让我们在没有网络的大本营休息日有了更多的谈资。

2008年，卡拉被一场探险比赛带到了乞力马扎罗的峰顶。"在非洲，登山时被虫咬得很厉害。但那一次的经历让我发现，我非常喜欢长时间待在一座大山上的感觉，只要开始登山我就有无穷的热情，我简直爱上了这种状态。"

"我去乞力马扎罗是在2005年，2008年我登的厄尔布鲁士。"我的回忆被卡拉打开。

她细数起自己完成其他山峰的时间，2012年，欧洲最高峰厄尔布鲁士、南美洲最高峰阿空加瓜；2013年，大洋洲最高峰查亚峰、北美洲最高峰迪纳利、南极洲最高峰文森峰。2014年，来到亚洲最高峰，她的七峰梦想实现得比我集中多了。

早在10年前，卡拉就开始参加铁人三项比赛。

"一天内完成3.8千米的露天游泳、180千米的自行车比赛和42千米的马拉松比赛。"卡拉轻松描述的每一个项目都是我从来没有完成过的。

"你参加了多少次这样的比赛？"

"在5个不同的大洲参加了5次。"卡拉的回答，让我惊讶之余，也觉得她能有攀登七峰的念头和体能就不足为奇了。

"我确实从来没有抱着登顶珠峰的野心出发。对我来说,每次攀登都是一种体验。登顶是终极目标,但不是我来到山里的原因。我是为了旅行而来的,每座山都有教会我东西。"卡拉分享的观点给我带来不少启发。

除了卡拉,其他两名女队友同样让人敬佩:法蒂玛·威廉姆森(Fatima Williamson)作为马拉松跑者、七峰攀登者,在EBC徒步期间就展现出了非常好的体能;尼科尔·洛比翁多(Nicole LoBiondo)也有着非常丰富的攀登经历。

整天跟这些神奇的队友在一起,从他们的身上,我学到了很多。

**邂逅传奇**

在珠峰大本营,偶遇传奇并不是一件太难的事情。

眼前这位和大卫·汉恩走在一起的人好眼熟,我一时想不起来他的名字。

"这位是戴维·布拉希尔斯(David Breashears),IMAX电影《珠穆朗玛峰》的导演和摄影师,他们这次也要参与另一部有关珠峰的电影拍摄。"看出我对这位客人的兴致,大卫·汉恩主动介绍道。

他是个名人,我在登珠峰之前早就听说过他。布拉希尔斯是美国登山家、电影制作人、作家和励志演说家。他最出名的作品就是在1998年成为IMAX票房最高纪录片的《珠穆朗玛峰》。在这部电影制作期间,他还参与了1996年珠峰山难的救援工作。

"我看过那部电影,拍得特别好。"我终于有机会当面向布拉希尔斯表达对这部作品的欣赏了。

"谢谢你的认可。"

"除此之外,我们还有其他的联系。"

"哦?是吗?"布拉希尔斯对此很好奇。

1985年,布拉希尔斯带领理查德·巴斯(Richard Bass)登上珠峰,这意味着巴斯成为全世界首个登顶七峰的人。而我的"七峰计划"正是始于巴斯撰写的那本《七峰》(Seven

Summits）。

"真是奇妙的联系。你的这个计划现在进展如何？"听完我的讲述，他问道。

"只剩下珠峰了。"

"很了不起啊，预祝你这次珠峰攀登顺利。你是从哪里过来的？"

"我住在纽约，但是经常在上海。"

"哦，上海，我一直想在上海办一个有关珠峰冰川的展览。"布拉希尔斯向我介绍起他的最新项目，关于喜马拉雅消失的冰川。他正在与冰川影响研究项目合作，追随20世纪著名山地摄影师的脚步，从完全相同的位置重新拍摄喜马拉雅冰川图像。

早在2007年，布拉希尔斯就创立了一家非营利性公司GlacierWorks，利用科学、艺术和探险活动来提高人们对喜马拉雅地区气候变化的认识。

"你看，这些是乔治·马洛里当年拍摄的冰川图片。"他拿出手机向我展示着，"这些是我在这两年拍摄的图片，相同的位置，对比非常明显。喜马拉雅地区的冰川正在遭受灾难性的退化。我希望能够有更多人通过这些图片关注这个现状。"

"这是非常有意义的事情。"我很希望能够促成布拉希尔斯实现在上海举办展览的心愿。告别之际，我们互留了电话，约好珠峰攀登结束之后，继续联系讨论细节。

晴朗的天空中，直升机越发频繁地在我们头顶盘旋。这已经是NCell信号塔中断的第8天了，大本营的WiFi信号和冰川中飘忽的3G网络信号全部无法连接。我们再一次回到20世纪90年代，像是掉进一个深深的黑洞里。看直升机盘旋、俯冲、飞过头顶，成为我们的娱乐项目。这些飞机就是在为布拉希尔斯参与的电影摄制组往山上运送成吨的设备。据说，他们需要超过50次飞行才能把所有的装备都运进来。

如此庞大的摄制组是来拍摄什么大制作呢？我们会不会成为另一个传奇的见证者？直升机在空中绕了一个弯，像是画了个问号，继续向昆布冰川深处飞去。

## 第五节 1996年珠峰山难

2015年11月上映的《绝命海拔》还原了1996年由罗布·霍尔（Rob Hall）和史考特·费雪（Scott Fischer）带队的两支探险队攀登珠峰的故事。这部电影改编自美国作家乔恩·克拉考尔（Jon Krakauer）所著的畅销书《进入空气稀薄地带》，也许是第一部试图让登山本身成为故事主角的好莱坞大制作。

电影开头，那两座高低落差巨大的钢索吊桥将我带回EBC徒步的路上。

进入萨加玛塔国家公园后，很快就能在头顶几十米高的位置，看到双桥横跨山谷的壮观景象。

"这里为什么会有两座桥?"我问道。

"据说是因为交通改道,原来的桥就被弃用了,人们又在它的上方新拉了一座钢索桥。"大卫·汉恩指指更高处的那座桥,示意那里才是我们要通过的地方。

钢索吊桥长约百米,桥墩在山谷两头用力地扎进山体,像两只巨手死死地拉住了吊桥。经幡绑满了桥体,被风吹得猎猎作响。我们从摇摇晃晃的吊桥上穿过峡谷,脚下就是奔流的河水。

在《绝命海拔》中再次看到这两座桥,莫非我们在珠峰看到的,被直升机往返多次运进昆布冰川的器材是用来拍摄这部电影的?

我的猜想在一篇介绍电影拍摄花絮的文章中得到印证——

"《绝命海拔》剧组成员之一,登山者,也是电影人,肯特·哈维(Kent Harvey)于2014年前往大本营拍摄一些电影所需的自然风光与远景画面。

他在尼泊尔期间,发生了一场毁灭性的雪崩,造成16名夏尔巴人被夺去了生命。其中3名遇难者是肯特的工作人员,他们当时正在进行一次与这部电影无关的商业登山。

在那之后,山体持续不稳定,导致整个登山季荒废。"

在2014年雪崩发生之前,珠峰最大的山难就是1996年的那一次。剧组原本拍摄的是有关珠峰最大山难的影片,却又在拍摄期间亲历了更大的山难。

1996年的那场山难曾经被许多当事人描述过,包括那本《进入空气稀薄地带》,以及贝克·韦瑟斯(Beck Weathers)奇迹生还之后写的《留下等待死亡》,阿纳托利·布克瑞耶夫(Anatoli Boukreev)的《攀登》。

IMAX纪录片《珠穆朗玛峰》在拍摄期间正好碰上了这次珠穆朗玛峰灾难。导演戴维·布拉希尔斯参与了救援贝克·韦瑟斯的工作。《绝命海拔》的导演巴塔萨正是为这部IMAX影片所着迷,立志在新技术革新的当下,重返珠峰,重现曾经带给观众的震撼。

仿佛陷入历史的循环中。

《绝命海拔》的主人公是两位著名的珠峰登山向导:探险咨询登山公司(Adventure Consultants)的所有者、新西兰人罗布·霍尔和户外品牌疯狂山峰(Mountain Madness)的所有者、美国人史考特·费雪。那是商业登山的朝阳时代,虽然两人私下是好朋友,但他们必须争夺客户、媒体曝光度、以及金钱。

在1996年的珠峰攀登中,一连串具有争议的决定伴随着一个坏天气,罗布·霍尔和史考特·费雪分别率领的两支队伍全部被困在了海拔7925米的致命风暴中。那里是传说中的死亡地带,氧气极度稀薄,人类无法生存。数小时后,一些人得以生还,另一些则遇难。

探险咨询登山公司有四人遇难,包括主要向导罗布·霍尔。史考特·费雪则是疯狂山峰登山团唯一的遇难者。费雪是一位传奇的登山者，个性张扬散漫，能力超群。在20世纪90年代，登顶过多座超过海拔8000米的高峰。在1994年的第4次尝试中，成功无氧登顶珠峰。他也是第一批无氧登顶乔戈里峰的美国人，他和罗布·霍尔在那时结识。

前往珠峰大本营的途中，有个叫索克拉（Thokla）的地方，这里有一座座由石块堆砌而成的石碑。

其中一块石碑上写道："他们摆脱了尘世的枷锁，触及了上帝的脸庞。"这是一块纪念在珠峰遇难的中国登山者的墓碑。

在这个纪念碑不远处有另一块墓碑，那上面用英文书写着："史考特·费雪 1996年5月10日。"

类似的纪念碑在乞力马扎罗的登山线路上也有一块。2005年带领我登上这座非洲最高峰的当地向导公司，正是史考特·费雪创立的。

纪念碑上的日期，是史考特·费雪遇难的日子，也是他第五次登顶珠峰的日子。

1996年5月10日，是适合登顶的日子。那一天的凌晨，风速不大，不少队伍开始动身攀登。最先出发的是由罗布·霍尔率领的探险咨询登山公司的团队，史考特·费雪的疯狂山峰登山团紧随

其后。他们的计划都是在下午两点以前完成登顶开始回撤，傍晚回到4号营地。

然而，行进计划很快就有了变化。由于夏尔巴人未能在计划时间内打通通往顶峰的固定绳索，所有人在超过海拔8000米的平台附近被迫停留了一个多小时，消耗了大量的氧气。到了陡峭的希拉里台阶时，他们又发现，因为拥堵，在海拔8700米的地方，他们被迫再一次多等了一个小时。

这样大部分人的登顶时间就都超过了下午2点的关门时间。史考特·费雪到达山顶时已经是下午3点45分。

接近下午4点，客户道格·汉森（Doug Hansen）最终在罗布·霍尔的协助下站在顶峰，而霍尔依然留在后部。不久之后，汉森瘫倒，霍尔拒绝离开，这也导致了悲剧的发生。两人被风暴困在山峰南峰。

这时狂风暴雪已经袭来，风速高达每小时102千米。受伤的史考特·费雪在夏尔巴人的帮助下挣扎着下撤。随后，天气变得更加恶劣，夏尔巴人无法带动移动缓慢的史考特·费雪，选择让他在原地停留，自己先撤了回来。夜间，道格·汉森死亡。第二日，罗布·霍尔在山峰南峰遇难。其团队向导安迪·哈里斯（Andy Harris）因为缺氧在山峰滑坠消失。

罗布·霍尔是其中最后一位离世的登山者，他在南峰熬过两夜，并坚持到第三天。他通过卫星电话与自己怀孕的妻子通话，向她告别。他最后的话语令人心碎：

"睡个好觉，我的宝贝。请不要太过担心。"

5月12日下午，风暴平息，气温回暖，人们上山找到史考特·费雪时，他已经不幸遇难。

1996年山难之后，珠峰的故事受到了世界瞩目。在此之前，这座世界最高峰见证了大大小小的灾难事故，在此之后，直到2014年登山季，还没有更严重的灾难发生。

对于攀登珠峰，我有着自己的排序：

第一，安全回来。

第二，尽可能登顶。

第三，享受攀登。

我不想想太多，一步一个脚印地往山顶前进就好。尽人事听天命。

然而，就在我们进入昆布冰川拉练的第二天，意想不到的雪崩就造成了16人遇难，死亡人数超越1996年山难成为珠峰最大山难。

被雪崩阻止的脚步，还有可能再迈上珠峰吗？

# 第三章　远山在呼唤

## 第一节　"遇见"史考特·费雪

**是火山，也是雪山**

"七峰计划"本不是我人生中的一个计划，至少在2005年我去攀登非洲最高峰乞力马扎罗的时候，它还没有萌芽。

郁郁葱葱的热带雨林中，阳光漏出树缝，洒下一片斑驳，射向倒地的枯木。脚下的步道仿佛是从泥土里自己长出来的，传入耳中的声响，是不远处灵动的瀑布，头顶的树杈间一闪而过的身影，是难得一见的蓝猴。置身这绿野仙踪般的梦幻世界，被忽晴忽雨的天气折磨，却也心甘情愿。我们正行进在这片大陆最高峰的攀登路上。目标是海拔5895米的顶峰，乞力马扎罗的雪。

在这之前，我对乞力马扎罗并没有太多了解，只知道它是非洲最高峰。很多人对这座山的了解应该都来自于美国作家海明威创作的中篇小说《乞力马扎罗的雪》。对于这本著名的小说我只知其名，未读其详，但这个书名让我对乞力马扎罗的山顶上到底有没有雪产生了强烈的好奇。毕竟这是一座位于赤道附近的山。

准确地说，乞力马扎罗其实是世界上最大的独立山体，并不隶属于任何山脉。主体呈东西走向绵延80多千米，成为坦桑尼亚和肯尼亚这两个非洲国家的自然国界。至今仍活跃着地壳运动的东非大裂谷造就了乞力马扎罗这座热带雪山。它的形成大约始于75万年以前，主要由三座死火山组成：马文济、西拉、乌呼鲁。

乌呼鲁顶上的火山锥名为乌呼鲁峰，海拔5895米，正是我要前往的非洲大陆制高点。从飞机上看下去，它的峰顶轮廓非常鲜明，缓缓上升的斜坡引向顶部巨型的盆状火山口，因为海拔比较高，顶峰位置常年覆盖着皑皑白雪。

在斯瓦希里语中，乞力马扎罗是"闪闪发光的山"。由于全球变暖，乞力马扎罗的冰雪消融、冰川消失现象非常严重，在过去的80年里，这里的冰川已经萎缩了80%以上。有环境专家指出，乞力马扎罗雪顶可能将在10年内彻底融化消失，届时乞力马扎罗独有的"赤道雪山"奇观将与人类告别。"闪闪发光的山"，光芒终将不再闪耀。

**意外的"邂逅"**

攀登乞力马扎罗是一场从热带到寒带的垂直穿越，名副其实的"冰与火"之旅。当热带丛林渐渐褪去，我们的队伍突然停在了亚热带。

就在大家小声议论的时候，当地向导转头示意所有人保持安静，脸上的肃穆神情是他们少有的。

一块纪念铭牌出现在眼前，史考特·费雪的名字赫然其上。

"我知道他！他是美国非常有名的登山者，在1996年的珠峰山难中遇难了。"我压低嗓音向队友介绍着。

珠穆朗玛，乞力马扎罗，上万千米的距离；1996年5月，2005年7月，九年之隔。珠峰上能够吞噬生命的狂风暴雪吹不到九年后遥远的乞力马扎罗，费雪经历过的生死困境我们无从感受。

时空交错中，我在攀登非洲最高峰的路上，缅怀着攀登世界最高峰的遇难者。冥冥之中，应了那句"山与山不相遇，人和人要相逢"，以及"人与山相逢，就会产生奇迹"。尽管，我在当时并不能预知自己将会与珠峰产生怎样的密切关联。

为我们攀登乞力马扎罗提供服务的坦桑尼亚当地向导团队隶属"疯狂山峰"旗下，而"疯狂山峰"的创始人正是史考特·费雪。在1996年珠峰山难中，"疯狂山峰"的向导营救了3名客户，成为4支遇险队伍中唯一没有客户遇难的队伍。

我们在美国找的向导公司名为荒野旅行（Wilderness Travel）。在2005年，这家公司就已经成立20多年了，可以说是美国探险旅行行业的开拓者。它们在全球范围内开展探险旅行活动，从非洲徒步旅行到阿尔卑斯山的徒步旅行，再到南极洲的远征巡游，涉及几十个国家和地区。他们的专业让我们省心不少。

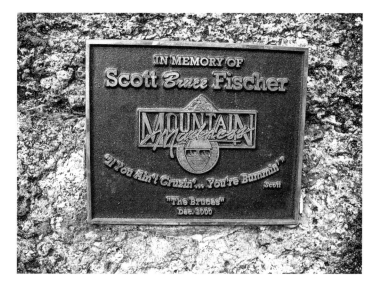

尽管攀登乞力马扎罗，被定义为相对简单的徒步旅行，向导公司还是给我们发来整整40页的注意事项，内容细致到出发前120天、60天、3个星期、出发前及活动过程中，一系列的时间节点里，我们需要准备什么，以及他们会为我们提供什么。事无巨细，清清楚楚。甚至还包括简单的英语和斯瓦希里语的对照，依葫芦画瓢地应该也能让当地人很快了解到我们的友好和善意。

我们严格执行着这厚厚一沓的介绍。攀登非洲最高峰毕竟存在风险，听从专业人士的建议，在各个方面都准备充分，心里才有底。

## 非洲最高峰的威力

越野车停在乞力马扎罗国家公园入口处，每个从车上下来的人都是一身户外行头和一脸的兴奋。我们往山上走了没多远，就听领队说道："这里就是我们的第一个营地了。"这是一片没有什么固定设施的空地，需要自己扎营。我们抵达的时候，已经有别的队伍在那里安顿好，帐篷外的烧烤香气扑鼻而来。

在此之前，我虽然也登过几次山，但每一次的行程基本上只需一天时间，所以我从来没有过露营经历，也不知道帐篷要怎么搭。好在，有30多名当地向导和背夫为我们6个人的队伍服务，完全不用自己动手。

我们还悠闲地和营地里的其他队伍举行了篝火晚会，直到深夜。

然而，新奇、愉快的心情到了第二天早上就完全变了。我非常不适应这种没法洗澡的户外生活，刷牙、洗脸全都在简陋的露天环境下进行。帐篷外不同动物的叫声、风吹动枝叶的响声，到了晚上就变成纯粹的噪声。潮湿的环境、扰人的蚊虫、租来的别人睡过的睡袋，更增加了入睡的难度。

出发前我知道，此行肯定不会住得像在城市里一样舒服，但真的到了当地还是大吃一惊，我显然高估了自认为做好的心理准备。

同样没有受到足够重视的，还有高反。这次凡与我同行，在前往海拔4500米的营地途中，高反来袭。我因为之前登过几座山，对高反有些了解，虽然难熬却还是可以忍受。但凡从来没有体验过高反，剧烈的头痛让她倍受煎熬，本就不充沛的体力更是雪上加霜。向导的建议除了多喝水、多休息，还有一句不断重复的"Pole Pole"。这是乞力马扎罗的向导们最常挂在嘴边的话，斯瓦希里语意为"慢慢来"。

真正让我们意识到高反危险性的，是海拔4872米营地的一个消息。向导说，一名队员因为高反导致眼睛出现问题，不能再继续后面的行程了。我们格外震惊，从来没想到高反会导致这么严重的后果。后来，这名队员由向导搀扶着原路返回，海拔降低了，高反症状也就缓解了，最终脱离危险。我们从此再不敢对高反掉以轻心。

乞力马扎罗一共有十多条攀登路线，每条线路花费的时间都在一周左右。大多数人会选择被称作"可口可乐线"的马兰古路线（Marangu Route），这条路线相对轻松、休闲一些，就像一瓶可乐，老少咸宜。还有不少人会选择马切姆路线（Machame Route），别名威士忌，比可乐浓烈得多。

我们攀登的路线是历时8天的IMAX路线，这条路线的名字应该是由于IMAX团队沿着这条线路专门拍了一部关于乞力马扎罗的纪录片。后来在乞力马扎罗的攀登路线里找不到IMAX这个名称了，人们更熟知的是莱莫绍路线（Lemosho Route），这条路线是景色最美的。我们当时的行程和莱莫绍线很相似：都是8天时间，有充分的适应高原环境的时间；都是从乞力马扎罗西侧开始上山，之后海拔逐渐变高，路线变为沿着南麓环绕上山。

这是一条风景好、时间长、走得比较慢且不走回头路的路线，最适合我和凡这种没有什么登山基础，体能也不过硬的初级登山者。相比其他5天的行程，因为多了3天时间，整体徒步距离要更长，但也正是因为多了3天时间，每天徒步的感觉并不是那么累。

尽管如此，这条精心选择的路线还是对我们彰显了非洲最高峰的威力。

**真正的顶峰**

威力集中展现于冲顶阶段。在凌晨1点，我们循着头灯的光列队出发。黑暗中无穷无尽地走，通往顶峰的路漫长到好像总也走不完。

"马上就要到顶了。"也不记得到底走了多久，终于听到向导说出这句振奋人心的话。随后，我们就来到一个相对平缓的地方。我以为这里就是顶峰了，紧绷的精神和疲累的身体全都放松了下来。

"不不不，还有一个小坡才能到顶。"向导赶紧说。

"如果走不动了,到这里也算是登顶了。"我们有些崩溃的表情让他改口道。

"这里到底是不是乞力马扎罗的顶点?"我问道。

"不是。"

"哪里才是最高点?"

"海拔5895米。"

"这里的海拔是多少?"

"5685米。但这里是第一个顶了。"

"那又怎样?"

"到这里也算登顶了。"

"不,我们还得继续往上,到最高的地方去。"我毋庸置疑地表示。

在向导磕磕绊绊的英语表达中,我终于弄明白,原来乞力马扎罗的攀登路线上共有3个顶峰,分别是海拔5685米的吉尔曼高点(Gilman's Point)、海拔5756米的斯戴拉高点(Stella Point)、海拔5895米的乌呼鲁峰(Uhuru Peak)。到达任何一个顶都可以获得登顶证书,只不过证书上的海拔高度和顶峰名称是不一样的。

可登山并不是为了一张登顶证书,既然知道这座山的海拔高度是5895米,那就必须要到真正的顶峰,这样才算是登顶乞力马扎罗。三个顶的安排或许是当地为了吸引更多游客前来登山的手段,我只觉得匪夷所思。一座山真正的顶峰当然应该是清晰且明确的。

通往顶峰的最后的陡坡,我们确实走得有些崩溃。当紧绷的精神一下子松懈后,很难再回到之前的状态了,只能咬紧牙关紧跟在向导后面,用尽最后的力气爬上去。天已经蒙蒙亮了,就要迎来胜利的曙光了,坚持住!

当我们站在真正的顶峰,看到海拔5895米的标志时,恰巧拂晓,太阳从云层跃出。目之所及,阳光照到的地方是金色的,没有照到的地方是蓝色的,色彩交融的区域层次丰富到难以用合适的词汇去描述。我和凡用一张顶峰合影将这样的胜景定格,作为对自己的坚持最好的褒奖。

成功登顶固然让人欣喜,想要在体能几乎耗尽的状态下安全下山,更要慎之又慎。幸运的是,我们登顶和下山时天气都特别好,没有下雨,晴空万里。终于,历经了又硬又难走的石头路,以及漫长的火山灰路段,仿佛永远也走不到头的下山路总算是走到了头。我们再一次来到启程的营地。

就这样,没有读过《乞力马扎罗的雪》,没有了解过"七峰"的概念,我登上了非洲最高峰,全然不知,自己完成了日后一个梦想的七分之一。

## 第二节 狼狈的勃朗峰之行

**无知者无畏**

"我不知道你为这次攀登做了什么准备,但是你现在这种状态是不可能登上勃朗峰的。"在折返点等了我很久的向导脸色很难看。

我的脸色一定比他还难看,当然,区别在于他的难看是由于气愤,而我的难看是由于难受。以这样一种狼狈的方式开启我的2007年勃朗峰攀登,是我怎么都没想到的。

因为担心雪山上风大气温低,我这次带了好多衣服来。我们第一次适应性训练刚出发不久,天就下起大雪。刚刚走过的这一小段路就让我隐隐意识到，我是不是穿得有点过于多了？冷是一点不冷，我非但不冷，简直要热死了，一层一层不透气的衣服把我捂得大汗淋漓。

向导在前面始终按照自己的节奏走着，我跟在后面越落越远。纷纷扬扬的大雪很快盖住了向导留下的脚印，路上的积雪没过了膝盖，我只能一步一陷地向前挪动，这样的体能消耗已经超出了我的承受范围。

两个小时，没有休息，没有喝水，身上不停地流着汗，头疼炸裂，累到极致。在勃朗峰寒意十足的大雪中，我竟然体验到了要中暑的感觉。

好不容易回到大本营的小木屋，我抄起1.5升的矿泉水瓶，一口气灌完了两大瓶。这哪里是刚从雪山上下来，分明是刚从沙漠里逃出来。从来没有这么渴过，喝下去的水咕咚咕咚地灌进干瘪的细胞，我的精神状态慢慢饱满了起来。

登山确实需要做好周全准备，但是，过犹不及。极其不专业的着装，是勃朗峰让我牢牢记住的第一个教训。

从纽约飞到瑞士日内瓦后，我搭乘小巴在一个雾蒙蒙的阴雨天前往霞慕尼小镇。

坐落于勃朗峰脚下的霞慕尼，处于法国东部，接近瑞士和意大利，是世界名的登山户外小镇，也是现代登山运动的发祥地。UTMB环勃朗峰超级越野赛、勃朗峰马拉松、世界攀岩锦标赛……一个个知名的国际赛事，就是霞慕尼的户外大派对，来自世界各地的参与者和观赏者全都乐在其中。

夏天的霞慕尼是登山者的天堂，到了冬天它就成为滑雪者的胜地。1924年第一届冬季奥林匹克运动会就是在这里举行的。我与霞慕尼的初识也是在冬天。2002年公司组织的一次滑雪活动，就是在这里。

冬日的阳光倾泻而下，雪道白得耀眼又刺目。雪道顶端，身着艳丽滑雪服的身影如一个个极具冲击力的彩色炮弹一般，一路拐着漂亮的S弯飞驰而下，激起纷扬的雪沫。那时候沉醉雪山风景的我，又怎能料到，有朝一日我竟然会以登山者的身份置身这风景中，并将站在曾经看过的雪山的顶峰。

雨过天晴，将我的思绪从记忆中的冬天拉回眼前的夏天。车窗外，形态各异的山峰连绵不断，7月的阿尔卑斯山依然能看到皑皑白雪。勃朗峰就因山顶常年被积雪覆盖，一眼望过去整座山峰都是雪白的，因此得名"Mont Blanc"——"白色的山"。

在英国诗人雪莱的诗句中，勃朗峰及它所属的阿尔卑斯山是欧洲的人间天堂，是新的世外桃源。身临其境的我，深深地沉浸其中。

勃朗峰的风景自是不必多言，这里还是现代登山运动的诞生地。

1760年，一位名叫德索修尔的瑞士科学家在考察阿尔卑斯山区时，对勃朗峰的巨大冰川产生了浓厚的兴趣。然而，他自己的攀登却未能成功。于是，他在山脚下的霞慕尼村口贴了一张告示，重金寻找能登上勃朗峰顶峰的人。这告示一贴就是26年，直到1786年，当地的一位医生帕卡尔和石匠巴尔玛，结伴登上了勃朗峰。一年后，德索修尔自己带上所需仪器，由巴尔玛为向导，率领一支20多人的队伍登上了勃朗峰，验证了帕卡尔和巴尔玛的首攀事实。

然而，无论景色有多美好，勃朗峰从来不是一个轻松的攀登之地。每年有近3万名登山者从法国或意大利一侧尝试攀登勃朗峰，平均每年有2万名登山者登上勃朗峰，使其成为欧洲最受欢迎的山峰之一。因为攀登人数众多，这也使其成为世界上最致命的山峰，每年会夺去约100人的生命。在勃朗峰的攀登线路上，沉积千年的冰川布满危险的裂缝，说不准什么时候就会滑落下巨大冰块，更有可能带来致命的雪崩；还有多变的天气，对经验不够丰富的登山者都是致命的风险。

无知者无畏，但雪山会用自己的方式告诫无知者。在被向导质疑的训练中，我甚至都不知道自己是因为脱水导致高反症状不断加重。当然，先把穿多了的、不透气的衣服脱下来一两件，是首先需要做的，而我当时就连这个也不懂。

"基本情况就是这样，你对这次攀登还有什么要了解的吗？"

"没有什么了，只希望我们两个人能安全地攀登这座山。"

我坐在登山小镇霞慕尼的一间餐厅里，和向导沟通着攀登细节。这位来自美国的向导每年夏天都会在法国工作一段时间，带队攀登勃朗峰和阿尔卑斯山脉的其他山峰。

"这座山有几个地方很危险，会有落冰、落石，一定要快速通过，否则很容易出事故。你一定要听我指挥，如果我加快了速度，你一定要跟上我的脚步。"向导继续叮嘱道。

"今晚12点，我们准时出发冲顶。"

"好的。"

向导应该依然不相信我可以顺利登顶，只是想再试一试，实在不行再放弃。这大概是因为，我支付了比团队攀登更贵的一对一向导费用。

身体状态恢复了一些，心情也随之得到了缓解。毕竟我来到勃朗峰可谓一波三折，一定要坚持到底。

**历历来时路**

对于我来说，攀登勃朗峰的第一个阻碍并不在山上，而是在出发前办理签证的环节。

法国驻纽约领事馆竟然拒绝了我的签证申请，拒签理由是我之前申请申根签证时，申报的酒店和实际入住酒店不一致。收到领事馆的回执，惊讶之余我很快平复情绪，梳理眼下需要面对的情况。

勃朗峰那边的向导已经约好时间了，费用也付过了，是不可能退款的。虽然申根签证可以向任何一个申根公约国申请，但我刚刚被法国拒签，短期内也不可能从其他国家获得签证。

接下来要怎么办？直接认倒霉放弃？这不是我的做事风格。既然没有别的路可走，那就想办法说服签证官。时间紧迫，直接联系总领事。打开计算机说干就干，我先查到法国驻纽约领事馆总领事是谁，然后找到了他的邮箱地址。接下来，就要写一封信，好好解释一下我为什么要去法国。

尊敬的总领事：

感谢您和您的同事很快回复了我的签证申请，很遗憾我没有获得批准。给您写这封信，是希望您能更详细地了解我本人，以及我此次前往法国的目的，从而能改变决定，重新批复我的签证申请。

首先，请允许我向您介绍一下自己。我叫吴皓，是一名在美国生活多年的中国人。我也是一名登山爱好者，已经攀登过美国本土最高峰威特尼山、美国本土最高的雪山瑞尼尔山、非洲最高峰乞力马扎罗山。我希望能借助登山这种方式去到世界各地，看到更多的风景，了解更多的风土人情。

我为自己制订了每年攀登一座雪山的计划。这一次我的攀登目标是西欧最高峰勃朗峰。在此之前，我的另一个爱好——滑雪已经带我领略了阿尔卑斯山冬季的美景，攀登勃朗峰可以让我更全面、更近距离地感受阿尔卑斯山的魅力。对于这次旅行，我很向往，也为此筹划多时，无论是体能还是物资方面都提前做好了充足的准备，并且已经联系好登山向导，缴纳了登山费用，确定了登山的具体时间。我将此行的行程安排及与向导沟通的内容、缴费凭证等证明资料附后，烦请您查看、了解。

一直以来，法国都是我理想中的旅行目的地。这一次由于时间有限，我只能在攀登勃朗峰的过程中，感受法国这个浪漫国度的自然景致。这里的都市生活、艺术气息留待我以后再次前往，细细品味。

如果我之前去往法国时做的任何事情导致了一些误会，在此我诚挚地表示歉意，并愿意对此进行解释。

希望您能了解我渴望实现攀登勃朗峰的心愿，也期待您能促成我的此次法国登山之行，十分感谢。

祝您一切安好。

吴皓

之前登山的照片、登顶纪念证书、登山装备的照片，我把自己觉得可能有用的证明资料一股脑上传到这封邮件的附件里，向他证明这一切都是真的，我可不是为了骗取签证在瞎编。

检查一遍确认无误，单击发送。我能做的也只有这些了，死马当作活马医吧，万一有转机呢。尽了人事，剩下的就是听天命了。

一晃几天过去了，在我已经不对这件事抱希望的时候，希望出现了。例行打开邮箱，一封邮件主题让我眼前一亮。总领事回信了！迅速点开邮件浏览完全部内容，签证批准了！这可真是柳暗花明的惊喜。

凌晨12点，勃朗峰的冲顶之日，我和向导准时出发。循着头灯的光亮，走向看不到的顶峰。出发不久，一段需要手脚并用的岩石路挡在眼前。每向上一步，我的注意力全都放在了手和脚的位置上，以至于我的头盔经常撞到岩石上，发出砰砰的响声。

"这幸亏戴了头盔，不然脑袋不知道要撞成什么样子了。"我在暗暗庆幸的同时，也认识到，勃朗峰复杂险峻的地形对于像我这样缺乏经验的登山者来说，实在是不能大意。

终于我们爬过了艰难的岩石路段，来到勃朗峰的雪线，雪线之上等待我的是另一种艰难。

此后的路，没有路绳辅助，我必须和向导结组前行。结组就是用一根绳子连在两个人的安全带上，一前一后行进，以互相保护。走在前面的人负责引路带节奏，这个角色自然要由经验丰富的向导来担当。

跟在后面的我需要跟上向导的步伐前行。这件听上去很简单的事，其实很艰难，向导的体能、经验比我强太多，他的步伐频率、距离也跟我不一致。我走慢了，两人之间的绳子就会绷紧，向导就可能失去平衡；我走快了，两人之间的绳子就会太松，出问题的时候就起不到保护作用。我必须跟着向导的步伐，走得不紧不慢，以保持两人之间的绳子有一点张力。我感觉自己神经高度紧张，眼前只有脚下这一点点世界，脚累，心更累。

不知不觉间，天光大亮。也不知道走了多久，在一片平缓地带，向导平静地对我说了一句，"这就是顶峰了。"他的语气平静到让我怀疑，他只是想用善意的谎言来鼓励我。

山顶上没有任何标识，天也阴沉沉的，看不到山下的任何景致。如果没有向导的提醒，我即便走到顶峰都不会知道自己已经到了。看看四周，的确也没有比我们更高的地方了。

站在顶峰的我完全没有什么欣喜，最强烈的念头就是，终于可以不用再往上走了！一路紧绷的心立刻放松了，这是一种无知的表现。我也是后来又登了一些山之后，才真正明白，登上顶峰只是完成了攀登的一半，安全回到大本营才是真正的结束。站在勃朗峰顶峰的我还没有认识到，很多危险都潜藏在下撤阶段，一定要给下山留一些体能。

下山时，换我走在前面。向导是考虑我的状况，一旦出现问题能够迅速做出反应。但我实在不知道这是不是个好主意。登顶几乎将我的体能消耗殆尽，我又完全不知道该如何选择合适路线。

我跌跌撞撞、东倒西歪地打着头阵，经常一个趔趄就摔到雪地上。每一次倒地，身上的结组绳就会猛然绷紧，跟在后面的向导总要被拽得突然向前几步。到后来，每当我跟跟跄跄快要摔倒时，都能感觉到腰间的结组绳会提前自行绷紧。那是向导在拽紧绳子，帮助我保持平衡。

这个向导可能真没有带过我这样的菜鸟客户，越来越不耐烦。极度的疲累让我的心里也有了怨气。勉勉强强下到雪线之下，可以沿着岩石路和土路走了。在向导看来，这就算进入安全地带了。解掉结组绳的一瞬间，向导轻快的下撤步伐将他的解脱心情彰显无遗。

他可以快速下撤的这段路，对我来说依然困难重重，险象环生。这些上山时频频撞击我头盔的岩石，在下山时对我依然毫不客气。我绷紧了神经，艰难而缓慢地摸索着，颇费了些周章才顺利下来。

后面的路，我没有看到一个人，更看不到向导的身影。脚还越发疼了起来，我想可能是磨了

个水泡。疲累、疼痛、孤独、气愤，所有情绪拧在一起。

"不靠谱"，是我当时对向导的唯一评价。当我安全下山后，冷静一想，这也有可能是他对我的评价。在他的理念中，一定要自己具备攀登的能力才可以去登山，而不是什么都要依赖向导。

登勃朗峰之前，我还不能理解这样的理念；登勃朗峰之后，我越来越认同这样的理念。

总之，从解开结组绳之后，我就再也没见过那位向导，而我忙着处理另一件我从来没有遇到过的棘手之事。当我回到山下脱掉鞋袜查看脚上的疼痛原因时，赫然看到一团血肉模糊的景象，我左脚大脚趾的趾甲盖已经整个地翘了起来。

"我的身体缺了一块！"恐慌及相伴而来的那么一丝悲壮感，让我一时间有些不知所措，我没想去联系那个已不知去向的向导，也不知道霞慕尼这么一个小镇哪里可以找到医生，可以处理趾甲盖脱落这个问题。

"我要赶快离开这里，尽快回到纽约去找我的医生。" 我赶紧收拾好行李，赶到霞慕尼小镇汽车站。然而，下午6点多，汽车站紧闭大门，当天已经没有返程的小巴了。站在汽车站的广场上，脚下放着两个大驮包的我，不知所措。

"不行，我必须要马上离开。" 只能花钱叫出租车了。从霞慕尼连夜回到日内瓦，这个决定耗费了我将近五百瑞士法郎。对于只想尽快回到熟悉环境中的我来说，用这样的代价买到内心的安全感，以及保住一只脚，是非常值得的。我真的以为如果不及时处理脚上的伤，它就会进一步恶化、溃烂，最终截肢。我不能容忍这样的事情发生。

我火速改签了机票，第二天就从日内瓦飞回纽约，直奔医生处。结果医生轻描淡写地告诉我这没什么大不了的，趾甲会重新长出来的。紧张了一路，原来是虚惊一场。

后来，那个趾甲盖在脚趾上晃悠了好久终于彻底掉落，整个过程也没有我想象的那么疼。再后来，新的趾甲盖慢慢又长好了。这一通小题大做的折腾，让我牢记了一个登山常识，趾甲盖脱落是可以再长出来的。

就这样，我付出了一个脚趾甲盖的代价，有惊无险地完成了勃朗峰的攀登。我把当时登山时拍的一张照片用作了自己的微信头像，一直没有换过。

## 第三节 战争与和平

### 没有简单的山

关于欧洲最高峰的争议，存在已久。长期以来，这一桂冠被戴在阿尔卑斯山勃朗峰的头上。

直到20世纪50年代,国际学术界才达成共识,厄尔布鲁士,这座大高加索山系群峰中的龙头老大,才是真正的欧洲最高峰。勃朗峰只是西欧最高峰。

之所以存在这样的争议,与厄尔布鲁士的地理位置不无关系,从小比例尺的地图上来看,它仿佛骑在亚洲和欧洲的分界线上。但其实它距离这条分界线还有20千米之遥,厄尔布鲁士的山体完完全全位于欧洲境内。

在2007年登顶了勃朗峰后,我决定2008年夏天尝试攀登欧洲最高峰厄尔布鲁士。欧洲最高峰位于俄罗斯,难度不大、攀登周期短,登完之后回北京看奥运会,这不正合适吗?我搜索了多家国外向导公司的厄尔布鲁士攀登行程,一番比较研究,最终确定参加一家英国向导公司代理的登山活动,时间大约在8月3日至8月10日。

厄尔布鲁士漂亮的锥状山体彰显了它的休眠火山属性。这座沉睡中的火山最后一次喷发大约在两千年前。而在古希腊神话中,因为人类盗取火种而遭到宙斯惩罚的普罗米修斯,就是被锁在了高加索山的悬崖上,而这片悬崖就是我们后来看到的厄尔布鲁士。

海拔5621米的卫峰(东峰)和海拔5642米的主峰(西峰),让厄尔布鲁士天然形成一大一小、一高一矮的"双峰并峙"之势。厄尔布鲁士是七大洲最高峰中最先被登顶的,人类的攀登足迹最早出现在它的卫峰顶上。早在1829年,一位名叫基拉尔·卡希洛夫(Killar Khashirov)的本地向导带领俄罗斯帝国军队的科学探险队完成了厄尔布鲁士卫峰的首次登顶。这也拉开了厄尔布鲁士山近现代意义上的登山活动的序幕。

但序幕拉开后，后续的攀登剧本足足撰写了45年，主峰才终于迎来登顶者。1874年7月，对高加索山脉有着强烈兴趣的英国人在瑞士向导的带领下，登上了厄尔布鲁士主峰，这也是人类首次登上它的真正巅峰。

相比近百年前首登厄尔布鲁士的登山者们，如今的攀登过程简单了许多：坐缆车到大本营小木屋住一晚——出发登顶——下撤回到小木屋——带上所有装备坐滑雪场的雪地车下山。真正攀登的时间只有一天。

凡事都有两面性。便利的条件同样也缩短了高海拔适应的时间。看似简单的厄尔布鲁士也有"变脸"的时候。2021年9月，就有一支19人组成的登山队在海拔5000多米的地方遭遇暴风雪袭击，最终导致5人遇难。

没有哪座雪山能轻轻松松登顶。厄尔布鲁士也一样。

我的眼前只有头灯照出的一小块光亮，光束之外是厄尔布鲁士沉沉的夜，耳边只有呼啸的风声。这是山上一天中最冷的时刻，也是我们开启冲顶之路的时刻。在接下来的至少12个小时里，我和我的队友们要在向导的带领下，完成1700米的海拔上升，以到达厄尔布鲁士的顶峰。

天上没有下雪，脸上却不停地有雪粒打来，大风裹挟着地上的积雪直拍在脸上。这不是最让人崩溃的，地上的雪更折磨人。每前进一步，我都要从没小腿的雪坑里拔出脚来，再踩出下一个雪坑，然后，继续拔出脚。

冲顶的队伍很多，在冲顶大军中，我们的队伍是比较靠前的，这就意味着并没有那么多人来帮我们把深厚的积雪踩实。而我又走在我们队伍所有队员的前面，眼前只有向导踩出的一个个深坑般的脚印。

"向导的步子怎么会迈得这么大？"我在心里暗暗着急。我迈出去的脚步，很多时候并不能踩到他留给我的雪坑里。加上头灯的微光也并不能让我把路况看得真切，所以我基本都是自己在开路前行，体能消耗倍增。

嘎吱嘎吱的踩雪声频率渐渐放缓。没多久，我就完全跟不上向导的步伐了。不知不觉间，两个人的距离越拉越大。当我已经累到不行的时候，看看表发现才走了不到半个小时，寒夜似乎把时间也冻住了。

"至少要坚持一个小时，到第一个休息点再说。"

我给自己定下一个小目标，在路上耗着不走既得不到休息，还会增加失温的危险，毫无意义，我只能咬牙坚持。

终于看到向导站在休息点的身影，他语气轻松地招呼我："怎么样？你还好吧，坐在这里休息一下，喝点水。"

"我不能走在最前面了。"我一边喘着粗气坐下来，一边态度坚决地申请道。

"好的，我知道了。"向导没有多说什么，他也许会诧异，为什么前两天我的体能还那么充沛，现在却如此狼狈？他也许见怪不怪，常年在雪山上摸爬滚打的他们什么样的队员没见过。

我已经顾不得他会怎么想了。总之，接下来的路，我没有多余的体力再开路了。

等到所有人都休息好，再次出发时，向导把我安排在队伍中间的位置。这让我感觉好了很多，至少可以踩在几个人踩过的路上，没有那么费力了。开路这种事，尤其在积雪很厚的路上开路，还是交给专业向导或者体能更好的队员吧，它已经超出了我的能力范围。

接下来就是不停地走，大家沿着固定路线列队前行，尽量规避不可知的风险，如暗藏在雪下的冰裂缝。在众多头灯区隔出的星星点点的光里，只听得到这两种声音——

一脚一脚踩在雪里的步伐。

一口一口不同速率的呼吸。

不停地走，走到我简直要怀疑这条冲顶路到底有没有尽头了。身体的疲累、精神的紧张，只能咬着牙坚持。渐渐升起的太阳被山峰挡住了一部分。于是，厄尔布鲁士的背影便投射在旁边的山上，那是一个巨大的三角形，被晨光镶上一道金边。这一幕晨曦美景仿佛一针强心剂。我一鼓作气翻过了厄尔布鲁士的卫峰，下到山坳里，准备向真正的顶峰发起最后冲击。这时候碰到了一名决定放弃冲顶的队友。

"我决定不再往上走了。"

"那你要自己下去吗？"我问他。

"不，那边有个废弃的小木屋，我可以在那里等你们，再一起下山。你还要继续吗？"

"我还没想好。"我真的很想放弃。

"这里还挺舒服的，不是吗？"

是的，坐在这里真是挺舒服的，山脊上的风呼呼地刮着，但在这个山坳里，风被两边的山挡住了，可以安心地休息。看看上面的路，顶峰依然遥不可及。刚才累死累活地好像也就只走了三分之一的路程，可我的体能感觉已经快要消耗完了。我看了一眼决定放弃的队友，想着："他那么人高马大都放弃了，我有什么不好意思的呢？又不是只有我一个人放弃。"

"可是，真就这么放弃了吗？半途而废可从来不是我的风格，况且计划了这么长时间，花费了这么大代价，付出了这么多努力，好不容易来到这么远的地方。既然来了，并且已经走到了这里，就因为这么一点辛苦而放弃吗？"

我内心的拉锯战正在进行，就在两种意见争不出胜负的时候，这名队友起身向我道别：

"我要到小木屋去了，祝你好运。"

"OK，谢谢，你也多保重。"

望着他离我而去的身影,我中止了没有结果的思想斗争。先不想那么多了,这里是到达顶峰之前最后一个可以休息的地方了,先休息一会儿吃点东西再说。

果然,水和食物不仅能补充能量,还能坚定意志。前面的体能消耗确实有些大,但那只是一开始的行走节奏被打乱了,并不是体能完全支持不住,我还没有到筋疲力尽走不动的状态。

身体缓过来了,主意也拿定了——我要继续往前走。做出这个决定后,顿觉身心轻松,也终于有心情看一看周围的风景了。

当时天还没亮,天空的颜色只是从特别暗变得浅了一些。仰头一望,天上的星星又多又清晰,挂在天幕上闪烁着亮光。我突然感觉到一种久违的宁静,尤其在刚刚经历了一场耗费心力的内在纷乱之后,这份宁静让人格外舒坦。听着风从耳边呼啸而过,我越发庆幸自己没有受到队友的影响,跟风选择放弃。如果就这样从现在这个美丽的地方掉头回去,实在太可惜了。也许,顶峰会有更好的风景。

再次出发,我已经落在队伍靠后的位置了。在慢慢找回了攀登节奏的过程中,一步步接近顶峰。

"欢迎来到厄尔布鲁士顶峰。"

"祝贺你。"

终于听到向导和队友们开心的话语,天光大亮。在顶峰之上和我的心里,没有人知道我险些错过这一切,我把这个秘密藏在顶峰的风里,消散在厄尔布鲁士的胸襟中。

**神秘的两道杠**

试想一下这个场景,在雪山营地的小木屋里,一帮登山的人在晚上不去看星空,不去打牌、聊天,而是饶有兴致地围着一双鞋看来看去。你会不会觉得匪夷所思?

2008年8月厄尔布鲁士大本营的一个夏夜,我成为这个场景中饶有兴致的一员,并且可能是所有人里兴致最高的。

那是一双有着明显使用痕迹的高山靴。它有着辉煌的过去,曾站上过世界最高峰珠穆朗玛峰的顶点。它的主人是一位40多岁的英国人安德鲁。他和我同在一支登山队伍里，一起等待着冲顶欧洲最高峰厄尔布鲁士。安德鲁个子高高的，在英国森林服务局工作，这也是他的"七峰计划"中最后一座待完成的山峰了。

我在遥远的欧洲再一次与珠峰产生连接，我不知道这是否可以视作远山的呼唤？但这的确是我第一次知道世界上还有人以登顶七大洲最高峰作为目标的。"七峰"的概念就这样撞开我的心门。

"你们猜这里两条不同颜色的记号是什么意思？"安德鲁拿起自己的高山靴向大家展示着。所有人的目光中都充满了好奇，尤其是我。我连猜了几次：

"为了和别人的鞋区别开，以免穿错？"

"是你的脚的实际长度，鞋要比脚大一些？"

"是要记录什么吗？就像古代东方人结绳记事一样？"

我的回答都被安德鲁笑着否定了。

"它们到底表示什么呢？快揭晓答案吧。"终于有人按捺不住。

正确答案公布，这两道画在高山靴上的记号，是用来通过珠峰南坡昆布冰川上的金属梯的。"只要对准了这两个记号，冰爪就会正好卡在平铺的金属梯阶梯之间，不会掉下去。"安德鲁试图用语言和手势，向我们这些完全不了解珠峰攀登的人们解释清楚这句话的含义。

回答了一个提问，引来更多的提问。

"昆布冰川是什么样的？"

"金属梯是怎么架上去的？"

"为什么梯子要横着放？"

"登珠峰是什么感觉？是不是很危险？"

"登顶了是不是很兴奋？"

在厄尔布鲁士的营地里，所有人的心都被牵到了遥远的珠峰。平日里话不多的我难得有这么浓厚的表达欲。强烈的好奇心让我的问题一个接一个地涌上来。时间不知不觉到了深夜，热闹的分享结束，我安静地躺在自己的床铺上，内心却波涛汹涌。攀登珠峰，对我来说确实遥不可及，但我可以和登过珠峰的人一起登山，多么难得的体验。

从此，安德鲁身上仿佛安了一块巨大的磁铁，吸住了我的目光。一有机会我就向他请教有关珠峰登山的问题，兴奋于自己可以和一位即将完成七峰攀登的人如此近距离地接触。

走在下山路上，我回味着安德鲁说的那句"安全下山才算真正完成"，而安德鲁在山顶和我们互道"山下见"之后，就以非常快的速度开始下撤。他一直走在队伍的最前面，没有人能追上他，很快，他的身影就消失在我的视线里。

在快到大本营的路上，我们可以坐滑雪场的雪地车继续下山。这是一种可以在积雪中行进的车，能坐几十个人。大家陆续上车开始放松休息了，却发现安德鲁一直没有上车，他要自己走下去。

对于登山，可能安德鲁比我们理解得更纯粹，他所接受的登山理念会让他觉得，应该自己走下去。或许，他也是在以这样的方式表达对雪山的敬畏和尊重，这才是一名登山者该有的态度。

**和战争擦肩而过**

再一次和安德鲁会合时，我们已经全员下撤到厄尔布鲁士山脚的小镇上。在回矿泉城的公路上，还没来得及好好回味顺利完成攀登的喜悦，一行人就被巨大的轰鸣声震慑住了。

震耳欲聋的声音越来越近，所有人几乎同时惊呼起来："快看，是坦克。"

虽然还不清楚发生了什么，但在目送着一列列坦克、装甲车从身边逆向驶过后，庆幸地意识到这里并不是他们的目的地。

"战争爆发了。这些坦克是要开到对面的格鲁吉亚。我们已经接到通知，要封锁厄尔布鲁士所在的边境地区。所有登山队伍必须马上从山上撤离。"向导向我们简要说明了情况。

"谢天谢地。"大家一边庆幸我们刚刚完成攀登，不必抱憾下撤，一边又在为山上准备攀登的其他队伍感到惋惜。

"等等，他刚才是说战争？"这个让人震惊的消息让大家回过味来，才意识到事情的严重性。短短几天时间竟然发生了这么严重的事情，就在我们身边。

"俄罗斯要攻打格鲁吉亚了？"

"你们看新闻里说，自8月1日起，格鲁吉亚和南奥塞梯发生数次交火。直到8月8日凌晨，格鲁吉亚展开全面军事行动，并很快控制了南奥塞梯三分之二的面积，包围了其首府茨欣瓦利。"一名队友大声念着刚刚查到的新闻内容。

浩浩荡荡的装甲

部队应该就是俄罗斯派去支援南奥塞梯的。新闻里都还没来得及提到俄罗斯的迅速反应,我们竟然意外地亲眼看见了。

我们无疑是幸运的。高耸的厄尔布鲁士挡住了战争的硝烟,也给了我们几天宝贵的攀登时间。山的那一边,格鲁吉亚向南奥塞梯发动闪电式攻击;与此同时,山的这一边,我们正在寒夜中迎着风向厄尔布鲁士顶峰艰难前行。我怎么都无法把并行于2008年8月8日的这两条时间线拧到一起去。

后来我们才知道,就在2000年前后,受俄罗斯国内巨变以及车臣战争的影响,很长时间里,都没有多少国外登山者敢来厄尔布鲁士攀登。要承担的风险太大了,谁也无法预知会不会遇上突发的战争,最终不得不因此取消攀登。

在厄尔布鲁士的攀登史上,军事痕迹始终浓重。而它之所以如此重要,就因为这是里海与黑海之间地峡上的最高点。1829年的厄尔布鲁士卫峰首登,就是俄国军方为了确定军事制高点而组织的。早在近两百年前,厄尔布鲁士战略要地的地位就已经被军方悉知。

第二次世界大战期间,德国军队在1942年8月占领厄尔布鲁士,直到1943年12月,苏联红军才重新夺回控制权,并为此付出了惨痛的代价,而鲜为人知的是,最后击败德军的,是由曾经攀登过厄尔布鲁士的登山者组建起来的一个团的高山部队。

厄尔布鲁士周边地区有着非常复杂的人口构成,可谓种族大熔炉。不同民族之间往往怀有复杂的感情和迥异的政治诉求,这也注定了这里的动荡历史,枪炮声始终不曾远去。

"战争在距离这里100千米的地方,不会那么快影响到我们。我们尽快赶到矿泉城,希望能按原计划飞回莫斯科。"

向导的一席话并没能减少我们的担心,只是,除了担心我们似乎也做不了什么。

**历史见证者**

2008年8月8日,在厄尔布鲁士山脚下的小旅馆里,一桌丰盛的俄式大餐庆祝着我们这些人刚刚完成的厄尔布鲁士攀登。"干杯!"啤酒泡沫在碰撞下欢快地溢了出来。敦实的伏特加酒杯里盛满了晶莹的烈酒,也装满了紧张之后的轻松。

这一天,也是北京奥运会开幕的日子。不知被谁打开的老旧电视机里,用俄语转播着开幕式的盛况,听不懂解说员在说些什么。在"同一个世界 同一个梦想"的北京奥运会主题口号响彻鸟巢时,战火却在厄尔布鲁士脚下蔓延。格鲁吉亚对南奥塞梯发起的进攻,显然违背了奥运会期间不发动战争的约定。

没有任何人可以置身历史之外,而当个人被带入历史之中,成为某一重大事件的见证者或者参与者时,个人所经历的悲苦与欢喜似乎也没那么重要了。我在攀登过程中吃的苦,苦不过战争中遭受无妄之灾的平民百姓；而我登顶厄尔布鲁士的喜，也喜不过展现了大国形象和文化魅力的奥运会在北京的成功开幕。

我在莫斯科进行了短暂的游览之后，回到国内，生平第一次现场观看了奥运会的比赛。而那场战争持续到2008年8月18日，在国际各方的调停下，格鲁吉亚和俄罗斯在停火协议上签字，以俄军撤离格鲁吉亚宣告战争结束。

厄尔布鲁士是我的"七峰计划"中耗时最短、攀登最顺利的一座山，但2008年那个冰火两重天的夏天，在我的攀登记忆中留下了浓重且魔幻的一笔。

## 第四节 愚蠢的小事

**一个影子**

安第斯山脉呼啸的狂风亿万年来不断吹过阿空加瓜的山顶。当历史的长卷放大再放大，放大无数倍，聚焦在一个不起眼的时间点上——2010年2月12日下午1点时，我正站在南美洲的最高峰之上，"七峰计划"在那时开始成形。

在门多萨的庆功宴上，红酒杯欢快碰撞，探戈舞曲热烈回荡。成功登顶的喜悦，即将回家的兴奋，全都混在当地盛产的阿根廷马尔贝克葡萄酒的醇香中，酒不醉人人自醉。推杯换盏间，刚刚结束的阿空加瓜攀登在每个人的回忆和讲述中，还原着，丰富着。

"你知道吗？一路上，你就像一个影子，跟在我们后面。我们都觉得你肯定登不了顶了，可是就这样，你也上来了，真的让我们很惊奇。祝贺你！"我的酒杯被热情的队友碰响。

同样的话我在刚刚登顶时已经听过一遍了。是吗，我就像一个影子呢？

一屁股坐在顶峰上的我，虚弱又狼狈，的确就像一片单薄的影子。天知道，我是经历了怎样的煎熬与折磨才重新注入血肉，走完剩下的路。时至今日，我越发庆幸自己没有轻易放弃，不然，这个影子会被永远地踩在阿空加瓜的冲顶路上，成为我的心结。

究竟是怎样的路程能把一个人变成一个影子呢？

**无事生非的刺**

距离门多萨200多千米的拜尼腾泰斯小镇（Penitents），是我们拿到阿空加瓜登山许可证之后的第一站。这个小镇主要为阿空加瓜登山者和徒步旅行者提供服务，在这里安顿好之后，我迫不及待地询问向导当天有没有相应的训练，好让我们尽快进入登山状态。

"今天没有徒步训练，好好放松一下，后面有的是机会走，可能会走到你再也不想走了。"听着向导轻松的口吻，我心里默默做了一个决定。

我迅速地换好徒步鞋，带上登山杖从房间重新出来。

"你要去哪里？要不要跟我们一起喝一杯？"

我笑笑拒绝了队友们的邀请，准备去小镇后面的小山坡走走。

走在山路上，心情无比轻快，"这么好的天气，这么好的风景，为什么要把时间浪费在喝啤酒聊天上？"

脚下的路在一片灌木丛前面终结。我下意识地伸出手想要拨开灌木丛，一根刺扎到了手上，怎么也弄不出来。这根刺把我的心情从惬意一下子调到了烦躁，在大事上从不慌乱的我，却经常被这种小事困扰。我开始埋怨着自己的没事找事，"好端端的一个人上什么山，还不如喝啤酒聊天。"这种出师不利的感觉，让我无法安坐于房间中。我跑去跟向导说明了情况，他显然觉得我有些小题大做，也没有帮我做什么。

其实我耿耿于怀的不是这根刺，而是担心可能会因为一个小细节而毁掉整个登山行程。直到我翻出自带的针线包，花了好半天的时间，一点一点把刺挑了出来，我的心情才恢复了平静。

一根刺点醒我，登山是急不得的，要按部就班慢慢来，每一个环节都有它存在的道理，休整与训练、攀登同等重要。

**大可不必的洁癖**

第二天，我们从拜尼腾泰斯小镇乘车半个小时到达了阿空加瓜国家公园门口，这里就是攀登南美洲最高峰的入口处。在抵达大本营之前，我们要在山谷中徒步三天。

"今天我们的行程比较轻松，徒步12千米到达营地。"向导向我们介绍道。

我一出发就走在队伍的最前面，三个多小时后就到达了当天的临时营地。在烈日下走出一身汗，"我要洗个澡"的念头油然而生。

营地就在一条河附近，看到流淌着的河水呈现出棕褐色，与山中粗犷的岩石景观浑然一体，"用这样的水洗澡恐怕是不行吧？"而且我在营地里找了一圈，连一个可以接水的脸盆也没找到。看来，用河水洗澡的方案不可行。

营地有个供水站，我可以拿空瓶子到供水站接山泉水，然后走到远处别人看不到的河边，把自己擦洗干净。按照这个办法，汗津津的身体重新变得清爽，心情也格外舒爽。想到之前向导叮嘱的不能在山里洗澡，我觉得他过分紧张了，"有什么嘛，这不是好好的？"

第二天早上睡醒后，我终于知道为什么了，头昏昏沉沉的，身上毫无力气，似乎还发烧了。一定是山里洗澡着凉了。我强撑着起床、吃早餐、准备出发。

但是，开始徒步后，我很快就从最前面落在了最后面。向导看出了我的不对劲，询问道："怎么回事？"

"我身体不太舒服，浑身没有力气。"我没好意思告诉向导，昨天自己悄悄洗了个澡。

"还可以坚持吗？"

"可以，只是走不了那么快。"

"那我派人陪着你，你们慢慢走。"随后，向导向年轻的辅助向导交代了一下。这一路这个年轻向导陪着我一步一步往前走。

"我们是不是快到了？"在我的感觉中，走了好久好久之后，我终于忍不住问道。

"刚刚走了一半。"看得出,这位年轻向导很想给我一些动力,可又不想哄骗我。

我们前进的速度越来越慢,到后来真的是在挪动了。当我终于凭借意志力挪到当天的宿营地时,其他人已经要准备吃晚餐了。所有人都觉得这一天的徒步非常轻松,只有我觉得太难了,这让我心里更加懊恼,为什么非要去洗那个澡?

吃过晚饭,我早早回帐篷睡下了。休息了一晚上之后,我感觉好多了,也庆幸自己在抵达大本营之前我迅速地自愈了,否则,接下来的攀登行程很可能会被这个完全没必要的澡洗提前终结。

在阿空加瓜大本营,会有专门的医生根据每天测量的体温、心跳、血氧和血压数据,来评估每个人的身体状况适不适宜继续攀登。这里有着我在其他山峰大本营从来没有见过的严格要求。一旦这些数据没有达到最低标准,那就必须下撤离开,没得商量。我们队伍里就有一名队员因为血氧指标始终达不到标准,后来被向导劝退下山了。

当我测出血氧饱和度为88%,心跳74次/分,血压130毫米汞柱/70毫米汞柱时,医生忍不住说:"你的身体状态太好了,这里可是海拔4000米的地方,这些数据感觉你还在城市里一样。"我暗自庆幸,并收获一个宝贵经验,今后在山上大可不必有洁癖了。

## 冲顶路上

一脚踩下去,雪就没到了膝盖,走一步,喘一喘,再继续下一步。这样的冲顶经历对我来说已经不陌生了,几乎每座高海拔雪山都能给我带来这样的体验。但,这次是在阿空加瓜。这座海拔6962米的南美洲最高峰,在七大洲最高峰中海拔高度仅次于珠峰,也是地球上海拔最高的死火山。

过了冲顶路上风最大的那个横切路段之后,有一个可以休息的山洞。当我走进山洞时,已经累到只知道站在那里大口大口喘气了。

"你应该坐下来休息。"直到听到向导的这句提醒,我才一屁股坐下来。他似乎还提醒我要把包放下来,也似乎建议我可以喝点水吃点东西补充能量。但我对这些印象很模糊,因为那时候我整个人的状态都很模糊了,大脑似乎已经停止了思考。

"好了,休息结束,我们继续出发。"向导的一声招呼,让我感觉十分钟竟然可以过得这么快。这短暂的休息没有让我得到任何缓解。原来,不是坐下来就算休息了,在登山过程中,无论是缓解身体疲累还是海拔不断提升带来的高反症状,调整呼吸、大量喝水、适当进食补充能量是最有效的方法。我既没有喝水也没有吃东西的休息,就是一场无效的休息。

阿空加瓜最陡峭的部分还在上面。

在海拔接近7000米的高度时,耳边除了风声,就是自己的喘息声,沉重,急促。眼前除了追不上的队友，就是一个又一个等待我跨上去的松软"雪台阶"，遥远，绝望。一路上，我都感觉自己的体能所剩无几了。但似乎总是在还有那么一点的时候，意志会提醒我这不是临界点，还没到放弃的时候。 也干脆不再抬头看山顶到底还有多远，就只盯着眼前的那一个脚印，踩过它，就离顶峰又近了一小步。虽慢，必至。

**上帝的扫帚**

坐落于安第斯山脉南部的阿空加瓜从被人类发现之日起，就不断留下攀登者的脚印。

1817年，一支西班牙军事登山队首次来到这里进行攀登。

1897年1月14日，瑞士登山家马蒂阿斯·楚布里根（Matthias Zurbriggen）首次由西北侧登顶，这条线路成为阿空加瓜的传统攀登线路。

直到1995年，中国人的脚步才首次来到阿空加瓜的顶峰。那一年的1月9日，中国登山队队员李致新、王勇峰携手登顶，书写了新的历史。

1997年2月，Aventuras Patagonicas登山队开创了一条路程更短、技术难度更低的线路。

带我们攀登阿空加瓜的就是这家名为Aventuras Patagonicas的当地规模最大的探险公司。

阿空加瓜是一座火山，而对于火山的攀登，我早就在乞力马扎罗的火山灰路段受过了折磨，再也不想经历走两步滑一步的痛苦了。况且阿空加瓜素以风大闻名，岂不是要一路被吹得满脸灰？

因此，我开始收集资料为攀登阿空加瓜做准备。出发前，详细了解了不同公司不同线路，比较各自的优劣势，最终做出性价比最高的选择。经过细致的调研，我不得不接受一个事实：以我的能力可以完成的路线是不可能完全躲开火山灰路段的。

于是，Aventuras Patagonicas公司选取的"小波兰"路线就成为我的最终选择。这条由波兰探险家在1934年开拓的东侧路线，比传统路线适应时间更长，技术难度也更低。更关键的是，它能帮我躲掉一半路程的火山灰。这也是当地向导公司相较于国际大牌向导公司的优势所在，他们人就在这里，更了解路况，能掌握更丰富的路线。

我所选择的向导公司名字翻译成中文就是"巴塔哥尼亚探险"。阿根廷广袤的土地上有一片高原，称为巴塔哥尼亚高原。 巴塔哥尼亚高原是全世界登山户外爱好者的"朝圣之地"。安第斯山脉在这里造出奇异古怪的地形，塔峰群耸，突兀直立。这里的山峰虽然不是最高的，但是位置偏僻、接近性差、路线技术难度高以及突如其来的天气变化，使得它们非常难以被攻克。其中，菲茨罗伊山（Monte Fitz Roy）和托雷峰（Cerro Torre）是它们当中的"佼佼者"。这两座巴塔哥尼亚著名的山峰，魅惑着全世界最优秀的技术型攀登者。

巴塔哥尼亚的特产除了奇峰，还有狂风。这里的风可不是一般的大，"把人吹得就剩把骨头"，这是英国作家布鲁斯·查特文在《巴塔哥尼亚高原上》一书中的描述；"上帝的扫帚"，是生活在这里的人们对它的形容。

来自于西风带上长年不断的强劲西风，尽管被雄伟的安第斯山脉所拦截，但风越过屏障依旧呼啸不止，寒冷刺骨，异常干燥。这风同样成为攀登阿空加瓜的最大困难所在。无处可躲，始终伴随左右。

在我们的攀登路线上，最大的难点是一处大横切路段。长长的距离和极强的暴露感，令人望而生畏。没有路绳，没有任何保护措施，一脚宽的小路下面，就是阿空加瓜一览无余的雪坡和碎石坡。行进过程中，一旦站不稳，就很有可能被风直接吹下去。这样的心理挑战不是谁都能承受的。

冲顶阿空加瓜不成功的主要原因就是风太大了。风大，失温的风险就会随之加大，冷到受不了，只能下撤。而攀登阿空加瓜的全过程都没有路绳，也不用结组，向导最重要的任务就是判断在风中继续攀登是不是安全，如果风险过大，也会建议下撤。

"像我这样，身体贴着山体，换脚横移。"他站在队伍前面，率先为我们做着示范。紧随其后的那名队友显然做不到向导那般淡定，看着他哆哆嗦嗦的腿，更为排在后面的我们平添了几分担心。

"快走！不要停留，风吹久了更危险，会失温，必须快速通过！快速通过！"向导的大声提醒被大风吹得断断续续。

干冷的风不停地呼啸，掠过慢慢移动的队伍，一点一点卷走我们的体温和意志。我们无力抵抗，甚至都腾不出手来擦一擦被吹得一直掉的鼻涕和眼泪。

整整两个小时后，这一场身心折磨总算结束了。我迈出横切路段的最后一步时，长长地舒了一口气。

强风无处不在，无论是在行进中还是在宿营地，它总是不请自来。当我们完成登顶下撤到海拔6000米的位置，在高营地宿营的那一晚上，再一次领教了阿空加瓜狂风的威力。

夜越深风越大，帐篷被吹得噗噗作响，好像要飞起来。不安的情绪开始在小小的帐篷里弥散。我和同帐的两名队友商量着要如何处置时，呼啸的狂风顺着被拉开的帐篷门吹进来，向导侧着半个身子跟我们说："每顶帐篷都已经重新固定了，晚上大家不要睡得太实，帐篷门不要完全拉上，有情况要马上从帐篷里出来。"

我们缩在各自睡袋里点头回应着，向导随即去通知其他帐篷里的队友们。

"幸好我们现在是下山，而不是上山。"

"是啊，遇到这种风，谁也没有办法登顶吧。"

"不过，我们登顶时天气也不是特别好。"

"但是，至少我们已经登顶回来了。"

听着两位队友的交谈，我也在心里暗自庆幸，我们抓住了一个短暂的窗口期，不然不知道要到哪一天才能等来好天气。我们营地上来了不少新的队伍，他们明天登顶的概率几乎为零了。

一夜无眠，阿空加瓜的大风啪啪拍打着帐篷，不时还蠢蠢欲动想要把帐篷掀起来。我虽然闭着眼睛，但也不敢睡，睡也睡不踏实。就这样，战战兢兢地在半梦半醒间挨到天亮。

天一亮，我们收拾好背包，在大风中继续下撤。

**一副薄手套**

和人一样，每一座山也有不同的性格，阿空加瓜以自己的方式让每一个来到这里的登山者认识它，记住它。与山相处的过程中，有些人得心应手，有些人小错不断，比如我。登山经验也正是在这些关乎细节的小错上不断积累的。

从海拔6000米的高营地下撤时，我又干了一件愚蠢的小事：把厚手套放进背包里，换上了一副薄手套。累到麻木的我丝毫没有意识到手上的这种痛麻感，更没有想到赶紧停下来，换上厚手套。下山之后，才感觉手指尖上没有感觉了，这是轻度冻伤的症状。这种没有感觉的感觉，过了一个月才慢慢消失。

因为一副薄手套而暂时丧失的部分知觉，自此始终警醒着我——登顶不是结束，平安回到大本营才是。在下撤的过程中更要打起精神，保持警觉，根据天气情况和自身状况，及时调整适合的服装及装备。

阿空加瓜传统路线的大本营名为骡子广场，走到这里，在我看来，就是圆满完成了整个攀登过程。从这里回到国家公园入口，可以选择继续徒步三四个小时，也可以骑上骡子出去。

当阿空加瓜高耸俊朗的山体再度矗立在眼前时，我不禁有些恍惚，它那么高，那么壮观，那么好看，我真的在两天前站上过它的顶峰吗？自己都有些不敢相信。

骡子载着我慢慢向前，阿空加瓜一点一点消失于我的视线之外，我依依不舍地回头张望，向它告别，带着成功登顶的喜悦和谢谢它接纳的感恩。

# 第四章 艰难的迪纳利

## 第一节 飞向阿拉斯加

**中国人的足迹**

"这里太挤了,已经没有地方让我再加进去了。"

"我也一样,没有位置了。这里需要更换一张更大的地图。"

在旁边的两个美国人苦恼之际,我轻松地把手上的大头钉摁在了自己选定的位置。

此时,时间是2011年5月,这两个美国人是我这次的登山队友。我们正在阿拉斯加的塔基特纳小镇(Talkeetna),迪纳利国家公园管理处,即将从这里开启攀登北美洲最高峰迪纳利的行程。

那张被建议更换的地图，挂在管理处的墙上，是一张钉着许多五颜六色大头钉的世界地图。前来攀登迪纳利的登山者，都会饶有兴致地拿起大头钉，在眼前的这张地图上，寻找着自己生活的城市。

放眼望去，大头钉最密集的区域是欧洲和美国，挤挤挨挨，的确没有什么位置容纳新的了。其他区域零零散散戳着几枚，中国版图上同样是寥寥无几。一枚孤单单戳在上海位置的大头钉，让我眼前一亮。这位和我来自同一个城市的登山者是什么时候到的这里？成功登顶了吗？心里怀着这样的疑问，我把手上的大头钉按在了它的旁边。

这座北美洲最高峰是由英国航海家乔治·克安克瓦沿着阿拉斯加海岸线航行时发现的。他郑重地将这座雪山称为"一座伟大的雪山"。那一年是1794年，迪纳利的最初记录就这样诞生了。

1896年，美国地理调查队赋予这座山新的名字——麦金利山。原因是其中一名队员在山里听到的第一个消息就是威廉姆·麦金利当选新一任美国总统。而这位麦金利总统终其一生也没有到过阿拉斯加。其实，这座对当地文化有着重要意义的山峰一直都有自己的名字——迪纳利，在当地语言中意为"最高的山峰"。直到2015年，它才重新被正式更名为迪纳利。麦金利山成为历史。

从1794年迪纳利有了最初记录以来，尝试攀登它的人就没有中断过，但直到1913年，才由美国人赫德森·斯塔克率领的5人登山队完成首次登顶，其中第一个登顶的队员为沃尔特·赫特（Walter Harper）。又过了将近40年，美国人布拉德福·华斯伯恩（Bradford Washburn）在1951年开辟了西坡路线，这条路线后来成为攀登迪纳利的经典路线。此后绝大多数人都是在职业高山向导的带领下，沿着这条路线登顶北美最高峰的。经典路线与其他路线相比，在难度和行程安排上都比较适中，但迪纳利自身所处的自然环境决定了它的攀登难度必然小不了。

迪纳利山体靠近北极圈，虽然顶峰只有海拔6194米，周围景象却酷似北极，层层冰盖掩住山体，无数冰河纵横其中，有时风速可达每小时160千米。一方面，这里冬季气温低于零下50摄氏度，登山者需要忍受极低的气温、大风和长时间的冰雪徒步。另一方面，迪纳利地势险峻，从大本营到顶峰的相对高度为4000米，甚至超过了珠峰的相对高度，且广泛分布有冰裂缝和雪崩区，危险系数和难度可见一斑。

一百多年来，共有3万多名世界各地的登山者尝试攀登这座山，只有一半的人到达了山顶。这些登山者攀登的痕迹以照片、实物、赠言等各种形式留在了塔基特纳的很多地方。

5月的阿拉斯加即将进入极昼期，夜晚越发短暂起来。晚餐时间，天光依然大亮。一走进这家名为Roadhouse的餐厅，我的目光就被墙上一张照片上显眼的五星红旗所吸引。这是一张拍摄于迪纳利顶峰的珍贵合影，它记录了中国人首次登顶这座山峰的时刻——1992年5月24日，中国登山队队员王勇峰和李致新成功登顶，在北美最高峰上第一次留下了中国人的足迹。

**野性的呼唤**

  作为美国面积最大的一个州，幅员辽阔的阿拉斯加也是美国海岸线最长的一个州。这条海岸线在200多年前迎来了第一个涉足这里的欧洲人。1741年，俄罗斯探险家白令所搭乘的航海船由西伯利亚驶向这片陌生的大陆。白令的名字也成为连接美洲与亚洲的海峡的名字。随后，通过白令海峡来到阿拉斯加的俄罗斯人，让这片土地归于疯狂扩张期的沙俄统治之下。1853年克里米亚战争爆发后，俄国害怕阿拉斯加殖民地被英国夺走，提议将阿拉斯加卖给美国，1867年3月30日，美国以700万美元外加20万美元手续费的价格从沙俄手中买下了约170万平方千米的阿拉斯加，平均每英亩土地仅值两美分，成了人类历史上最划算的土地买卖。

  但阿拉斯加在当时大多数美国人眼中，就是一块除了海獭皮毛之外什么都没有的冰天雪地。操持这桩买卖的美国前国务卿西华德在全民群嘲中度过了余生。他坚称，购买阿拉斯加是他一生中最重要的决定，但需要一代人的时间才会认识它。

  接下来，阿拉斯加的面纱被慢慢掀开。在阿拉斯加陆续被开发出来的海量渔业资源、金矿、石油资源，让美国人至今都受益颇多。一百多年前"史上最愚蠢的交易"变成了最有远见的决策。

  20世纪90年代发生在阿拉斯加的一个轰动事件，让很多人记忆犹新。

  1992年9月6日，几名猎人在阿拉斯加荒野中一辆废弃的公交车内发现一具尸体，没人知道他是谁，来自何处，为什么在那儿。后来，一位司机回忆起当年的4月28日曾遇到一个搭便车的年轻人，说他要去阿拉斯加。而在1990年5月12日，一个出身于美国东海岸富裕家庭的年轻人大学毕业了，他对父母说："我要消失一段时间。"最终证实，陈尸阿拉斯加荒野的就是那个消失了的大学生。

  "是什么让一个名牌大学毕业生放弃大好前途、离开爱他的家人，孤身一人走进荒野？如果金钱、名誉和安稳的生活都不能给我们幸福，究竟什么才是生命中最重要的事？"

  这些问题被媒体抛出，在当时的美国社会引起了热烈反响。这个故事后来被写成书，取名《荒野生存》，再后来，它又被拍成了电影。那些有关生命意义的疑问也开始被更多的人思索着。

  要想飞到那片世界上最大的飞地，对于在纽约工作的我来说，是一段相当漫长的旅程。首先要横穿整个美国抵达西雅图，之后还要再飞行四小时才能抵达安克雷奇。在飞往阿拉斯加的航班上，临近降落，舷窗外是扑面而来的壮美。冰川、雪原绵延不绝，气势磅礴，极地原生态的野性之美令人震撼。

降落在阿拉斯加最大城市安克雷奇，我和队友们会合之后，便乘坐面包车前往塔基特纳小镇。城市景色渐行渐远。开阔的荒原、层叠的森林、蜿蜒的小溪和连绵的雪山，车窗外不断变换着画面，一路美不胜收，三个多小时后到达塔基特纳。

建设在荒野之上的塔基特纳，每个角落都散发着美国西部小镇的独特气质，原始、壮美、荒蛮。几间小旅馆，几个小酒吧，几家味道不一定可口但分量绝对实在的小饭店，寥寥几个人影，这几乎就是它的全部。塔基特纳也是进入迪纳利国家公园的最后一个城镇。再往里走，就是原始环境下的自然保护区了，野生动物随处可见。在这里，人与动物、人与自然的关系被重新定义。

这个有着800多人口的小城镇从1997年开始，就由居民们共同选举了被当地杂货店老板收养的流浪猫担任荣誉市长。这位出生不久就"走上仕途"的猫市长任期长达20年。它去世后，同样住在杂货店的另一只小猫接任荣誉市长，人们给它取名为迪纳利。

塔基特纳就是阿拉斯加的缩影。迪纳利在这里受到无条件的喜爱和尊重。

**检查装备**

早餐后，每个人都前往K2航空机库，昨晚我们在这里放下了装备。今天我们大部分时间都在进行装备检查。1吨多的物资，我们12个人（9名登山者和3名向导）需要在没有搬运工支持的情况下将所有这些东西运上山。

想要攀登迪纳利，第一步便是借助轻便小飞机越过宽阔而湍急的河流和一望无际的冰原，降落在位于卡希尔特纳冰川（Kahiltna Glacier）的大本营上。

塔基特纳小镇有一座小飞机场，停靠在这里的小飞机可以带游客在阿拉斯加上空进行半小时的观光飞行，也可以带着登山者抵达迪纳利大本营。

第二天我们一大早赶到机场，然而，两架带有雪橇的小型飞机搭乘着我们一行12人，只飞行了20分钟就因为天气原因返航了。

"我们的目的地是卡希

尔特纳冰川东南岔口冰原上的简易机场，现在已经飞行了一半的距离，但很遗憾，天气状况太差，我们暂时没办法继续前行了。"飞行员向大家解释道。

再次回到塔基特纳，接下来就是漫长的等待。机场有张乒乓球桌，我和一位队友打起了乒乓球消磨时间。直到下午3点，终于又接到登机通知。尽管当时的天气依然没有晴朗，但据说大本营的天气情况还不错。我们满心欢喜地再次飞上天，却渐渐发现不太对劲，因为已经飞了快一个小时了，我们还在天上盘旋。

这时飞行员的声音从耳机中传来，"抱歉地通知大家，我们需要再次返航。由于地面大雾的遮挡，无法找到降落机场的跑道，虽然我们距离它只有4分钟的路程了。"

飞机停止盘旋，果断掉头，我们再一次回到出发的小机场。

下午6点，第三次登上飞机。

很快，飞机进入窄窄的山口，在两座巨大山体间的狭缝中穿行，旁边一座山的山头和机身是平行的，距离还很近，看上去就像擦着山顶掠过一般，我们坐在小飞机里不禁紧张起来，感觉一不留神飞机就有可能撞到山上。的确，常年往返于这里的向导都把搭乘飞机进山视作"职业风险"，但能够执飞这一航线的飞行员都有着过硬的专业技能和丰富的经验。

后来才知道，我们的向导布伦特在登山日记里是这样记录这次进山经历的——"我们终于成功了！感谢我们的飞行员，三次尝试是史无前例的！" 我们竟然在不知不觉间经历了迪纳利史无前例的飞行，总算有惊无险地降落在大本营了。面对眼前白茫茫一片的冰川和雪山，兴奋之中不免有一丝忐忑。

迪纳利天气恶劣是出了名的，单是飞进大本营我们就初尝了坏天气的威力，接下来的攀登之路，又会给我们带来怎样的考验呢？

## 第二节　真正的攀登

### 这山怎么登

按照行程安排，我们本来应该一到大本营就要向1号营地出发。但是降落时天色已晚，我们就在大本营安营扎寨了，这时天空开始飘起雪花。帐篷外，风雪呼啸了整夜，雪粒扑扑簌簌地落下来，气温越来越低。

登山的天气状况太重要了。同一座山同一条线路，天气好和天气不好时的难度系数完全不是同一个量级。在迪纳利，两者的差异会更大，大雪会让攀登变得艰难许多，尽管我们选择的西坡路线是迪纳利众多路线中技术难度最低、安全系数最高的一条。

经典的西坡路线共设有5个营地。大本营到顶峰的垂直攀登距离近4000米，比珠峰的垂直攀登距离（3400多米）还要高。其中，我们乘坐小飞机抵达的大本营海拔2200米，1号营地坐落于滑雪山（Ski Hill）的下部，海拔2400米，距离大本营很近。这也能看出西坡路线的周到与合理之处。由于迪纳利的所有物资装备运输都要登山者独立完成，所以在整个攀登过程中更多的时间都是在反反复复地运输。第一天的行程短，大多数攀登者就可以从大本营一次性带上所有装备，而不用往返多次去背负物资。这是一个相对轻松的适应过程，不至于在最开始就因产生畏难情绪而打退堂鼓。

接下来就是位于卡希尔特纳冰川上端的2号营地，以及海拔3350米的3号营地，我们会在这里留一部分食品和物资，为登顶后的下撤阶段做好保障。

4号营地位于海拔4330米处的吉内特盆地（Genet Basin），这是一个相对安全的区域，是登山者适应和等待冲顶好天气的前进营地，登山者在这里停留的时间最长。适应好了之后，一旦等到好天气周期，则往上到达5号营地并在合适的时机冲顶。迪纳利国家公园有工作人员长期驻守在4号营地，设有医疗营，并为登山者提供天气信息。这里还有整条攀登路线上除大本营之外仅有的固定厕所。

5号营地位于海拔5240米的大平台，这里是冲击顶峰的突击营地，由于这里海拔较高，天气变化极快，登山者只做短暂停留，但经常会因为大风雪被困在这个营地很多天。

西坡路线涵盖了迪纳利的各种地形，从低角度的冰川攀登到裸露的山脊横梁，应有尽有，攀登过程中的几大难点主要分布在3号营地以上区域。其中，3号营地至4号营地之间的难点在于海拔4120米处的大风口；4号营地至5号营地之间的顶墙（head wall）是整个攀登路线中最陡也最美的一段；5号营地至顶峰之间有一处非常陡峭的横切路段，名为"高速公路"。整个攀登过程中，我们始终要与恶劣天气、冰裂缝、雪崩、落石、滑坠、冻伤等风险相伴相随。

这些情况我都是从向导布伦特前期提供的资料以及行前会的介绍获知的。找专业的人做专业的事，来弥补自己的不专业，这是我一贯的登山理念。

布伦特绝对是能让我放心的专业向导。到2022年为止，美国瑞尼尔山，他已经登顶了570次。布伦特也登顶了迪纳利23次，他是登顶迪纳利最多的人。他曾在2001年参与了到珠峰北坡寻找马洛里和欧文遗物的行动，我们对他的这段经历都很好奇，大家最感兴趣的问题很统一——"你们找到了什么？"

"我们到达了1933年英国队攀登珠峰的高营地，挖出了马洛里和安德鲁·欧文当年使用过的帐篷，还找到了其他的一些遗物，但没有找到最关键的照相机。不然，我们有可能会改变登山历史。"布伦特回答道。

第二天一大早走出帐篷，面对着被积雪覆盖的大本营和白茫茫一片的天地，我心想："不是说5月中旬是迪纳利最佳的攀登时节吗？究竟哪里最佳了？"

在我嘀咕的时候，布伦特也从自己的帐篷里出来，查看天气情况，我问道："我们今天是不是不能出发？"

"不一定。早餐过后我们集中开个会。"他显然比我轻松一些。

迪纳利攀登首次营地会议的结果是，按原计划启程。尽管风雪交加，我们还是遵从布伦特的决定，向1号营地进发。

出发前，我们在向导的指导下，把自己的个人装备包括接下来21天的全部路餐、睡袋、衣物等，以及每个队员平均分配的公共物资包括帐篷、燃料、食物、绳索等，统统在背包和雪橇中装好并固定妥当。塑料材质的雪橇自重只有几公斤，但每个人的雪橇都要装上差不多80公斤的物资，再加上40公斤的背包，每个人在行进过程中总负重达120公斤。布伦特和两位助理向导比我们背负的重量还要更多一些。

为了应对这一挑战，我早早就开始加强体能训练。在纽约住的公寓楼有30多层高，我背着30多公斤的背包爬楼梯，每周至少三次，每次至少1个小时，健身房里的力量训练同样不可少。这样严格执行了一段时间的训练计划之后，我的体能达到了一个小高峰。然而，当真的拖起这样的负重行进在攀登路上时，才知道有多虐人。

这一路，拖雪橇是我们每个人都必须掌握的新技能。雪橇是通过三个固定点的绳子连接背包

来控制的。上坡时，雪橇会向后滑，三条绳子会绷得紧紧的，需要用更大的力气才能向上拖动它。下坡时，雪橇会朝着身体方向直冲下来，必须斜着走"之"字，让雪橇尽量保持平稳。一开始总也掌握不好技巧，走着走着雪橇就翻了，还要费力去扶正。

雪实在是太大了，到处都是混沌一片，能见度低到完全无法辨别方向。在山里，GPS也没有办法提供准确的导航，好几次我们顶着风雪走进错误的路线，等到发现时再折返。来来回回的折腾耗费了大家不少体能。

"是那边，我看到路标了。"助理向导韦德是队伍中的秘密武器，他总能在白茫茫的视野中，发现不起眼的线索。

"你确定吗？"布伦特看着GPS判断方向。

"我确定，就在那边。"最终，还是韦德用他那双不可思议的眼睛把我们带回正确的路上。

## 少即是多

在迪纳利漫长的攀登周期中，循环往复地运输物资占去了多半的时间。2号营地之前都是单次运输，也就是要把总共120公斤的个人负重全部装在背包和雪橇上。这样的负重，即便是布伦特，也会用"重得难以置信"来形容。2号营地以上我们就会进行双重运输，即两次前往我们建立的每个营地：第一次将一半物资运至每两个营地之间设立的缓存点，然后返回前一个营地；第二次将另一半物资运至缓存点，再背负第一次运上来的物资到达更高的营地。

一趟一趟蚂蚁搬家式的运输，让登山的智慧重点体现在"到底需要带多少东西"上。这似乎并无定数，因人而异，前提是你的体能足以负载你想带的物资重量。

"这些都不用带上去的。要记住，在山上'少即是多'，只带最有必要的。"布伦特帮我检查着沉甸甸的装备时，从我的背包里拿出来一堆东西，准备过多的内裤、抓绒衣、雪帽，以及他认为完全用不到的薄袜子等。

"嗯，有道理。"然而，在他去查看其他队友的装备时，我想了又想，还是改变了主意，又把它们塞了回去。这些都是有可能用到的。

每一次登山，我在准备装备时都会很谨慎，宁可多带很多东西，也不能因为少带了某件东西而影响攀登。我在山上负重过大的原因之一是我的一些洁癖习惯，汗湿了的衣服是必须要换下来的。布伦特的轻量化经验在我这里没能推广成功。在我登山生涯中，每次登山都带了很多后来证明多余的东西，这是我最让向导诟病的一点。

好在，越往上走，雪橇承载的重量也在慢慢减轻。物资在每天的行进中被消耗，脏衣服之类不需要带上山的东西，就埋在营地附近的雪地里做好标记，下山的时候再取出来，尽量降低不必要的负重。而我们登顶下撤所需要的补给已经在3号营地附近埋好了。

在雪里挖坑、埋东西、挖雪、把东西挖出来，这就是我在迪纳利营地生活的主旋律。

在4号营地调整适应时，随着天气的转好，布伦特的心情也大好，"我们携带了非常合理的装备物资，可以住进有人离开的帐篷，摆脱了从头开始建造营地的烦琐。一切都在往好的方向发展。"吃一顿丰盛的奶酪通心粉和培根，看一场大太阳底下的好风景，都能成为他开心的源泉。

在布伦特对后面的攀登充满信心之际，我悄悄地把过多的内裤、抓绒衣、雪帽，以及完全用不到的薄袜子和完全没胃口去吃的甜食，这些他之前就建议我不要带上来的东西，全部都埋在了雪里，留待下山时带走。事实证明，它们在山上确实用不着。

从4号营地往上，就不再使用雪橇了，全部物资都要靠自己背上去。而我们接下来要迎来的就是整个攀登过程中最难、最陡峭的部分——顶墙，这是一处接近250米高、坡度为35度至45度的蓝色冰墙。一直遵循的双重运输方式决定了我们要从这里爬两趟。

"我们前两天培训的技术要在这里派上用场了。"布伦特为我们示范着正确的攀爬姿势——左手推上升器，右手持冰镐，脚下每一步都要把冰爪前齿稳稳地踢进冰里。

在3号营地的休息日，他和两名助理向导未雨绸缪地为我们开展了一场短期培训，重点教授攀冰技术，以及滑坠制动技能。面对这堵让人望而生畏的冰墙，我在心里感激着这场培训，我可能是整个队伍里技术水平最差的一个。

顶墙上的第一个拦路虎就是一段暴露感极强的大横切。"可以先回忆一下滑坠制动的技术要领，但我不希望你们有机会用到这项技能，毕竟从这里滑下去的话，我们就只能在1000米以下的位置再见了。"布伦特试图用轻松的语气缓解我内心的恐惧，但我无心领会他此刻的幽默，在硬着头皮往上爬之前，先深深地吸了一口凉气。

横切过后的路同样让人心生绝望，最陡的路段能有六七十度。感觉往上爬了好长时间，抬头发现还是看不到顶墙的顶在哪里。更糟的是，精简再精简，我的背包依然重达30多公斤。这个重负迅速消耗着我的体能，每走一步，想把背包卸下来的念头就愈发强烈。与此相随的是，我往上看的频率不断加快，再怎么看也看不到顶点。我只能默默地给自己打气："一定要坚持住，这是整座山最难的地方了，熬过去之后，后面就都是坦途了。"

挥起冰镐凿进冰面，推上升器，脚下踢冰前进。我的脑袋已经顾不上想别的了，全神专注于每一步的动作。咔嚓咔嚓的声响在冰墙的不同位置此起彼伏，没有人说话，也没有其他的声音。凿，推，踢，不断重复，我机械地保持着自己的节奏，跟着队伍一步步向上。

不知不觉间，我听到布伦特兴奋的声音："祝贺你，登上顶墙，攻破难关。"我努力挤出一个笑容回应他。

终于走到缓存点，当我把东西全部埋进雪坑里时，整个人都解脱了。下撤到4号营地的路上，一边是轻松愉快，一边想到明天还要再来一遍，觉得还不如一次解决更爽。

经过一天的休整，我们背上帐篷、炉具和更多的衣服、食物再次攀爬顶墙，这回的目的地是5号营地。

我又一次为自己过分细致的准备付出体能的代价。之前埋在缓存站点的那些食物和厚衣服，加上这次从4号营地背上来的物资装备，让背包和我都不堪重负。

"为什么你还是有这么多东西？"我的狼狈模样引起了布伦特的格外关注。他如果知道我在4号营地其实并没有删减多少装备，一定会觉得我不可救药。

"它们都是用得到的。"很明显，我们俩对于什么是有用的标准相去甚远。

"我帮你背一些吧。"

尽管有布伦特帮我分担，肩上的背包还是重到让我忍不住质问自己："为什么要带这么多东西？"整整攀爬了8个小时之后，我们终于抵达了迪纳利最后一个营地。卸下背包的一刹那，我才感觉自己又活过来了。

布伦特走到我身边，说："先好好休息一下，我很好奇你的包里都装了些什么？怎么会这么重？"

"你说的没错，'少即是多'，精准适量才不会成为负担，我这回终于记住了。"

"这也不是绝对的。如果你的体能更好一些，你带的这些东西就不算多，因为它们确实可以提升登山的舒适度和体验感。'少即是多'，其实是一种动态平衡。"

维持好这种动态平衡，既需要丰富的经验，对登山对自己都非常了解，同时也需要全盘考量的眼光。登山的智慧无处不在。

## 登顶

"明天我们将不再休息，直接冲顶，留给我们的好天气不多了。"布伦特通知道。前两天的连续运输让大家疲惫不堪，但天气不等人，天气窗口直接决定登顶能否成功。

5号营地往上就是迪纳利的另一个难点——Autobahn 路段。布伦特介绍线路情况时说道："'Autobahn'是德语，意思是'高速公路'。"

在Autobahn路段，地形变化多端，有坚如磐石的亮冰，也有几英尺的厚雪。如果有登山者在途中失足摔倒，那么他们将从陡坡上坠落1000英尺（1英尺=0.3048米）以上。传闻说80年前一支德国登山队从这里滑坠下去，全军覆没，这也是为何这个路段被冠名为"Autobahn"的原因。

站上Autobahn横切路段，才真正理解了它的名字。这一览无余的陡坡，一旦滑坠真的就像上了高速公路一样，一路滑到底了。虽然有保护绳，但只是用手拉着，而不是用挂在安全带的主锁扣住，风险仍然很大。

前面的几支队伍行动非常缓慢，我专心地盯住脚下的每一步，缓慢挪动，生怕任何一个闪失。距离并不长的横切，我们用了整整3个小时才顺利通过。还好我穿了一件厚羽绒外衣，没有感到冷。我们的休息点迪纳利山口（Denali Pass）顶部风很大，我们坐在这里吃了点东西。我为最后这段存下了最好的东西：红豆月饼和保温瓶中的绿茶。

行进在迪纳利登顶的路上，三年前记忆犹新的一幕浮现在我脑海中。

2008年，纽约。

我在华尔街的一间办公室里正在面试一位印度求职者。

"来说说你有什么兴趣爱好吧。"

"我平时喜欢去登山。"

"是吗？我也喜欢登山，之前登顶过威特尼山、瑞尼尔山，还有非洲的乞力马扎罗、欧洲的勃朗峰和厄尔布鲁士山。"我顺便显摆了一下自己过往的登山经历。

"那你很厉害呀，我没有登过那么远的山。"

"你之前登过哪些山呢？"

"我登顶过迪纳利。"

这句回答让我顿时对他刮目相看。他竟然登上过迪纳利，那是多么难的一座山啊。眼前原本平平无奇的求职者突然像神一样，浑身散发着光芒。

三年后，顶峰就在这片叫足球场的缓坡之后。它虽然缓，可是长得已经超出了我的忍耐程度。我看不到一个可以作为目标的点，也看不到顶峰在哪儿。

似乎每座雪山都有一个绝望坡，也都位于即将到达顶峰的位置。让人绝望的根本不是那个坡，绝望的点往往在于，付出一路的辛苦终于要收获登顶的喜悦了，紧张的精神已经松懈了下来，总觉得下一步就应该到顶峰了，却只迎来一个坡。

面对绝望坡，唯有熬，熬过去就会柳暗花明，熬不过去只能前功尽弃。终于一步一步挪出了这个足球场，还要再翻一个名叫猪山（Pig Hill）的小山丘。比绝望坡更绝望的是，坡后还有坡。

"顶峰到底在哪里啊？"我觉得自己已经到了极限了。

"就在这个小山坡的后面，很快就到了。"布伦特宣布，"我们必须要加快速度，现在已经4点了，太晚登顶会增加下撤的风险。"他决定带着大家结组翻越猪山，所有人都固定在一根结组绳上，他的脚步就是我们统一的节奏。但这一下子打乱了我的节奏，这一段走得特别辛苦。

沿着路线经过比较平缓的足球场，以及比较陡峭的猪山，就到了通往山顶的山脊路段。这里没有保护绳，两边都是悬崖，最窄处只能容纳一个脚掌。

面对着比Autobahn路段暴露感更强的山脊，大家有些不知所措。

"我们排成一队，跟着前面人的脚步往前走，大家不用太紧张，我们非常幸运，现在没有什么风。" 布伦特引导大家。

"没有什么风"让我果断迈开了脚。要把握时机，毕竟风大的时候过山脊很可能会被吹下去。山脊最窄的地方有十几米长，只能两只脚交替着走直线，我努力控制着自己，最有效的方法是不要往下看。

就在这无声的绝望中，我突然发现自己站上了迪纳利的顶峰，时间定格在2011年5月30日下午5点30分。我登顶迪纳利峰的时间，至今依然清晰记得。

两个"530"定格在这座伟大的山峰上。

我有点懵，顶峰的天气晴空万里，无风无云。我忍不住在心里喊了句："I did it!"在站到这里之前，我都觉得自己的体能根本达不到登上它的水平。但现在，我真的做到了，将阿拉斯加全部的山川尽收眼底，仿佛拥有了神一般的视角。

在顶峰停留了15分钟，布伦特示意我们准备下撤，并且强调道："不要觉得登顶了就万事大吉，很多事故都是发生在下山过程中的。在横切完成之前都是有危险的，要时刻绷紧弦。顶墙和横切这两段路是难点，必须要严肃对待。"他难得的严肃表情，让我们不敢有丝毫懈怠。

## 雪镜与高山靴

在塔基特纳的机场里,即将出发前往大本营的我们做着最后的准备工作。布伦特和两位助理向导向我们介绍了接下来的三周将要面对的所有事情之后,开始检查每个队员的装备。

"很好,这些装备都很齐全,你的雪镜在哪里?"布伦特查看了我摊了一地的装备之后说道。

"在这里。"看到我放在背包里的眼镜盒,布伦特点头表示可以了。也许是知道我之前已经登过好几座雪山了,雪镜这样基础的装备肯定不会出什么差错,便没有让我拿出来进行细致的检查。

然而,到了大本营,当我戴上雪镜,布伦特才发现我的装备是不合格的,"你不能戴着它上山。"这时我才知道,攀登迪纳利需要戴雪山专用的雪镜,四周要有包裹性,防止光线被雪反射后从眼镜的缝隙中漏进来,从而导致雪盲。

我局促地摩挲着手中这副普通的太阳镜,它陪伴我登上了之前的几座山,但在迪纳利,它显然不够用了。怎么办?之前都登过好几座山了,还是这么不专业。

短暂的自责与慌乱过后,营地里的一卷绿色胶带拯救了这副不合格的太阳镜。胶带缠绕在镜腿两侧，形成遮挡，一个简易但还算结实的防风雪镜就改造完成了。

另一个布伦特并不知道的装备漏洞发生在4号营地。

我坐在自己的帐篷里脱掉高山靴，把它放到一边时，倒扣的鞋口突然飘洒出黑色的尘屑。我疑惑地拿起鞋子仔细检查了一番，发现是高山靴的鞋垫碳化了，被腐蚀成粉末状。这样一来，鞋子的保暖性能大打折扣，没有鞋垫之后，也感觉鞋子突然大了一号。

这双高山靴是我在攀登阿空加瓜之前买的，穿了两年，却疏于保养，每次用完既没有清洗，也没有把鞋垫拿出来晾晒。在潮湿天气的作用下，鞋垫就慢慢被腐蚀了。这一次攀登迪纳利出发之前检查装备时，我也完全没有想到要看一看鞋垫的情况。

我心里满是焦虑，"怎么办？这座山登不上去了。" 还有自责，"做了这么多的准备，为什么这个细节没有想到？"在山上，往往细节决定成败。极端情况下，一个小失误都有致命的风险。

幸运的是，后面几天登顶过程中风不算大，我穿上两层袜子来填补鞋垫的空间，这双鞋支撑我完成了整个攀登。

"不用沮丧，对于装备的理解，是一个慢慢加深的过程。需要准备哪些装备？怎样的装备是有效的？如何对这些装备进行合理的收纳？都需要不断总结，每一次都会有新的经验和教训。"布伦特的这番话我深有体会。从一开始在美国攀登瑞尼尔山，我的装备非常简单，很多还都不合格，一步一步走向更多的雪山后，我的装备也在不断变得齐全、专业。

布伦特不知道的是，我的收获还多了一条——每次登山回来都要对装备进行清理、保养，下次登山前要从里到外仔仔细细地检查所有装备。

## 下撤

在经过12个小时的登顶和下撤之后，我们于晚上9点30分回到了5号营地。由于已经很晚了，晚餐非常简单。高山速干食品，用热水泡一下就凑合了。我在晚上11点回到自己的帐篷。这是我上山以来第一次没有刷牙，但还是用牙线简单地弄了一下，再用湿布擦了一下脸，我并不觉得很累，也许只是纯粹的兴奋！

第二天早上，我们不确定会留下还是下撤。因为昨天有两名队友没有参与登顶，向导让他们多适应了一天再来一次。我们其他人要等待他们冲顶回来之后，一起下撤。其中一名队友接受了向导给的又一次机会，早上7点就起床出发了。但没过几个小时，他就放弃了。听到向导传下话来说："所有人马上下撤。"大家都很高兴，我们不用在5号营地再住一天了。即将来临的暴风雪很有可能让我们在这里滞留两三天。

中午12点半开始下撤，到4号营地时，我们把存放的物资挖出来，重新整理背包。晚上8点

30分到达3号营地。在这里我们只能睡几个小时，半夜就要起床出发前往大本营。这是为了抓住雪比较硬的时间段，减少行进过程中坠入冰裂缝的危险。

凌晨4点30分，开启最后一个阶段的下撤。下撤路程很长，我一路回想了整个攀登过程。强大的精神力量、一定的体能和寻求向导的帮助是成功登上这座山的关键。

我在登山时尤其是通过危险路段时会非常专注，注意力全放在脚下，对于其他的会选择性视而不见。我不看我不想看到的东西。"你在山上不够敏感。"在布伦特看来，我只能关注到脚下的路，其实是能力不足的表现。雪山之上有着各种各样的危险，登山者应该时刻保持高度敏感，去察觉各种信号，以迅速作出判断，规避风险。

在山上，我更多地还是依赖向导给予的指示或带领，无法做到独立、主动去观察、处理遇到的各种情况。我的精力只够把当下在做的事情做好。这也是专业和业余的区别所在。登山过程中，专注与敏感同样是动态平衡的。要想维持好这种平衡，需要不断地积累经验。

在布伦特的登山日记里，我们这支队伍让他印象极为深刻。因为我们可以在经历一天的艰苦攀登后，像专业人士一样自主搭建营地；可以在短时间内让攀登技术水平获得显著提高；可以全员状态良好地抵达最高的缓存点，再继续攀登至5号营地；可以无私、善良地为团队努力，全力帮助没能在第一次冲顶到达顶峰的队友实现目标……

"你们是我带过的最好的团队！"这是布伦特对我们的认可。

在迪纳利，没有人可以在营地坐享其成。到了营地直接坐下休息，既是缺乏团队精神的表现，也暴露了自己体能不够。每个人都要参与到公共事务中来，做些力所能及的事情，大家分工合作，有人搭帐篷，有人在挖坑，还有人在挖沟，在4号营地以上，我们还需要把冻硬的雪用雪锯锯成一块块大雪砖，垒砌成挡风墙。在这个过程中，向导也在随时观察着每一个队员，如果在这种时候不主动干活或者表现很差，向导会认为你的体能不具备冲顶资格。

好的团队与好的向导一定是相辅相成的。布伦特给予我们最大的影响就在于，他让我们深刻感受到，登山是一种享受，是一件开心的事情。

5个多小时后，我们抵达大本营。在这里，我们得知了一个消息——由于风太大，在我们前面的几支队伍都没有登顶，他们在等待天气窗口的过程中消耗完食品和燃料之后，只能下撤。我们是那个阶段唯一登顶的队伍。

我们在大本营同样受到了坏天气的影响，由于能见度低，一直没有飞机飞进来。布伦特告诉我们的消息是，云层可能需要几个小时才能散去。但不久阴沉的天空下起雨来，我们等了一天天气也没变好！

第二天早上，我们满怀希望期待着，尤其在我们看到许多团队已经搭乘飞机离开了。他们选用的是Talkeetna Air Taxi和Sheldon Air Service两家公司的飞机，但我们团队选用的K2公司的飞机却迟迟不见踪影。这一天天气时好时坏，但是K2的飞机从未露面。

晚上7点30分，当我们失望地做好再等一天的准备时，大本营经理丽莎（Lisa）宣布，K2将有三架水獭飞机和一架海狸飞机飞来大本营。我们匆匆吃完晚饭，也有一些人没顾上吃饭。因为我们需要拆除个人帐篷和公用帐篷，并清理飞机跑道上的一切东西。

在完成所有这些准备之后的五分钟，布伦特召集大家说："各位，很抱歉通知大家，由于天气原因，来接我们出山的飞机已经折返了。"每个人都惊呆了！但这就是山上的生活，天气决定一切。就在此刻，卡希尔特纳冰川东南岔口上的飞机跑道正笼罩着一层厚厚的雾。

可我们已经完成撤营工作，这是迪纳利的恶作剧吗？在等待迷雾散去中，到塔基特纳小镇吃晚餐的想法逐渐被重新搭起帐篷的想法所取代。

一个确定的好消息是明天飞机可以飞进来，但我们需要分批离开，抓阄决定谁先走。我很幸运，抓到了"2号"，可以第一批走。

清晨时分，丽莎在营地向所有人喊着："我们要准备出发了。"还在帐篷里睡觉的我赶忙跳起来，用最快的速度穿好衣服和靴子，然后将所有物品放入背包和驮包。当飞机降落时，排在我们前面的法国团队还没有准备好，我们就顺理成章成为第一支出发的团队。抽到2号的我可以跟随助理向导涅翁（Neon）和其他三名队友登上第一架飞机。我们坐在座位上，系好安全带，戴上耳机，飞机很快就在低云中起飞了，有时似乎离山顶只有1米左右的距离。但是随着它的不断飞行，山慢慢被我们甩在身后。我们终于下山了！

**重返现代世界**

归心似箭的我一回到塔基特纳就赶往安克雷奇搭乘"红眼"飞机，历经七个多小时的飞行，于第二天一大早抵达纽约的纽瓦克机场。

来自世界各地行色匆匆的旅客们从我身边经过，各种各样嘈杂的声音穿进我的耳朵，看着他们奔忙的身影，我有一些恍惚，谁能想到，就在两天前，我还在阿拉斯加荒无人烟的地方，住帐篷吃路餐，在风雪中攀登？

必须缓一缓才行，我一个人在机场行李转盘旁边坐下来，脑海里支离破碎地浮现很多思绪。究竟什么才是生命中最重要的事？我不知道《荒野生存》中那个消失在阿拉斯加荒野中的年轻人有没有找到答案。但我能感觉到阿拉斯加给了我一个朦朦胧胧的答案。

我就这样静静地坐了一会儿。等待留在阿拉斯加那片净土的心灵，慢慢与这具重返现代世界的躯体会合。然后，才站起身来，坐上一辆出租车回家去，回到现实的生活中。

## 第三节 身边的山难

窗外，阴雨绵绵，纽约的秋天总是这样。书桌上摆着最新一期的 *Outside* 杂志，我随手翻看起来。翻着翻着，一篇文章吸引住我的目光——2011年登山季，迪纳利，多起山难事故。赶忙拉出椅子坐下来，我迫不及待地想了解几个月前我刚刚攀登过的这座山究竟发生了什么。

认真读完这篇文章，我合上杂志，走到窗边，不知该如何消解内心受到的巨大冲击。眼前淅淅沥沥的雨，就像我当下的心情。2011年的迪纳利发生了很多事情，有些事故的时间线甚至与我们的攀登过程完全重合。

**致命的攀登**

一阵持续不断的轰鸣声，打破迪纳利的宁静，这是2011年5月25日。

"这是什么声音？"我们正在往海拔4330米的4号营地前进，我在懵懵懂懂间困惑着。反应了好一会儿，才意识到可能是直升机。看了看表，下午3点。在这座雪山上，有直升机飞过头顶并不是什么稀奇的事。

向导的职业敏感，让布伦特没有轻易忽略这一阵巨大声响。"呼叫RMI团队，呼叫RMI团队"，他迅速通过对讲机呼叫比我们更早冲顶的团队。

"我们已经安全返回5号营地。"这一句回复让布伦特的心稍微踏实一些，他需要解开心头的另一个困惑，直升机到底是飞到哪里的，去做什么？

很快，在山上使用同一个频率的向导们都从对讲机里得到了答案：一支由四人组成的团队从迪纳利山口下撤时发生了事故，一名向导和三名队员滑坠。盘旋而去的直升机就是前往事故地点搜救的。

布伦特立即悄声召集我们队伍的两名助理向导，转达这个消息之后，他严肃地重申道：

"我们要尽自己最大的努力带领队员们登上这座山的顶峰,更重要的是,必须带领所有人安全回家,这是我们的承诺。"阿拉斯加苍茫的大雪原映照出三张凝重的脸庞。

原本聚集在4号营地的人们,无论是顺利登顶返回的还是准备继续冲顶的,都会热烈地交流,互相鼓励。但那一天的营地,来自不同公司的高山向导们聚在一起,每个人的脸上都乌云密布。

我们虽然感到有些异样,但布伦特担心这个消息会影响到我们的情绪,和两名助理向导默契地没有向我们透露一个字。傍晚的阳光依然照耀着营地,布伦特依然活力满满地带领我们加固营地,防止帐篷被风撕裂。

距离事故发生已经过去了几天,直升机搜救结果带来的是令人遗憾的消息,事故的很多细节也在两名幸存队员的回忆中得到还原。

遇难的是美国Alpine Ascents公司的女向导——34岁的苏珊娜·艾伦 (Suzanne Allen),和她带领的迪纳利登山探险队的一位居住在中国的客户彼得·布拉德 (Peter Bullard)。Alpine Ascents是美国西雅图首屈一指的登山公司之一。艾伦在这家公司工作了5年,每一年她都要带队来迪纳利,并且不止攀登一次。事故就发生在艾伦的2011年第二次攀登过程中。

迪纳利国家公园对向导公司采取许可准入制,只有6家通过审核的向导公司才有资格带队攀登。因此,迪纳利的登山向导圈子很小,女向导更是屈指可数。"艾伦是我们大家的好朋友,她是非常优秀的向导,也是一个非常可爱的女孩。她的离开真的让我们很难接受。"山上所有的向导都和布伦特有着同样的感受。

夺去艾伦生命的,正是当年让德国登山队全军覆没的"高速公路"。她当时带领三名客户成功登顶后,使用登山绳结组下撤到迪纳利山口。最开始,艾伦在绳组的最后负责收队。但由于天色渐晚,加之经验缺乏,走在最前面的登山客户没有办法找到固定的锚点,挂上保护绳。安全起见,艾伦调整了绳组顺序,自己走在最前面带队。

在通过"高速公路"时,队伍中的一名登山者突然摔倒在地,直接从暴露感极强的横切路段跌落,绳组上的其他三人也被拽了下去。所有人用尽全力紧急制动,也没能阻止可怕的滑坠。滑坠持续了大约400米,直到冰川的斜坡底部才终止。

事故发生后,迪纳利国家公园的工作人员及高营地的救援人员迅速做出反应。救援直升机也连夜从我们的头顶飞过,赶往事故现场。最终,还是没能救回艾伦和其中一名客户,绳组上的另外两名客户身受重伤幸免于难。

**救命的绳索**

时隔半年,我在纽约的那个雨天,才了解到,2011年迪纳利发生了自1992年以来伤亡最为

惨重的山难事故，1223名冲击顶峰的登山者中共有六人遇难，附近山峰则有三人遇难，另外还有多起受伤事故和高原病事故，那个登山季成为它最致命的季节之一。

在遥远的北方，这座被冰川覆盖的山脉上，生与死之间的界限如此不明晰。迪纳利从来都不是一座简单的山。

尽管海拔高度只有6194米，但身处高纬度，靠近北极圈的地理位置，决定了迪纳利的气候条件要比其他6000米级山峰恶劣得多。这里冬季最冷时气温可以低于零下50摄氏度，山势险峻，终年积雪，还有变幻莫测的高山风，所有这些大大降低了迪纳利的登顶成功率。仅有不到50%的登山者可以顺利登顶并安全下撤，迄今为止已有一百多人在这座山上遇难。

迪纳利的难与险并不只是针对像我一样的业余登山者，它有一个恐怖的别称——"登山家的遇难地"。1984年，日本著名探险家植村直己在冬季从迪纳利顶峰下撤时遇难；1992年，曾多次攀登过迪纳利，最快只用18个小时登顶的美国顶级登山家马科斯·斯特普斯，带队攀登时不慎掉入这里的冰裂缝，还没有来得及采取自救措施，便被大量随之而落的冰块当场砸死……

2011年的攀登季，持续的降雪和强风导致迪纳利异常寒冷。在硬雪的斜坡上，被风吹过的蓝冰，更会增加危险系数。穿着冰爪在坚硬的冰上爬上爬下，会消耗更多的体能和意志，在这样的状态下，很容易因为疲累、疏忽等各种原因而犯错。一旦犯错，很可能万劫不复。

多年前，当"高速公路"这个名字传开之后，迪纳利国家公园的服务管理人员便在这条危险的斜坡路线上，每隔30米打下一根雪锥，铺设一条路绳，为通过陡坡的登山者提供安全保障。

布伦特带领我们通过这一路段时，总是会不厌其烦地提醒我们，一定要将自己安全带上的保护绳挂在这些雪锥上。这样一来，即便发生跌倒，甚至滑坠，这一道保护至少能争取更多的反应时间和救援时间。

然而，并非所有攀登迪纳利的登山者都会如此谨慎。每过一个节点就要将保护绳重新挂在路绳上的操作，势必会影响行进速度。很多人会认为快速通过更加安全。

这是速度与保护的对立。该做何选择，又将为这个选择付出怎样的代价，每个人都有自己的判断标准。

一项事实不容忽视，迪纳利国家公园的调查报告显示：登山者结组在雪地下坡时跌倒，没有使用雪锥或冰锥等固定保护措施，这是迪纳利发生事故的最常见原因，而运行保护装置可以防止滑坠的伤害。

经历了恐怖的2011年登山季，"每个人都必须首先了解攀登风险，并做好安全预案"，成为所有在迪纳利工作的高山向导的指导理念。而是否把自己挂在路绳上，也成为他们监督每一位登山者必须做出的安全决定。

回到书桌前，我再一次迅速浏览了一遍这篇文章，然后把它从杂志上剪下来，郑重地收藏在文件夹中，放在抽屉里。

刚刚关上抽屉门，凡敲门走进书房，问道："要不要来杯咖啡？"

"好啊。"这一次站在窗前看雨，手中的热咖啡，将我从山难事故的阴霾拉回现实。

我回头看看关好的抽屉，就让那些会让人担心的讯息安静地躺在那里吧。就像布伦特在山上为我们屏蔽事故消息一样，我也不希望给家人带来无谓的忧虑。很多时候，不知道就不会被困扰。

"如果你花时间保护自己，你就可以更安全地完成攀登。"布伦特的这句话我牢牢记在心里。登顶，从来不是一次攀登成功的标志，安全回到家人身边才是。

# 第五章 遥远之地

## 第一节 最了解文森峰的男人

**难就难在远且冷**

"人们可能轻视文森峰,但我希望你们不要这样去想。文森峰的确海拔不算高,攀登难度也不算大,以往的登顶成功率也很高,但不要忘了它位于南极,是一座非常寒冷的山,这会让它变得更加困难和危险。而且,它是如此遥远,远到超出任何人能够帮助你的范围。一旦遇险,获救的机会十分渺茫。"

当大卫·汉恩,我们2012年12月攀登文森峰的向导,表情严肃地说完这些话时,我不知道别人都在想些什么,但在我的心里,对于这座南极洲最高峰的态度,变得和他的表情一样严肃。帐篷外狂啸的风声,似乎是在应和他的话,海拔4892米的文森峰不可小觑。

文森峰的遥远,在我们来到南极大陆的那一刻就已经领教了。那里是真正的世界尽头。从纽约飞智利首都圣地亚哥，然后换乘飞机到蓬塔阿雷纳斯，一共需要近18个小时的飞行时间。

走在这座智利最南端的港口城市的街上，满眼都是五颜六色的房子。位于麦哲伦海峡西岸的蓬塔阿雷纳斯是这片海峡范围内重要的港口城市。500多年前，进行环球航行的麦哲伦船队就是到这里才发现了一条连接太平洋和大西洋的航道。蓬塔阿雷纳斯紧邻的海峡也因此得名"麦哲伦海峡"。

"你的加厚羽绒裤在哪里？"大卫·汉恩问我。

"这是我登迪纳利的登山裤。"

"这个不行，你没有看我们的装备清单吗？"大卫·汉恩的语气很严肃。

到达蓬塔阿雷纳斯的第二天，大卫·汉恩来检查我的装备，认为我的登山裤不够保暖，需要重新购置。这一下让我原来十分悠闲的心情立刻紧张起来。2011年我刚刚登顶了北美最高峰迪纳利峰，全套装备都带来了，而且我反复检查了装备清单，以为装备是完全够的，但是没想到南极更冷，需要加厚的羽绒裤。我每次带的装备都特别多，偏偏这次来南极，最重要的衣服没有准备，可装备清单也没说需要加厚羽绒裤啊。

接下来的两天，我把蓬塔阿雷纳斯街上所有的户外商店都逛遍了，也没有找到合适的装备。因为现在在南美是夏天，根本没有货，现在从纽约寄也来不及了！

"受天气影响，今天前往联合冰川的飞机飞不了了。"这个对其他队员来说的坏消息对我来说却是一个好消息，我又有一天时间可以去找羽绒裤了。功夫不负有心人，我终于在一家小的户外商店找到一条里面不是羽绒的加厚外套裤，号码也不对，但也没办法，只能买下来了。我料想到去南极的路会漫长曲折，但没想到我会花三天时间只买到一条外套裤。

每年12月至次年1月，是南极航线最繁忙的时节。从蓬塔阿雷纳斯飞到南极并没有商业航班，我们定的是由俄罗斯西伯利亚货机改装的巨型飞机，伊留申 IL-76 TD。伊留申IL-76最初设计用于向苏联时期地广人稀的西伯利亚地区运送重型机械。因此它需要能够在短而无准备的简易机场起降，并能够应对西伯利亚和北极地区可能遇到的最恶劣天气条件，而这正是在南极冰原起降的要求。伊留申 IL-76 TD 比原来的伊留申IL-76 具有更远的航程和更大的负载能力。

蓬塔阿雷纳斯飞到南极的往返机票在2012年时就要5万多美元，但昂贵的机票并不能确保按时起飞，飞机能不能飞完全要看天气。几乎每一个前往南极的人都会在蓬塔阿雷纳斯等上几天，才能飞成。

在来到蓬塔阿雷纳斯的第4天，终于天公作美，南极联合冰川的天气良好，伊留申 IL-76 TD 将带我们前往那里。货机机舱里前半部分坐人，所有座位全是临时加出来的；后半部分装货，这些物资用于所有队伍在南极大本营的生活日常保障。

又是一段长达4个半小时的飞行，在南极洲哨兵山脉的映衬下，海拔4892米的南极最高峰文森峰并不显眼。但因为它的遥远，文森峰成为七大洲最高峰中最后一座被登顶的山峰。登这座山，后勤补给太难了。

这座山在南极大陆上矗立了亿万年，直到1953年才第一次向人们揭开了它神秘的面纱——美国海军飞行员在执行侦察任务时看见了它。文森峰这个名字来自于当时支持南极探险的美国众议院军事委员会主席卡尔·文森（Carl Vinson）。

1966年12月17日，美国南极登山探险队首次站上南极之巅。1985年，第一家组织南极洲商业探险和文森峰攀登的公司Adventure Network International（ANI）成立，ANI后来成为Antarctic Logistics & Expeditions（ALE）。三年后的1988年12月2日，中国人的足迹也留在了这座南极最高峰上，中国登山队队员王勇峰、李致新成为登上文森峰的中国第一人。

作为七大洲最高峰中最靠近极点的一座，文森峰的攀登难度，正如大卫·汉恩所说，并不在于海拔，而在于它的极端环境。它是七峰中最冷的一座，平均气温在零下30摄氏度至零下40摄氏度之间，遇上大风，会骤降到零下50摄氏度以下。

**因为他是大卫·汉恩**

没有人会比大卫·汉恩更了解这座山峰了。在带领我们攀登之前，他已经29次站上过它的顶峰，他也因此成为世界上登顶文森峰次数最多的纪录保持者。

一直以来，大卫·汉恩的名字就等同于极地登山。这个美国人用自己的双脚丈量了无数高山，其中包括瑞士和法国境内的阿尔卑斯山，美国的瑞尼尔山、迪纳利，阿根廷的阿空加瓜山，以及位于亚洲的珠穆朗玛峰、卓奥友等。带我们登完文森峰的第二年，2013年5月，大卫·汉恩又一次登顶珠峰，这已经是他第15次站上世界之巅。

在文森峰大本营的大帐篷里，大卫·汉恩这么多年来储备的南极探险故事和他自己的登山故事，让原本有些无聊的营地时光变得十分有趣。

"你们知道世界上第一个到达南极点的人是谁吗？"大卫·汉恩的这个问题带出了让我印象最深刻的故事——发生在100年前英国、挪威两国探险队之间的激烈竞争。

1911年9月8日，挪威探险队领队阿蒙森率先出发奔赴南极点。但他和其他4个伙伴出发得有些太早了，当时气温低至零下56摄氏度，挪威人被迫返回。同年10月15日他们再次出发，以每天30多千米的速度行进，最终，他们于1911年12月15日领先英国队，成为第一批到达南极点的人，并在极点用雪杖竖起一面挪威国旗。

1912年1月16日，当英国探险队领队斯科特一行5人忍受着暴风雪、饥饿和冻伤的折磨，以惊人的毅力抵达南极点时，迎接他们的是这面飘扬的挪威国旗，以及阿蒙森留给斯科特的信。

"很残酷，对吧？这就是竞争，一定是要分出输赢的。但他们其实都是人类探险史上值得被记住的英雄。"大卫·汉恩的感慨，正是我们每一个听完这个故事的人共同的感受，"美国人在1957年建成的南极科考站就叫作阿蒙森—斯科特站。"

大卫·汉恩还有很多类似的故事，但我更喜欢追着他询问攀登珠峰的细节。登完文森峰，我的"七峰计划"就只剩查亚峰和珠峰了。

"登珠峰需要做哪些准备呢？攀登珠峰的难点主要是什么呢？我该如何判断自己是否具备攀登珠峰的能力？"关于这座世界最高峰，我有太多想要了解的。大卫·汉恩耐心地回答了我的每一个问题。

之前我与大卫·汉恩工作的向导公司RMI有过两次交集，我在2006年攀登美国瑞尼尔山和

2011年攀登迪纳利，选择的都是RMI的向导。这个信息勾起了他的回忆："和你一样，瑞尼尔山也是我登的第一座雪山。"我和大卫·汉恩有了共同的话题。

"我从小就对攀岩感兴趣，因为我父亲当时是加州的攀岩运动员。我在与家人远足和背包旅行的记忆中长大。在登瑞尼尔山之前，我爬了很多没有雪的小山。瑞尼尔山顶峰是美国最容易抵达的山峰，但它与美国本土48个州的其他所有山脉完全不同。是的，美国本土48州还有其他更高的山，但没有一个比它更大并且有这么多冰川。"

"这一点我非常同意。它虽然容易抵达，可并不容易攀登。"我向他描述了因为经验不足、体能跟不上导致的狼狈，但是攀登瑞尼尔山收获巨大，"那些最基本的登山技能，包括如何使用冰爪和冰镐、登山的休息步和压力式呼吸这些技巧，我都是在攀登瑞尼尔山的时候掌握的，这为我以后走向更多的雪山打下了一个很好的基础。"

"没错，瑞尼尔山一直以来都被视为攀登阿拉斯加或喜马拉雅的训练场。"这座山对于大卫·汉恩来说，同样是一个起点。"在瑞尼尔山我认识了很多登山者，学到了很多东西，那可以说是我登山生涯的开始。在我20多岁的时候，前往瑞尼尔山并成为那里的向导，开启了我的职业生涯。我也是在这座山上认识了被我视作榜样的那些人，他们向我介绍了如何去珠峰、去西藏，发现这条通往珠峰的路让我大吃一惊，也真的很兴奋。"

说起珠峰，大卫·汉恩沉思后说道："第二次攀登珠峰时我有了关于登山的更深刻体会，那是在我第一次去的三四年后。登顶珠峰是一个非常大的目标，我不会直接承认我的动机之一是向其他人展示我可以登顶，也许我们所有人都有一点虚荣心。但有趣的是，多年来，登顶不再是我登山的一种动力。外界并不能真正理解你在攀登它时所面临的极限挑战，只有你才能理解这些挑战。公众和绝大部分人只知道一些表面的东西。所以最后，你去登山最好是为了满足自己，而不是别人。"

从成为瑞尼尔山和迪纳利的入门向导开始，每次他背着很重的背包走得很艰难或陷入糟糕境地时，大卫·汉恩总会对自己说："嗯，这是珠峰的训练，这可能对我在那里有大大的帮助。"大卫·汉恩1991年第一次前往珠峰，那时他已经登顶迪纳利9次，登顶瑞尼尔山超过100次。"所有这些，对于我迎接在珠峰上的挑战来说，都是很好的准备，无论精神上还是身体上。"大卫·汉恩说道。

在大卫·汉恩的故事里，最让所有人好奇的就是他在1999年前往珠峰北坡的经历。硕大的帐篷里，甚至会有被这些精彩的故事吸引过来的其他队伍的成员。那一次珠峰之行的活动名称是"寻找马洛里"。

大卫·汉恩走进这段重要的历史之中，他自己也变成了历史的一部分：尽管没能找到能证明马洛里1924年是否登顶珠峰的照相机，他们真的在那次行动中找到了马洛里的遗体以及一些遗物,而大卫·汉恩是当时队伍中第二个看到马洛里遗体的人。

"马洛里冻僵的遗体是以躺着的姿态出现在我眼前的。看上去像是从上面滑坠下来,撞到了石头,腿骨折了。"大卫·汉恩回忆说,在马洛里的遗体上,可以清晰地看到腿上断掉的骨头。"他的手是伸出来抓着什么东西的姿势,可以想见他当时在努力制止滑坠。他把摔断的那条腿搭在另一条腿上,获取最后时刻的放松,等待死亡的到来。"

马洛里的好搭档——安德鲁·欧文的遗体残骸,在25年之后的2024年也被意外发现。此时,距离他们两个人殒命珠峰留下谜团,已经过去整整100年了。

珠峰北侧中绒布冰川某处冰层融化后显露出了一只靴子。

裂开的皮靴磨损严重,底部分布着钻石形状的钢钉,属于那个早已消逝的登山探险时代。靴子里面是一些人体脚部组织和部分骨骸,套在脚上的袜子缝着"A.C.IRVINE"字样。那正是安德鲁·欧文的名字。

发现它们的是美国珠峰滑雪探险队成员金国威(Jimmy Chin)与埃里希·罗普克(Erich Roepke)、马克·费舍尔(Mark Fisher)三人。他们在2024年秋季来到珠峰北坡,计划拍摄美国极限滑雪登山者吉姆·莫里森(Jim Morrison)沿山峰北侧霍因贝尔檐沟滑雪下撤的过程。山壁的艰难状况让这支队伍不得不终止了这次探险活动。

但在这次活动中他们发现了这只靴子。

欧文的这只靴子缩小了搜寻的范围,当年被他背在身上的照相机很可能就在附近。马洛里和欧文是否是先到达山顶,然后在下山时遇难?人类登山历史是否会被改写?他们留下的谜团暂时依然无解,但至少破解的希望又一次被点燃。

对于大卫·汉恩来说,1999年攀登的目的并非登顶,他在1994年就第一次站到珠峰的顶峰了。"有些人一旦登顶将不再攀登,变为更加理性的人。但对我来说,很明显,登顶之后,我不会放弃攀登。"大卫·汉恩发现,每一次他都对这些探险感到非常兴奋,并对攀登喜马拉雅山峰的历史非常感兴趣。"有一个念头很自然地在我脑子里萌生出来,并且越来越强烈,那就是,我觉得自己可能擅长的事情就是带着更多的人到喜马拉雅山攀登探险。"

这一去就去了15次。"为什么会登那么多次珠峰?"这也是每一个人都好奇的问题。大卫·汉恩的答案是:"对我来说,下一次行程不是为了增加我的登顶次数,而是为了完成一次完美的探险。每一次,我都想让它变得更好。"

大卫·汉恩看着大家继续说道:"登上山顶对我来说仍然很重要。但更重要的是我作为领队将团队聚集在一起的那种感觉。那些在阿拉斯加或喜马拉雅山上的探险需要更长的时间,如果你在此过程中遇到了一些困难,并且试图解决这些困难,经历所有并感觉应该做的都做了,无论有没有登顶,都是非常令人满意的。当一个团队在探险结束,大家都成为朋友时,身为向导的成就感就很大。但我想说，并不是每一次的探险都会有这样的感觉，所以当某次探险活动很圆满时，我就会更加满意和珍惜。"

这也是为什么大卫·汉恩每年都带队来南极攀登文森峰。而他所拥有的29次登顶文森峰的经历，对我们来说就是天然的信任感来源。这个如另一个星球的白色世界，遥远且寒冷，没有任何生气，放眼望去只有茫茫冰原。这感觉像是穿越回了混沌初开、乾坤始奠的最起点，又像是来到了荒凉末日的最终点。在这样的地方，大卫·汉恩带来的信任让人格外踏实。有他在，我们这一次的文森峰之行一定会顺利。

## 第二节 金妮的故事

"我们只能集体行动，要么全体上，要么全体下撤。"

在距离文森峰顶峰还有200多米高差的位置，大卫·汉恩的这句话比扑面而来的风雪更让我难以接受。我试图继续说服他，话还没有说出口，他已经结束了对话——

"我是向导，我现在的决定就是，往下撤，所有人！"

我们的文森峰第一次冲顶无疾而终。天气的确有些糟糕，风雪交加，越下越大。但这并不是导致我们下撤的唯一原因，还因为走在队伍最后面的女队员金妮（Ginneth）。在我看来，这可能是主要原因。金妮来自哥斯达黎加，这一次如果能够登顶成功，她将成为这个中美洲热带国家第一位登顶文森峰的女性。

也正是因为来自中美洲热带国家，金妮对冰雪环境和寒冷气候的适应能力明显差一些。加之此前也没有接受过系统的登山训练，在整个拉练和攀登过程中，她总是落在队伍的最后面。可现在，让她无法适应的恶劣天气和攀登强度，不得不中止了继续攀登的脚步。她的糟糕状态不仅耽误了她自己要创造的纪录，也耽误了我们所有人的登顶计划。

身为向导在山上具有不可置疑的权威，他说队伍里有些队员走得慢，没有办法加快行进速度，而且风雪太大了，如果继续往前走，大家可能都会有危险。其他人对这一决定并无异议，每个人都相信大卫·汉恩的经验和判断。我也相信，但我认为可以原地休息一会儿，再看情况决定。"大部分人的状态很好，可以继续前进。"我很想跟大卫·汉恩提这个要求，最终还是忍住了，因为我们的小团队只有他这一个向导，他无法分身兼顾下撤和继续冲顶两个方向的队员。

冲顶的挫折，让我一肚子的怨气在撤回2号营地的路上不断发酵，心里质疑大卫·汉恩的决策，俄罗斯队在昨天更恶劣的天气下都成功登顶了，我们为什么不可以？

回到2号营地，得知和我们同期到达联合冰川开始攀登的德国队、韩国队也已经成功登顶，并在今天下撤回大本营了。整个2号营地只有我们这一支队伍了，准确地说，目前还留在这座雪山上的，只有我们这一支队伍了。

"明天天气怎么样？我们可以再次冲顶吗？"我急切地询问大卫·汉恩。

"我不确定，接下来两天的天气预报都是不确定的。"这个回答让我的内心七上八下。我们只携带了四天的食物和燃料，到今天，已经消耗了一半，如果接下来两天的天气不好，没有办法冲顶，物资耗尽我们就只能下撤回大本营了，来一次南极可不容易啊！

直到吃完晚餐，大卫·汉恩也没有向大家承诺任何事情，只是说："我明天一早会查看天气情况，然后再做出决定。"

钻进三人共用的帐篷里，和我一起住的两名队友斯特林（Sterling）和理查德（Richard）看出了我的忐忑，他们的心情也是一样的。明天，不知大卫·汉恩会做出什么样的决定。这是最后的机会了，我们唯一能做的，就是祈祷老天给我们一个好天气。这一夜，睡得很不踏实。

说是夜，其实和白天没有任何差别。这个季节的南极正值极昼阶段，全天24小时都是白天，模糊了时间概念的感觉一开始让人格外新奇，但随之而来的生物钟完全被打乱，又成了极大的困扰。我们只能每天有意识地调整作息，依靠眼罩来营造睡觉的氛围，尽量让自己的生物钟恢

复正常。

挨到早上,我听到大卫·汉恩拉开帐篷拉链走出来的动静,过一会儿,帐篷外传来一声"大家准备起床了,我们今天要上去。"再没有比这更美妙的闹钟了。看看手表,时间7点30分,所有人听到这句话立刻动作起来。吃完简单的早餐,我们再一次踏上冲顶之路。

昨天被折腾到体力不支的金妮决定留在营地里,我们既为她感到遗憾,又觉得冲顶成功的可能性增大了一些。

这一次天气同样不是很好,阴沉沉的,好在风没有那么大。我们在相对平坦的前两段路进展很顺利。和迪纳利一样,文森峰的冲顶之路上也有一道顶墙,难度陡增。在这样的攀登路段,难免会有这样的情绪:"为什么会有人蠢到要来登山?放着舒服的日子不过,偏要来这里受罪。"或许登山的另一重意义就在于,它能让我们更加珍惜日常生活的美好。

我的脚步开始变得缓慢而沉重,我有意识地调整步伐,在呼气时发出"嘘"的声音,这样可以在呼气的同时再吸入一些氧气,增加摄氧量。这种科学有效的方法是我初识登山时跟着大卫·汉恩所在公司的向导学会的。从那以后,在很多雪山上屡试不爽。

来到顶墙的上面,顶峰山脊近在眼前了。这时天上的云多了起来,天色也在大风中阴沉了下来。最后一个陡峭路段、冰雪岩混合路段、狭窄的山脊,一关一关闯过,我们终于在下午5点登临顶峰。

没有人介意阴霾天空下根本看不到什么顶峰景致,我跟大卫·汉恩拍了张合影,我穿着橘黄色的8000米级羽绒衣,把冰镐举在半空中,大卫·汉恩穿着蓝色的连体登山服,手里拿着RMI的小旗帜,冰镐插在顶峰的雪地里。

我们在顶峰呆了30分钟,然后下撤。距离2号营地还有一段路的时候,就远远看到营地里一个人影一直在向我们挥舞双手,那是金妮在准备迎接我们。她的那份开心感染着我们,不禁加快了脚步。

终于回来了,"祝贺你们!"金妮真诚地和我们每个人拥抱。

"真遗憾你没能和我们一起,希望你以后有机会再来实现心愿。"大家也纷纷安慰着她。在一片热闹中,大卫·汉恩来到她面前,说道:"金妮,明天我带你再上一次。"

"哦,天呐,你说的是真的吗?"不光金妮兴奋到不敢相信,在场的每一个人都怀疑自己是不是听错了。大卫·汉恩点点头,微笑说道:"你已经休息了一天,体力也恢复了,我觉得你是有能力上去的,你觉得呢?"

"可是你刚刚带队从顶峰下来,这样太辛苦了。"金妮有些过意不去。

"这对我不算什么,但这个心愿对你来说很重要,我很高兴可以和你一起实现它。"

"是吗?太感谢你了!你真是一个好人!"金妮激动地连声感谢,我们也被大卫·汉恩的这个决定所打动。

我心里受到的触动更甚于其他人。大卫·汉恩让我见识了一个真正的登山者的格局，他确实是个好人，他完全没有义务去做这种没有任何额外回报的举动。即便第二天按照计划全体下撤，金妮也不会对这个决定有什么怨言。可他仍然愿意不顾刚刚带队登顶的疲累，再上一次，帮助她完成这个心愿。

我终于可以冷静下来思考他在第一次冲顶时做出的下撤决定。站在向导的角度，他确实要通盘考虑，为全体队员着想。登顶固然重要，但安全更为重要。想到我当时只从自己的角度考虑问题，还在心里质疑他的判断，不禁感到有些惭愧。我很想向大卫·汉恩表达自己的抱歉，但又不知从何说起，只能暗暗替他和金妮祈祷一个好天气。

这一次的祈祷完全灵验了，他们出发时天气非常好，无风晴朗的状态持续了一整天。不出意外，金妮在善良的大卫·汉恩的帮助下，实现了自己的心愿，成功登顶。哥斯达黎加第一位登顶文森峰的女性，就这样诞生在我们的队伍里，真是太棒了！

第二天一早，我们拆除了2号营地的帐篷，准备下撤。

来到1号营地，我们取走了留在那里的东西，继续前往大本营。出发前，大卫·汉恩发起号召："我们现在需要一名拖运公共垃圾的志愿者，有谁愿意担任呢？"我率先自告奋勇揽下了这个任务，说道："我上山时没有做很多运输公共物资方面的工作，这回就我来吧。"公共雪橇上堆满了一个个袋子，里面都是这些天来大家产生的垃圾和排泄物。

在南极，上厕所这件事成为每个人都必须重新学习并适应的一个新技能。我们在登山的全过程都要严守环保规定，无论大小便都要在自己领取的袋子里解决，袋子里放有化学物品，会与排泄物混合发生作用，进行除味降解。所有垃圾和排泄物坚决不允许随意丢弃，一路都要自己携带着，直到下撤回大本营。而且，它们并不只是要被带下文森峰，还必须要带出南极，每一次从南极返程的货机都会运载很多垃圾出去。这一点是极其严格的，但没有人会嫌麻烦，保护这片净土的环境是每一个来到这里的人应尽的责任。

当我把固定在雪橇上的背带套在自己身上时，大卫·汉恩走过来拍拍我的肩膀询问："没问

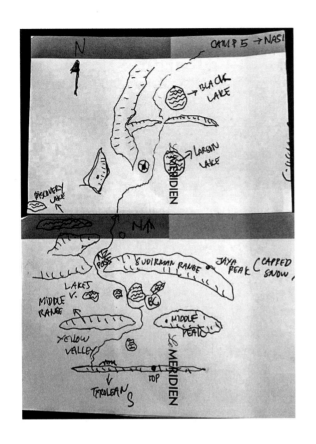

题吧？"

"没问题。"我冲他笑了笑，希望他能接收到我一直不好意思向他表达的歉意。

就这样，我拖着一雪橇的垃圾一个人走在队伍的最后面。放眼望去，只看到白色的雪和白色的山，有些时候甚至天空也是白色的。分不清天际线，分不清哪里是冰雪，哪里是云层。眼前的一切是和平的，遥远的，广阔的，整个世界仿佛变成一个平面，只剩混作一团的白茫茫一片，这让我总有一种置身远古冰河世纪的错觉。

前方不远处大卫·汉恩的背影将我拉回现实。感谢他，让我在这片地球上最遥远的土地上依然能感受到人性的善良与温暖。

## 第三节 失控的恐惧

**惊险时刻**

头灯微弱的光越来越暗，应该过不了多久电量就会耗尽。借着这一点点光亮，我继续寻找下山的路，能看到的只有漆黑一片。而我已经在这片漆黑中团团转了15分钟了。

这是在查亚峰的下撤路上，一段几乎直上直下的土路，没有路绳，我的脚下是一个30厘米宽的小平台。

尽管我完全看不到下面的路在哪儿，但毕竟上山时走过这段路，知道它有100多米的落差。我站在这个小平台上，和站在悬崖边没有什么区别。背包里没有备用电池，让我又多了一份紧迫感——必须要在头灯没电之前，走下这段路。

可怎么走呢？

刚刚经历了倾盆大雨的洗礼，土路泥泞湿滑，我浑身湿透，不敢轻举妄动。我的当地向导波西（Poxi）穿着雨鞋已经下去了，看不见他的踪影，只听到他在下面的喊话——

"你下来呀。"

"我下不来。"

一阵沉默。波西的英语不好，这一路我们沟通得很费劲，彼此话都不多。"他可能正在上来，帮我下去。"我心怀希望等待着。

不知道在黑暗中等了多久，下面又传来一声："你是不是已经下来了？"

"没有，我需要时间。"

新一轮的沉默。我知道，不可能指望他来带我摆脱困境了。这一刻，只有我和山。无依无靠，是最强烈的感受，仿佛把自己的命运完全交给一个未知的东西。恐惧，不可控制地在我心中弥漫开来。事情会怎样发展，我完全不知道。

为什么没有带头灯的备用电池？为什么这段路不设置路绳？为什么向导不能上来提供帮助？要不就挨到天亮等能看清路了再说？在这个小平台上，脚步被困住，脑子在飞快地运转，想着有哪些可选项能够帮助自己摆脱孤立无助的境地。

## 飞向查亚峰

我是在2015年2月来到查亚峰的，为随后的3月底珠峰南坡攀登热身。"七峰计划"开始于2005年的非洲最高峰乞力马扎罗，到2015年就整整10年了，我打算这一年把它完成。

出发前我找了很多资料研究行程，查亚峰虽然海拔不是很高，4884米，但是怎么去到山脚下是个大问题。我只有10天左右的时间预留给整个攀登周期，所以必须坐直升机到大本营，因为徒步进山的话，至少需要多走10天。徒步这个过程海拔高度并没有多少提升，起不到高海拔适应的作用。况且在热带雨林里徒步，暴雨总是没有征兆地突然来临，一天的任何时间都可能下雨，会走得很艰难。对我来说，节省时间最重要。

安全性要求和服务水平都更高一些的很多国外大牌公司，包括美国的、新西兰的向导公司，都不能保证提供直升机。于是，我就选了印度尼西亚当地最好的一家向导公司。

查亚峰坐落于印尼的新几内亚岛上。亚洲和大洋洲的分界线从印尼国内穿过，整个新几内亚岛都是属于大洋洲的，查亚峰也就成为大洋洲第一高峰。我所选的这家当地向导公司有400多次带客户成功登顶查亚峰的经验。他们对当地情况很熟悉，并且可以根据我的需求订制行程：乘坐直升机快进快出，配备一对一向导。没有其他队友，行程很灵活，什么时候出发全由自己决定。

2015年2月8日，我从上海浦东国际机场乘坐飞机飞往印度尼西亚首都雅加达。第二天一早再飞7个小时到查亚普拉（Jayapura）。查亚普拉是巴布亚省的首府，在这里还要经历近两个小时的飞行到达那比瑞（Nabire），这是离查亚峰最近的城市。

在那比瑞休整一天后，2月11日早上5点20分，天色漆黑，我的房门被向导波西敲开。6点钟

到达机场时，天还没有亮，只有两架开着灯的直升机停在那里。行李先被装进了飞机，人还需要继续等待，等的是查亚峰附近的天气报告。凭肉眼看去，天气虽然多云，但东部的天空很明亮，"我们今天应该可以顺利起飞吧？"我转向波西问道，他回我一个不置可否的笑容。波西的肤色呈深褐色，脸上长了一些雀斑，颧骨凸起，头发浓密有些微卷。身材中等偏瘦但结实，非常适应崎岖的山地地形。他穿着长袖衬衫、长裤和一件防风外套。他是当地最有经验的高山向导之一。

果然如我所期待的，20分钟后，天气报告显示早上8点之前一切都好，我们收到出发指令。波西带着我跳上直升机，很快，我们就飞上了天。

飞行很顺利，看起来天气还不错。然而，好景不长，当我们接近山脉时，弥漫的雾气变成了雨，云层也越来越厚。我有点紧张，心想"可千万不要折返啊"。折返回去既浪费时间又浪费钱，直升机往返一次的费用是18500美元。

雨倒是越下越小了，波西和我商量了一下，决定继续往前飞。我的心刚踏实下来没一会儿，飞行员的一句话又让它提了起来："山口附近云雾太多，没有办法降落在黄河谷。"黄河谷是我们既定的降落地点，也是查亚峰山脚的位置。直升机盘旋了半天，最终降落在一个湖边。波西告诉我，这里距离黄河谷还有四五个小时的路程，我们必须翻过海拔4500米的山口才能到达。这实在不是一个好消息，但我很高兴飞机顺利降落了。

"我们就在这里吧。"波西找到了一个山洞，成为我们两个人的攀登大本营。他很快在山洞外面搭好帐篷，然后在山洞里面做好了午饭。当我听到开饭的通知，从帐篷里出来后，简直要惊呆了，心想"他到底是向导还是厨师，太厉害了吧？"在这样的环境下，这真的可以称得上一顿午餐盛宴了，绿色蔬菜、鱼、炸章鱼、面条汤、米饭，全是印尼当地美食。每道菜都很美味。

这顿饭吃得很开心，外面的雨时下时停。等到我们吃完饭出去进行适应训练时，雨又下了起来，越下越大，而我还犯了一个很大的错误——没有穿防水的裤子，适应训练只能提前终止。

查亚峰的雨季通常是在每年的5月之后，但2月份如此多雨，连波西都觉得很少见，"天气太奇怪了。"适应训练下来，我的裤子、靴子、手套、背包全湿透了，整个下午只能窝在帐篷里休息。帐篷外，雨嘀嘀嗒嗒一直在下。

吃过晚饭，波西叮嘱我："明天就要出发，今天早点休息。我们半夜12点起床，凌晨1点出发。"我伴着雨声迷迷糊糊地睡着了，不知道下面的行程是否顺利。

**难题不断**

凌晨1点，我和波西准时出发。雨终于不再下了，但前一天的雨让前行的路泥泞不堪。"你穿这个可以吗？"我看到波西穿的普通雨鞋不禁问道。他淡定地笑笑示意我往前走。我们翻过一座小山，又翻过海拔4500米的山口，脚下的路在陡峭和平坦之间切换。上上下下地走到天亮，"这里是真正的大本营。"波西的一句话让我崩溃。我看看表，时间显示早上6点，走了一个晚上才刚到大本营。波西随后的这句话再一次加深了我的崩溃："从这里还要再走两个小时，才能到山脚下。"

又经过一个上坡和下坡，终于抵达查亚峰山脚下的黄河谷。

"这里就是昨天我们的直升机原本要降落的地方吗？"

"是的。"

我们已经走了快7个小时，正常的话应该已经接近顶峰了，而我们现在刚刚到山脚下。

从山脚往上爬，不一会儿就是攀岩路段。地形陡峭而具有挑战性，表面布满了凹凸不平的石块和裂缝，需要小心地选择落脚点，有些狭缝只容一人通过，需要保持平衡和专注，以确保安全。

查亚峰上每年新搭的路绳都会一直留在山上，不会撤掉，很难分辨到底哪根是当年的新路绳，哪根是旧的路绳。

"这很危险啊！我要怎么判断应该用哪根路绳呢？"我问波西。

"你跟着我就行了。我用哪根绳你就用哪根。"

我的心里依然忐忑："这靠谱吗？万一他判断失误怎么办？"这些旧路绳常年日晒雨淋的，早已无

法承重。如果真抓错一根，不敢想象会是什么后果。

没有其他选择，我也只能跟着波西选择的路绳一路向上。这是一条很窄的路，两边都是非常锋利的石头，角度也很陡，爬起来很困难。在来之前，我知道查亚峰需要5.0~5.4的技术性攀岩能力，但我从未真正理解过这究竟意味着什么。而我在此之前从来没有攀过岩，也不懂技术性攀岩的技巧。

查亚峰的北壁非常陡峭，我借助上升器来保护自己，用脚蹬着石头借力往上走。我感觉爬了好久之后，问波西："我们是不是快到顶了？"

"只走了三分之一。"波西平静的语调让我调整了一下心情，不能太急躁，我当即坐下来休息一会儿，我们需要稳步前进，安全第一。

爬上山脊，路没有那么陡峭了。但是出现了一个新状况，显然最近几天山上有暴风雪，有些地方雪深过膝，非常滑，在山脊小道上走非常危险。波西也很困惑："查亚峰很少会下雪的，我没有见过这么大的雪。"随着我们不断向上攀爬，地上的雪越来越厚，情况也变得越来越糟。

沿着山脊走了半天，我又忍不住问波西："是不是快到了？"

他没有正面回答，指指前面说："我们马上要通过索道了。"

波西所说的索道是查亚峰著名的Tyrolean Traverse。Tyrolean Traverse就是在两个山头之间的峡谷路段架了一个索道，我们要把身体倒挂在索道上，顺着绳索用手把自己拉到对面。这需要具备一定的技巧、平衡能力和上肢力量，以保持稳定的姿势。

波西站在索道前为我讲解技术要领，告诉我要怎么把自己挂上去，整个过程手要怎么操作。随后，他一边把自己挂上索道，一边对我说道："我先过，你看着我怎么操作。我会在对面帮助你。"我站在旁边看着他熟练地操作着，麻利地到了对面的另一个山头上。

他冲我挥挥手，喊道："到你了，像我刚才那样过来。"

我回忆着他的动作，一一模仿。倒挂上绳索，我感受到了波西在对面帮忙拉拽绳子的力量。即便如此，我还是在中途出了一点小状况，"稍等一下，我的手没有力气了，需要休息一会儿。"听到我的喊声，波西停下了拉拽绳子的动作，等着我休息好。我发现自己挂在绳索中央，停在半空，身下是万丈深渊。

这里已经是海拔4000多米的地方，加上此前已经连续攀爬了近10个小时，在这种情况下还要做这个动作，很困难。好在查亚峰的设施更新后，这个难点已经没有了，现在的登山者可以扶着两边的保护钢索，脚踩在钢索上走过去，容易了很多。

总算通过了这个困难的索道，雪后的顶峰山脊比我想象的还要危险。我们还需要通过两个小悬崖，在很窄的山脊线上，挂在路绳上的上升器成为我唯一的保护。这段路我走得很慢，将近2个小时之后，突然听到波西大喊："山顶就在这里。"他示意我先走到顶峰的牌子前，坐在最高点的岩石上,他按下照相机的快门,记录下这个时刻。历经一个又一个难点,我终于登顶了查亚峰。

下撤路上,再一次通过索道之后,这几天难得一见的太阳居然出现了。阳光的直射和地上新雪的反射,让习惯了阴天下雨没有涂防晒霜的我吃尽了苦头,不一会儿脸就被晒伤了,火辣辣的疼。我在休息时,补涂了一些防晒霜,但为时已晚。

再往下走一段就回到了技术性攀岩路段,我问波西:"这里用不用下降器?"

"不用。像这样手抓着路绳就下来了。"说完他走在前面,三下两下就走完了一个绳距。

我跟在后面走得心惊胆战,加上脚又疼,速度特别慢。追上波西后,我拿出八字环提出诉求:"我要使用下降器。"有了八字环助力,我的下降速度明显加快。还没行进到一半路程,倾盆大雨迎面而来,岩石之间的缝隙原本是我们的攀登路线,现在雨水顺着岩石形成了一个个小瀑布。很快我就全身湿透了,连鞋子里面都湿了。到下午5点多,雨变成了雪,又冷又饿的我们俩身上也没有吃的,只能靠一直往前走产生热量,避免失温。这次的天气真的像波西感慨的那样——"太奇怪了"。

天色已晚,我们回到那段几乎直上直下的土路上端,雨还在下着,没有路绳,站在30厘米宽的小平台上,我试着往下看,完全看不到下面的路在哪儿,不知道下一只脚应该往哪里迈。左顾右盼了半天,平复了一下心绪,我继续借助微弱的头灯光亮,鼓起勇气,探着身子,寻找出路。终于,我看到有一个地方可能是可以落脚的,小心翼翼扭转身体尝试了各种方式,正面侧面都试探着往下走,总算成功迈下第一步。紧接着又找到下一个落脚点,就这样一脚一脚地挪下来,直到可以清晰地看到接下来的路在哪儿了。

这无疑是我所有登山经历中最恐惧的时刻,那时的无助与失控感,我始终记忆犹新。

从令人恐惧的小平台下来之后,我看到了在下面等着我的波西,接下来就是无穷无尽地走。现在不用担心自己的头灯会因电量耗尽而熄灭了，反正可以依靠波西的头灯。谁知，刚刚松了一口气，前面的光亮就黯淡下来。他的头灯也没电了！他也没有备用电池！

我们俩在黑暗中前行，我发现波西好像迷路了。我们似乎一直在兜圈子，走来走去似乎总是回到之前走过的地方。我忍不住问波西："我们是不是迷路了？为什么又回到了刚才走过的地方？" 波西没有说什么，只是一个人继续往前走，我除了不情愿地跟着他走，也没有别的办法。

走到一个坎上，我终于看到熟悉的地方了，我们第一次拉练时到过这里。一路趟着泥和水，走完了无穷无尽的下坡，终于在晚上9点多回到我们的帐篷。从凌晨1点出发到现在，历时20多个小时的冲顶日终于结束了。

一般情况下，查亚峰的冲顶下撤总共12个小时足够完成了，我们多花了8个小时。后来我才知道，回来时波西选的路是对的，我们并没有迷路。我只是因为太累了，加上天黑没有头灯看不清路，在心理上拉长了行进时间，总觉得这个路永远走不完，更觉得路边的景色都是类似的，误会了波西。

他并没有计较我的态度，第二天一大早叫醒我，等待直升机来接我们返程。1小时的飞行后，我们又回到了现代社会。

经过几轮转机，2月14日我回到了上海的家中。不到一周时间，速战速决，又完成了一座山峰。十年来的"七峰计划"，只剩下珠峰了。

# 第六章 再上珠峰

## 第一节 重返南坡

**最后一次登山**

"RMI 2015珠峰探险活动招募",无意中看到这个消息,我赶忙登录RMI的网站,看到熟悉的行程安排、熟悉的向导介绍,心里在想,怎么说服凡同意我再登珠峰。

"不行,这太危险了,我不同意。"凡刚听完我的诉求,立刻果断地回绝了。2014年的雪崩让她心有余悸,她不希望我再经历类似的危险,也不想再承受那样的焦灼和担忧了。

"你先别急着否决,听我分析一下。去年如果是我个人能力的问题,那我今年肯定不会再试了。但事实不是这样的,我们是因为雪崩这种不可抗力,还没有到C1攀登就结束了,并不是因为我的能力不行,相反,去年我的状态非常好。这就像参加一个比赛,我只是站在起跑线上,还没开始跑,比赛就取消了。我当然想着再试一次,否则对我太不公平了。"我试图让凡设身处地理解我的想法。

"你是不是去年一回来就决定今年要再去的？我理解你的心情，可你也要考虑家里的情况，贝贝、宝宝这么小，你去登山一走就是两个月，我工作也很忙的，怎么兼顾家里的事情？去年我可以调整工作把重心放在家里，让你安心登山，今年再来一遍的话，我要面临多少困难，这些你想过吗？"

原来没有设身处地为对方着想的人是我，"那我再考虑考虑。"

第一回合，失败。

在这之后，我和凡都很默契地没有再提这件事，但我们心里都很清楚，我没有放弃，也不可能放弃。报名截止日期一天天临近，我带着终于想好的说辞，开启了第二回合沟通。

我不绕弯子直接陈述："这段时间我认真想了想，我可以让奶奶过来携助你照顾两个孩子，奶奶一定会同意的，这样你就可以专心工作，没有后顾之忧了。再说回登山，去年的攀登许可费可以延续到今年使用，这样就节省了10000美元。而且我还是跟着大卫·汉恩的队伍，和所有的工作人员都很熟悉了，前期的EBC徒步、珠峰大本营适应，还有昆布冰川的拉练，这些环节我也都熟悉了，所以这一次成功的可能性更高。"

我自觉逻辑缜密，从各个方面消除凡的顾虑，让她找不到不同意的理由。凡只认大卫·汉恩，从我开始计划攀登珠峰，她就放话，如果是跟着其他队伍就可以不去了，她不放心。

大卫·汉恩的履历确实让人格外安心——

在2015年之前，他就已经成功登顶珠峰15次，是白人向导里登顶珠峰次数最多的。他还曾21次登顶北美洲最高峰迪纳利峰，35次登顶南极洲最高峰文森峰，3次登顶非洲最高峰乞力马扎罗，1次登顶南美洲最高峰阿空加瓜，2次登顶世界第六高峰卓奥友峰。他还曾275次带领客户登上美国的瑞尼尔山顶峰。大卫·汉恩不仅有这些世界级的纪录，作为职业高山向导，他的高标准、严要求也确保了队员们的安全。

短暂的沉默之后，凡认真回复道："你讲的这些我都认同。这段时间我也在考虑这件事情。攀登七峰是你一直以来的梦想，珠峰是最后一座了。去年的情况属于天灾，是一场意外，我完全理解你的遗憾和不甘心，确实没有理由不去再试一次。"

凡的松口，让我紧绷的一颗心松了下来，正要感谢她的理解和支持，被她一个手势叫停："先别开心，我有一个条件，你答应了才能去。"

"你说，只要我能做到。"

"你要答应我，这是最后一次去登山，绝对的最后一次，没有商量的余地。"

这个条件没在我的预想范围内。我犹豫片刻，心里盘算着，2014年遇到了雪崩，大难不死，必有后福，2015年应该不会有问题的。我很快答应了这个条件。

"还有一个条件。"凡不容置疑的语气似乎是在告诉我，这也是一个决定能否成行的必要条件。

"你说。"我心里略微忐忑，不知道又有哪个我没有想到的条件会被提出来。

"这次一定要买行程取消保险。"

"原来是这个事情。"我松了一口气。

由于高海拔登山的危险性很高，参与这项运动需要购买的保险费用也很高，通常需要几千美元。每一次登山活动，向导公司都会强制要求队员购买保险。我总是选择买保费最低的险种，应付了事，从来没有买过行程取消险。2014年也是一样，我觉得自己不可能碰到这种小概率事件。

天真的自信导致的结果是，2014年的其他队友在攀登活动因雪崩事故终止后，都拿到了几万美金的赔偿，相当于攀登费用的三分之二。没有得到任何赔偿的我，损失惨重。

即便有了前一年的教训，在确定要报名2015年的珠峰攀登活动后，对于买保险这件事，我仍然犹豫不决。连续两年出事的概率不是更低嘛，还有必要买那么贵的吗？

但这是凡的强制要求，不用多想，买就是了。

"没问题，我答应你。还有其他条件吗？"

"没了，就这些，我们都要履行自己的承诺。"

各让一步，达成共识。

得到凡的支持，我迅速地报了名，交完定金，心里一块石头落地。

2014年的其他六名队友不约而同都选择了继续攀登，只不过大家分散在不同的队伍里。大卫·汉恩的名气很大，RMI自然知道他的价值，由他带队的珠峰探险队每人收费7万美元，远高于其他公司的报价。去年来自保险公司的赔偿款，足够我的队友们在2015年支付其他队伍的攀登费用，这一次重返珠峰，相当于买一赠一。只有我一个人继续选择了由大卫·汉恩担任领队的RMI珠峰攀登队伍。

我将在这次珠峰之旅中，结识五名新队友。

## 走在老路上

RMI 2015珠峰探险队的成员从世界各个角落飞来，陆续抵达加德满都。

Hotel Yaks & Yeti，熟悉的集结地点。六名登山者、两名大本营徒步旅行者、两名美国向导、一名大本营经理和一名夏尔巴向导，跨越了不同时区和日期，相聚在RMI组织的欢迎晚宴上。晚宴上大家热热闹闹地为队友彼得·罗杰（Peter Roger）庆祝了他的62岁生日。

这次的队友都处于完成"七峰计划"的不同阶段。

"我的'七峰计划'也许永远都不会实现。"德国人汉斯，59岁，经营着一家有200人的自动化公司，前往珠峰大本营途中我们每天住在同一个房间里。

"为什么？"我下意识地问。

"因为每一座山我都顺其自然，不强求登顶，只要试过，有这样的经历，就很好。"汉斯解释道。

"为什么？你的体能那么好，有时候登不了顶，是我们完全无法控制的其他原因造成的。第一次没有登顶，不会再试第二次吗？"我接着问。

汉斯常年坚持跑马拉松，虽年近花甲，体能绝非一般年轻人能匹敌。德国人的严谨在他身上得以彰显，他平时话不多，不苟言笑，做起事来有板有眼。在我看来，他如果想做成一件事，一定能够做成。为什么要给自己留下遗憾呢？

"我享受的是登山的体验。你说的没错，有时候登不了顶，是我们完全无法控制的其他原因造成的。没什么可遗憾的，所以，也没有必要执着于登顶这个结果。"汉斯的回答为我打开了崭新的世界。

他的理念和我太不一样了。自从"七峰计划"在我心中确立下来，这七座山我是必须要登顶的，一次不行就来第二次。否则，制订这个计划的意义何在？

紧接着，汉斯说道："登完一遍七峰之后，我的下一个目标是环球航海。"这又是另一个层面的新世界。

46岁的印度人HP来自美国得克萨斯州达拉斯，是一家公司的首席执行官，是大卫·汉恩的新客户。他之前已成功登顶阿空加瓜和瑞尼尔这两座山。

彼得·罗杰是一家家庭安全公司的首席运营官，公司有500名员工，事业做得很成功。

沿途和队友们的聊天内容在商业与登山之间切换，不知不觉再一次到达南池。

回到熟悉的场景中，发现这里并没有什么变化，时间像停在了2014年。两个小时后，滚滚乌云带走了温暖的阳光，天气几乎立刻变冷了，也带走了我们的网络信号，很多事情做不了了。这倒给了我时间好好整理徒步路上的思绪。和大自然更亲近了，就会思考一些平时想不到的问题，我把它们写在了给凡的邮件里。

从凡简短的回信中，能读出她的怨气还没有消散。我非常理解她的情绪。为了支持我再一次来到珠峰，她既要忙工作又要照顾好两个孩子，其中的付出可想而知。等我这次顺利登顶珠峰，完成"七峰计划"之后，一定要好好感谢和弥补凡为支持我实现梦想而做出的牺牲。这样想着想着，睡意渐沉。

第二天早上醒来后，我的头有些疼，后背也有些酸疼。我分析着，头疼可能是因为海拔升高的缘故，这是正常的高反症状；背疼可能是徒步过程中长时间肌肉紧张，或者不小心扭伤了。

"这样的旅行总会发现问题，问题发生得越早越好。"我这样自我安慰着，"不过，今年的身体状态似乎不如去年。"

我来到2014年去过的一家推拿按摩馆。

"嗨，你今年又来了，欢迎欢迎。"按摩师立刻认出了我，热情地打着招呼。时隔一年他仍然记得我，这让我既意外又欣喜。按摩是有帮助的，疼痛的症状得到了暂时缓解，但没有完全消除。

南池休整之后，继续和去年一样的行程。一开始，我们沿着一条小道前进。天气很好，天空晴朗，飘浮着一些云。我们经过一所当地的学校时，那里的孩子们正在一起刷牙。看见我们走过，孩子们纷纷举起小手，跟我们打招呼。这条小路带我们进入起起伏伏的山谷，我们可以看到北边很远的佛泽（Phortse）小村庄和南边的萨加玛塔国家公园入口。

在去珠峰大本营的路上，过了天波切（Tengpoche）之后不久就是庞波切（Pangboche）。庞波切是EBC徒步线路上沿线的最后一个永久定居点，海拔3900米。庞波切寺（Pangboche Monastery）由喇嘛桑瓦多吉（Lama Sangwa Dorjee）于350年前建造，是昆布地区最古老、规模最大的藏传佛教寺院。

我们在庞波切停留一天，早上去参观寺庙的时候开始下小雪，慢慢就变成了大雪。恶劣的天气让我们整个下午都待在高山小屋里，大卫·汉恩和EBC徒步队员艾琳·梅辛奇克（Erin Machinchick）、珠峰攀登队员罗比·梅西（Robbie Massie）在附近的桌子上玩拼字游戏。我试图用计算机发邮件，但是没有信号。

第二天我们继续前行，大雪过后，白雪压枝头，穿行在树林里，徒步变成了在优美景点旅游一般轻松有趣。

"这条路每年都是这样的吗？"汉斯向我询问道。

"去年可不是，天气非常干燥，路上一次雪都没下过。"我是队里唯一的第二次来到珠峰路上的队员。

从庞波切出发两个小时后，经过一个分岔路口，往右是去丁波切（Dinboche），往左是去佩里切（Periche），我们的路线要往左拐。佩里切常驻有尼泊尔喜马拉雅救援协会的医生。

尼泊尔喜马拉雅救援协会成立于1973年，致力于降低尼泊尔山区因高山疾病或其他意外事故引起的死亡率。我们在HRA见到了四名志愿者、两名美国医生、一名英国医生和一名英国经理，还听了一个关于山地疾病的讲座，学习了如何应对急性高山症、高原脑水肿和高原肺水肿。我们都在这里测量了血氧饱和度和心率，我的血氧饱和度是87%，心率是64次/分。

再往前就是罗布切，途中要经过一个玛尼堆群，这是为了纪念在登山中不幸遇难的夏尔巴人和其他登山者。走过罗布切，我们已经开始接近昆布冰川，并且可以看到包括普莫里山山峰、林禅山（Mount Lingtren）山峰在内的一些山峰，但是世界最高峰仍然隐藏在我们眼前，让人捉摸不透。

一样的路途，不一样的天气，带来了完全不同的徒步体验。一路上不时下起的大雪，让我们沉浸在美景之中，也让我们对这一反常现象可能预示的事情毫无知觉。

## 第二节　终于抵达1号营地

### 大本营的第一支队伍

"这里就是我们的大本营了。"为我们带路的夏尔巴人旦增·多杰腼腆一笑，伸手示意我们已到达目的地。马克·塔克站在路边，给我们每个队员一个热情的拥抱，这一次他依然是我们的大本营经理。大卫·汉恩也很高兴，"大本营，我们来了！"

我们这支由六名登山者、两名徒步旅行者、两名向导、一名大本营经理和一名夏尔巴人组成的队伍，成为2015年第一支进入珠峰南坡大本营的登山队。

大本营的第一夜，狂风呼啸，大雪纷飞，周围山上几次雷鸣般的冰崩吵醒了很多人。这种噪声，对于之前来过珠峰大本营的人来说，已经习以为常了。我们的营地远离冰崩危险区域，我并没有特别在意这声响。但对于第一次来到这里的人来说，夜晚的"喧嚣"足以惊心动魄。

"巧克力！复活节彩蛋！"第二天早上，太阳透过云层窥探着，每个人走出帐篷都有一个意外的惊喜。

惊喜远不止于此。走进昆布冰川，找到相对稳定的3G网络信号，这在大本营还没有WiFi信号的时候，是绝对的惊喜。

手机提示音响起，是凡发来的信息，这才是我的复活节彩蛋——

"我希望当你读到这封邮件的时候，已经在珠峰大本营了。你离开家已经整整两周了，我用电子表格把今年和去年的日期排成了一行，进行对比，它们一天比一天精确了。我还将大卫在网站上发布的所有博客复制到Word文档中保存。

从某种程度上说，凭借去年的经历，我觉得自己对每天行程的期望有了更好的理解。我真的希望EBC整条线路上随时都有手机信号，这样和你联系起来就会方便多了。

我们在家都过得很好，你不用担心。我们都在想你，祝你成功，平安归来！"

当天特别的晚餐，也是我们和艾琳·梅辛奇克、邦尼·罗杰（Bonny Roger）一起度过的最后一晚，她们作为EBC徒步队员结束了全部行程，明天早上，她们将按计划返回加德满都。

艾琳是一名来自美国中西部的优秀攀岩运动员，EBC的征程对于罹患三期多囊肾病的她来说，尤为艰难。

邦尼来自美国华盛顿特区，是一名针灸师和经验丰富的徒步旅行者，她是队友彼得·罗杰的妻子。当邦尼第一次听到彼得表达想攀登珠峰的愿望时，她的回答是："绝对不行！"直到彼得成功登顶了阿空加瓜、迪纳利、厄尔布鲁士和文森峰，七峰梦想完成过半之后，邦尼才意识到丈夫的训练、准备及经验使他具备了攀登珠峰的资格。

邦尼的支持与鼓励并没有停留在口头，而是用实际行动陪着彼得走到了珠峰大本营。

"真舍不得离开大家呀，祝你们好运，成功登顶。"艾琳一句话说出了两个人的心声。

而我们，则要正式开始攀登这座世界最高峰了。

夏尔巴向导们搭建了几天的祭坛终于完工，珠峰攀登必不可少的普迦仪式在一个多云的天气里如期举行。所有人挑选了几样自己的登山装备放上祭坛，我的选择是和凡一起在美国购买的冰镐、冰爪，还有一枚小小的黄金戒指。那是很多年前妈妈留给我的，某种意义上来说，它相当于我们的传家宝。这一次我想把它带到珠峰顶上。

从庞波切赶来的喇嘛坐在祭坛前，翻开厚厚一册经书，虔诚地念诵起来。我们坐在后面聆听了两个小时，经书被翻到了最后一页。夏尔巴向导们拉起五彩经幡朝五个方向延伸，整个营地都覆盖其内。风中猎猎作响的经幡，是向上天传递祈祷的媒介。

就在普迦仪式举行前的早晨，我们目睹了一场巨大的雪崩从冰瀑上倾泻而下。

普迦仪式结束时，每个人抓取了一些糌粑粉，分三次撒向天空。剩余的糌粑粉互相抹在同伴的脸颊和鼻子上，互祝彼此好运。

要登上珠峰这样一座高山，必然要暂时割舍一些东西，也一定会经历一些痛苦。而我所经历的小小的痛苦，也牵动着远在纽约的妈妈的心。

皓：

你好！

你要注意自己的身体，安全第一。鼻出血，除多喝水外还有什么办法预防？离开大本营后，高度越来越高，氧气更少，会不会更干燥？此时水的供应会不会也越来越少？希望你多多注意自己的健康和安全，这是第一重要的事。凡事都要注意取舍，不可强求。

不用花时间给我写邮件，把它用在休息和训练上。家中的事不用挂念，我会尽力，尽可放心。

妈妈

除了头疼、流鼻血，更大的痛苦还是出自徒步阶段就状况不好的腰背。到现在，我的整个背僵硬得像是一块铁板，身体的灵活性大大降低。贴了膏药，也没有什么用。

我问了大卫·汉恩，他建议我去看医生。我找到在大本营的喜马拉雅救援协会，掀开帐篷门，问道："请问哪位是医生？我的后背可能肌肉拉伤了。"

"到这边来。"一名医生示意我趴在一张简易床上，不停变换位置按压我的腰部和背部，有的部位已经没有什么感觉了，这让我突然紧张起来。检查了半天，终于，医生排除了更严重的脊椎或神经问题，确认只是肌肉拉伤。

"你这个情况也没有别的办法，只能多休息，慢慢恢复。"医生一边帮我按摩舒解紧绷的肌肉，一边叮嘱道。尽管这一趟上门求医并没有得到实质性的治疗，但对我来说已经是一种心理安慰了——我做了我能做的，医生也没有办法。现在能做的，只有尽量多休息，祈祷身体状况尽快达到最佳状态。我可不希望在后面的正式攀登中为这个问题而困扰。

大本营的生活很规律。早上7点半起床，8点早餐，上午训练，中午12点半午餐，下午的训练时有时无，晚上6点半晚餐，8点半至9点回帐篷睡觉。

规律的生活并不单调，因为我们有一个有趣的大本营经理。马克·塔克很快热火朝天地组织起了"昆布乡村俱乐部"。冰川高尔夫、国际象棋、拼字游戏和德州扑克，都是俱乐部的活动内容。

马克·塔克还像模像样地举行了一场为期四天的"高尔夫锦标赛"，比赛地点就在靠近营地的冰川缓冲地带。在第一天的四人组赛上，马克就展现了他当仁不让的实力，一杆进洞。而新人罗比·梅西以低于标准杆9杆的成绩领先众人。

这位身强力壮的年轻人来自美国明尼苏达州，他曾在基督教青年会接受过攀登训练，为了这次珠峰攀登他攒了五年的钱才凑足了所有经费。

除了偶尔参与昆布乡村俱乐部的活动，和2014年一样，我在大本营做得最多的还是看书以及找信号，往冰川里面走上半个小时，就可以在一个位置接收到Ncell的3G网络信号。

在大本营，我们还迎来了一位不见外的访客Momo，一只喜欢摇尾巴的黑狗。他来自昆布地区的一个小村庄，已经在珠峰大本营度过了好几个登山季。美国向导JJ告诉大家："不要小瞧Momo，去年它跟着一支探险队穿越了昆布冰川，到达了1号营地，天知道它是怎么跨过冰川里那么多梯子的。"因为去年的那一场巨大的雪崩，我们都没来得及去到1号营地，Momo竟然做到了。

这一次，肯定不会再出什么事情了吧，尽管我感觉到自己的状态不如去年，但对于顶峰的目标依然志在必得。

**科学而严格的训练**

日常的训练按部就班进行。举行完普迦仪式的第二天，我们就到普莫里山的1号营地徒步拉练了。"普莫里"在夏尔巴语中意为"山的女儿"。

大卫·汉恩和我们的夏尔巴向导次仁（Chhering）走在队伍的最前面，速度很快，这算是对我们的一种测试。一路上，我们跟着大卫·汉恩的动作，呼气时嘴唇噘起，发出"嘘嘘"声，像是要吹灭蛋糕上的一排生日蜡烛。这样可以迫使更多的二氧化碳排出肺部，更容易吸入更多的氧气。这种压力式呼吸法可以让血氧在高海拔地区尽可能恢复到正常的水平。

与之相配套的另一种技巧是休息步,每向前迈一步,后腿停留片刻,膝盖伸直几秒。这样可以使骨骼承受负荷,让肌肉得到短暂休息,从而减缓心率,防止疲劳。

当我们在普莫里山冰冷的巨岩上攀登时,每个人的健康状况、适应情况、攀登技巧,以及攀登冰瀑的整体准备情况,都在大卫·汉恩的观察之中。

"要记住,我们走的这条路线与世界上其他任何路线都不一样。"一路上,他不断提醒我们,"穿越冰瀑时,会从冰川陡峭的斜坡上急速下降,如果控制不好速度,很有可能让自己摔进冰裂缝,或者砸向冰塔。即使对于经验丰富的登山向导和技术登山者来说,这也不是一件容易的事情。"

两个小时到达拉练目的地,我自觉表现还行,一直紧跟着向导,保持舒适的节奏。"你一定能登上珠峰。"JJ的评价也证实了我的自我判断,"你的登山步伐非常标准,呼吸也是训练有素。速度虽然不是很快,但是一步一步非常踏实。"

"这都是跟着RMI登山学会的技巧,已经养成习惯了。"我很感激这些年跟着RMI从一开始接触登山就学到最科学有效的方法。

"而且我发现你在行走的过程中非常专注,不会跟别人聊天。"JJ补充道。

"走路聊天会打乱呼吸节奏,感觉很累,反正沿途休息的时候都可以聊的。"我解释说。

"没错,这样可以节省很多体力,这样的优势到了更高的海拔会更明显。"JJ很欣赏我的观点。

后来我才知道,在这次的六名登山队员中,大卫·汉恩通过观察测试,认为有三个人是有机会登顶的,我是其中之一。

在后续的绳索训练中,大卫·汉恩反复强调:"我希望每个人都尽可能将这些技能和安全系统全部刻入脑海,并形成自然反应,这样我们的团队才可以在通过冰瀑时快速高效地完成任务。"

"七峰都已经登了六峰了,就只剩珠峰了,绳索训练还能有什么难的?"我在当时并没有把大卫的这些话完全放在心上。尽管在此之前，我从来没有登过海拔8000米以上的山峰，这些技术装备的操作是我的短板。

大卫·汉恩当然敏锐地察觉到了我的不以为然。他在用他的方式点醒我。

"停，先不要取上升器，你又忘记先把主锁挂上去了。"在过绳结操作中，大卫一脸严肃地制止我。

"哦对对，又忘记了。"我不好意思笑笑说道。

"这件事的后果比你想象的严重得多，每一个技术性操作的失误都有可能是致命的。刚才如果按照你的操作方法，你很有可能直接滑坠到冰裂缝里，是非常危险的。"大卫·汉恩并没有理会我企图缓和气氛的尝试，而是继续十分严厉地批评道，"你必须要自己加强训练，确保可以快速通过昆布冰川，不然你就会影响大家，增加整个队伍的风险。向导不是保姆，不可能每件事情都帮你做，你必须要有能力自主完成攀登操作。"

面对他的批评，我无言以对。

大卫·汉恩专门在大本营围着旁边的小山丘绕了一圈路绳，分成几段绳距，然后让我穿上连体羽绒服，戴上羽绒手套，全副武装，模拟在上升路段过绳结。我还有一位加练同学，是同样不熟悉这些技术操作的汉斯。

"你们还有很多需要提高的地方，没有别的办法，只有不停地练，练到这些动作成为肌肉记忆。"大卫·汉恩看着我们俩一圈一圈地练习，及时纠正错误操作。终于有了一些进步。

加练结束，大卫·汉恩又给我下达了新任务——回到帐篷里，反复练习戴着羽绒手套把主锁打开、锁死的动作。这一回我不再抵触，在一遍遍的打开、锁死的循环中，我开始理解了大卫·汉恩的态度。

几年之后，大卫·汉恩在与凡的一次对话中回忆起我在2015年珠峰攀登中的表现："在我认为有可能登顶的三个人中，我觉得皓最需要我照顾。尽管他足够强壮，但我不确定是否可以指望他做出所有正确的动作。那时，他还没有攀登过任何其他8000米级的山峰。他确实有实力，但他的实力有可能让他到达潜在危险很多的地方。"

时过境迁，再听到这样中肯的批评和建议，越发庆幸自己当时用枯燥但有用的反复训练，磨掉了那份缺乏敬畏心的自大。

## 告别与出发

作为2015年第一支来到珠峰南坡大本营的攀登队伍，我们见证了昆布冰川脚下一年一度的盛况。登山队蜂拥而至，成百上千的徒步旅行者、登山者、搬运工和牦牛频繁进出大本营，头顶上直升机的轰鸣不绝于耳。一顶顶色彩鲜艳的帐篷像一朵朵蘑菇从冰川脚下长出，一天天地蔓

延，向各个方向绽放。我们的营地旁边是印度队，再过去就是由麦子带领的中国女子登山队。

2015年的珠峰南坡天气有些异常，不是在刮大风，就是在下大雪，几乎没有消停过。在暴风雪中，冰川的自然移动导致路线坍塌，"冰川医生"不得不对这条路线进行一些维护，把受到破坏的梯子放回原位。

终日笼罩在云层和雪花之下，除了等待，我们别无选择。尽管，我一直在告诉自己，所有的等待都是在为后面的事情打好基础。但等待之中，难免焦灼。

登山很辛苦，尤其是珠峰这样的高峰，这份辛苦不光是身体层面的，更包括心理层面。离家时间越长，对于家人的想念就越强烈。很多时候，心理上的坚强甚至比身体上的强健更加重要。在整个攀登过程中，有上千个理由可以按下撤退按钮，但要继续只有一个理由——对顶峰的向往。

在等待好天气的时间里，4月18日悄然来临，这是2014年珠峰雪崩事故一周年的日子。出于对一年前在珠峰西肩雪崩中丧生的16名尼泊尔人的尊重，这一天所有团队都暂停了在昆布冰川的登山活动。整个大本营的气氛肃穆庄严。

回忆袭来，看着眼前熟悉的冰川，有种难以置信的感觉。

"又回来了，又过了一年。"我站在JJ身边感慨道。

"是啊，我们又身在这个大本营了。"他恍神应和着。

都说人不可能第二次进入同一条河流，在那一刻，我真真切切感觉自己再一次进入了同一条河流。对于JJ来说，更像是从未离开过那条河。

在离开的人里，有人永远不再回来，有人也许只是短暂地告别。

"请各位安静一下，拉里有事情要向大家宣布。"晚饭过后，大卫·汉恩和队友拉里·西顿（Larry Seaton）站在餐桌前。

拉里语气平静地说道："各位，经过慎重考虑，我决定退出这次攀登。很高兴和大家共度了这样一段美好时光，希望你们能顺利实现自己的梦想，也希望我能有机会再次来到这里。"

对于拉里的决定，没有人觉得不可思议，他这一路走来的艰难大家都看在眼里。在来到尼泊尔的第二个晚上，拉里不小心滑倒在酒店浴室中，脚趾撞到墙上折断了脚趾甲。从那以后，他每天都小心翼翼地用纱布重新包扎脚趾。但随后的背部痉挛和支气管炎不断拖累着他。咳嗽症状持续不断，严重干扰了他的呼吸节奏。

尽管如此，朝夕相处了一个月的队友就要离开了，不可能不感到遗憾。大卫·汉恩的一句话适时把气氛从伤感带回热烈："拉里这样的谨慎决定是对自己负责，是值得我们为之喝彩的，不是吗？"大家由衷地为拉里鼓起掌来。

紧接着，大卫·汉恩又宣布了接下来几天的计划："明天我们将前往1号营地，并在那里停留三个晚上，最后一天将拉练至2号营地，再返回1号营地休息。"随着好天气而来的这个好消息，让每个人都很振奋。爱摇尾巴的Momo站在公共帐篷门口，歪着脑袋看着我们，它似乎也很高兴。

穿越昆布冰川，通往1号营地的路格外崎岖陡峭，巨大的冰裂缝两端由几个捆绑在一起的铝梯连接。一路上，我们要经过三十多处这样的梯子路段，颤颤巍巍，胆战心惊，总算是抵达了4名夏尔巴向导已经为我们搭建好的1号营地。

营地离西坡下一堵积满冰雪的冰壁比较近，大卫·汉恩看着眼前的这些帐篷，眉头紧锁。此前他曾见过雪崩冲垮冰壁并毁坏了帐篷，他不能让团队处于这样潜在的危险之中。

在1号营地，没有任何地方可以被视为完全安全。这里常年积雪，存在着深层的冰隙。东边是珠峰的西坡，南边是洛子峰，而西边则是努子峰。在雪地中，小裂缝下隐藏的可能是大裂缝的开口。

"我知道大家经过5个小时的攀登已经很累了，安全起见，我还是确信我们应该把营地向外移动四百米。"大卫·汉恩宣布完，没有一个人表示反对。生命安全与身体疲累孰轻孰重，大家都很清楚。

我们一鼓作气，通力合作，先拆掉已经搭好的帐篷，再抬着它们艰难地穿过白茫茫一片的平地。很快，几顶黄色帐篷重新排成一排，固定于雪面。罗比和彼得共用第一个帐篷，大卫·汉恩和JJ共用第二个，次仁和HP共用第三个，我和汉斯位于他们旁边。

1号营地的第一晚，大家带着疲惫的身躯安然度过。漆黑的星空下，我们的帐篷像萤火虫一样在雪地上散发着微光。 第二天早晨，我们按照计划走过前往2号营地的一半路程，了解地形，拉练适应。再一次返回1号营地时，轻盈的雪花安静落下，我们在帐篷里休息，期望第二天以更好的状态抵达2号营地。

据说，去年Momo从1号营地下山时无法通过梯子，一名向导便将它绑在自己的背包上，带回了大本营。我想，等我们结束了这次拉练，从1号营地回到大本营时，一定不会像Momo那么艰难无助。

## 第三节 大地震

**地动山摇**

"哧哧"一道火光在夏尔巴向导的帐篷里亮起,点燃的火柴被丢进炉头,蓝色的火苗把锅里的积雪渐渐融化。一顿简单的早餐在凌晨4点半黑漆漆的天色中准备起来。

按照计划,我们吃过早餐,6点钟准时出发前往2号营地。早早地走,就可以有足够的时间在强烈的阳光把昆布冰川变成一个大烤炉前抵达,并安全回到1号营地。在返回大本营前,我们还要在1号营地度过最后一个晚上,才算完成2015年珠峰攀登的第一次高海拔拉练。

受重力作用的影响,冰川从洛子峰山脚缓慢而不可察觉地朝我们营地下方的悬崖倾泻而下。通向2号营地的路依然有不少裂缝需要小心通过,但这一次我的头疼症状减轻了不少。

一路上,队伍的注意力都集中在洛子峰,它给我们的感觉就像是永远无法靠近的海市蜃楼。大卫·汉恩不时抬头看看,一团团的云涌上洛子峰,每况愈下的天气让他的脸色也越发凝重起来。尽管艰难,我们还是在最后阶段一口气爬上一个陡峭的斜坡,团队总算到了位于西库姆冰斗顶部的2号营地。

餐厅帐、厨房帐、住宿帐,大大小小的帐篷搭建在岩石冰碛上,比起1号营地的四顶小帐篷,这里的条件可谓豪华,也更安全。营地旁边的一条巨大裂缝是我们的"护城河",一旦发生雪崩,它足以吞噬掉从垂直山坡倾泻而下的冰雪。

"要变天了,大家抓紧时间下撤。"休息片刻后,大卫·汉恩提醒道。天空中的湿气越来越重,我们没有太多时间逗留于此,下撤的时候,天空开始飘起雪花。

上午11点15分,在阴沉的天气下走了5个多小时后,我们回到1号营地。每个人都一样,又渴又累,脱下安全带和高山靴,只想爬进各自的帐篷,好好休息一下。

时间指向11点56分。突然,躺在睡袋里的我感觉到帐篷里的地面在动!这种感觉非常真切,地就是在动!

"是我们帐篷底下的冰在滑动吗?"随着身下的地面继续晃动,我转过头,对着旁边躺着的汉斯问道。

"应该不是,你看上面!"我看到大大小小的冰粒从帐篷上面簌簌砸下,"该不是又要雪崩了吧?"这一瞬间,2014年雪崩的阴影涌上了我的心头。

我和汉斯拉开帐篷拉链,把头伸出去,想一探究竟。在密集的落雪和浓重的云雾外,我们什么也看不见,只听到HP在大喊:"这是什么?大卫,发生什么了?"

紧接着,在我们的上方,雪崩后的积雪伴着冰川裂开的吼声,迅速向下滚动。地面继续上下起伏着。

"是地震!" 大卫·汉恩震惊地说道,但他很快冷静下来。附近的雪崩离我们很近,但没有击中我们的营地。

我从来没想过喜马拉雅山会发生地震。

每个人都迅速地穿上衣服跑出来。JJ和次仁冲出他们的黄色帐篷,检查着每个人的状况。

雪崩所携带积雪的轰鸣声越来越大,地面仍在剧烈摇晃着。次仁大喊着指示道:"所有人马上回去!拉上帐篷的拉链,待在里面!戴上你们的头盔,打开雪崩信标机!"我和汉斯赶快回到帐篷里,戴好自己的头盔,并在打开雪崩信标机之后,还互相检查了一番。

冰雪席卷了我们的帐篷,砰砰作响。一股细小的雪晶像气雾一样涌入帐篷,使我的喉咙发凉。帐篷外翻腾的雪、冰和空气发出响亮的摩擦声。

汉斯对我大喊:"你没事吧?"

我的心脏怦怦直跳,呼吸急促,气喘吁吁地吼道:"没事,你感觉如何?"

"我还好。"

这一波袭击过后,大地的震动暂时平息了。我们和停止晃动的大地一样,一动不动,生怕随便一动就会导致帐篷下面的冰架坍塌。我看看旁边的汉斯,地震的恐惧也让他的身体僵硬起来。

在确认我们团队在1号营地的队员和向导都安然无恙后,大卫·汉恩深吸一口气,走进自己的帐篷,用对讲机呼叫大本营。

"收到收到,大卫,我是马克。"对讲机里传来回应。

"C1目前一切都好,地震和雪崩都结束了,我们这里没有人员伤亡,营地也没有遭到破坏。大本营情况怎么样?"

"你们没事就好,大本营的情况很糟糕。营地被地震带来的巨大冰屑气浪击中了,可能是从普莫里山山峰下来的雪崩带来的。我们旁边的营地已经被夷为平地了，手机信号也中断了。万幸的是，我们团队没有人受伤，有几顶帐篷受损。但是我们得出去看看其他营地是不是需要帮助。"马克·塔克的语气很急切。

马克·塔克报告的消息，让大卫·汉恩的心提了起来。我们是否能从山上顺利下撤，一方面取决于天气和路况，另一方面，大本营的后勤支持和通信指挥同样重要。但现在看来，大本营的损失远大于我们所在的1号营地。

尽管如此，大卫·汉恩还是很担心我们目前所处的困境。我们被深深地隔离在喜马拉雅山脉中间，昆布冰川下去的路是否受到影响尚未可知。其他几支队伍的领队聚集到大卫·汉恩和JJ的身边。他们俩决定往大本营方向走一段，看看到底发生了什么。

当他们回来时，所有人的目光集中在大卫·汉恩身上，他说："大家听我说，大本营的情况很糟糕。普莫里山发生了一场雪崩，很多人受伤、死亡，到处都是血。大本营的中部被彻底摧毁，已经面目全非。目前云层太低，直升机没有办法飞上来撤离伤员，可能要等到明天早上。RMI团队会派出两支夏尔巴队伍，从昆布冰川顶部和底部两个方向共同探路，以确定是否可以安全通过。"大卫·汉恩拿着对讲机，听着无线电里繁忙的对话，但他却无能为力。他知道，对于次仁和夏尔巴团队来说，情况要痛苦得多，因为他们更担心在昆布山谷偏远村庄的家人，那里非常容易发生致命的山体滑坡。而在加德满都，一个拥有近100万人口的城市，那里的建筑根本无法抵御地震。

大卫·汉恩说完那句"除了等待，我们目前什么也做不了"，就让我们各自回到帐篷里继续休息。

我拦住他问道："有没有治疗胃疼的药？"我的胃偏偏在这个时候添乱，整个下午都钻在睡袋里，什么都吃不下，胃痛得越来越厉害了。

大卫·汉恩钻进自己的帐篷，从急救包里拿出一些止痛药递给我，说："没有专门治胃病的，这些止痛药应该能让你好受一点。"

吃过药之后，尽管还是毫无食欲，我依然在晚餐时间设法吃进去一些冷冻、干燥的炖牛肉。有食物进肚，胃好受多了。

所有人都清楚，这一场里氏7.8级的地震可能会留我们在1号营地多待几天。可我们这一次拉练只准备了三天的物资。

夜幕降临，我们紧绷的神经无法放松下来。

"头盔还是不要摘掉吧？"我看着坐在睡袋里的汉斯，问了一句。

"戴着吧，高山靴也不要脱了。"

那个晚上，我不知道是不是所有人都和我一样神经紧绷、思绪纷飞，我只看到戴着头盔，穿着高山靴的汉斯在睡袋里不停地翻身。大家都在挣扎着入睡。

在喜马拉雅地震的那个时刻，凡正在周末出差归来的航班上。飞机降落在纽约肯尼迪国际机场时，凡打开手机，收到的除了日常信息，其他的都是尼泊尔地震的新闻推送，以及朋友们向她询问我情况如何的信息。

　　从机场的电视里，她看到了加德满都满目疮痍的场景。数百人从摇晃倒塌的建筑中涌出，逃到城市街道中央。一位新闻主播报道，珠峰受到了地震的影响，大本营的一部分也被摧毁了。这些消息让凡瞬间紧张起来，她握紧手机粗略浏览了新闻内容，再看看之前整理的这次攀登计划，想着现在我们应该在1号营地，那里是没有网络和电话信号的。凡不停地调整呼吸，努力让自己恢复冷静，脑子里飞速转着接下来要做些什么。

　　她迅速拨通RMI公司的电话，工作人员转述了大卫·汉恩在1号营地用卫星电话发回来的语音，全体人员都很安全，没有人受伤，攀登队员被困在1号营地，暂时没有危险，正在想办法撤回大本营。

　　这个消息让凡稍稍得到一些安慰。但没有办法直接和我取得联系，没有听到我的声音，担心和焦虑依然霸占了她的所有情绪。

　　回到家，打开电视，新闻里24小时不间断地报道着这场地震，从现场传回来的画面加重了这份焦虑。凡从网上收集着所有珠峰攀登队伍的消息，渴望从中发现与我们这支队伍有关的蛛丝马迹。她太想确认我此时此刻的情况了。

　　那一晚，她也没有睡好。

**余震，余震**

　　第二天雪终于停了，阳光明媚，我们原本该踏上返回大本营的路途，但地震彻底改变了所有计划。

　　珠峰余震不断，陡峭的山坡不停地发生小的雪崩。我们一直是安全的，但是食物和燃料余量已经很少了，按照原定的计划，我们只带了三天的物资。

　　胃痛不时侵袭，对于我来说，躺在帐篷里等待，是最好的应对方式。

　　"如果地震提前发生，我们是不是会困在连接冰裂缝的梯子上？"

　　"如果刚到1号营地时没有把帐篷转移到现在的位置，我们的营地会不会像大本营一样被摧毁了？"

　　"凡肯定已经知道地震的消息了，联系不到我她肯定担心死了。"我的身体躺在睡袋里，思绪却停不下来。

　　大卫·汉恩和次仁安排的两组向导分别从1号营地和大本营出发，他们计划在昆布冰川中部的某个地方会合。

下午1点左右，对讲机里传来探路向导的汇报："梯子已经断裂，扭曲得无法修复，地震造成了巨大的裂缝，我们无法再前进。"就在此时，一场几乎和昨天的地震一样强烈的余震，让地面再度剧烈摇晃起来。 四位探路的向导停在不同的位置，像布娃娃一样被甩来甩去，岩石和冰块在他们周围纷纷坠落。

"你们必须尽快离开那里！"JJ拿起对讲机喊道。

这次余震为7.3级，感觉和昨天的地震一样强烈，甚至更令人不安。两位向导逃出了不断震动的冰川，跳过了在他们周围逐渐裂开的裂缝口，疲惫不堪地回到了1号营地。另外两位向导也离开了冰川底部，虽然有些狼狈但也毫发无损地回到了大本营。

我们终于认识到，如果喜马拉雅山继续震动，重修路线就是不可能完成的任务了。

**直升机救援**

下午晚些时候，经过一天的仔细观察和等待，大卫·汉恩得出了一个结论，直升机撤离是我们唯一的选择了。但是，如果后面几天继续下雪，直升机也不可能飞上来。况且，地震造成的更大的悲剧发生在加德满都和其他地方，直升机很有可能被派去参与政府救援，即使我们提出直升机的申请，也不见得就能得到批准。

但，这是唯一的希望，别无他路。

大卫·汉恩和大本营沟通着，试图协调一次前所未有的珠峰直升机救援，按他的估计，有160多人被困在1号和2号营地。如此大规模的高海拔直升机救援，的确是有史以来第一次。

高海拔地区较低的空气密度会降低直升机的性能。升力是一种与重力相反并使直升机悬停在空中的作用力，它是由旋翼向下推动空气产生的。空气密度越小意味着升力越小，因此降低了直升机的起飞、爬升、悬停和着陆性能。

46岁的资深飞行员詹森·朗（Jason Laing）来自新西兰皇后镇，曾在尼泊尔Simrik航空公司工作。他能够在瑞士阿尔卑斯山飞行，是少数几个愿意在其他飞行员不敢接近的高度进行救援的飞行员之一。他所驾驶的AS350B3E直升机可以搭载六名乘客，但在如此稀薄的空气中，尽管已经拆除了直升机的舱门和后座，和在计算了可能的最低载油量后，得出的结论却是他一次只能搭载两名乘客。

为了能让直升机降落，我们跟着大卫·汉恩在雪地里踩出一个15平方米的硬面，作为直升机停机坪。大圆圈里的"H"被红色饮料染上色，它是我们所有人的希望。希望飞行员能在空中看到它，迅速而精准地找到我们的位置。

4月27日，早上5点，天还没亮我们就起床了，向导帮忙融雪煮着热水，其他人匆匆收拾着自己的行李。

"一架飞机一次只能坐两个人，每个人只能带一个小包。"大卫·汉恩毋庸置疑地说道，"其他所有东西只能扔在山里了。"

没人提出异议。

每个人准备好要带的小包，穿好衣服、戴好装备，在我们昨天一脚一脚踩出来的停机坪前，来自2号营地的登山者穿过缥缈的云海，队伍细而蜿蜒，到达1号营地与我们会合，身后的队伍还在不断变长。

第一架直升机在早上6点15分降落在1号营地。随着直升机频繁地交错往返，队伍也在渐渐变短。在队列中等待了三个小时后，终于轮到我们了。

罗比和彼得是第一组，他们俩把背包抱在胸前，飞快地跑上了眼前这架无门直升机。螺旋桨在海拔6000米的稀薄空气中全力旋转着，载着他们直奔大本营。

胃痛再一次不合时宜地来袭，当我和HP作为团队的第三组乘机时，我只能弯着腰来缓解疼痛，快步走向直升机。

**灾难现场**

短短5分钟，飞越了世界上最危险的攀登路线。从直升机的窗口望下去，混乱的昆布冰川到处都是新生的巨大裂缝。快到大本营时，地震带来的毁灭性影响更加直观地呈现在我们眼前。这哪里是珠峰大本营？这分明就是一片被轰炸过的战场！到处都是破碎的狼藉。

从飞机上下来，就看到马克·塔克、拉里以及大本营的夏尔巴团队。"你们终于从山上安全下来了！"马克一边和我们每个人拥抱，一边激动地说道。从他憔悴的面容可见，地震之后，他几乎就没睡过觉。

早上9点30分，当大卫·汉恩和次仁从最后一架降落的直升机上出来时，马克和他俩紧紧相拥。每个人都安全地回来了。Momo也跑过来迎接我们。

在走向我们营地的这一路，每一个从1号营地回来的人都不敢相信自己的眼睛。我们置身于灾难的中心，目之所及都是惨不忍睹的景象。就连最坚固的大型帐篷都只剩下钢铁骨架，甚至很

粗的钢杆都被冲击成弯曲的形态。撕碎的帐篷、做饭的锅、防潮垫、头盔、鞋子……各种各样的物资、装备散落各处。

当JJ看到被鲜血染红的雪时，他意识到有很多人被气浪冲到岩石上，被碎片击中头部，一些人就死在他双脚站立的地方。次仁发现自己很难控制住情绪。猛烈的气流冲击现场如洪水般席卷了他的大脑，他想起2014年雪崩后的昆布冰川和找回朋友尸体的创伤记忆。他到现在还不知道自己怀孕的妻子和家人是否还活着。

"大家找到自己的帐篷后，检查一下物资装备有没有损失，然后尽快在这里集合。"大卫·汉恩说道，"我们要一起去有信号的地方，向家人报个平安。"

漂浮的冰晶使空气在阳光下闪闪发光。地球仍在转动。珠峰，在悲伤、死亡和毁灭中，仍然矗立在那里，但我不禁感到一切都变了。我的帐篷被撕开了一个大口子，但里面的东西都完好无损，我迅速地用胶带把帐篷粘好。

20分钟后，我们所有人沿着曲折的小路到达昆布冰川附近的山谷边缘，来到能接收3G手机网络信号的地方。这条小路我太熟悉了，给凡打过去的电话、发出去的邮件，很多都是借着这里的信号完成的。

"你现在在哪里？情况怎么样？你还好吗？"电话刚一接通，我还没有来得及说话，凡的一连串问题就已经抛了过来，急切的语气里满是担心。

"我们今天坐直升机安全回到大本营了，我很好，我们当中没有人受伤。"我简短地描述了一下这两天在1号营地滞留的情况。

"安全回来就好，你没事我就放心了。"

"今年可能又登不成了。"我不无遗憾地提了一句。

短暂的沉默后，凡说道："和你平安回家比起来，这个不重要。"

这一通简短的平安电话挂断后，我才看到昆布冰川上绵延几百米都是五颜六色散落着的营地装备。到底是怎样一股巨大的力量，能够把它们扔到如此远的地方？

被摧毁的大本营，救援在一片混乱中进行着。当天下午，我去看望在我们营地附近的中国登山队伍，但是他们两天前就离开大本营了。后来我才得知，地震之后，由麦子带领的中国女子登山队遭受了一些伤亡，一名男性登山者死亡，包括麦子本人在内的两名女性登山者受重伤。

今年，可能又要登不成了。相对于地震给尼泊尔和珠峰大本营带来的灾难来说，这个已经微不足道了。

## 第四节 历史重演：宣布退出计划

**今年，又登不成了**

大地震颤，珠峰摇晃，灾难过后的一片狼藉中，我们该何去何从？简单重建之后的大本营公共帐篷里，不用大卫·汉恩召集，所有队员已经自发集中起来，每个人都忧心忡忡，每个人也都有自己的想法。

"我们还有没有可能继续完成这次攀登？"汉斯、HP和我在问同一个问题。

这已经是我第二次攀登珠峰遇阻了，七峰的最后一峰，我两次都只是站在它的起跑线上，还没有机会真正开始。但是，这场地震带来的灾难是前所未有的，很难想象我们能如何继续。

"登山的路都断了，还怎么继续？"

"这是不可能的，我们现在最应该做的是尽快离开这里。"

"后面还会不会有余震，会不会再来一场雪崩？这里太危险了，我们必须赶紧走。"其他队员也表达了各自的观点。

大卫·汉恩始终没有发言，这时，帐篷的门被掀开，JJ走了进来，大家注视着他，陷入短暂的沉默。

"你们说的我刚才在外面都听到了。我知道大家有不同的想法，我只想说我的想法是，我决定退出这次活动。现在不光是我们所在的大本营，整个国家都身处灾难之中，加德满都已经死了好几千人了。我没有孩子，但这几天我的脑海里一直有一个小女孩和一个小男孩在哭泣，他们是我夏尔巴朋友的侄女和侄子。我很幸运地在地震中活了下来，但他们的父亲却没有这样的幸运。"他在桌旁缓缓坐下，最后说了句："这只是一座山而已。"

JJ的话带大家走进更深的沉默。作为客户，我们以目标为导向，事情一经开始，就要尽全力完成，这无可厚非。但很显然，眼下的决策不可能只从我们的角度出发。

"我来说说我对目前形势的看法。"大卫·汉恩打破了沉默，"我认为继续攀登存在实际上的障碍。我们没有找到穿过昆布冰川的可行路线，它已经被摧毁了。地球仍在震动，在这种情况下，我们无法要求任何人冒着风险重建这条路线。我个人非常担忧这场灾难对所有夏尔巴及其家人的影响。况且现在已经快要5月了，我们进入这个登山季的后期了。往年的这个时候，我们集中精力准备的是修建一条通往4号营地的路线，而不是1号营地。没人知道余震什么时候结束，但毫无疑问，想要在季风来临之前完成这些，为时已晚。"

话已至此，大家似乎都接受了这样一个事实：2015年的登山季，就像2014年的登山季一样，戛然而止了。

"大家现在可以回到自己的帐篷里休息，我们会继续研究接下来的安排，明天给大家确切答复。"大卫·汉恩的话给我留下了一线希望。

那天晚上，可以听到大卫·汉恩帐篷的拉链不断被拉开又拉合的声音，RMI营地所有人仍处于紧张的状态，我们仍然听到远处轰隆隆落下的雪崩的声音，然后探头出来，试图确定每一次雪崩会波及的范围。

直到第二天中午吃饭时，大卫·汉恩终于正式宣布退出计划——探险结束了，"我们将全力以赴组织大家安全撤离大本营。不管怎样，我们都需要快点回家。"

这是我们此次珠峰之行的第39天，2015年4月28日。

历史竟然重演了！就在2014年4月25日，我不情愿却又不得已接受了提前从珠峰大本营撤离的决定，并在这一天坐上了飞往加德满都的直升机。

是啊，我们都需要快点回家。我和汉斯、HP决定第二天一起乘直升机飞往卢卡拉，开启我们的漫长归途。

## 飞离大本营

尘埃落定后的雪夜，我依然没有睡好，听着帐篷外扑扑簌簌落下的雪，心情很是复杂。汉斯在旁边的帐篷里翻来翻去，想必也是彻夜无眠。

早上起来，天稍稍放晴。一吃完早饭，我们就匆匆和大本营的其他人道别，跟随次仁赶往直升机停机坪。沿途经过的很多营地都空了，珠峰大本营的外国登山队伍越来越少。

与营地的萧条形成对比的是停机坪附近的热闹景象。许多不同型号的直升机来了，各种各样的人也来了。

我和汉斯、HP站在那里，凭着不时灌进耳朵的只言片语，判断眼前这些人的身份。

美国全国广播公司的记者，他是来报道大地震的。

美国陆军特种部队的，他们是来确认有多少美国人在这次地震中下落不明的。

……

眼前的人，走马灯地过。大约一个小时之后，次仁在直升机螺旋桨的轰鸣声和卷起的大风中，艰难地向我们挥手示意，终于轮到我们了。

又要和珠峰大本营说再见了。

"就这样走了。"起飞前，HP看向机窗外感慨一句。

"也许有一天，我们都会重返珠峰。"在汉斯这句话带来的希望中，我们和面目全非的昆布冰川渐行渐远。

直升机把我们先放在了海拔4200米的费里奇（Pheriche），又掉头返回大本营去接更多的人。又是大约一个小时的等待，我们再次登上直升机，15分钟后降落在大雨倾盆的卢卡拉机场。

冒着雨跑进机场出站口，眼尖的HP立刻看到一个人手上的红丝带，那是RMI的标志。

"你们好，我是RMI的拉姆巴（Lamba），负责三位在卢卡拉停留期间的各项事宜。这位是萨加尔（Sagar），各位飞回加德满都的机票由他来负责。"拉姆巴的话音刚落，萨加尔急切地打着招呼说道："各位，我明天早上会到你们住的客栈，再具体谈机票的情况。我现在要赶快去处理其他客户的事情了。"

"现在去加德满都的机票太难弄了。"看了一眼萨加尔急匆匆的背影，拉姆巴替他解释道。

"现在这里是什么情况？"我追问道。

"大本营不断有人飞过来，加上原本困在这里的游客，等在机场的人越来越多，大家都想赶快离开这里。"拉姆巴无奈的语气，让我意识到后续的回家路并非我之前想象的那般顺畅，"你们应该都饿了吧，我们先去客栈，边吃午饭边说。"

走出机场，果然到处挤满了人，嘈杂混乱。

有了方便顺畅的网络信号，终于从原始状态回到了现代社会。和凡的通话频率也终于恢复正常了，电话那头的焦虑和担心随着我所在海拔高度的降低而降低。

"接下来怎么回到加德满都？"凡的问题也是我的关注点。

第二天早上，萨加尔没

有如约而来。这在我们预料之中，每个人都更加明白，机票比我们想象得更难获取。没有人能淡定地留在客栈，我们决定去一趟机场，看看到底是什么情况。

卢卡拉机场一片混乱，航空公司办公室里拥挤不堪。询问、争论、喊叫声混作一团，还有几个在怒气冲冲的骂战中扭打在一起的人。我看着眼前的景象，和身旁的汉斯、HP感受一样，震惊、无奈。

突然，一阵激动的哭声从航空公司办公室里传出来。

"我们已经等了三天了，每次来都说没有票没有票，究竟什么时候才能有票啊？我们要离开这里啊！"一位妈妈对着柜台里面的工作人员哭诉着，她的身边站着三个不同年纪的小孩子，抓着妈妈的衣角。

"是的……是这样的……你们……不能这样……"一旁的爸爸沮丧地说不出一个连贯的词。

"我们也没有办法，飞机飞不过来，现在确实没有机票，我们都在等通知。"显然，这样的说辞在这几天已经向很多人重复了很多遍，工作人员的语气中更多的是无奈。

混乱之中，我们看到了被几个人围着追问的萨加尔，他在那边。我们从人群中挤到萨加尔面前，还没等我们开口，他就摊开双手，表示暂时搞不到机票，但他会努力想办法让我们尽快离开这里。

这么看来，继续待在机场也是徒劳。我们三人回到客栈讨论该怎么办。

"看这形势，等航班恢复正常不知道要等到什么时候了。况且现在这么多人等在这里，就算飞机来了，想买到机票肯定也很难。"HP率先发言。

"我们必须要想其他的办法了，除了正常的航班，我们也可以坐直升机出去。"我提出自己的建议。

"我同意。"HP很快附和道。

"我也同意，我来给萨加尔打个电话告诉他。"汉斯拿出手机。电话很难打通，等了好久，萨加尔才回了电话，没说几分钟通话就中断了。

此后的几天，我们每天到机场看一看有没有票，每天的情况依旧是到处挤满了人，一片混乱。

这天下午，我们的地接拉姆巴突然出现在机场，他说："我猜你们应该是在这里，大家听我说，现在有一架直升机在等着你们，它会在半小时之内飞去加德满都，萨加尔帮忙争取了三个座位。所以各位必须马上回去打包行李了，每个人只能带一个小包和一个驮包上飞机，其他驮包我们会再想办法运回加德满都的。"

归心似箭。跟着拉姆巴去往直升机停机坪这一路，我不知道哪来的力气，手提两个驮包，背上背个背包，飞奔而去。把驮包按照拉姆巴指示的位置放好，赶紧爬进机舱，生怕脚下一慢，又要陷入漫长的等待。

我们三人喘着粗气挤在后排，这才注意到副驾驶的座位上坐着一个眼睛全部绑着绷带的女孩。后来才知道，我们所乘坐的是智利大使馆安排的直升机，为了转移这个在雪崩中眼睛受伤的智利女孩。碰巧萨加尔认识这个飞行员，我们这才得以成行。

就在马上要起飞的时候，驾驶员来检查驮包，每人只能带一个驮包。我只好把一个驮包扔到舱外去。飞机越飞越高，我扔到地上的那个驮包越来越小，不知道什么时候能再见到它。

大约45分钟的飞行之后，我们顺利到达加德满都，这简直是个奇迹。

地震发生后，加德满都市区的许多建筑物遭到了毁坏，包括一些著名的地标建筑，如巴克塔普尔广场、达尔巴尔广场和斯瓦扬布纳特佛塔。我们住的雅克和雪人酒店（Hotel Yaks & Yeti）幸运地毫发未损，明亮的大厅里挤满了外国记者、摄影师、外交官以及其他几名登山者和向导，其中包括一些即将前往偏远村庄开展救援工作的人。

我回到自己的房间，久违地洗了个澡，刮了胡子。现在的海拔比珠峰大本营低了4000米，空气中的氧气饱和度真的令人陶醉。我感到无比安全、温暖、舒适，仿佛在梦幻中。然而，内心的不安无法消散，与其他人遭受的损失和痛苦相比，我们在整个灾难中的经历实在是太幸运了。

晚餐过后，汉斯向我和HP发出邀请："要不要找个地方喝一杯？"我们欣然响应。

酒馆里昏黄的灯光，如梦如幻，和我们当时的心情极其吻合。刚刚从灾难现场抽离出来，就像经历了一场大梦，还没有完全醒过来。

"从某种意义上来说，在经历了如此毁灭性的地震和雪崩后，我们还活着，这确实值得庆幸。"汉斯说道。

"是的。想想那些在地震中遇难和受伤的人，我们要心怀感恩。虽然很可惜，我们没能顺利完成这次的登山目标。"HP紧接着感慨道，"皓，你是第二次在珠峰经历这样的事情了，应该比我们更失望吧？"

HP的话让我一时语塞，汉斯适时补充一句："攀登像珠峰这样的大山，我们必须承认，有很多事情是超出我们控制范围的。"

"我认真想了想，的确有点失望。但也不尽然，反倒更多的是感激，我很感激这么多人支持我。当他们意识到我有危险时，他们会担心我、问候我，希望我平安。这对我来说才是最重要的。"我想，这会是我人生经历的一个重要部分。

"没错，地震之后，当我第一次联系上家人的时候，他们听到我还活着，特别激动。我听到他们的声音，也是泪流满面。那一刻，我感觉我们的心更近了。登山让我更加珍惜平常的生活和家人之间的感情。"HP一通感慨之后，话锋一转，"你们还会来登珠峰吗？我肯定要来的。"

"也许，我现在还不能确定。"汉斯回答道。

"我也不能确定。先回到家里再说吧。"我知道自己再来登珠峰的可能性微乎其微了。

每人一瓶啤酒下肚。我们回到房间，结束这漫长而曲折的一天。

以后，再也不要去登山了？

得知我平安回到加德满都，凡的心再一次稍稍放了下来。旅途尚未结束，萨加尔通知我们加德满都机场在地震中受损，能起飞的飞机不多，国际航班无法正常运行，有可能需要再等几天。

做好了这样的心理预期之后，第二天萨加尔竭力帮我找到的那张飞往昆明的机票，简直就是意外的礼物。当飞机降落在昆明机场的那一瞬，我终于回归了正常生活的轨道。在飞回纽约之前，我收到一封彼得发给我和汉斯、HP三个人的邮件。

皓、汉斯、HP：

你们好。很抱歉错过了你们离开EBC的时间。我当时在冰川上找网络信号，当我回到营地时，告别已经太晚了。

当时一切都很忙碌——显然我们都有很多心事，但我确实想和你们三人分享，我很荣幸能和你们一起攀登。我认为我们非常幸运，有这样一个凝聚力强、经验丰富的团队，在山上大家的表现都非常出色。

顺便说一下，我已经向RMI提出了关于明年夏天攀登查亚峰的请求。如果HP能一起成行就太好了。

邦尼和我刚刚在切萨皮克号上航行了一个星期。随着我在雪山里的日子逐渐结束，航海将是一项很好的活动，我会慢慢向它过渡。

彼得·罗杰

汉斯很快给彼得回了邮件。

彼得：

你好。非常感谢你的来信。

总之，这是一次伟大的探险，我们所在的也是一支真正伟大的团队。

对于没有机会登顶这件事，我有点沮丧。我不想在昆布山谷花更多时间来悲伤。回到家后，我用了将近一周的时间才清醒过来，重新开始工作。

现在我的状态很好，也确定了下一次的攀登计划，和你一样，也是去查亚峰，不过这次换了德国的一家探险公司。这可能是一次完全不同的雨林体验，也是一次真正的攀登。

这次探险之后，我就尝试了七峰的全部攀登。我不确定是否会再次尝试珠峰。

在我的下一个十年里，我希望有更多的时间，和你一样，在航海领域保持良好的状态，也许我们可以在南太平洋的某个小岛上见面。

向邦尼致以最诚挚的问候。

汉斯

看着队友们的新计划，我为他们感到高兴。我已经先于他们尝试了所有七峰攀登，并且成功登顶了其他六峰。但是珠峰仍然遥不可及。我似乎也没有理由再次跟凡提出要求。

"你以后再也不要去登山了。我们之前已经说好了，这是最后一次。"回到纽约后，凡非常坚定地跟我说，"去年你说还没到1号营地就遇到雪崩，不甘心，可以再试一次。今年已经到了2号营地了，又遇到地震，你已经尝试过两次了，两次都遇到这么危险的灾难，我们在家里有多担心，你知道吗？我们不可能再让你去冒这么大的风险，完成这样的事情了。"

我知道，对于我登山这件事，她的支持已经达到极限了。

凡忙前忙后为我在纽约张罗了一场登山分享会。以这样的仪式感宣告，我与珠峰相关的一切到此为止了。

漫步在纽约哈德逊河边，望着眼前的高楼大厦，我的思绪却飘回珠峰南坡1号营地的茫茫雪地上——两次登珠峰均半途而废，我的七峰梦想就这么结束了吗？

也许，对于我来说，现在还不是攀登珠峰的时候，可什么时候才是呢？

# 第七章 蛰伏

### 第一节 近在咫尺的珠峰

"你得歇几年。"

这句话是我刚从加德满都经昆明飞回北京后,王巍在北京"三峰连穿"的途中对我说的。

王巍,"中国并购之父",创建中国第一家民间金融博物馆,著有《金融可以创造历史1:挑战世界观的金融故事》《金融可以创造历史2:大国崛起的秘密》,2013年5月从南坡登顶珠峰。

我和他的交集同样与山有关,他在北京参与组建的"三好生"登山队,我是其中一员。所谓

"三好"，乃人好、性格好、身体好。北京"三峰连穿"，是一条"有点虐"的徒步路线。不过对于刚从珠峰回来的我来说，这样的强度还是轻松的。一路上，我向好奇的队友们讲述了我两次未果的珠峰之行。

"我打算2016年休息一年，2017年可以再来。"对于王巍劝我歇几年的话，我并不认同。

"不，你得歇几年。"他依旧重复着。

在那时，我并不能完全领悟他说这话的含义，过了几年才真正理解。

历经两次珠峰南坡的大灾难，回到日常，生活渐渐归于平静而熟悉的忙碌。2015年6月纽约分享会后，凡和我的交流也少有登山的话题，仿佛这件事情真的已经从我的生命中剥离。

一切都在看似按部就班的轨道上行进。但在我内心深处，珠峰的吸引力一直未曾消退。

"2017年圣山珠峰登山活动开始报名。"这则消息是几个月前发布的，我偶然看到了，马上给西藏圣山登山探险服务有限公司（以下简称"西藏圣山公司"）打电话，询问报名情况。他们是国内唯一具有组织珠峰北坡攀登活动资质的公司。

"不好意思，我们明年的珠峰活动已经结束报名了。"

"可是，正式攀登不是在明年4月开始吗？"

"活动确实是在4月份，但我们的队员已经招满了。我们马上要在双桥沟举办模拟攀登珠峰培训班，所有参加明年珠峰活动的队员都必须参加这个培训班的。"

"我看过你们培训班的具体内容介绍，那些技术操作我之前都学过的。"我继续向对方介绍我以往的攀登经历。

"但是，从北坡攀登珠峰，必须要有8000米以上的登山经验，并且必须有山峰所在地官方颁发的证书。"电话那头的工作人员补充道，"这不光是我们公司接受报名的基本条件，也是国家体育总局的政策要求。"

在随后的沟通中，我才详详细细了解了北坡登珠峰一环扣一环的"678"要求，即要想登珠峰，必须登过8000米以上的山峰；要想攀登8000米以上的山峰，就必须要有7000米以上山峰的攀登经验；要想攀登7000米以上山峰，必须要先去登一座6000米以上的山。

我之前登过的最高的山就是南美洲最高峰阿空加瓜，海拔6962米。按照"678"要求，我甚至都没有资格去登海拔8000米以上的山峰，更别说珠峰了。

这个事实让我感到很失望，2017年登不成了。我对"678"要求的必要性，表示质疑。

质疑归质疑，要求归要求，但如果想要从北坡登珠峰，就没有别的选择。冷静思考过后，我决定尽快完成"678"的要求——4月参加珠峰北坳徒步活动，到达海拔7028米的高度，完成"7"的要求；9月攀登海拔8201米的卓奥友峰，完成"8"的要求，这样才可能参加珠峰北坡的攀登。

整个计划在2018年4月启动,为了不让家人担心,我事先没有透露。当家人以为我在国内忙于工作的时候,我正在西藏日喀则市定日县的加吾拉山口,听着领队阿旺占堆的介绍,为眼前的壮观景象震撼不已。

"这里可以看到五座海拔8000米以上的雪山,这边是世界第五高峰马卡鲁峰,然后是世界第四高峰洛子峰,旁边就是珠峰,再过来是世界第六高峰卓奥友峰,最右边的是世界第十四高峰希夏邦马峰。"

巍峨的喜马拉雅山脉就这样直观地展现在我的眼前,其中两座山峰竟是我接下来将要攀登的目标,这一切让我感到难以置信。

这种既震撼又不可思议的感觉,在抵达珠峰大本营时越发强烈。相比南坡,在北坡大本营看到的珠峰,没有卫峰遮挡,视角更完整,看上去更加高不可攀。

几天之后,在海拔7028米的北坳营地,珠峰顶峰仿佛近在咫尺,"我要不就留下来接着往上爬吧。"我借着玩笑的口吻向阿旺占堆表达内心意愿。

"干脆我们北坳徒步队伍直接并入珠峰攀登队伍吧。"队友"十八子"李焕尧也加入了这个玩笑中。

北坳徒步路线要经过珠峰北坡六个营地当中的四个,历经两次拉练。在这个过程中,无论是珠峰北坡的气候还是攀登线路和整体氛围,都能感知个大概。

"你们看着顶峰没多远,后面的路才是珠峰的难点,可没有想象得那么容易。登珠峰还是要循序渐进。"身为领队,阿旺占堆不想跟我们开这种玩笑,但他也给我们留下了希望,"大多数参加过北坳徒步的队员,最后都会来登珠峰。今年北坳你们队员有几个还是很厉害的。"

我知道阿旺占堆口中很厉害的队员包括我。那天阳光明媚,好天气让北坳冰壁的攀爬难度都降低了一些。这个珠峰北坡攀登路线上的一大难点并没有难住我,我在冰壁上的行进速度很快。

珠峰北坡大本营海拔5200米,刚到这里的时候,我们无一例外地都有高反症状。对很多人来说,高海拔攀登最强劲的对手之一就是高反。我们必须迅速适应它,战胜它,否则体能会急剧减弱,甚至导致攀登提前终止。

阿旺占堆教给大家的应对方法很简单——深呼吸，多喝水，按着这六个字去做，我的不适很快得到了缓解。

适应周期因人而异，有几个北坳徒步队的队友被高反折磨得痛苦不堪。其中有一个年轻队友，从大本营到过渡营地走得很快，路上下起毛毛雨，也没增加衣服。

"怎么样？现在是什么感觉？"在海拔5800米的过渡营地，阿旺占堆关切地询问。

"头疼，难受，想吐。"严重的高反已经让他说不出完整的句子。

吃药、吸氧，进行完各种操作，到了下半夜，依然没有好转。情况危急，刻不容缓。阿旺占堆果断安排两名向导护送这名队员连夜下撤到大本营，再送到定日的医院，使其得到及时治疗，这才缓过来。

前进营地位于海拔6500米的狭长谷地，是北坡攀登珠峰路线上最重要的营地。前进营地地理位置独特，东面和西面均是海拔7000米以上的山峰，南面是珠峰北坳，仅在北面留出一个出入口。这里特殊的地理位置形成了气压低、空气稀薄的特点。很多人初到这里，会出现严重高反，因此它又被称为"魔鬼营地"。

到了前进营地的第一个晚上，我头疼得翻来覆去睡不好。不过第二天一早，迷迷糊糊睡醒之后，我的高反症状完全没有了。

阿旺占堆走进营地里的公共帐篷，和每个人打着招呼，观察着我们的状态，看到我时他笑得露出一口白牙，和黝黑的脸庞形成鲜明对比，并且说道："你的状态很好啊，我们在这里都很难受。"

"你们也会高反啊？"我有点吃惊。

"肯定呀，这里是'魔鬼营地'，谁都逃不过。"

我们在前进营地休整时，遇到了2018北京大学珠峰登山队。这支队伍不只有北大的在校学生，也包括一些毕业多年的老校友，他们这次要以攀登珠峰的形式庆祝母校建校120周年。刚刚完成了适应性训练，从北坳营地下撤回来的他们一个个迈着缓慢的步伐，疲累的状态有目共睹。

"真羡慕他们今年有机会攀登珠峰。"我一边注视着他们，一边和身边的十八子说道。

"我更羡慕你啊，我感觉你的状态比他们好多了。你怎么就不高反呢？我这头都快疼死了。

我要像你一样有那么好的胃口，还有精力开电话会议处理工作，我就不发愁登珠峰了。"十八子一边回应着，一边两手按压着自己的太阳穴，试图缓解剧烈的头痛。

当我们顺利到达北坳营地，并成功从那里返回前进营地时，我更加坚定了要从北坡攀登珠峰的想法。相比南坡建在昆布冰川脚下的大本营，珠峰北坡条件好多了：营地更宽敞、安全，车可以直接开到大本营，物资也更丰富，各种口味的中餐更合胃口，还有顺畅的4G网络信号，这对于在登山过程中需要工作的我来说，无疑是非常重要的因素。更重要的是，西藏向导们的贴心服务以及整个后勤团队的可靠保障，让我感到十分安心。

"怎么样？9月份一起去登卓奥友吧。"我向十八子发出邀请。

"我正有此意。明年是不是还要一起登珠峰？"他和我相视一笑。

"我也要一起。"队友老谭听到我们的对话也加入进来。老谭这一次没能上到北坳营地，但他已经雷厉风行地筹划好下一步了，"你们等我7月份先去慕士塔格把7000米完成，我已经选好队伍了。"

"就这么决定了，我们到卓奥友继续做队友。"十八子伸出手跟我和老谭击掌。

"还有珠峰。"老谭在伸出手掌的同时补充道。

下撤回大本营出发前，阿旺占堆带领我们一同面对北坳冰壁向珠峰致敬，感恩它的接纳。我回望着阳光下泛着蓝冰光芒的北坳，以及更远处耸立的珠峰之巅，心里默默许诺：下次再来，直奔顶峰。

在这之前，先要赴卓奥友之约。能否拿到珠峰"入场券"，在此一举。

## 第二节　卓奥友惊魂时刻

"你在哪里？"电话那头，凡像往常通话一样很自然地问道。

"在爬山训练。"我含含糊糊应了句，这时候我正在卓奥友海拔5800米的前进营地。

"爬山训练？在哪里？"我的回答让凡有点意外，她不自觉地升高了语调。

"在卓奥友。"

"卓奥友在哪里？"

"在西藏。"

"卓奥友有多高？"

"8000多米。"

短暂的沉默后，凡迅速调整了情绪，最后问道："你还要在那边待多久？"

"大概20天。"

"好，我知道了。你注意安全，我和贝贝、宝宝在家等你回来。"

在我出发前往拉萨，开启攀登卓奥友行程时，我们刚刚从纽约搬到香港没多久，这一回我没有办法像去北坳那样模糊处理了，只能找个借口说在内地有工作要处理，这次待的时间会长一些，才暂时瞒了过去。但是被问到在哪里，我也不能不说实情。

先斩后奏也是迫不得已。珠峰的梦想，无论坚持还是放弃，都很煎熬。

队伍刚到卓奥友大本营时，一名队友因为高反导致身体不适，持续的难受与紧张并没有让他马上放弃，但在接完家里的一通电话后，他找到领队旺青索朗，要求尽快安排车辆送他回拉萨。

让他做出这个决定的最重要因素是，妻子在电话那头跟他说了句，"登山太危险了，必须马上停止，立刻回家。"

"注意安全"是凡和其他家人对我完成登山梦想唯一的期盼，也是我在山里对自己的首要要求。一直以来，我在登山时都很有自信，在可控的范围内把自己能做好的事情做好，就不会出事，也没什么可恐惧的。一切尽在掌握。

但是8000米级的雪山一定会给我们带来意外，这

个意外让我经历了登山历程最危险的困境。

"有一个情况要和大家说一下，根据天气预报，过两天会有一个很短的窗口期，我们如果要把握这个窗口期，就要取消第二次适应性拉练，直接冲顶。但也可以按照原计划，等9月底的窗口期，后面的天气一直都不好。"旺青索朗在会上征询大家的意见。当时我们刚刚从C1返回前进营地，准备休息几天后再去C2进行适应。

"我们要把握住这个窗口期，不然可能今年就登不了了。"

"只等最后一个窗口期的话，风险太大了，万一那个窗口期没了，我们就没有机会冲顶了。"

"而且我们之前也进行了拉练，大家的状态都还不错的。"

十八子、老谭和我，在这个问题上意见很统一。一番讨论后，大家很快达成一致，直接冲顶。

卓奥友峰，世界第六高峰，海拔8201米，位于中国与尼泊尔边界，和珠峰一样，它的北坡位于中国西藏境内，南坡位于尼泊尔境内。

从海拔5600米的前进营地到海拔6200米的C1，这段路之前拉练已经走过。漫长的碎石路，最后是俗称为"小麻辣烫"和"大麻辣烫"的两个大斜坡。经过5个小时左右的徒步，下午6点我们到达C1。C1到C2这段路没走过，我们早上9点出发后，就走上一个接一个的雪坡，之间有个冰壁，但不长，下午4点抵达C2。

至此，一切顺利。随后，我们需要在半夜12点起床穿戴装备、吃早餐，凌晨1点准时出发冲顶。这个安排让我们在C2的时间很紧张，我感觉自己有很多事情需要做，试戴氧气面罩，准备冲顶包，还要努力让自己尽快睡着，多休息一会儿。

"起床了。" 我刚迷迷糊糊睡着不久，耳边就响起向导的声音。我不情愿地爬起来，开始穿登山服。不像其他队员，我带的不是连体服，而是上下分开的登山服，这样登山过程中行动会更加方便。

"穿好装备，马上要出发了。"

"加快速度，别人都走了。"

在向导的不断催促下，我最后一个出发了。刚走出营地没几步，我就叫住了向导："稍等一下，我的眼镜起雾了。"由于是第一次佩戴氧气面罩，还不太习惯，加之面罩本身的密闭性也没有想象中那么好，呼出的气全蒙在了我的眼镜上。

我赶紧摘掉羽绒手套，用抓绒手套摩挲几下镜片，擦干净之后再戴上，很快又有了雾气。如此这般折腾了好几回，眼见大部队越走越远，我也越来越急，心想："每一个细节都想到了，偏偏遗漏了这一点，如果因为这个问题影响登顶，那就登不成珠峰了！"

情急之下，我突然想起来背包里有专门擦镜片的防雾纸。赶忙卸下背包，翻找出一张，擦好眼镜，视野突然清晰了，终于摆脱了这个困扰。此时，我已经跟大部队拉开了很远的距离。队友们的头灯在我的前方亮成一排流动的光柱。

我用手势示意向导可以出发了，他提醒我要加快行进速度。这时才发现，从C2一出发就是个大上坡，我推着上升器走得很煎熬，因为我一直以来习惯一边用上升器，一边用登山杖。偏偏这次向导说不用带登山杖，我也没多想，就没带。

但是，返回营地去拿登山杖也不现实，我只能强迫自己尽快适应。于是，只盯着脚下头灯照亮的一小块区域，不再抬头看远处的路，就这么慢慢追赶队伍，一路往前超。超过了我前面的队友，超过了老谭，超过了整个第二梯队，没有看到十八子，他肯定在更远处的第一梯队里。在适应性训练时，我和十八子的体能就是最好的，我们俩总是走在队伍的最前面。

这时，天空下起了小雪，山脊的风也更冷。风卷着雪粒，很快就把前面队友踩出来的脚印吹平了。我成为第二梯队的排头兵，深一脚浅一脚地踩在雪地里。

开路更耗费体能，走了很长一段之后，我终于坚持不住了，询问向导："可不可以歇会儿？"

"我们继续慢慢走吧，后面的路还远，要在关门时间之前登顶。"他没有接受我的请求。

之前在国外登山，我已经习惯了走1小时休息10分钟的节奏，这种一直走，走10个小时都不停的风格，让我非常不习惯。

天边泛起光晕，终于迎来拂晓时分。天快亮了，顶峰也快到了。然而，每登上一个山头，就看见前面还是一个山头，"这里不是顶，顶还在前面"。

登过了无穷无尽的山头，始终看不到顶。就在体力几乎消耗殆尽之时，终于看到平缓的前方，很多人穿着五颜六色的登山服，聚集在一起，不再往前走了。顶峰终于到了。这时候我的体能已亮红灯，我就这么大脑一片空白地站上了卓奥友的顶

峰。我机械地在顶峰环视了一圈,珠峰就在眼前,从来没见过这么低的珠峰,但脑子里空空如也,也没好好欣赏就匆忙下山了。

登顶的路漫长而又艰辛,但好在有惊无险。但在下撤路上,我却经历了一番惊魂时刻。

大雾中,我根本看不清楚脚下的路,每走两步就必须要停下来确认脚要踩到哪里。我的向导背了很多东西,走在前面,他的状态看上去也不太好,步履很艰难,过长的冲顶路消耗了我们俩太多的体能。渐渐地,向导走出了我的视野,眼前只有一片雾蒙蒙。

我摸索着前行,隐约感觉自己走到了一个斜坡的位置。突然,脚下一滑,路绳瞬间绷紧,我的身体被吊在路绳上。

一阵慌乱过后,我尝试用手抓住路绳,但距离人远,够不到,而两只脚又悬空着,也找不到任何可以支撑的点。很快,我的手已经紧张得出汗了。我大声呼喊向导,没有得到回应,周围也没有冲顶或者下撤的队友和其他队伍的人。

雾很大,我周围什么也看不见。

接下来该怎么办?脑子在飞速地运转,各种想法涌来,恐惧也随之涌来。

时间一分一秒地过去,在我的感觉里,那是一个极其漫长的过程。我的脑子和身体仿佛脱节了,脑子里想到的每一个办法,身体都没有力气去实现。

我集中注意力,一只手抓住连接身体和路绳的地方,试着把自己拉上去,但是整个身体悬挂在空中,根本拉不上去。双脚不停地找可以支撑的地方,也找不到。这么折腾了几次,我就完全没有力气了。

我只能停在那里,调整呼吸,聚集力量。我慢慢用脚感觉任何一个可以作为支撑的点,几经尝试,轻轻踩住支撑点,再拼尽全力把手伸向紧绷的路绳。当我感受到绳索在手指间摩擦后,心里燃起的希望让我一下子有了力量。终于一使劲把自己拉回到攀登路线上。

我长长地舒了一口气,看看表,从发生滑坠到自行脱困,时间过去了5分钟。短短的几分钟可以长到让我看到生与死的界线。那一刻,我才意识到,我对于8000米级雪山的认知还是太浅显了。

惊心动魄地下撤回来,我脑袋里最清醒的意识就是——"678"的要求太科学、太有必要了,这一次,见识到了8000米级山峰的另一面,认知更深刻,敬畏更虔诚,确实要有海拔8000米以上山峰的攀登经验,才能登珠峰。

这次登顶,让我们无意间创造了国内商业登山队登顶卓奥友峰用时最短纪录,全程总共18天。十八子后来也走"爆"了,紧跟我后面完成登顶,老谭到了海拔8000米的位置就选择下撤,没有登顶。我们总算都拿到了珠峰"入场券",可以继续做队友了。

回到拉萨后,我没有停留,也没来得及参加卓奥友庆功会,便匆匆赶回香港。

## 第三节 香港毅行的修行

回到家见到凡,我有些不知如何开口,凡率先打破僵局:"祝贺你登上卓奥友峰,人生第一座8000米级雪山。接下来的目标就是珠峰了吧?"

"我这次没有提前告诉你,是怕你担心,我确实答应过你2015年是最后一次登山了,但是……" 我急于向凡解释自己的想法,又不知道该怎么解释,卡在那里。

凡的眼神告诉我,她明白我想要说又说不出来的话,说道:"如果登珠峰是你不能放弃的梦想,我没有理由强行反对,这样只会给你额外增加心理负担,更不安全,你知道的,我最担心的就是你的安全。"

"我知道,所以这次我选择从北坡登,西藏圣山公司的服务非常专业,我这次在卓奥友深有体会。"

"我同意,我查过他们的资料。"

当我在卓奥友冲顶路上的时候,凡已经把组织这次活动的西藏圣山公司的情况查得清清楚楚。之前在国外登山,她只认可大卫·汉恩,不允许我参加其他队伍的活动,哪怕大卫·汉恩的队伍收费要高很多。经验丰富、专业负责是凡最看重的,组织者的这些特质是我在山上的安全保障。

西藏圣山公司探险团队,是中国商业登山探险服务行业的领军团队,也是国内登山行业中最具规模和实力的公司。独立组织喜马拉雅北侧的高海拔商业攀登活动多年,高山向导及后勤保障团队人员均来自西藏拉萨喜马拉雅登山向导学校(原西藏登山学校),有两名高山向导是国内成功登顶珠峰次数最多的纪录保持者。

西藏圣山公司的口碑和这次攀登8000米级山峰的历练,打消了凡的顾虑,也让她理解了我要实现珠峰梦想的执着。

重新获得了凡的支持,我终于不用再遮遮掩掩地去登山了。

没多久,我在"三好生"登山队微信群里看到队长方泉发布香港毅行100活动招募——需要四个人组队,目前确定参加的有王巍和王海航,还差两个人。

方泉是我在2017年攀登雀儿山的队友。这位国内知名证券人,也是传奇的登山者。他的传奇在于登山不为登顶,甚至总能在登顶之前找出各种理由放弃:高反头疼、救助队友、想念女儿、意兴已尽,都成为他坦然下撤的原因。我们一起登雀儿山时,他刚到C1就下撤了,那一次的理由是体验过了就好,不必非得登顶。

登山十几年,方泉登过不少雪山,有些山他还会不止一次地去登,但登顶对他来说,却像是意外事件。迄今为止,他人生的第一座雪山——四姑娘山大峰是历经两次攀登才成功登顶,而他唯一一座第一次攀登就成功登顶的雪山,是珠峰。他是2013年和王巍一起从南坡攀登珠峰的。至于其他登过的雪山,他都没有到过顶,也丝毫没感到遗憾。洒脱的诗人气质确实令人称奇。

2018年秋天的香港毅行100是"三好生"登山队首次组队参与的攀登活动。我正好住在香港,就报名参加了,权当第二年春天登珠峰之前的体能测试了。

毅行100是香港规模最大的远足筹款活动。每支参赛队伍除了支付报名费,还要为主办

方——乐施会筹集一定的善款,用于扶助贫困地区与弱势群体的公益项目。在18小时内完成的队伍,可获得"超级毅行者"称号。

赛道位于麦理浩径,长度约为100千米,累计爬升约为5000米,先易后难,绝大部分难行山路与陡峭爬升位于后40千米。考虑到参赛者以业余跑者为主,时限设为48小时内完成。

凡听到我要参赛的消息,有些惊讶:"你从来没参加过越野跑,一下子就要跑100千米,确定没问题吗?"

我也不能确定是否可以完成,毕竟我平时每次顶多跑5千米,最近每月跑量在50千米左右,"先

报了名试试看，实在跑不下来就退赛。放心，我知道的，安全第一。"

凡虽然对我能否完赛存疑，但她很认同我借此作为攀登珠峰的体能测试，可以增加对自己身体状况的了解。凡迅速进入教练的角色，在赛前帮我收集了很多资料和信息，包括赛道情况、其他人的参赛经验及训练方案。

我们这次参赛的四人小队也迅速组建完毕——队长王海航，队员除了我，还有年届花甲的王巍和刚刚从马纳斯鲁峰回来的张思拓。

我们最开始按照1小时跑5千米的配速预估完赛时间，定的目标是24小时完成。后来听说24小时是很不错的成绩，我们又把目标调整到30小时完赛。

我们的老中青组合每个人年纪、经历、个性都不一样，也从未一起训练过，第一次参加这样高难度的比赛，真的能顺利完赛吗？似乎每个人心里都没有十足的把握。

但既然已经决定参赛，就要齐心协力去取得最好的结果。就像王海航说的那样，这次比赛对于我们既是一次公益之行，更是一场自我修行。

尽管，赛事组委会也提示每支队伍应该在赛前进行拉练，可我们四个人各有各的要忙，时间总也凑不到一起去，直到比赛当天我们才第一次聚齐。再见到王巍，不由地想起他在2015年对我说过的登珠峰"得歇几年"。当时不理解的这句话，如今回头再看，一语中的。

当他得知我2019年春季准备从北坡攀登珠峰时，又说了一句："你没问题的，这几年已经歇好了。"历经这三年多的休整，无论是对山峰的理解，还是自身的状态和家人的支持，都得到了螺旋式上升，确实有一种"我准备好了"的强烈感觉。

参加香港毅行100的精英队伍是早上出发，我们下午出发。走上赛道，四名队员迥异的风格得到鲜明体现：我的速度比较慢，但是能坚持；王巍虽然年纪最大，但体能和意志力特别强；王海航体能最好，不愧是跑马拉松的；张思拓最年轻，但和我一样，也是第一回参加长距离山野徒步，缺乏经验。

刚过第二个打卡点，思拓就远远落在队伍后面。我们在下一个打卡点等到他之后，询问发生什么情况了。

他一脸痛苦地说道："我刚才脱鞋看了一下，两个脚底板都起了大水泡，一走就疼。"看着他痛苦的表情，我们三个人异口同声问了句："还能坚持吗？"心里或许也在不约而同想着，"实在不行就只能退赛了。"

思拓似乎也读出了我们的潜台词，坚定地回答说："还可以走，就是会慢一点，你们先走，我歇一会儿就出发。"

就这么过了一站又一站，尽管我们会等一会儿，但总能看到他顽强的身影慢慢跟上来。

夜渐渐深了，强烈的困倦感向每个人袭来。每个打卡点补给的物资都是一模一样的，面包和

水,加之我们速度不快,赶到时补给已经没剩多少了,没办法填饱肚子。王巍、王海航和我三个人都是又饿又困,疲乏到极致。

"不行,实在困得不行了。"王巍站在路边的一块草地上,提议休息一下。

"我带了锡纸,可以裹住身体在这里眯一会儿,补补觉,15分钟就好。"王海航边说边从背包里拿出三个保暖锡纸,分给我们。

我接过锡纸,调好手机闹钟,学着王海航的样子,把自己裹在锡纸里,躺在草地上,很快就睡着了。

15分钟后,闹钟响起,我们陆续从沉沉的睡意中苏醒,短暂的休息让我们回了不少血。缓过神之后,还是没有等到思拓,王海航不无担心地说道:"思拓一个人在后面走,实在让人不放心,我留下来陪他慢慢走吧。"经过商议,我们决定分成前后两队,我陪王巍先行,王海航继续等思拓赶上来。

身高超过一米八的王巍走起路来两条大长腿格外轻盈,大步流星的架势完全看不出来他马上要步入花甲之年。我哪里是在陪他走,分明是一路小跑跟在后面追着他。

更让人看不出来的是,他的踝关节竟然在两周前扭伤,并且到现在还没有彻底恢复。得知这个情况的我很是诧异,问道:"为什么完全看不出来你受过伤?走这么久脚不疼吗?"

"刚起步时确实有些不舒服,所以要走快一点呀,走了几千米后暖和了、麻木了就好了。"他轻松地说着。这得有多大的毅力和多好的体能,才可以如此举重若轻。

借着夜色和头灯的光亮,我们俩沿着蜿蜒的山路专心赶路,顾不上说太多话。明暗之间,不光能看见路上的台阶和坑洼,还可以看见林间草丛里闪闪飞动的萤火虫。

王海航带着思拓在大帽山这一站和我们会合,我们的用时已经超过了赛前预估的30小时完赛时间。但大家心态都很好,能在规定的48小时以内顺利完成,就是胜利。

麦理浩径的大多数路段都被精心整修过,极易辨识,走起来也相对轻松。唯有大帽山这一段保留了非常原始自然的状态,乱石嶙峋间的路线都是靠徒步者们的脚踩出来的,即便是在天气好的白天都很容易迷路,更不要说我们在暗夜迷雾中穿越大帽山了。

果不其然,我们在黑暗中七拐八绕迷失了方向。

"大家不要慌,原地休息一下,等我找找路。"王海航作为我们这个四人小队的队长,颇有领导力，他也是我们当中野外生存能力最强的。很快，他就找到小路带着我们重回赛道。

第三天凌晨4点左右，离我们出发已经过去了38小时，我们快到第八个打卡点的时候，远远看到一个人挥着手朝我们打招呼。

"是方泉！"王巍一眼就认出了他的珠峰队友。

"是吗？队长慰问我们来了？"王海航借着头灯的光亮确认着。

我们加快速度跑向打卡点，一看果然是方泉。"大家辛苦了！"这位"三好生"登山队队长和我们每个人拥抱击掌。

方泉从这里开启陪走模式，跟着我们一起完成了最后的22千米路程。这个举动给我们在精神上带来了很大的鼓励。我们不是四个人在战斗，在赛道之外还有更多的关心和牵挂。

就这样经历了两天从天黑跑到天亮，终点终于不远了。胜利在望，我在最后两千米加快了速度，模仿着其他参赛选手的动作，跳跃着跑下山坡，看到了终点拱门。

"爸爸！是爸爸！"我听到了贝贝的喊声，凡一大早就带着两个小朋友等着迎接我们了。我张开双臂向他们跑过去，一家人在终点线上紧紧拥抱在一起。这是我在登山中体会不到的幸福，不管是登顶的兴奋和安全回到大本营的踏实，我都没有办法第一时间和家人分享。而现在，我可以抱着他们，听着他们在我耳边欢呼，尽情享受成功的喜悦。

方泉和其他三位队友陆续赶到终点，历经两个不眠之夜，用时44小时27分钟，累计爬升5000米，我们第一次尝试就完成了100千米的徒步。团队的精神力量是我们坚持下来的重要原因。

更让我高兴的是，完成比赛后，我并没有累到力竭，顺利通过这次体能测试，被卓奥友打击的信心得到了恢复，心里对接下来的几个月的训练更有数了。

这一次，我感觉，自己真的离珠峰越来越近了。

## 第四节 两座大山

2018年底，西藏圣山公司发布了2019年春季珠峰北坡攀登活动的信息。我在第一时间整理好以往的攀登经历介绍和登顶证书、近期的体检报告，提交了报名资料。在珠峰北坡，西藏圣山公司是唯一具有组织珠峰攀登活动的机构。为了保证安全，每一年的名额都很有限，报名者要经过筛选，公司会综合考量报名者的能力和以往的攀登经历确定最终的队员名单。

当我接到通知交定金的电话后，心里总算踏实了。报名成功，终于拿到第三次走进珠峰的"入场券"，值得好好庆祝一下。我们打算圣诞节一家人去美国犹他州帕克城的鹿谷度假村（Deer Valley Resort）滑雪。

西藏圣山公司12月底要在双桥沟举行一次培训，要求所有明年登珠峰的队员必须参加，主要是要队员们学习一下攀冰技术，这在登珠峰上北坳的时候会用到。

但这刚好和我们的圣诞假期冲突了。我跟西藏圣山公司解释："我之前在美国接受过攀冰培训，我去年也去过北坳，是不是可以不用参加这次培训了？"

"这样吧，您先把这些证明材料发过来，我们审核之后再判断。"过了几天，西藏圣山公司通知说我可以不用参加双桥沟培训了，让我们的圣诞假期得以按计划进行。

从12月开始，来自太平洋的风暴会经常猛烈地冲击犹他州的犹因塔山脉和瓦萨奇山脉，带来大量降雪，并持续到来年三四月。更重要的是，这里的雪是滑雪爱好者最钟爱的优质粉雪。

鹿谷度假村是帕克城三大世界级滑雪场中的顶级，也是我最喜欢的冬季度假胜地，之前已经来过很多次了。这里海拔2000多米，有6座山头、100多条高品质雪道。同时，由于雪场每年只出售6500张票，并且禁止单板进入，因此，即便是在滑雪旺季也不会拥挤，体验感非常好。

像往常一样，我们入住瑞吉鹿谷酒店。酒店位于一个山坡上，需要乘坐酒店专用的轨道缆车进入大堂，或直接开车到大堂。从缆车上可以眺望整个滑雪场，这场景让两个孩子开心不已。

圣诞将至，节日氛围无处不在。酒店大堂竖起高大喜庆的圣诞树，色彩缤纷、灯光闪烁，圣诞装饰随处可见。

傍晚时分，我坐在酒店房间的阳台上，和凡一起欣赏落日余晖，两个孩子在房间里玩得不亦乐乎。视野里，不远处深色的树林与雪地黑白分明，但都被来自天空的光线轻轻染上一层温暖的

色调。

三个月前，我刚刚为2019年珠峰攀登完成一次热身活动——成功登顶海拔8201米的卓奥友峰。这一趟攀登，让我对自己和极高海拔的雪山都有了更深的认知。对于三个月之后即将启程的珠峰之行，我充满了期待，但也有一丝焦虑。

这将是最后一次攀登珠峰了——我不能因为自己的个人愿望让家人一直为我担心，也不能为了完成这个目标无止境地投入时间和精力。

因此，这个假期，我比任何时候都更加珍惜与家人相处的时光，以弥补因之前和即将到来的分离而错过的时光。

12月24日，平安夜。我习惯性地打开计算机查看电子邮件。

一封纽约H基金首席执行官发来的电子邮件引起了我的注意。邮件称，H基金希望收购T公司100%的股权。

"收购？"我一下子睡意全无，迅速思考该如何回复。自2017年6月以来，我一直在T公司担任董事长兼首席执行官。无论从哪方面来看，T公司这几年的发展势头都是持续向好的，董事会也从未讨论过公司出售事宜。所以，收购的说法从何而来？

事关重大，且迫在眉睫。我顾不上与家人欢度节日，也顾不上眼前的雪场和远方的珠峰，这突如其来的又一座"大山"已经压在了我的肩上。

第二天，我紧急召集了一次董事会会议讨论此事。董事会认为既然H基金有收购公司的提议，从实现股东价值最大化的角度考虑，同意公司管理层与他们进行接触，商讨具体的收购方案。我将在新年之后与他们面谈收购事宜。

会议结束后，我一边给H基金回复邮件，一边飞速地在脑海里厘清面谈时要讨论的内容，要了解他们的具体收购诉求，要讨论将H基金之前借给T公司的项目贷款转换为项目股权的计划……要谈的事情太多了。

这并不是我们第一次与H基金打交道了。三年前，为了获得资金来满足T公司的开发建设需求，T公司与H基金签订了一系列协议，以获得上亿元人民币的融资。

回复完邮件，我起身走到阳台上，伸展一下久坐的身体。酒店外面的雪道上，有人快速滑下，溅起阵阵雪浪。

瑞吉鹿谷酒店最大的特色就是一站式滑雪服务：大堂下面一层就是滑雪服务场馆，服务员会提前为客人准备好滑雪装备；从酒店房间下来换上装备，打开一扇门就直接进入雪道。

第二天，我陪着凡和孩子们在绿道（初级道）上滑了几趟之后，开始滑向更难的蓝道（中级道）和黑道（高级道）。鹿谷的黑道有很多，滑起来非常过瘾。这里的粉雪质量太好了。在粉雪中滑行相当于加了一层柔软的悬挂系统，几乎没有振动，脚下的感觉无比丝滑。迎面是大山，起

起伏伏仿佛在水中冲浪,一脚刹车眼前白茫茫一片……我感觉所有的光芒都向我涌来,所有的物体都失去了重量,那种飞一般的爽感令人上瘾。

滑了一整天,直到缆车关闭了还意犹未尽。最后通过一条蓝道滑回酒店,直接把雪板交给服务员保管,和带着两个孩子的凡会合之后,我们回到房间休息。

晚上,我照例打开计算机查收邮件。一封H基金发来的违约通知,让我感觉血压迅速向上飙升——H基金要求T公司立即偿还上亿元贷款的本金和未来所有利息,并附带违约金,总金额超过十亿元人民币!

"违约?违的什么约!"我忍不住在心里怒吼。我们一直在按协议约定支付本金和利息。

我立即联系了公司的律师事务所,请他们马上分析一下状况,并确定于2019年新年来临前召开董事会会议。

一个与H基金进行沟通的三人小组火速成立,我是成员之一。

我们坚决不认同有任何违约行为。就算有违约,也应该由法院来判决,而不是由H基金单方面来认定。对方的意图很明显,就是想低价收购T公司。违约只是借口,是用来钳制我们的筹码。

事关公司存亡,大战一触即发。而我最后一次的珠峰之行,也进入倒计时阶段。

# 第八章 蓄势待发

## 第一节 想去而不能去的双桥沟

在2019年的新年到来之前,我匆匆结束了鹿谷滑雪之旅。此时,我未来的珠峰队友们正在双桥沟的天然冰壁前,精进各自的攀冰技术。

位于四川省阿坝州的四姑娘山双桥沟共有上百条冰壁,其中适合初级体验者攀爬的、难度不大的冰壁有30余条,其余的都是中高难度的冰壁。每年冰季都有来自国内外的很多攀冰爱好者前来学习、培训和体验。

每年带领要攀登珠峰的队员提前来到双桥沟进行技术训练,已经成为西藏圣山公司的一个传统。不只是北坡攀登,很多开展珠峰南坡攀登业务的中国登山户外公司也会把双桥沟作为训练队员技能的基地。

我之前去过双桥沟,微信群里珠峰队友们不时发来的现场图片、视频和语音,又把我带到那个冰天雪地的世界。

挥镐入冰、踢冰，平行镐平行脚、高低镐平行脚。

这些技术动作重新浮现在我的脑海中，冰花飞溅在脸上的沁凉感觉也非常真实地重现。只是，现在我必须尽快处理H基金所谓的违约之事。

H基金同意再次会面。我希望借助这次机会摸清他们的真正意图和诉求，同时阐明我们的观点并提出解决方案。

H基金提出一项要求——会面时双方公司的法律顾问必须在场。可是，这次会面的时间通知得非常急，T公司外部法律顾问的主要合伙人来不及飞过来。

我认为这次只是双方CEO彼此互相探底的一次小规模非正式会面，还不到拿出王牌的时候。我决定带着T公司内部法律顾问瓦特参加会议。

在和H基金会面的当天上午，我到医院做了一次半年前就预约好的身体检查。

当医生告诉我这个检查需要做全身麻醉时，我非常惊讶和抗拒，说道："之前没有人通知我呀，必须要全麻吗？"

医生耐心地向我解释了全麻的必要性，并且和蔼地安抚我说："不用担心，这很安全，全麻之后，整个检查过程都会没有知觉，也没有痛苦。"

她以为我是担心全身麻醉的安全性。殊不知，我只是担心自己无法在下午这场重要的商业会议上保持足够的清醒。

"现在感觉如何？"检查结束，麻药的效果消失之后，我听到的第一句话就是医生的询问。

"头有点疼，有一些头晕、恶心。"我如实回答道。

"不用紧张，这是麻醉后正常的副作用，一般休息几个小时后就能恢复正常。"

面对医生的叮嘱，我表面淡定地表示知道了，内心一直在苦笑："我哪里有时间休息，早知道这个检查需要全身麻醉，我就重新安排与H基金会面的时间了。"

事已至此，也没有别的办法了，我只能昏昏沉沉硬着头皮去了。

会面地点在H基金的财务顾问办公室。"H基金能请到世界顶级的公司作为财务顾问，想必是花了大价钱的，看来他们对于这次收购T公司是志在必得。我必须打起十二分的精神去应对！"我努力让自己保持清醒。

推开门的一瞬间，我不禁吃了一惊。眼前的会议桌前，对方总共十多个人围坐一侧；另一侧，只有我和瓦特即将落座，势单力薄。

在座的除了H基金CEO和他的几个同事，以及财务顾问公司的两名财务顾问，还有来自两家鼎鼎大名的国际律师事务所的六名律师。我没有想到对方会摆出这么大的阵仗，但我不能表现出一丝紧张。

"T公司将在两周内破产，你知道吗？"我和瓦特刚刚坐下，H基金的CEO就咄咄逼人冒出这么一句话。他的表情、语气满带挑衅和威胁。

我将目光转向他，并不接招，漫不经心地回了一句："哦，是吗？"

就这样，会面在双方各方面都极不对等的情况下开始，H基金全程展现出压倒性的优势。

形势紧迫，会面一结束，我马上订了第二天的机票回香港。第一时间赶到公司的律师事务所，和法律顾问一起商定给H基金的回信内容。

"杰，这里需要你签个字。"1月11日，在发出这封信之前，我对杰说道。

杰作为T公司高管，负责财务和法律等事务。2015年，正是通过他牵线搭桥，T公司与H基金签订了项目融资协议，并由他负责执行。

"这个字不能签。"让我意外的是，杰居然拒绝签字！

我在2017年6月开始担任T公司CEO，而公司早在2015年9月就已完成从H基金的融资，因此我并没有参与融资过程，但杰是全程参与的。现在，这个最清楚整个事件来龙去脉的人，拒绝在信上签字！

"为什么？"我想了解杰拒绝的理由。

他给出的理由并不合理，但是来来回回反复好几次，杰依然拒不签字。最后，我不得不以董事会主席的身份亲自签署这封回信。

"这家伙究竟是T公司的人还是H基金的人？怎么胳膊肘往外拐？"我一边签字一边嘀咕，内心隐隐有些不安。

发出这封信几天后，H基金的律师事务所向T公司发来一封措辞强硬的信函。信中要求T公司接受收购提议，并在1月21日之前给出答复。

只有不到一周的时间了。

兵临城下，我们需要强有力的反击。1月17日，H基金继续施压，他们的法律顾问发来另一封信函，再次强调T公司实际上已构成违约。

4天后，我们就必须给H基金回复。

在找到新的法律顾问之前，我们只能靠自己了。1月21日，我代表T公司致函回复了H

基金。

第二天一上班，我就收到了H基金写给我个人的函件，由担任H基金收购业务法律顾问的一家知名律师事务所起草。

当务之急，是找到一家顶级的律师事务所。他们必须强势、专业、经验丰富，有能力积极对抗H基金。

还有一件事，同等重要，我还得做些内部肃清工作。

修改银行签名，更换公司的主管职位，杰将不再担任所有区域公司的董事，他的银行签名也要替换。

给公司员工发出一个备忘录，提到杰将在短暂的过渡期后离开公司另寻他处。

任命丽萨在杰离职后担任代理首席财务官。

杰的事情不需要耗费太多精力，更难解决的是H基金。整个事件的走向远比预想的糟糕。1月24日，H基金给我们发送了5个通知，是一系列法律文件，这些文件允许H基金实质上控制我们的一家分公司。

没有任何法庭裁决，我们建造并运营的分公司，就突然以违约为由被夺走了！怎么会发生这种事？一场鏖战在即。唯一的好消息可能就是，我们至少不用担心公司内部会有人泄露我们对付H基金的策略了。

## 第二节　日常训练

这段时间里，虽然每天我都要打起十二分精神反击H基金，但还是会忙里偷闲地坚持锻炼。一方面，是给自己紧绷的情绪一个短暂的出口；另一方面，要为第三次珠峰攀登储备体能。3月底我就要出发前往西藏了，留给我为珠峰准备的时间只剩下两个月了，而现在要花大量的时间应对H基金！

1月26日，T公司股东之一给H基金发了一封电子邮件，邀请其CEO下周在香港与我们会面，讨论眼下双方的分歧，并寻求解决方案。

一番拉锯之后，我们与H基金商定于1月29日举行会议，正好是春节假期的前一周。地点定在H基金聘用的国际律师事务所办公室。其事务所首席法律顾问将出席会议，同时邀请包括T公司大股东在内的其他人加入电话会议。

这一次剑拔弩张的会谈由我来主导。会议伊始，我就直奔主题，指出H基金的延期协议条件太过苛刻，同时，再一次明确我们的态度：坚决不认可违约事项，并且，是否违约应由法庭来裁决，而不是H基金单方面认定。

在进一步对收购方案进行讨论时，H基金方面对公司估值、公平意见等问题视而不见。我们越是表示要谨慎对待所有交易，H基金就越不耐烦，并强势要求我们迅速做出决定。

由于意见不一，我要求休息一下，请H基金的人暂时离开，以便我们对该提案进行内部商议。一番激烈的商议之后，T公司各股东打算同意延期协议和排他性协议，但仍拒绝支付H基金提出的各项费用和赔偿。

H基金反应神速，当天晚上，其律师事务所就代表H基金将排他性协议草案发送过来。这份协议进一步加强了H基金对T公司的控制。

会议结束后，我换好衣服来到酒店健身房，继续坚持日常训练计划。工作再忙，也得为接下来的珠峰攀登保持良好的身体状态。天色已晚，健身房里的人渐渐少了，听着跑步机履带规律性转动的声音，我陷入沉思之中。种种迹象表明，H基金对收购T公司早有预谋，否则不可能在如此短的时间里有目的、有步骤地进行一轮轮攻击。我们必须尽快找到另一家顶级的律师事务所来应战。

在投行工作多年的老友吉米成为我寻求帮助的对象，我迫切希望能得到这位经验丰富的银行家的建议。我约他尽快见面。简要地向他介绍完目前T公司面临的困境后，我急切地问道："吉米，你有没有好的律师事务所可以推荐的？我急需能帮我们打赢官司的人。"

"你找过J事务所吗？这家非常棒。"吉米一边吃着沙拉，一边给出建议，"但他们也很贵。"

"你能引荐一下吗？我尽快去见见他们。"

"当然可以。"

两天后，在吉米的引荐下，我如约来到J事务所的办公室，见到了他们的两位高级合伙人。其中一位名叫吉姆斯，身体健硕、精力充沛、思维敏捷，是一个狂热的户外爱好者和世界旅行

家。他是当地最受尊敬的资本市场律师之一,曾帮助数十家公司成功上市。

以往的登山经历,让我和吉姆斯相谈甚欢,由此衍生出很多共同话题。他对我前两次在南坡攀登珠峰的经历很感兴趣,得知我即将在两个月后出发从北坡攀登珠峰,吉姆斯有些惊讶,也有些敬佩,"要做好思想准备,这很有可能是一场持久战。"

吉姆斯说的情况,也是我担忧的。最担忧的是,时间拖得越长,形势对T公司越不利。我暂时还不担心这场官司会分散我登山的专注力。我之前攀登的每一座雪山,都没办法做到完全的专注,都有无穷的工作需要我处理。

## 第三节 交齐尾款

手机铃声响起,接通之后听到电话那头,一位女士用带有明显西藏口音的普通话说道:"吴总您好,我是西藏圣山公司的财务,通知您一声,春节假期过后,珠峰活动的尾款要打过来了。我们公司的账户信息,鲁达已经发到队员微信群里了。到时候我们也会再打电话通知您的。"

"好的,我还没有顾上看群消息,我知道这件事了。"

挂断电话,我赶忙翻看珠峰攀登微信群的聊天记录,鲁达确实在今天发来了交尾款的通知,我完全没有精力去注意这件事。

"春节假期过后交尾款",我这才想起来明天开始放假,要过年了。但我毫无过年的心情。2月3日,2019年春节除夕的前一天,我仍然在和各地的同事商讨应对H基金步步紧逼的举措。时间紧急,我已经顾不上春节了。

与此同时,H基金又展开了新一轮的攻击。一周之内,他们在四个地方的法院向T公司提起诉讼,并在其中三地提出三份法定追偿书。法定追偿书是一个极其严重的威胁,这是在非自愿基础上,破产清算T公司流程的第一步。如果我们没有迅速处理,公司很可能在两周内被迫进行破产清算。

情况正以雷霆之势恶化。

2月14日,我们向H基金的法律顾问律师事务所发送了律师函,指明这场纠纷中,H基金的主要目的是迫使T公司接受收购要约，我们会一直秉承开放的态度来讨论问题，也会据理力争，奉陪到底。作为上市公司，我们也始终在履行信息披露的义务。我们重点聚焦一个问题：其中一份法定追偿书的截止日期为2019年2月25日，H基金必须紧急申请撤销法定追偿书，否则难以花时间就收购条款清单和延期协议进行对话。

就在我们准备提交辩护文件前的几个小时，我们的律师事务所收到了一封法定追偿书已被撤回的信函。总算有了一个好消息。

还没来得及高兴太久，2月25日，一家鲜为人知的小机构发布了一份报告声称，H基金将接管T公司资产，并在多个司法管辖区要求公司执行担保义务来保证H基金的权益，T公司濒临破产。

股票交易市场收到该信息示警并通知了T公司，公司股票立即下跌了24%，交易量是平时的数倍。H基金通过这种非常规手段给我们极限施压。第二天，T公司又收到监管部门的询问。

面对这一连串的问题，我让公司的法律顾问立刻起草一份回复。随着J事务所的介入，我们采取了一系列强有力的应对。最终，另外两份法定追偿书也撤销了，三个地方的诉讼相继得到解决，在H基金两个多月的猛烈攻击后，我们终于赢得了一场小小的战役。H基金试图牵扯我们的精力，让我们手忙脚乱、顾此失彼，从而控制T公司的阴谋并没有得逞。

我现在可以专注于最后一个地方的诉讼事宜了。我们在提交诉讼应对文件的截止日期当天，向法院提交了一份诉讼文件，反对H基金提出的以简易审判代替控诉的动议。文件总页数超过1000页，其中的关键文件是我的宣誓书。

在司法程序中，法官可以要求对某项具体事实或某一证人提供的证据以宣誓书加以证明，宣誓人在宣誓书上列出自己所了解的事实，公证人要在场见证宣誓人在此类书面陈述上签名。宣誓书是一种经过核实的声明，在司法诉讼时可以作为证据；一旦宣誓人在宣誓书中做出虚假陈述，宣誓人会被检察机关以伪证罪起诉。

因此，我必须确保所有的陈述、理由都真实有效；另外，由于这些是法庭文件，H基金会试图从中找出漏洞，我还得站在H基金的角度，对宣誓书进行反复推敲。

这一天是2019年3月11日，距离我去拉萨报到、开始珠峰攀登征程的时间只剩一个月了。

# 第九章　集结

带领T公司与H基金的激战正酣，接下来的另一场战役，同样困难重重。

从海拔几乎为零的上海启程，终极目标是世界之巅——海拔8848.86米。

毫无疑问，这场战役挑战更大、更危险——截至2024年6月1日，全世界仅有7000多人登顶珠峰，其中包括727名中国人。就我个人而言，两次铩羽而归，注定珠峰攀登非同寻常。

这一次，我依然无法专注攀登，H基金犹如无形的绝壁，横亘在前方。

## 第一节　回到拉萨

**降落日光城**

4月10日，是西藏圣山公司规定的队员集合时间。

上午，我还在公司办公室跟我们的审计事务所开会。下午4点，就已经坐在西藏航空

TV9882航班上，从上海飞往拉萨了。

飞机滑行、升空，缓缓来到8000米之上，缩小的城市融入大地山川。以"上帝视角"俯瞰世界，对于人类来说，或许是永恒的诱惑。

有一瞬间我闪过一个念头："现在的高度已经和珠峰顶的高度差不多了，登上世界之巅，看到的会是什么景象？"

这一次我能不能顺利得到答案？

晚上11点20分，飞机降落在拉萨贡嘎国际机场。刚一开机就接到西藏圣山公司接机人员的电话，他们已在出口等候多时。

我拿到托运的大驮包和登山背包后走向出口，领队鲁达很快就在人群中认出我来，他向我挥着手说"吴总！"另一位工作人员跑上前接过我手中的行李车。

"欢迎来到拉萨！一路辛苦了。"鲁达双手捧着哈达，恭敬地献给我。

"谢谢，谢谢。"我不停地感谢着，一路上的困顿也被这特殊的礼节驱散不少。

春季的拉萨寒意未消，高原的夜晚风仍刺骨。简短的欢迎仪式和藏族人特有的热情、淳朴让我心生暖意。

"感觉怎么样？没有高反吧？"在车上，鲁达关心着我的身体状态。

"还好，我们多久能到酒店？"

"差不多一个小时。您在车上先休息一下。"

车在机场高速上飞驰，夜幕遮掩了窗外的景致，看不真切。

遥想1300多年前，唐朝贞观年间，文成公主在送亲使江夏王李道宗和吐蕃迎亲专使禄东赞的陪同下，离开长安向雪域高原进发，翻雪山、经荒漠，历经3年抵达拉萨，加强了唐朝与吐蕃之间的友好团结。

从3年到几个小时，科技的进步、时空的频繁切换为人类带来了更多的可能性。

在拉萨瑞吉酒店办理好入住手续，拿到房卡时，已经凌晨1点了。

"吴总，那您赶紧休息，明天上午11点我们过来检查装备。"鲁达和我道别。

"好的，你们也辛苦了，明天见。"

第二天一早去往餐厅的路上，我才有心思好好观察一下这家酒店。拉萨的瑞吉和我在其他地方住过的相比，虽说在服务和舒适度上一如既往，但随处可见的藏式装饰又给人完全不同的感觉。吉祥八宝、唐卡、藏式长椅，以及空气中隐隐约约的藏香，营造出一种让人心神安宁的氛围。

从地图上看，这里离拉萨标志性的老城区八廓街很近，步行几分钟就到了。但从今天开始，我们的行程安排得满满的，登山之前，我也没有兴致到外面闲逛。

吃完早餐回到房间，按照打印好的装备清单，从包里拿出所有装备，床上、地下摊了一屋子。11点左右，鲁达带人来酒店检查装备，他们手里也有一份装备清单，按着顺序逐一检查。

"手套您准备了几副？"

"在这里，抓绒手套、防水手套、羽绒手套，都有备份。"

"可以可以。高山靴在哪儿？"

"在地上。"

一名西藏圣山公司的工作人员按照我手指的方向，拿起我的高山靴端详着。

"检查一下内靴。"鲁达对他说道。

小伙子随即拉开外靴的拉链，拽出我的内靴里里外外检查了一遍，向鲁达汇报道："没问题。"

所有的检查都很仔细，毕竟登山无小事，任何一个细节上的失误都有可能毁掉这次攀登。

午饭过后的行程是前往拉萨北郊色拉寺后面的色拉乌孜山进行适应性徒步。

色拉寺与哲蚌寺、甘丹寺合称拉萨三大寺，是藏传佛教格鲁派六大主寺之一。对于游客来说，色拉寺每天一次的辩经是很有吸引力的。辩经是僧人学习佛学知识的一种方式，是一种富有挑战性的辩论。辩论者往往借助于各种手势来增强辩论的力度，他们或击掌催促对方尽快回答问题，或拉动佛珠表示借助佛的力量来战胜对方。即使听不懂，但他们的动作和神态也极具观

赏性。

可惜，这一次我们没有机会现场感受。我们的徒步路线在这座寺庙的后山上。

徒步全程不到4个小时，对于有过8000米山峰攀登经验的我们来说，相当于遛遛腿了。但鲁达还是不断提醒我们——要找好节奏，注意脚下。

行进起来才发现，在海拔3650米的拉萨背着背包爬山，对于刚到高原的每一位队员来说，都是一种挑战，不能掉以轻心。走了小半程，队伍中就能听到费力的喘息声了。

好在，美景抚人心。4月中旬的拉萨，山寺桃花绽放，美不胜收。途中不时有几只野狗远远地跟着我们。

在蜿蜒小路上越爬越高，近处的色拉寺和远处的拉萨市区尽收眼底。拉萨河自东向西流淌，城市沿河谷东西向延伸。坐北朝南的布达拉宫位于城市中心，远看依然庄严肃穆。

色拉乌孜山上，随处可见画在岩石上的白色"天梯"，迎风处经幡猎猎。藏传佛教信徒相信灵魂能够借助"天梯"升上天空；而印在经幡上的经文在风的助力下，一遍遍被"念诵"，信徒们的修行之路每一天都在精进。

行进在这样的环境之中，总会感到，信仰的力量无处不在。尤瓦尔·赫拉利在《人类简史：从动物到上帝》中认为，宗教是"一种人类规范及价值观的系统，建立在超人类的秩序之上"，是人类融合统一的三大力量之一。在攀登珠峰的过程中，我深有感触。

徒步结束后，鲁达通知说明天要给我们介绍珠峰攀登行程，以及进行最重要的签约仪式。地点在西藏拉萨喜马拉雅登山向导学校。

## 签下"生死状"

在全世界只有两所座登山学校，一所是法国霞慕尼国家滑雪登山学校（École Nationale de

Ski et d'Alpinisme，ENSA），另一所就是成立于1999年的西藏登山学校。

鲁达介绍说："在很多重大的登山任务中，都能看到西藏登山学校的学生。过去20多年，这个学校培养的登山人才，从专业登山运动员、高山向导，再到高山厨师、攀岩运动员，甚至外语翻译，总共有372人。"

为这次攀登珠峰提供后勤保障的西藏圣山公司，就依托于这所登山学校。2001年成立的西藏圣山公司，不仅解决了登山学校毕业生的就业问题，而且成为全国最具规模的一家致力于登山运动推广、登山文化传播，提供高海拔攀登、徒步、探险、攀岩培训、攀冰培训等服务的专业化公司。在8000米级雪山攀登，尤其是珠峰攀登领域，西藏圣山公司是国内登山技术最专业、服务最好的公司。

正是查到了西藏圣山公司过往的履历，了解了他们经过多年实践考验的专业实力及藏族人淳朴、踏实的性格，凡才放心我跟着他们来北坡登珠峰。

在每一个环节，尽自己最大的努力将风险降到最低，整个登山过程才有可能更加安全，这是这些年来雪山教给我的经验。

走进学校，迎面就是一堵十几米高的攀岩墙。"大家跟我走，我们去会议室。"鲁达招呼着大家，办公楼的大厅和走廊里陈列着很多珍贵的照片，还有历届学生的介绍。

"10次登顶珠峰。"

"这还有12次登顶的。"

在登山学校随便见到一个人，都不用问他登没登过珠峰，只要问他登顶过几次就好了。

会议室的门敞开着，登山学校校长、西藏圣山公司总经理次仁桑珠满面笑容地和我们每个人握手，欢迎我们的到来。

和鲁达一样，桑珠也是西藏登山学校的第一批学员之一。

待大家落座后，桑珠正式开启了会议，说道："首先非常感谢各位的信任，感谢你们选择跟随圣山攀登珠峰。在大家来到拉萨的第一天，我们的先遣队伍已经出发前往珠峰大本营建营了。"

这次报名参加珠峰攀登活动的有20多人，最终只有12人通过了审核。而我们也是2019珠峰北坡春季攀登队伍中唯一的中国队伍。

桑珠接下来给队员介绍的都是要点，我认真听着，旁边的十八子不停地在本子上记录——

珠峰冲顶的关门时间是9个小时，这意味着从突击营地出发后，9个小时内必须登顶，否则，必须无条件下撤。

冲顶过程中，每人分配两瓶氧气，氧气流量开到"2"，能持续供氧8个小时。

在体能分配方面，要保证30%~40%的体能用于登顶后下撤。

在心态方面,要对山保持敬畏之心,如遇各种原因无法登顶,不要强求。

……

"我们这么多年来一直秉承安全登山、科学登山、环保登山、文明登山的理念,希望大家都能严格遵守所有的规定。最后,预祝大家顺利登顶,平安回来,实现自己的巅峰梦想。"桑珠

最后的结语说完,现场停滞了几秒,掌声才响起来。这几秒,刚好让忙着记录的每个人放下笔或者手机。

接下来的环节相对轻松一些——选队长和书记。

今年珠峰登山队的12名队员中男队员9人,女队员3人,最大年龄57岁,最小的不到30岁。很多人之前都共同攀登过其他山峰,早已熟识。像我和来自浙江的"十八子"李焕尧就是在2018年春季参加西藏圣山公司组织的珠峰北坳徒步活动结缘,后来又一起参加了西藏圣山公司组织的2018年秋季卓奥友登山活动,这次还能一起攀登珠峰,大家都觉得分外亲切。

四川江油人周和平也是我2018年一起攀登卓奥友的队友。他与我年纪相仿,性格豪爽,是一位成功的企业家,中欧登山徒步同学会副会长,他平时喜欢带着儿子徒步和骑行。他们父子俩曾经骑行到珠峰大本营的经历,让我很是佩服。

还有来自湖南的谭百浚,也是2018年一起攀登卓奥友的队友,他登山不求登顶,登卓奥友到了海拔8000米他就下撤了,登顶珠峰是他的唯一目标。

在陌生队友中,一个小个子但却有着健硕上身的队友引起了我的注意,后来才知道他叫吴劲松,大家都叫他吴教授。

次仁扎西,生活在珠峰脚下的藏族小伙子,他给自己起了个有趣的别名——"二手卓玛"。登珠峰,对他来说,不仅仅是完成自己的梦想,也是想做一些对家乡有意义、有帮助的事情。如果这次成功登顶,他将是非专业队里第一个登顶的藏族同胞。

两名女队员,老老和芳芳一起攀登过卓奥友。老老的本名叫赵琴,说起被队友们称作"老老"的原因,爽朗的北京大姐范儿就展现了出来,"咳,登卓奥友的时候就开始被这么叫了,芳芳也在,队友们都夸芳芳长得好看,像聂小倩,我自嘲说那我就是黑山老妖了,就被叫作老老

了，可不是外婆那个姥姥。"

王静是国内知名户外公司探路者的联合创始人，也是登山界的名人。我与她早就相识，2015年纽约在我家里，她有个小型分享会，讲了她的"7+2"经历。这次是她第4次攀登珠峰。

我的卓奥友队友杨董柱，来自广西，平时经常参加马拉松赛，人也很热心。我给老杨印象最深的就是，"登山、工作两不误"。一个细节，他津津乐道，"我一直都记得登卓奥友的时候，你为了工作的事，可以饭都不吃了，走出去两千米的山路找信号打电话、发邮件。"

四川人张楠是队里最小的队员，体能非常好，在成都双流机场做空管员。我们开玩笑说，每架飞进成都的飞机都要听他指挥。

在推举队长和书记人选时，大家报出来的名字基本上都是之前认识的老朋友。场面一时间热闹了起来，选举过程中的这一幕小分歧，反而给了大家更多的互相了解的机会。

最终，通过举手表决，我的两位卓奥友队友成功胜出，大家一致选举周和平担任队长，李焕尧担任书记。

选举结束，迎来最重头的签约仪式。每个人面前放置着一式两份的商业登山合同，详详细细地写下了双方的权责。一条一条认真读下来，意识到自己要开始做一件很有难度并且很危险的大事了。接下来的每一步都要认真对待，没有人能保证必然顺利登顶，也没有人能保证百分百可以平安回来。

在合同上签下自己的名字，按好手印之后，合同放到桑珠面前，从他在每个人的合同上签下名字的那一刻起，这次珠峰攀登活动就算正式开始了。从这以后，直到活动结束，队伍实行"半军事化"管理，一切行动都要听从领队的指挥，未经批准，谁也不能随意离队自由活动。

最后，桑珠为队员们一一献上洁白的哈达。大家在攀岩岩壁前合影后，回酒店整理行李和装备。

下午1点，队伍从拉萨出发，前往羊八井，计划在6000米级的雪山上进行适应性拉练。

我的第三次珠峰攀登大幕正在徐徐拉开。

## 第二节  登顶洛堆峰

**感受羊八井**

在车上有队友向鲁达询问："这里到羊八井有多远？"

"80千米，但要开两个多小时。"还没等鲁达开腔，司机师傅的回答让大家有点意外。

80千米开两个多小时的原因，一是因为区间限速，二是因为正在修建拉萨到那曲的高速公路。

一路上，青藏公路与青藏铁路相伴而行，从开阔的河谷地带渐渐进入峡谷，穿过峡谷则是广袤的藏北草原。虽然我们的车行驶速度很慢，但高速公路建成后，就能看到汽车与火车赛跑的场面，还有西藏的雪山、草原为背景，令人浮想联翩。

"这个地方为什么会叫羊八井呀？这里羊很多吗？有八口井吗？"另一个队友的奇思妙想让鲁达笑了起来。

"羊八井是藏语的音译，就是开阔、广阔的意思。这里最有名的就是地热温泉。"

冈底斯山脉与念青唐古拉山脉在此相接，形成一片开阔的盆地，盆地边缘是众多白雪皑皑的雪山。

汽车驶入草原，远远就看见升腾的水雾，那是我国规模最大、运行最久的地热电站——羊八井地热电站，也是世界上首座利用地热浅层热储进行工业性发电的电站。

我担任CEO的T公司主营业务也是生产电力，看见这些景象很是亲切。

形成地热要具备两个条件：一个是要有特殊的地质构造，使地球内部热量能够向上运行；

再一个是要有地下水。

羊八井地区就具备这两个条件，据地质勘探结果表明，在100万年前，这里曾经出现过一次大规模的强烈地质构造活动，形成了一个大的断裂层，这个断裂层的交汇部位就在羊八井北面的念青唐古拉山。这里岩石破碎形成通道，使得地下的岩浆和热量能够涌向地面。再加上念青唐古拉山有大量积雪，山后又有世界上海拔最高的大湖——纳木错，这些丰富的水源渗入地下，和地下的岩浆结合成为高温热水。地下热水有一定的压力，可以通过断裂地层涌出地球表面，羊八井热田就是这样形成的。

羊八井对于普通游客来说，最吸引人的还是适宜疗养的地热温泉。在这里可以泡着温泉看雪山看星空，绝美的体验。

对我们登山者来说，羊八井高山训练基地海拔4300多米，周围有包括启孜峰、洛堆峰在内的几十座6000米级山峰，以及几座7000米级山峰，交通极为便利，可谓高山探险训练和体验入门级登山的最理想场地。2006年羊八井高山训练基地投入使用，连续10多年在这里举办西藏登山大会，也让这里成为国内普及高山探险知识、传播登山文化的重要基地。

"外面风大，大家把羽绒服穿上，别冻感冒了。"下车前鲁达叮嘱道。车门一开，果然风很大，大家纷纷穿上了羽绒服。

四月还不是羊八井的旅游季，没看到游客来泡温泉、旅游。基地里也没有其他的队伍，显得冷冷清清的。这里会议室、餐厅、客房、室内外游泳池等设施一应俱全。

"大家按刚才分配的房间，两人一间，先把行李放好，休息一下，晚上7点45分在餐厅集合吃晚饭。"鲁达又加了一句，"这里海拔高，大家动作都不要太快，不然容易高反。"

我们住的都是很普通的标间，和瑞吉酒店的大房间自然是不能比的，但总比进山后住帐篷条件好很多。

晚餐时间大家端着餐盘排队打饭，有一种回到大学校园的感觉。有肉有菜有汤，还算丰盛。一路上两个多小时的偶尔交流，并没能让之前互不认识的队员之间增加多少熟悉度，大家依然还是和自己熟悉的队友坐在一起。和我一桌的还是谭百浚、十八子、周和平三名队友。

第二天的高原适应性拉练是从基地徒步到嘎洛寺再返回，全程约6千米，海拔爬升约500米。

"今天的徒步在技术上没有什么难度，主要是检验一下大家的身体在高海拔有没有什么异常。"出发前，鲁达介绍道。

有了色拉乌孜徒步的经验，大家对这次的徒步不敢掉以轻心，毕竟这里的海拔比色拉乌孜高出了700米。

从基地出发，走了两个多小时，我们在中午12点左右到达嘎洛寺。

这是一座藏传佛教尼姑寺院，大殿的外墙是熟悉的藏红色，旁边的僧舍是白色。每一个窗户的形状都是梯形，上窄下宽，窗户四周都被涂上一圈黑框——在藏区民俗中，黑色有辟邪的作用，而梯形是仿牛头的外形，与远古的藏族"牦牛"图腾有关，这在藏式建筑中比较常见。

由于汽车可以直接抵达嘎洛寺，所以攀登启孜峰的队伍一般将这里作为大本营，直接把物资运输至此。也是因为这个原因，西藏圣山公司的向导、协作和寺院的人非常熟悉，他们互相用藏语热情地打着招呼。我们也跟着以微笑和仅会的一句"扎西德勒"回应。

寺院的尼姑们邀请我们入座，随即端出一大盆面饼和油炸面食，以及洗干净的苹果摆在我们面前，笑着伸手示意我们品尝。

不一会儿，热气腾腾的酥油茶也端了上来。我礼貌拒绝了提着暖壶准备往我杯里倒茶的尼姑。旁边的队友看到我的举动，小声跟我交流着："我也喝不惯酥油茶，甜茶还行。"

"是啊，我也只能接受甜茶。"

虽然接受不了酥油茶的味道，但桌上的面饼和油炸面食却是十分的吸引人，我吃了一点还不过瘾，又拿了几块在手里。

随后，在寺院住持的带领下，我们参观了大殿和藏经楼。

在西藏的寺院，总能闻到一种藏香和酥油混合的味道，淡淡的，很好闻。这里没有喧嚣，尼姑们的诵经声也是固定不变的节奏，置身其间，内心会慢慢安静下来。

参观结束，走出寺院大门，看到带我们从拉萨来到羊八井的车停在那里，所有人都很惊讶，"我们是坐车回去吗？""不用自己走回去了？"

鲁达笑着点点头，让大家享受意外的惊喜。

下午的自由活动，很多队友在基地的室内游泳池泡温泉，鲁达认真地叮嘱大家："每次最多泡15分钟就必须上来休息一下，不然容易高反。"

我没有时间去泡温泉，而是利用难得的空闲处理了一堆与登山无关的事情。最重要的是联系T公司的审计事务所处理公司审计的问题，以按期完成20-F表。

这个20-F表是一份重要的上市公司披露文件，通常以年度报告的形式提交。一般来说，每个财政年度提交的20-F表截止日期为次年4月30日，留给我们的时间不多了。

为完成20-F表，我们的审计事务所需要公司的法律顾问提供所有当前和未决诉讼的详细信息。他们需要知道诉讼的性质、迄今为止案件的进展情况、管理层回应或打算回应诉讼的方式（如积极抗辩或寻求庭外和解），以及对不利结果可能性的评估和对潜在损失的数量或范围的估计。

我们需要如实回答这些问题，我们所说的一切都将成为公开文件的一部分，包括H基金在内的所有人都会仔细阅读，一旦发现任何虚假陈述，都会找我们麻烦。

除此之外，我还要在登山过程中准备清华大学五道口金融学院读全球金融GFD应用金融博士的论文答辩。不得已的一心多用，成为我这次珠峰攀登的常态。

## 站上6010米

洛堆峰是我们2019年珠峰攀登的首次高海拔冰雪拉练的目的地。它属于念青唐古拉山脉，西藏登山队经过多次考察后，在2016年的第14届西藏登山大会首次将这里作为登山爱好者初试雪山攀登的山峰，之前的登山大会都是以攀登启孜峰为主。

这座山峰海拔6010米，大本营海拔5600米，不到500米的落差，鲁达安排我们提前到5600米

的大本营住一晚，可以让大家的身体更好地适应高海拔。

一条简易的土路直达洛堆峰大本营。这里建有一个玻璃房，既挡风，又能让阳光照进来。玻璃房是个大统间：一边是桌椅，可以坐在桌边喝茶、欣赏雪山风光；另一边是空地，在地板上铺上垫子就是床。

放下行李略作休整，午饭后，鲁达下达指令："大家穿好高山靴和冰爪就过来集合。"按照计划，我们要在营地旁边的一个斜坡上练习冰雪行走。大家陆续穿好装备，走到雪线之上，在鲁达的带领下列队沿"之"字形向上行走。

从4月10日晚抵达拉萨开始，海拔一直在不断上升，4天后海拔已经是5600米以上了，我的身体显然还没有很好适应这样快的海拔攀升，有点头疼。

雪地行走对于攀登过8000米级山峰的我们来说，确实没有什么技术难度，但大多数人还是和我一样会受到高反的困扰。一个多小时的训练下来，大家都还挺累的。

训练结束，坐在玻璃房里，大家一边补充着水分，一边你一句我一句地交流着被高反折磨的感觉。有人提议，干脆现在睡会儿得了。

"不能睡！"从外面走进玻璃房的鲁达听到这句建议马上制止道，随即又向大家解释着，"现在睡了晚上会睡不着的，晚上休息不好，明天冲顶就很困难。大家坚持坚持，聊聊天就不困了。"

既然不能睡，就各自想法子消磨时间吧。虽然手机没有信号无法联网，我还是拿出计算机整理起博士论文的资料。

我注意到吴教授在看书，悄悄瞥了一眼封面，是一本原版的英文医学书。虽然还没有跟他聊过天，但从这本书推断，他应该是从事医学相关的行业。而我在营地看英文原版书的情景，也被他收入眼帘，让他同样感到诧异。

"扮猪吃老虎"，是吴教授对我的印象，"看上去是文弱读书人的样子，一上山体能非常好，一看就是有常年锻炼的习惯，非常自律。"

而这，恰恰也是他留给我的印象。后来跟他交流之后才知道，他日常就坚持锻炼，每天跑5千米，周末还要跑两次10千米，到健身房练核心力量，在单杠拉引体，他可以拉七八十个。难怪我在刚到羊八井基地的第一顿晚餐，就关注到他健硕的上身。

吴教授还是户外高手，早在2004年他就来西藏参加登山大会了。那一年攀登的是唐浪昂曲峰，他只走到雪线就下来了，没有登顶。不甘心的他在当年11月底去了哈巴雪山，终于体验到成功登顶一座雪山的快感。他每年都会登一座五六千米的雪山，并且在2017年登顶卓奥友峰，还去过南美最高峰阿空加瓜，攀登经历非常丰富。

在其他队友眼里，我们俩都是低调且理性严谨的，从来不和人发生冲突。

晚餐的西红柿鸡蛋面味道着实不错，我胃口大开，吃了两大碗——明天要冲顶，得多积蓄能量。但有些队员吃得不多，估计是因为高反。

由于有时差，西藏天黑得比较晚一些，晚上8点多天还亮着。"哎哟，外面下雪了。"一阵大风后，大家这才注意到玻璃房外面，开始飘雪了。天气恶劣，不能外出活动，百无聊赖中，队长周和平开始在房间里转圈，边走边唱，从《雪花的快乐》《美丽的草原我的家》，到 *You Raise Me Up*、《送别》，一首接一首，唱了快一个小时。

大家的掌声和喝彩声在每一首歌结束后，都会响起。

躺在睡袋里，听着歌声，欣赏着外面纷飞的雪花，我的脑海里想的不是明天冲顶的事，而是T公司、H基金、20-F表、论文……想着想着，不知不觉就睡着了。

早上7点，在鲁达的招呼下，大家陆陆续续起床了。外面的雪不知什么时候停了，云层依然比较厚。这还是我第一次早上起来冲顶，之前的每一座雪山都是半夜出发，在雪况最稳定的时候冲顶。可见，洛堆峰确实是难度不大且安全系数比较高的入门级雪山。

整座山由两段漫长的雪坡组成。从大本营出发一路缓坡，前面一段都不需要路绳。除了有一点高反，基本上没有技术难度。大约一个多小时后，我们就到达第一个坡度约40度的雪坡前，这里已经架设好了路绳，需要挂上保护锁向上攀登。

我跟在队伍中间，不紧不慢匀速前进，中间经过一些很小的冰裂缝和台阶。出发3个多小时后，我们就全员登顶了。

在海拔6010米的洛堆峰顶峰，云层散开，阳光普照，四周雪山环绕，极目远眺，风景独好。"大家先集中一下，我们一起拍个合影。"鲁达张罗着大家合完影，就开始下撤。

下午返回羊八井高山训练基地后，队友们大多又去室内游泳池泡温泉了，舒缓攀登的疲累。

而我不得不保持周一格外忙碌的工作节奏。下午四点半回到基地来不及休息，马上就在五点召开了T公司管理例会。平时例会一般是周一早上开，但我知道白天要冲顶，所以提前通知大家改到下午。五点半，和同事讨论应对H基金的方案。晚上九点半，继续开另一个电话会议。忙完工作上的事，我得赶紧休息，明天队伍还要继续拉练，攀登另一座雪山。

## 第三节 转战启孜峰

**连续作战**

海拔6206米的启孜峰，是我们要连续攀登的第二座山。队伍今天的安排是到达海拔5200米的前进营地。

早上起床后，我自己测了一下血氧。"73"和"74"，血氧仪上显示出这两个数字，前者代表血氧饱和度73%，后者代表心率74次/分。正常的血氧饱和度在95%~100%，血氧饱和度小于80%属于严重缺氧，但我自我感觉还可以。

毕竟我从近乎零海拔的上海到西藏不到一周时间，而且昨天刚刚登顶海拔6010米的洛堆峰，有高原反应、血氧含量低应该属于正常情况。"但73%是不是太低了？"我心里有点忐忑。

对于在到达拉萨后一周内连续攀登两座海拔6000米级雪山的安排，坦白说，我并不理解。在此之前，攀登任何一座6000米高度的雪山都需要花费相当长的时间进行高海拔适应。尽管我对这一安排存有疑虑，然而，作为一名队员，我必须遵循领队的安排。领队鲁达经验丰富，行事果断，曾10次登顶珠峰，深得队员信任。

吃过早餐，他安排我们收拾着各自的行装，等待登山学校的学员们从拉萨过来，将物资运输到前进营地。

"相对于珠峰地区的牦牛来说，羊八井地区的牦牛比较懒，不愿意搞运输。"鲁达不乏幽默地解释着等待的原因，"而且到启孜峰前进营地的路上碎石多，牦牛容易夹住脚，所以没法用牦牛运送物资。"

正在等待之际，载着学员们的车驶进了基地大门。

"我们先走。"鲁达示意我们列队出发。

"不是要等他们先把物资运到前进营地吗？我们先到的话，营地里都没东西怎么办？"有人问。

"放心，他们一会儿就能追上来。"鲁达笑了笑。

我们坐车先到嘎洛寺，然后开始徒步。刚从嘎洛寺

出发就是一段100多米长、50度左右的大陡坡，在海拔接近5000米的地方爬这样的坡，还是颇感吃力。好在距离不长，爬上大陡坡，太阳从云层里出来了，登山学校的学员们也陆续跟了上来。他们每个人负重至少四五十斤，但看起来似乎并不累，听不到喘息，脚步稳健、踏实，很快就超过我们了。

"大家停一下，原地休息。"鲁达随后把我们叫停在一段横切路段前。

我们需要通过这段很长的横切路段到达山沟里面。由于昨晚下了很大的雪，积雪让这段路变得很滑。原计划到达前进营地之前是不需要冰爪的，所以我们的冰爪都没在随身包里。而没有冰爪在雪地上横切很容易发生滑坠。

鲁达马上安排向导们临时铺设路绳。向导的背包就像个万能口袋，常年积累的经验让他们总能在需要的时候，从背包里拿出合适的物资。

检查好向导们铺设的路绳后，鲁达走到我们中间说道："大家跟在向导后面一个一个通过，每一步都要踩稳，慢慢来，不要着急，安全第一。大家都仔细看前面的人是怎么走的。"

一名向导被鲁达派出来打头阵，我站在路绳起点，观察着他每一步落在哪里。待他安全通过后，我抓着路绳，小心翼翼地挪动着，终于横切到沟底，转身看到鲁达示意下一个队友出发。有

好几名队友在通过时滑得东倒西歪，不敢想象没有路绳的话，会是什么情景。

等大家全部安全通过横切路段，也差不多到了午餐时间。

"大家辛苦了，给大家加点餐。"鲁达神秘笑着，背着大家拉开自己的背包拉链，转过身，他的双手赫然捧着一个大西瓜！

"在这么高的海拔还能吃到西瓜，这也太幸福了吧！"

"鲁达，你可真行啊，一路背个大西瓜上来。"

鲁达端着西瓜走在每个人面前，大家一边大呼小叫，一边伸手掰下一瓣，吃得酣畅淋漓。所有的疲累饥渴，甚至刚才过横切的恐慌，都被这难得的西瓜一扫而光。

当我们抵达前进营地时，先行到达的学员们已经为我们搭好了帐篷。他们是专程来帮我们搭建营地、运送物资的，明天不随我们一起登顶。所以，他们现在要返回基地。面对我们接连的感谢，他们的回应也很统一，都是挠挠头腼腆一笑。

前进营地位于雪线附近，可以远远看见启孜峰顶，浑圆的山体在云层中若隐若现。起风了，雪又落下来。

晚餐一人吃过一碗卤肉面后，大家就在帐篷里休息，等待早晨的冲顶时刻。

**冲顶险象**

第二天早上5点，鲁达和向导们的叫早声将我们从并不太稳的睡眠中唤醒。早餐是甜茶、稀饭、馒头和榨菜。我平时早餐只吃牛奶、鸡蛋、绿叶蔬菜、燕麦粥或小米粥，一般不吃白米、白面。但在山上也顾不了太多了，要尽可能多吃一些，保证足够的体能。冲顶路线海拔爬升近1000米，这对体力是巨大的考验。

收拾停当，早上6点，队伍准时出发。天还没亮，我们戴着头灯列队前进。星星点点的头灯光亮，像是黑暗中的希望。走了10多分钟，突然听到鲁达在前面严肃地询问："怎么回事？"

"头灯没电了。"是周和平，他可能大意了，头灯没电，也没有备用头灯，只能借助前后队友的光继续行进，

"回去之后必须再买一个头灯备用，等到登珠峰的时候，这种情况绝对不允许发生。"鲁达的这些话，让我也警醒起来，心里想"回拉萨后赶紧再买一个头灯！"

走了一个多小时的岩石路段，来到一个大冰壁下。从这里开始就是冰雪路段，这里也成为我们的换鞋处。大家穿上冰爪，在路绳的保护下进行攀爬。

这几十米高的冰壁耗费了我们不少体能，好在上来之后就是长长的缓坡。而此时，天已蒙蒙亮，关闭头灯，继续向前，修路队员远远的身影就是我们前行的方向。

作为入门级的技术型山峰，海拔6206米的启孜峰北坡山体平均坡度在50度左右，山体由碎

石和冰雪组成。南坡比较平缓，易于攀登，我们这次攀登的就是南坡线路。

"最危险的一段路在海拔5900米以上，从这里直到顶峰都是冰雪覆盖的狭长山脊，非常容易发生滑坠。"进山前鲁达讲解攀登路线时特别强调的危险路段，此刻就在我眼前。

两侧的雪坡陡峭得超过60度，暴露感非常强。站在山脊之上，随时都有一种会滑落下去的恐慌。试探着往下看一眼，深深的沟谷令人发颤，赶忙转移视线。幸亏有路绳保护，而且爬升不大，我夹在队伍中间，按着节奏一步一步往上走。

突然，前面的队伍停了下来。

不远处，周和平拿着照相机在拍照，我抬起头来，只见一个黑影滚落下来。

"老周，照相机包！"我大声喊道，后面的队友都下意识地喊着。

在听到喊声的那一瞬间，周和平自己也注意到滑落的照相机包，却什么也做不了，只能眼睁睁看着它沿着雪坡越滚越远，消失在视线之中。

山脊的尽头就是顶峰，我们陆续在上午11点30分左右成功登顶。

"如果天气好，能看见纳木错。"鲁达向正在拍照的我说道。

"是吗？"我顺着鲁达手指的方向望去，很遗憾，今天天气不好，没能看到纳木错，只见雪山在云雾中若隐若现。

但纳木错的画面已从记忆中浮现出来——2005年，我第一次来西藏，和凡一起到过纳木错，还在湖边骑着白色的牦牛拍了照片。纳木错实在太美了，在阳光下，湖水呈现出深浅不一的蓝，湖面辽阔，远处是雪山，置身其间，令人心旷神怡。

## 工作、登山两不误

在顶峰待了几分钟，我们就开始下撤了。

我一路上紧赶慢赶，就想赶上下午5点的电话会议，要和T公司的审计事务所商议20-F表相关事宜。

总算在5点之前返回羊八井高山训练基地，我第一时间赶回房间，放下背包立刻打开计算机，没有耽误电话会议。

审计事务所要求公司就H基金索赔提供管理层意见，我作为T公司董事长，要代表公司做一个声明。大意是：根据对方提起的寻求简易判决的法律诉讼现状，以及双方之间正在进行的谈判，我们认为与H基金的纠纷将持续很长时间，不可能在2019年内解决。

这是一场漫长而艰苦的持久战。

晚上9点半，另一场电话会议持续了将近3个小时才结束。回想这一天，从凌晨5点起床，登了一座海拔6206米的雪山，下山后又一直忙工作到凌晨。这样的强度，无论是对脑力还是体力,都是极大的挑战,好在,我都挺过来了。

至此,羊八井的拉练结束,我们在第二天返回拉萨。

"拉萨哪个位置的户外店比较集中?我要去买个备用头灯。"想到就做,回到酒店我立刻向鲁达咨询。

"你去布达拉宫旁边的北京东路上,有好几家户外店,常见的品牌基本都有。"他建议我直接打车过去,司机师傅都知道。

我把几家店逛了个遍,一路问过去,都只有普通的户外头灯,没有高海拔登山专用头灯。在高海拔攀登过程中,对头灯的防水、亮度和续航性能都有特殊要求,普通头灯难以胜任。但整个下午我跑了好几个地方也没有买到,最终只能买了一个普通头灯,作为备份,聊胜于无。

回到酒店后,我们再次整理装备。明天就要离开拉萨,前往珠峰北坡大本营。珠峰、H基金、诉讼、年报等各种挑战不断在我的脑海中交替浮现。

## 第四节 挺进大本营

### 奔赴"前线"

如果将攀登珠峰看作是一场战役,那么,拉萨就是大后方,前线就是珠峰大本营。在开赴前线之前,西藏圣山公司在西藏拉萨喜马拉雅登山向导学校为我们举行了出征仪式。

"黄沙百战穿金甲,不破楼兰终不还。"唐代王昌龄《从军行》中这两句豪情万丈的诗句涌入我的脑海。与其他队友不一样,这已是我第三次攀登珠峰。一鼓作气,再而衰,三而竭,从各方面的情况来看,这或许是我登顶珠峰的最后一次机会。

西藏拉萨喜马拉雅登山向导学校攀岩墙前的草坪上热闹非凡,聚集了参加珠峰攀登活动的队员、工作人员、嘉宾,以及登山学校的学生、工作人员的家属和媒体记者。几位登山界的重要人物也亮相了,包括西藏登山队的队长巴桑次仁、副队长扎西次仁和阿旺扎西,以及完成过14座海拔8000米以上高峰探险的洛则。他们每个人都拥有令人瞩目的丰富经历。巴桑次仁2次登顶珠峰;扎西次仁14次登顶珠峰;阿旺扎西是2008年北京奥运火炬珠峰传递火炬手,4次登顶珠峰;洛则2007年7月完成了登顶世界14座海拔8000米以上高峰的壮举,且4次登顶珠峰。

在众人的瞩目与祝福下,我们的中巴车缓缓驶出登山学校。离开拉萨,一路沿着拉萨河驶向雅鲁藏布江,向当天的目的地日喀则行进。

日喀则是西藏第二大城市,藏语意为"土质最好的庄园"。这里位于藏南谷地上段的雅鲁藏布江和年楚河流域,属河谷平原,坡度平缓、土层深厚、气候宜人、水源充足,西藏一多半的青

稞都产自这里，被誉为"西藏的粮仓"。

一路上，公路两边土地里的青稞虽然还只是浅浅的青苗，但成片的绿色一直延伸到天边，令人赏心悦目。

上海作为日喀则市的对口支援省市之一，从1994年起就与这里建立了密切的联系。在这里见到"上海广场""上海路"这样的地名，亲切感油然而生。看着广场上跳舞的人，恍惚间有种回到上海某个小区的感觉。

在日喀则的酒店吃过晚餐，我回到房间开了两个电话会议，一个是在9点，另一个是在10点。T公司的一个项目出了点问题，我们需要找出解决方案。能够专注登山，当然是最理想的状态，而我只能在工作和登山之间寻求平衡。

日喀则市区的海拔约3900米，比拉萨略高，但因为我们来之前已经登顶两座海拔6000米以上的山峰，所以我并没有高原反应，休息得很好。

第二天安排的参观扎什伦布寺，是西藏圣山公司攀登喜马拉雅不同山峰的"保留节目"。这已经是我第二次参观了，第一次是在2018年攀登卓奥友的时候。

历史上，拉萨、山南所在地区称为前藏，日喀则所在地区称为后藏。前藏由以达赖喇嘛为首的噶厦地方政府管理，后藏由以班禅·额尔德尼为首的朗玛岗地方政府管理。扎什伦布寺则是历代班禅的驻锡地。作为藏传佛教格鲁派的政令中心，扎什伦布寺的建筑融合了藏区传统建筑和佛教建筑的特点。

让我印象最深的是近30米高的强巴佛殿，整个大殿庄严肃穆，分为5层，从大殿到顶层有105级木梯。殿内供奉着高26.2米的强巴佛，是世界最大的鎏金铜佛。强巴佛是藏传佛教三世佛中的未来佛，也是我们在内地所称的弥勒佛。

每一次看到这尊佛像，都会被其娴静、慈祥的气韵而打动，静静凝视，所有的烦恼似乎全都云消雾散。

这一次，在他面前我再度双手合十，默默许下心愿。

**祈福协格尔**

祈福的"保留节目"不仅保留在扎什伦布寺，也保留在下一站的协格尔曲德寺。这座始建于1385年的古老寺庙位于定日县协格尔镇宗山上。

在西藏政治史中，"宗"是延续了千百年的政治结构中的重要一级，其规格大致相当于今天的县政府。在西藏的许多地方，都残存着宗山建筑，即旧西藏宗政府所在地。

协格尔镇的宗山建筑沿着四五十度的山脊向上修建，外形与欧洲中世纪的古堡颇有几分相像，巍峨高耸，气势逼人，与山下袅袅炊烟中朴素的民居和远处的现代建筑形成鲜明对比。

昨夜的雪不小，山上一层洁白，让有些残破的宗山建筑遗址多了一些韵味。

我们一路转着转经筒，走上半山腰，曲德寺的大门隐匿在曲曲折折的民居小巷尽头。

"在这里祈福特别灵验，大家可以好好拜拜。"鲁达找到寺院负责人，一番沟通后，通常不对外开放的主殿为我们敞开大门。

对于我们这些平时不太接触佛教的队员来说，此刻的虔诚祈愿更多的是一种心灵的寄托。毕竟，我们即将面临的挑战存在很大的风险，每个人都希望能够平安登顶并安全返回，这是我们共同的心愿。

来到协格尔曲德寺的前一天，我们住在定日县协格尔镇白坝村的定日珠峰宾馆。

这家外观看上去并不起眼的宾馆，从1989年正式投入运营起，就成为登山者聚集之地，后来慢慢发展成为一家涉外三星级酒店，绝大多数来攀登珠峰的国内外登山者都住过这里。

每年西藏圣山公司的珠峰攀登队伍都是北坡规模最大的一支，他们这些年来也成为定日珠峰宾馆的大客户。加之公司里大多数向导的老家都在定日，他们每次来到这里就像回家一样，与宾馆里的每一个工作人员都非常熟悉。

虽说无法与其他地方的三星级酒店相提并论，但在海拔4000多米的地方，这里的条件已经相当不错了。有100多间客房，每个房间都可以洗热水澡。

不过，鲁达对我们千叮咛万嘱咐，不要洗澡，在海拔这么高的地方很容易着凉。

白坝的天气有些任性，雪说下就下，毫无征兆。晚饭后，雪又突然停了，我与周和平、十八子相约外出散步，边走边聊各自为这次攀登珠峰做的体能训练。

"我每天跑步、骑车、游泳、去健身房锻炼。去年卓奥友走崩了，感觉那时候体能还是不足，今年不能再出现同样的问题了。"十八子说。

"我也是。在卓奥友是真正感受到了8000米级的山确实不一样，必须要好好准备。"我和十八子在卓奥友拉练的时候，一直都是走在队伍的最前面，但在最后冲顶的那一天，却落在了队伍的中间。卓奥友给我们上了一课，也成为我们为攀登珠峰做体能准备时的最大动力。

"老周，你呢？"我问道。

"我差不多提前半年就开始体能训练了，主要还是骑车。"周和平从2008年开始攀登雪山，也有着丰富的经历。

我们绕着白坝村走了一大圈，村子虽小，基础设施建设却是热火朝天。我们走过一座正在修建的桥，居然可以通四车道。

快回到宾馆时，天气突变，刮起大风，很快又下起雪来。

"快跑啊！"十八子边喊边跑起来。

我们跟在后面一阵小跑躲进宾馆大堂。三个人喘着粗气，看看彼此身上的雪粒，一边互相拍掉身上的雪，一边想着明天去大本营的天气。

**"拐"到珠峰脚下**

从协格尔出发，就是最后一站——100千米外的珠峰大本营。

很快，车就驶上盘山公路，"这就是著名的'珠峰108拐'。"鲁达告诉大家。

"真的要拐108个弯吗？"有人问。

"你可以数一数，小心别把自己数晕了。"鲁达随口回答了一句，大家会心地笑起来。

翻过海拔5210米的山头，就抵达加吾拉山口观景台。司机把车停在路边，鲁达招呼大家："大家穿上羽绒服，下车来看看，这里能看到6座8000米级的雪山。"

"那个是珠峰吧？"队友们把鲁达围在中间。

"对，中间那座山形最好看的就是珠峰，看看你们还能认出哪些山？"

"我知道那座是卓奥友。"我抢先回答道，毕竟是自己登过的山，印象很深刻。

"对。其他的呢？"

"最边上那个是希夏邦马。"

"这个是洛子峰。"

队友们一起拼凑着眼前的喜马拉雅山脉群像，凑来凑去还是差一座。

"我怎么听说这里只能看到5座8000米雪山呀？"有队友提出了质疑。

鲁达最后揭晓谜底："好多人以为这里只能看到珠峰、洛子峰、马卡鲁峰、卓奥友峰和希夏邦马峰。其实，我们还能看见干城章嘉，世界第三高峰，就是太远了，不太好认。"

鲁达手掌朝上指向一个区域，我们依然不得要领。他拿出手机拍下一张照片，放大再放大，指着照片上模糊的一个山尖尖。大家将视线从照片移向现实中的山峰，还是分辨不出来，确实离得太远了。

这里到珠峰的直线距离只有60千米，但下山依然要一道弯接着一道弯，拐个不停。

坐在旁边的周和平很兴奋，大声向大家介绍起他2011年和儿子骑行到珠峰大本营的情景，"我们那年来的时候路况很差，全是土路，一辆辆大车开过去，一路都是尘土飞扬，景色没怎么看到，吃土可是吃够了……"话音未落，车里响起一阵同情的笑声。

这条曾让周和平父子俩满身满嘴都是土的路已经于2015年升级成了柏油路，但坐在车里还是能感受到"珠峰108拐"的威力，身体被摇来晃去，很容易就给晃晕了。

从盘山公路下来，过了游客大本营之后，珠峰的身影就一直呈现在我们眼前，今天的天气很好。

"看，那就是我们的营地了。"所有人顺着鲁达手指的方向，远远地看到一片黄色的帐篷。在我们出发的前几天，西藏圣山公司由64名向导、协作及后勤工作人员组成的先遣队已完成了大本营营地搭建及相关准备工作。

离开上海之后的第12天，我终于来到珠峰脚下，近距离仰望她。在接下来的一个多月里，我将在她的庇护下，一点点接近她，向着世界之巅攀登。

# 第十章　箭在弦上

## 第一节　热闹首日

**奢华大本营**

"欢迎大家来到珠峰大本营。" 先于我们到达的桑珠亲自在营地迎接。每一位队员走下车来，都收到一条洁白的哈达。和欢迎队伍里的每一名工作人员握过手之后，我听到鲁达的招呼："大家到这里找一下自己的驮包，我们的向导会帮忙抬到你们各自的帐篷。"

"吴总，您的帐篷在这里。"来到写着我名字的帐篷前，两位年轻的向导把我的两个大驮包放到里面，"驮包我们给您放好了，您赶紧加衣服，晚上这里很冷。"

每位队员都分配了一顶可容纳三人的帐篷，空间很大，并且内部还设有电源供应。我简单整理了行李后，穿上羽绒服，来到活动帐篷，等待桑珠召开会议。

海拔5200米的珠峰北坡大本营位于一片开阔的河滩上，汽车可以直接开进大本营，物资运输很方便。从硬件设施上看，与珠峰南坡大本营相比，北坡要高出一个档次。

与北坡不同，珠峰南坡大本营位于昆布冰川末端，延绵两千米。由于可供扎营的平地不多，每到3月至5月的登山季，那里基本上人满为患。再加之所有的物资都要靠牦牛和人工运送到大本营，像北坡大本营这样硕大的个人帐篷和可同时容纳二三十人的活动帐篷，在南坡是非常少见的。南坡的冰川也不稳定。英国利兹大学研究人员2018年的一项研究表明，靠近南坡大本营的冰川区域正在以每年1米的速度变薄。在冰川的稳定性受到破坏的同时，也带来了更多的安全隐患。

西藏圣山公司的营地有一个很大的帐篷作为队员们的活动帐篷，中间是一排长桌，两边各有一排椅子，可以坐在里面喝茶或者咖啡。

队友们陆续走进活动帐篷。最让大家没想到的是，这里居然放了一台电视机，能收看几十个电视台的节目。这边大家围着电视机交流着，我和另外几个队友在另一边比试了起来。

"二十八——二十九——三十！老吴，厉害呀！"

"不行不行，还是会喘，在平原做30个很轻松的。"连续做了30个俯卧撑后，我拍拍手，喘着气站起身来。

这时，桑珠掀开帐篷门走了进来，说道："真热闹啊，大家状态都还不错嘛。人都到齐了吗？我带大家参观参观我们的营地，接下来的两个月时间，这里就是我们共同的家了。"

大家随着桑珠走到营地中间的空地上，这片铺着绿色塑料草坪的空地，竖立着两根旗杆，国旗和西藏圣山公司的旗帜在风中飘舞。

桑珠指向一侧，说道："这是我们的另一个活动帐篷，里面设有按摩椅供大家放松休息。那些健身器材使用的时候要悠着点，不要练高反了。"大家开始调侃："桑总啊，你们把营地搞得这么舒服，我们都不敢在朋友圈里晒照片了。别人看到这样的环境，哪会相信这是

在登山呀，肯定以为我们是在度假？"

继续大本营参观之"旅"。"这边大家都熟悉了，是我们各位队员和向导们的休息帐篷。这边是餐厅帐，大家平时就在这里吃饭。"营地工作人员拉开帐篷门的拉链，一张摆放在正中间的大圆桌映入眼帘。

"这里是厨房帐，旁边那个是库房帐篷。大家可以进来看看。"大家跟着桑珠走进厨房。

厨房里面非常干净整洁，烤箱、蒸饭器一应齐全，"我们可以煎牛排，还可以烤比萨。"西藏圣山公司的厨师都接受过专业的培训，中餐、西餐都很拿手，最擅长做川菜和粤菜。

"这里是医疗帐篷，大家有什么不舒服的可以来这里叫医生。我们这里准备了很多药品，还有医疗氧气。"桑珠说完，队医阿旺罗布站在旁边，腼腆着冲大家一笑。

从我们拉萨集合的第一天到进入大本营，阿旺罗布都在密切观察着每一个队员的情况。每一天他都要为所有队员测量血氧含量，测血压、心跳，并把数据记录在表格上。后面的行程，他会一直跟随我们到达过渡营地和前进营地。有他在，我们心里更踏实。

阿旺罗布是登山学校的第七批学员。他在入学后，一边接受登山技能培训和体能训练，一边到西藏大学学习了4年医学，并在西藏自治区人民医院等医疗单位实习了3年。7年的学习实践为他在医学专业方面打下了坚实的基础，从2013年第一次跟随登山队伍来到希夏邦马营地，此后每年春秋两个登山季他都在山里做队医。

"这里是我们的洗澡间，用的是太阳能热水器，热水是能保证的，但建议大家尽量不要洗澡，防止感冒，影响后面的攀登行程。晚上可以用热水泡泡脚，我们给每个队员都准备了两个盆子，一个洗脸，一个洗脚。"桑珠带着我们参观完最后一个帐篷。超乎所有人想象的营地后勤保障，让大家忘了这是在海拔5200米的高山上。

临睡前，每个人都享受了一下在珠峰脚下用热水泡脚的舒适待遇。活动帐篷里的人陆陆续续走得差不多了，我把带来的小镜子放到桌上，从洗漱包里拿出牙线，做我每天睡前的必修课——用牙线清洁牙齿。这是我到美国后在牙医的建议下逐渐养成的习惯。平时在城市里很容易的事，到了高海拔，在没有自来水的营地就不那么容易了。

**《攀登者》**

第二天一大早，营地里就分外热闹。原来是电影《攀登者》剧组来珠峰大本营完成最后的拍摄，还要举行一个关机仪式。

大家陆陆续续来到营地中间的空地上，准备集合出发去拉练。这时，桑珠和几个人朝我们走过来，仔细一看，走在他旁边的是演员吴京和张译。

当听到桑珠介绍我们是今年攀登珠峰的队员时，吴京向我们竖起大拇指说："你们真厉害。我只登过四姑娘山三峰，看看我什么时候也能真正登回珠峰。"

"不一定非要登顶，我们也有珠峰北坳的徒步活动，可以先上7028看看。"桑珠适时介绍道。

"那咱们约好了，明年我带着媳妇儿跟着你们到7028去。"吴京和桑珠握手约定。张译也和我们握手表达着敬佩，说道："我们只是扮演攀登者，你们是真正的攀登者。"桑珠张罗着大家一起合影，我也凑热闹和吴京单独合了个影。

1960年5月25日凌晨4时20分，珠峰顶峰首次出现了中国人的身影，这也是人类首次从北坡登顶珠峰。王富洲、屈银华和贡布三人实现了中国人登顶珠峰的梦想。而在登顶之前，一支200多人的登山队为此准备了近两年时间，四次冲顶，过程中，两名队员不幸牺牲，50多人不同程度冻伤。

1975年5月27日下午，中国登山队队员共9人成功再次登顶珠峰，其中包括1名藏族女队员潘多。这一次，中国登山队在珠峰顶上无氧工作、停留70分钟，将刻有"中华人民共和国登山队"的红色觇标牢固地竖立在珠峰顶上，测量出当时珠峰的精确高度为8848.13米。

《攀登者》这部电影就是根据中国登山队在1960年和1975年两次登顶珠峰的真实历史改编的。自2019年1月5日开机以来，历经3个多月的拍摄，最后一个镜头将在珠峰脚下完成。

吴京扮演的是1960年率队首次登顶成功的突击队队长方武洲，人物原型是王富洲。在我们活动帐后面的一片碎石空地上，吴京头戴黑色帽子，身穿红色羽绒登山服，身背17公斤重的装备和绳索，胸前挂着一副红色手套，神情肃穆。站在吴京右边的是饰演队员曲松林的张译，以屈银华为原型。一身深色休闲打扮，身背老旧木匣，木匣上写有"觇标"两字。站在吴京左边的藏族演员拉旺罗布扮演以贡布为原型的藏族登山队员。他穿了一身湖蓝色登山服，并没有太多登山装备。

坐在监视器后面的徐克导演喊出一声"Action！"，正式开拍。

珠峰脚下，沙石滩上，三人站定，对着珠峰的方向仰望，又整齐地向左回转过半个身子，出神地回望了五秒，而后他们便迎着阳光，向着珠峰走去。

"Cut！"最后一个镜头拍完，徐克起身说道，"杀青！"现场响起一片掌声。

西藏圣山公司的周到服务也超乎剧组的预期，吴京特意在关机仪式上对剧组享受到的完善保障表达了感谢，"在这种海拔高度如果没有强大的后勤保障，是没有办法拍摄这么复杂的戏的。我和张译昨天在大本营，得到很好的照顾，我们非常感谢他们。"

营地里，已经登顶过珠峰好几次的高山向导们对剧组所使用的道具装备产生强烈好奇，"当时就穿这样的冰爪啊，这怎么上山？"

"现在让我们穿这样的冰爪去登珠峰，很可能登不了顶。"

当年的登山英雄们能够凭借这些装备登顶珠峰，确实是非常值得敬佩的。

"我觉得每个人心中都会有一座珠穆朗玛峰，我们心中都会有遥不可及的梦想，每个人都渴望踏上人生的巅峰。但是拍完这部电影，我觉得登顶固然很重要，但只要心中有坚定的信念，并且为这种信念努力拼搏，体验过程中的挣扎煎熬，为自己留下一段难忘的经历。人生足矣。"关机仪式上的这段话，感染了我们这些即将攀登珠峰的人，激起了我们内心深处的共鸣。这时候，还没等到关机仪式结束，鲁达就招呼大家出发去拉练了。

**徒步绒布寺**

我们今天的任务是徒步约7千米，参观珠峰附近的上绒布寺和下绒布寺。队伍从大本营出发，沿途都是山上风化滚落的乱石。经过之前两座6000米级山峰的拉练，我们所有人对于高海拔的适应能力得到明显提升，大家表现都很好，徒步一个多小时后抵达上绒布寺。

上绒布寺是一座藏传佛教宁玛派寺庙，海拔5154米，是世界上海拔最高的寺庙。

这座小小的寺庙从外观看并不起眼，就连大门都略显局促。进入寺内，我不经意间回头，发现透过大门正好能看见珠峰。这里正是位置最佳的珠峰观景台，天气好的时候能够清清楚楚地看到珠峰全貌。

阿旺桑结是这里唯一的僧人，不会说汉语，看见我们到来，他用微笑和手势表达着欢迎。先是为我们每个人献上哈达，再端出酥油茶、甜茶，在院子里接待我们。

"大家在这里喝喝茶，休息一下。一会儿我们三个人一组分批进去参观。"鲁达解释说，这里最重要的祈福地是位于主殿地下的莲花生大师修行洞，"里面空间很小，要爬梯子下去，大家要注意安全。"

队友们陆续进去参观，等候期间，阿旺桑结又为我倒上一杯甜茶。我好奇地问鲁达：

"你刚才说这个寺庙里只有他一个人？"

"是的，二十多年了，一直就是他一个人。"

"冬天他也在这里？"我有些震惊。

"对，他一直在这里。在每年的珠峰登山季，他会为每一位登山者祈福，冬天大雪封山的时候，只有他一个人守着珠峰。"

"这怎么能待得住？"我更加震惊。

"修行嘛，这就是僧人的本分。"鲁达平静的回答让我陷入深思。

什么是修行？

像阿旺桑结这样，几十年如一日，与绒布寺为伴，与珠峰为伴，"一僧一寺"，一生一世，是修行。对我而言，一而再，再而三地来攀登珠峰，也是修行。我们都在听从内心的召唤，坚定地去完成自己最想做的一件事情。

我想起那位精通佛学的朋友赵越，香港科技大学的教授。有一年，他前往四川深山中的一个寺庙闭关修行，并组织了一些人随行体验，我受邀参加了那次活动。那是我第一次住在寺庙里，简单饮食，规律作息，内心比任何时候都要宁静。

我并不是佛教徒，但我欣赏佛教的智慧，那是一种了却烦恼、返璞归真的大智慧。如今，在阿旺桑结身上，我又看到了信仰的力量。

"吴总，他们出来了，我们一起进去吧。"鲁达将我从沉思中拽回现实，鲁达指着地上一个不到一米见方的洞口提醒道。我看到他从一个老旧的木梯子走下去。当我的脚踩在梯级上时，发现它并不牢固，小心翼翼地下来之后，转过身看到内外两个相连的洞，都摆放着佛像，也同样空间局促。岩壁上的脚印和手印，据说都是莲花生大师修行时留下的。

莲花生大师是印度佛教史上最伟大的大成就者之一，应藏王赤松德赞邀请，于八世纪入藏弘法，创立了西藏第一座寺院。

2023年，我和凡去不丹徒步，专程去了不丹国内最神圣的佛教寺庙虎穴寺。传说莲花生大师骑虎飞过此地，曾在一处山洞中冥想，就是现在虎穴寺的位置，在帕洛山谷海拔900多米的悬崖峭壁上。莲花生大师在不丹家喻户晓，他被尊称为咕汝仁波，意为"如同珍宝一样的上师"。同样在八世纪，应不丹东部的布姆唐国王邀请，莲花生大师到不丹布姆唐地区降服恶魔，弘扬佛法。

参观完莲花生大师修行洞，阿旺桑结带领我们走进主殿。在主殿内的一幅壁画上，珠峰以另一种形象展现在我们面前：

传说很久以前，喜马拉雅地区还是一片汪洋大海，海浪、沙滩、草地和森林一片祥和。有一天，大海上突然出现五头毒龙，散发毒气，生灵涂炭。危难之际，大海上空由东向西飘来五色祥云，祥云摇身变为五位空行母，她们施展法力，降服了五头毒龙，将其镇压在雪山之下。大海恢复了宁静，海岸、森林重现安定祥和，生活在这里的花鸟百兽等生灵苦苦哀求她们留下来保佑众生。五神女发慈悲心，同意留下，并施展法力，喝令大海退去，喜马拉雅周边变成了森林、良田和牧场。五位空行母化为喜马拉雅的五个主峰，藏族同胞为她们分别命名为：珠穆德日卓桑玛、珠穆丁结沙桑玛、珠穆朗桑玛、珠穆觉本珠玛、珠穆定格日卓桑朗玛。

其中，三姐珠穆朗桑玛长相俊美、身材高大，所以藏族同胞把珠穆朗玛峰称为"第三女神"。在壁画中，代表珠峰的神女骑一头老虎，右手高举一柄黄色九尖金刚杵，左手捧一大长宝瓶，俊秀神武。

我不禁在想，在阿旺桑结的心里，珠峰究竟是世界最高峰，还是珠穆朗桑玛？也许他由于常年在这里修行，对外面的世界和"世界最高峰"没什么直观概念，但传说中的珠穆朗桑玛，在他心里一定是一个美好的、圣洁的存在。

距离上绒布寺两千米就是下绒布寺。下绒布寺位于珠峰游客大本营附近，这里是所有游客可以抵达的地方。接我们回登山大本营的车就停在这里。

回到营地时天气突变，大雪纷飞。我顾不上欣赏雪景，扎进帐篷里打开手机热点，我需要工作一会儿。先是召开公司例会。除了日常事务，年报的完成以及与H基金纠纷的解决战略是讨论的重点。大本营的信号清晰、稳定，与几千里之外的上海办公室毫无延迟。

帐篷外，天空开始放晴，珠峰又露出了美丽真容。

晚餐后又开了另外一个电话会议，到大本营之后的第一天就这样结束了，忙碌、充实。思考带来一种温暖的力量，让登山这个行动与内心达成了某种和谐。

## 第二节 煨桑

**珠峰环保**

一夜的雪。

醒来后走出帐篷就是洁白的世界，从大本营一直铺上珠峰，深色的岩石点缀其间，宛如一幅天地间的水墨画。从今天开始，我们就要在这幅水墨画上以脚步作笔，勾描画卷。

攀登珠峰北坡共有6个营地，从下往上分别是大本营（海拔5200米）、过渡营地（海拔5800米）、前进营地（海拔6500米）、1号营地（又称北坳营地、海拔7028米）、2号营地（海拔7790米）和突击营地（海拔8300米）。

第一次拉练要到达海拔5600米的折返点。从大本营徒步7千米抵达，这段路几乎都是碎石坡。出发不久，就开始翻一个个小土坡，路过两个冰雪融水形成的小湖，接着就是爬不完的大坡挑战。不时有和我们一样在拉练的国外队员擦肩而过，有从上面下来，和我们相向交会的，也有从后面赶超上来的。在珠峰北坡攀登路上，世界各地登山者的通用打招呼语言，除了"Hello"就是"扎西德勒"；在南坡则是"namaste"，这个词来自梵文，字面意思是"向你鞠躬"。

鲁达在前面带队，节奏把控得特别好，始终都是匀速前进，每隔一小时休息一次，大家走得都很轻松。途遇两个冰封的湖面，我们可以沿着湖边的碎石坡爬上去，也可以从湖面上抄近路穿过去。鲁达试探了一下冰面冻得结不结实，确认没问题后提醒道："大家慢点儿走，小心滑。"不穿冰爪走在冰面上，确实不好掌握平衡，偶尔能听到女队员们在冰上滑着走时一个趔趄带来的尖叫。

走了三四千米后，道路向左转弯进入另一条沟，沿着这条沟一直向上就能到达过渡营地。在快抵达今天拉练的折返点时，有一个临时存放垃圾的垃圾站。这里也是我们的休息点。

"北坡的垃圾比南坡少多了！"我去过南坡，不由自主地比较起来。

这让鲁达打开了话匣子，他说："我们在环保方面要求挺严的。修路队员上山修完路后，下山就变成环保队员，攀登路上遇到垃圾随手就捡起来。像这样的垃圾站，光是大本营到前进营地就有8个。"

"这些垃圾站的垃圾都怎么处理呢？"

"我们定时有专人负责回收，带回山下处理。"

鲁达这个名字，像汉族的名字，但他却是个土生土长的藏族人，脸上有高原红，中等身材，敦厚壮实。他出生在珠峰脚下定日县岗嘎镇，小时候，他躺在床上，睁开眼睛就能看见珠峰。大人告诉他，这座山上有美丽的湖，这让他浮想联翩。每天他出门放羊之前，要通过珠峰看天气。如果珠峰周围的云多、移动速度快，说明天气不好、风大，就要把羊赶到背风的山沟里去；如果云很少或者没有云，就说明风小，可以把羊赶到平地去吃草。

上初中的时候，有国外的登山团队在离他家不远的地方扎营，并雇佣当地的牦牛驮运登山装备和物资。那时候，鲁达才知道，这座可望而不可及的山原来是可以登上去的。登山这颗种子从那时起就种在了他的心里。

2002年，鲁达如愿以偿进入西藏登山学校学习。学习期间，他被学校安排到珠峰大本营给国外登山队当协作。鲁达给我们讲起他刚开始与国外登山团队合作时，自己那些缺乏环保意识的举动，依然满脸的不好意思。"我第一次来珠峰大本营时，随手丢的垃圾被旁边的外国人捡起来后，确实挺不好意思的。我在山上看到他们吸完烟都把烟头自己装起来，挺受教育。"

经过将近20年的熏陶培养，西藏圣山公司的向导们早已把环保意识转化成实际行动。看到垃圾，立即弯腰捡起来；抽完烟，立刻把烟头收好。他们的点滴举动也在潜移默化地影响着登山队员。

鲁达问了大家一个有趣的问题："从2018年起，我们公司制定了一个新规定，开始有偿回收海拔7028米以上的垃圾，你们猜猜1公斤垃圾多少钱？"

大家七嘴八舌地猜着。

鲁达公布答案："1公斤15……"

话音未落，有队员就惊讶地问道："1公斤才15块钱啊！会有人愿意捡垃圾吗？"

鲁达笑了笑说："是美元，1公斤15美元。为了激励国外的向导也参与进来，所以用美元结算，我们去年回收的垃圾有几百公斤。"

我后来才知道，2018年4月，西藏喜马拉雅高山环境保护基金会成立，而鲁达是环保基金会的理事长。当时他已9次登顶珠峰，成为珠峰环保的领头人。

休息过后，接下来的路是一个三四十度的陡坡，随着海拔升高，我隐隐感觉有点头痛。好在半小时后就爬上了陡坡，再往前走一点就开始折返。

一路顺畅地在下午5点30分回到大本营，原本晴朗的天气又像昨天一样风云突变，浓雾漫卷而下，呼啸的风夹杂着大雪，不一会儿，地面就铺上白白的积雪。

晚上9点，我给凡打了个电话。后天要出发前往前进营地，后面一周要用卫星电话，不是很方便。

"你在香港怎么样？"我问道。她的工作已经调动到香港，正在熟悉情况。

"都挺好的。你在山上怎么样？"

"今天拉练到5600米，有点头痛，其他都很好。"听着她熟悉的声音，帐篷外寒风呼啸，内心却是暖暖的。

晚上9点半又开了一个电话会议，与H基金的争执仍在继续，20-F表需在4月30日前提交，现在只剩下一周时间了。

直到11点多，我才躺下休息，伴着风声入睡。

## 请求山神同意

第二轮拉练的目的地是海拔6500米的前进营地，在此之前，我们要完成一个最重要的仪式。

上午没有安排，这是活动开始以来第一个没有安排的上午，大家都比平时起得晚一些。一觉睡醒，我起来拉开帐篷，看到地上又是白白的积雪。不远处的喧闹声传进帐篷里。

我走到大本营的空地上，一座用雪堆成的小"珠峰"呈现在我眼前，向导和后勤工作人员都聚集在这里，分工明确，有铲雪的，有堆雪的，有给雪山做造型的。"珠峰雏形"有模有样。

"等一下，我去找根绳子。"一位向导找来绳子，在大家合力堆起的雪山上蜿蜒曲折地标示出攀登路线，"这里拐上去是6500，这里是7028，8300在这里。"

鲁达拿来一面西藏圣山公司的小旗帜，插在小"珠峰"的顶峰，"成功登顶！"一句话引来大家的欢呼。接下来，就是在小"珠峰"前拍照，大家纷纷拿出自己带来的各种旗帜，在大小珠峰下轮番展示。

"大家准备一下，拿上自己的装备到这个坡上集合，我们11点半准时开始煨桑。"听到鲁达的通知，我们这才注意到营地旁边的小山坡上，煨桑台已经搭好了，周围摆满了用糌粑和酥油做的各种贡品、干果和点心。西藏圣山公司还专门从下绒布寺请来了三位僧人。

煨桑仪式是喜马拉雅山区举行登山活动的一个非常重要的祈福环节。在珠峰南坡登山的时

候,也有类似的仪式,只是仪轨略有不同。

我们从帐篷里拿上自己的一件装备,聚集在煨桑台前,希望通过僧人祈福,保佑这次登山平安。向导接过我们每个人手中的装备,庄重地摆放在煨桑台正面的唐卡之下。队友们带来了自己的高山靴、冰爪、冰镐、登山杖等各种装备。我摆放的是自己的安全带,这也是登山最重要的装备之一。

在藏传佛教中,煨桑用的"桑"并不单指某一种植物,而是包括了很多种植物,如高山小叶、杜鹃花枝、柏树枝、爬地柏、白蒿、石南草等,有条件的还会加进一些檀香木、柯子果、藏红花、甘松等;此外,煨桑时还要洒少量青稞酒。

在煨桑炉中点燃"桑",带着香味的桑烟袅袅升起,诵经声和祈福声随之响起。在藏族同胞的观念里,祈求平安的美好愿望能随着桑烟升向天空——对于攀登珠峰的我们来说,当然是希望"第三女神"能听到我们的祈愿,保佑我们平安。

正午,高原的阳光炙烤着大地,但因为气温低、有风,并不会觉得热。我们盘腿围坐在煨桑台前,在僧人的铃铛、小鼓和诵经声中,心里默默祈愿着平安、顺利登顶。

两个小时之后,诵经结束,僧人们站起来转过身示意所有人起立。向导托着装有青稞粉的容器环绕煨桑台,"抓一把在手上,等一下大家一起撒出去。"我按照向导的指点,模仿着其他人的动作,抓起一把青稞粉。僧人们带领大家自下而上抬起手臂,口中念念有词。手臂抬到最高处,声音也达到最大声,口诵一句我听不懂的祈福语之后,大家将手中的青稞粉向空中撒三次,剩余的互相涂抹在身上、脸上。

煨桑接近尾声,向导们开始挂经幡。经幡上印有经文,风每吹动经幡一次,就相当于念诵了一遍经文。借助风的力量,挂经幡的人也能达到修行、祈福的目的。

"煨桑有什么作用?"队员中年龄最大的老杨疑惑地问队里面唯一的藏族队员次仁扎西。

次仁扎西想了一想,回答说:"国家体育总局颁发的登山活动批准书表示政府同意我们登山,煨桑仪式是请求山神同意我们登山。"

午餐有腊肉香干,还有凉拌猪头肉,我胃口大开。"来一罐?"队长周和平手里拿着一罐啤酒问我。

"不用了,谢谢。还是你行,在海拔5200米大口吃肉大杯喝酒。" 我看老周的状态非常好。

下午天气不错,看着天上的大太阳,老老和芳芳向鲁达请示道:"我们能不能洗个头?"从日喀则出发到现在,我们都听从鲁达的建议,一直没有洗头洗澡。越往上营地条件越艰苦,从大本营出发后,我们更没有机会洗头了。鲁达看看天再看看表,叮嘱道:"可以洗,但是只能洗头,抓紧中午天气好的这段时间,洗完要马上回到帐篷里,不要吹风,小心感冒。"

女队员去洗澡间里面洗,男队员就在空地上,用脸盆打满热水。快速地洗完,很快用毛巾擦干,顿觉清爽,心情也随之愉悦起来。洗完头,大家坐在空地上晒会儿太阳。午后的珠峰阳光太舒服了。

"吴总好,又见面了。"和我打招呼的是探路者联合创始人王静。

我们早在2014年就认识了。那一年,王静第三次登顶珠峰。随后她来到美国哥伦比亚大学做访问学者,当时我邀请她到纽约家中做了一次分享。那是我和她第一次见面。

这一次,她是我的珠峰队友,将第四次攀登珠峰。正是因为她登珠峰经验丰富,西藏圣山公司特许她不用参加前期的拉练。这也是她在本次活动中,首度现身大本营。老友相见,分外亲切。

"适应得怎么样?没问题吧?"王静询问道。

"挺好的,一切顺利。"

"那就好,你没问题的。"

寒暄之后,我要接受王静这次带来的随行视频拍摄团队的采访。这是我们之前就约好的。

这次攀登珠峰活动开始之前,王静邀请我前往位于北京昌平的探路者总部参观,送给我很多探路者品牌的装备,包括连体羽绒服。今天的采访需要我面对镜头谈谈对探路者产品的使用感受。

我在2014年、2015年两次从南坡攀登珠峰穿的连体羽绒服都是美国品牌First Ascent。这是美国老

牌户外服装品牌Eddie Bauer旗下的高端子品牌。两次带领我从南坡攀登珠峰的美国资深高山向导大卫·汉恩就曾作为全球优秀极限运动员参与过First Ascent的连体羽绒服设计。

相对于First Ascent，探路者HIMEX系列感觉更轻盈，且保暖性差不多。这次我决定穿探路者HIMEX连体服冲顶。探路者成立于1999年，曾是唯一入选2008年北京奥运会特许生产商的户外用品企业，本次珠峰登山季，西藏圣山公司的向导们都将穿着探路者专为极地环境打造的HIMEX系列登山产品。

明天队伍将前往海拔5800米的过渡营地，然后在海拔6500米的前进营地待上一周左右。前进营地没有手机信号，可H基金的诉讼又进入到关键时期，我必须要保持信号畅通，随时与团队联系。这可怎么办？

## 第三节 魔鬼营地

**牛粪相伴**

从大本营到海拔6500米的前进营地海拔上升1300米，线路长约19千米，这对于高山向导来说不是问题，一天可以走完，但对于我们而言，要一天完成这个行程是巨大的挑战，因此安排在过渡营地休整一晚——这也是过渡营地存在的意义。

早上天气不错，一出帐篷就看到珠峰上的旗云在阳光的照射下如梦似幻，宛如吉祥的哈达簇拥着"第三女神"。好天气，好预兆，大家急切地等待出发的通知。

"我们今天几点出发？"直到早餐时，也没有确切消息，我们不约而同地向鲁达询问。

"还没确定，大家先吃早饭，吃完饭收拾好装备，等通知。"鲁达还是没有给出一个明确的时间。

早餐过后，每个人都回到自己的帐篷里收拾装备。带上山的装备要分两个包来装，其中一个是在海拔5800米过渡营地使用的所有物品，另一个大驮包是在海拔6500米前进营地要用到的物品。我把充好电的卫星电话小心翼翼地装进了随身背包，接下来的一周对外联系全靠它了。

很快收拾好装备的队友们陆续来到活动帐篷里，等待总指挥桑珠的出发指令。

桑珠曾在2008年北京奥运火炬珠峰传递活动中担任高山摄像，并在那一年首次登顶珠峰。2005年起，他还在中国登山协会培训部实习，这段经历让他提高了思维和表达能力，锻炼出很强的沟通能力，桑珠既有藏族人特有的朴实和腼腆，也有作为指挥官的决断与自信。

2009年5月，他首次担任西藏圣山公司珠峰登山总指挥，至今已有10年实战指挥珠峰、卓奥友峰和希夏邦马峰三座8000米级山峰商业登山活动的经验，成为一名老练的指挥官。他对于珠峰的地形地貌、气候规律、各营地和线路情况，以及珠峰地区的动植物种类、风土人情等都已经了然于胸。

队员们求战心切，派出队长周和平作为代表向桑珠问道："能不能早点出发？这样大家可以慢慢走，没有压力。"

身材略微发福，但依然显得干练的桑珠有着藏族人骨子里的幽默："过渡营地很小，主要是用于牦牛中转，你们如果到早了也没地方去，只有闻牦牛粪的味道打发时间。"

听到大家的笑声，他的话锋一转："在西藏，牦牛粪可是宝贝哦！牧民们会把牦牛粪收集起来晒干当燃料，牦牛吃的是草，牦牛粪烧起来也没有太大的味道。而且，我们登山还得靠牦牛运送物资。"

听他这么一说，大家对牦牛的好感度顿增。事实也是如此，汽车只能将物资运到大本营，从大本营到海拔6500米的前进营地主要靠牦牛运输，从前进营地再往上就只能靠人力了，高山协作的主要工作之一就是高海拔运输。

在每年的珠峰登山季，牦牛工和牦牛来自离珠峰大本营最近的扎西宗乡。多年以来，在西藏自治区登山协会的协调下，乡政府与各登山队经过协商制定了统一的价格，并且由各村村民轮流上山运输。

一般来说，一头牦牛可运输100斤左右的物资，三头牦牛需要一个牦牛工看管；牦牛工从村里出发，赶着牦牛到大本营，在西藏圣山公司后勤总管阿律的统一安排下，将要驮运的物资打包、捆绑在牛背上，然后赶着牦牛运送到海拔6500米的前进营地再返回，整个过程按9天计算工钱：一头牦牛每天95元，一个牦牛工每天110元。也就是说，往前进营地运输一趟物资，一头牦牛可收入855元，一个牦牛工可收入990元。

阿律有一个专门的笔记本记录雇佣牦牛工的情况，日期、牦牛头数、牦牛工人数、运输的物资，一栏一栏记得很清楚。在所有这些费用中，有一笔叫服装费。由于是在海拔5000米以上的地区运输物资，西藏圣山公司每年都要给每位牦牛工发放600元服装费，让他们购买防寒衣物。根据阿律的统计数据，每年的珠峰春季登山季，西藏圣山公司仅在牦牛运输方面的花费就有近百万元。

牦牛工们赶着牦牛早早来到大本营旁边，营地后勤工作人员和向导们一趟一趟把需要运上去的物资打包、装驮，忙得热火朝天。每头牦牛脖子上都挂了一个铃铛，清脆的铃声此起彼伏。

熬过了一个多小时，总指挥桑珠终于过来通知："大家准备一下，12点出发。"

中午12点，鲁达准时招呼大家在空地上列队集合。桑珠带领营地工作人员站成一排，其中一个工作人员手上托着青稞粉，鲁达走在最前面，用手指捏起一把青稞粉，朝天空撒了三下。我们每个人都照着他的样子做一遍。随后，桑珠和每个队员握手，"加油，等你们回来。"

我们就这样从大本营出发了，每位队员只背了一个小背包，带了水、路餐和登山杖等随身物品，轻装前进。其他行李和装备就只能辛苦牦牛和牦牛工们运输了。我们比牦牛队提前出发，但是不用担心出现人到了营地行李还没到的状况。

"你们可走不过牦牛，牦牛很快就能追上来了。"由于之前已经拉练过一次了，大家走得都挺轻松。鲁达的话也得到了印证，我们刚走到海拔5400米的位置，就被提醒给牦牛让路了。

可能是晚上没休息好，我有点咳嗽，头也有点痛。走了5个多小时后，终于远远看到了位于高台上的营地，有零星的黄色帐篷。

希望就在眼前，但要走到那里可不轻松。营地建在相对较高的地方，我们需要先下一个陡坡进入沟谷，然后再爬上一个陡坡。看着前方这起伏不平的陡坡，头痛的程度并没有减轻。

"大家快来喝甜茶啦！"正在这时，听到前面的队友在喊。在体力消耗差不多、又累又渴之际，突然听到喝甜茶的召唤声，内心立刻充满了渴望，不禁加快步伐，迫不及待地向前赶。原来是西藏圣山公司的向导提着甜茶来欢迎我们，一杯杯冒着热气的酥油茶和甜茶，此刻堪称人间美味。再加上雪山的美景，喝甜茶的幸福与畅快令人难忘。甜茶中的牛奶和糖迅速为身体提供能量，我感觉头痛也有所缓解。最后一段路轻松冲刺，半个多小时后，我们顺利到达了过渡营地。

海拔5800米的过渡营地位于东绒布冰川的冰川、砾石上，其东面是向东峰的余脉，西面是海拔6900米的英雄峰。营地面积不大，建立在冰川运动形成的冲积陇上，遍布砾石。

这里有两顶大帐篷，一顶是活动帐篷，另一顶是厨房，其他的住宿帐篷则散落在路两边。

虽然只是临时营地，但西藏圣山公司的服务也很周到：活动帐篷里配备了小零食，有桌椅可以休息；卫生间提供简易坐便器，以及洗漱的热水。

我们坐在活动帐篷里喝茶、休息。这里没有手机信号，我也不想打开卫星电话，想给自己一小段清静时光。

伴随着叮叮当当的一阵牛铃声，最后一批出发的牦牛队也到了，我们在这里所需的装备、物资都运到了。还有一支队伍在我们抵达之前就已经继续前往海拔6500米的前进营地了。

过渡营地实在太小了，牦牛只能待在帐篷旁边吃草，时不时产生新鲜的粪便。我们现在理解桑珠为什么说这里是闻着牦牛粪的味道打发时间了。

晚餐结束后，天色已经完全黑了。现在睡觉还为时过早，大家聚集在活动帐篷里闲谈。晚上10点多，我和十八子最后离开活动帐篷。由于这里空间有限，只能两人睡一顶帐篷，边上的帐篷鼾声此起彼伏，不过今天折腾了一天，我很快就睡着了。

第二天早晨，我们吃完早餐简单整理后，9点出发。我们需要先行出发，以便为牦牛队腾出空间来打包、装驮行李。随后，临时搭建的住宿帐篷会被拆除，等到我们下次回来时再重新搭建。期间只保留两顶大型帐篷。

**穿行冰川**

走向前进营地的这段路，恐怕是整个珠峰北坡攀登阶段心态最轻松的。不用吸氧，不用在冰雪路面上费力攀登，一路还可以欣赏举世无双的风景。

规模庞大的东绒布冰川，想要亲近它，机会很难得。这里位于珠峰自然保护区的核心区域，除了科考和登山人员，其他人是不能随意进入这里的。

从过渡营地出发两个多小时后，随着老老发出的一声惊叹："瞧，冰塔林！"周围的景色开始呈现出与之前完全不同的景象。

"冰川退化真的是越来越严重了，我们最早开始登山的时候，在过渡营地那个位置就可以看到冰塔林了。"鲁达的话让我想起2014年在南坡攀登时，在大本营偶遇的那个美国登山家、电影制作人、作家和励志演说家戴维·布拉希尔斯。他当时在做的一个项目，就是追随20世纪著名山地摄影师的脚步，从完全相同的位置重新拍摄喜马拉雅冰川图像。

"喜马拉雅地区的冰川正在遭受灾难性的退化。我希望能够有更多人通过这些图片关注这个现状。"布拉希尔斯的话给我留下非常深的印象。不知道他一直想做的珠峰冰川展览有没有办成。

我们穿行在东绒布冰川之中，冰塔林开始比较矮小；越到后面，景致越壮观，俨然一片白色森林了。晶莹剔透的冰塔反射着阳光，向阳面闪闪发亮，随着视角的变化，反光在上下左右流动……太美了，我们就地休息一下，卸下背包走进冰塔林里拍照。冰塔林就在我们身边，或者说我们就在冰塔林的里面。天空澄蓝，它们静静地矗立在珠峰的怀抱中，高低不一，千姿百态。我们成了它们有限的欣赏者。

冰塔林的形成是冰川运动的结果，冰川在长期流动过程中，受地形、阳光、风力、流水等作用的影响，表面发生断裂、消融，平滑的冰面变成了纵横交错的深沟窄梁，有凸有凹，有的背阴，有的朝阳，年深日久，在冰川的尾部，就被阳光溶蚀镂刻成奇异华丽、姿态万千的一座座冰

塔林。

　　形成冰塔林需要适当的坡形。以坡度在15度至30度之间为最佳，有利于冰川在运动过程中产生多种褶皱和断裂的状态；坡度超过30度时会形成瀑布冰川；小于15度时冰川不会有褶皱和断裂。同时，在消融季节，有合适的太阳辐射和适当的太阳高度角，才更容易形成冰塔高低错落的奇特外观。

吃过午餐，继续前行。通往前进营地的路，说轻松也只是相对而言。冰塔路段很长，漫长得仿佛没有尽头。行走其间，大家也从最初的兴奋转向专注向前行进，说话都少了。

在高海拔登山中，呼吸是有技巧的。在氧气充足的平地或山丘，就算只是无意识的呼吸也不会引起障碍；但在氧气稀薄的高海拔，如果只有无意识呼吸的话，会有缺氧的可能性。因此，在高海拔进行有意识的呼吸，既可以提升登山能力，也可以预防或改善高山症。采用腹式呼吸，长吐气时会把肺里的旧空气尽可能排出来，再大口呼吸新鲜空气，肺中氧分压增大，有助于增加血液中氧气含量，使血氧饱和度上升；而且，还能让中下肺叶的肺泡在换气中得到强化，有助于机体获得更多氧气。

登山中的呼吸节奏也很重要，有节奏地呼吸能有效加大气体的交换，同时能缓解呼吸肌疲劳。而呼吸的浅与节奏的快、呼吸的深与节奏的慢有着必然的联系。在登山时找到你的节奏，就是要找到让呼吸与迈步形成相互配合的节奏，避免呼吸急促表浅与节奏紊乱，保证能量的供应尽可能多地来自有氧系统。

我的经验是，刚开始登山时，身体还没有适应爬升的动作，要先调整呼吸、放慢脚步，一次呼吸所覆盖的脚步数量由少到多慢慢增加，调整到最舒服的节奏后，就固定按这个节奏行进。经过这么多年的攀登，我已经能够很快找到自己的节奏。

走向前进营地的后半程，我按着自己的节奏前行，逐渐和大部队拉开距离。安全起见，鲁达派一名向导带着我。

绵延大约一千米的前进营地，被很多支国际队伍的帐篷覆盖。我们的营地在整个前进营地的最上面。我来到队员休息的大帐篷里坐下，煮好的水果汤已经在等着我了。我看看表，下午5点35分。

一个多小时后，大部队陆陆续续抵达。

## 驻扎"魔鬼营地"

"老吴，你走得够快的呀。"十八子看到我说了一句。

"为什么我们的营地这么远？我老早就看到帐篷了，都说不是我们的。"

随着队友们的陆续抵达，前进营地开始热闹起来。

"大家及时加厚衣服，在大帐篷里等着吃晚饭，不要去自己的小帐篷躺着。"鲁达提醒着队员们。

与过渡营地相比，这里的规模可大多了。和大本营一样，这里也有一个比较大的活动帐篷，住宿也是一人一顶双人帐篷。因为到得早，我选了一个靠近活动帐篷的小帐篷住下。

前进营地是大本营之外大家待的时间最长的营地，每支队伍大多数时候都会在这里拉练或等候窗口期。能否在前进营地坚持停留一个星期，是考验登山者能否继续往上攀登的"试金石"。

为什么我们的营地要在这么高的位置？鲁达解答了大家的疑问，"因为这里最平坦，出发去北坳可以少走很多路，还不用穿过别人的营地。"

说话间，晚餐开始了。晚餐虽然不及大本营，但依然十分丰盛，味道也相当不错。对于攀登珠峰来说，能不能吃好也是是否能成功登顶的决定性因素之一。西藏圣山公司通过多年的实践，在这方面积累了丰富的经验。

一提到高海拔登山，很多人就会将之与艰苦画等号，以为在整个登山过程中只能顿顿泡面充饥。其实，在珠峰攀登过程中，无论适应性拉练还是正式攀登，都要消耗极大的体能，更需要营养、美味的饮食保障。

西藏圣山公司的厨师都是西藏拉萨喜马拉雅登山向导学校毕业的学员，并且都在拉萨或者成都、广州等地接受过专业的培训，中餐、西餐都很拿手，最擅长做藏餐、川菜和粤菜，以满足来自全国各地队员的不同口味。除了接受厨艺培训，这些厨师们也要接受登山技能培训，他们不仅要在大本营工作，最高还要上到海拔7028米的北坳营地为队员做饭。

"好丰盛啊！真的有我点的菜！"

2019年的前进营地，西藏圣山公司开创性地提供"外卖"服务。鲁达给大家展示了一份菜单，有各式荤菜、素菜、汤类……品种相当丰富。每个人可以按着菜单点自己想吃的菜。

一开始对于能否吃到这些菜及菜的品质，大家心里多少还是有些怀疑的，直到这些菜摆在我们眼前，大家才相信真的可以点高山"外卖"。原来，厨师在大本营先把我们点的菜做成半成品，然后由协作送到前进营地，最后再由前进营地的厨师进行简单加工。

凌晨两三点，协作从大本营出发。协作们背的保温箱与外卖员用的很像，他们也被大家称作"海拔最高的外卖员"。他们必须要在早上把半成品菜送到，这样我们才能按时吃到午餐。

这样做的好处显而易见：首先是保证了食品的新鲜、口感和营养；其次是减少了前进营地的生活垃圾和用水量，更环保；同时，通过这种方式，队员可以根据个人喜好点餐，实现个性化服务。

晚饭后，大多数队员因为高反，早早就回个人帐篷休息了。活动帐篷里又只剩下我和十八子了，我们两个人是队伍里睡得最晚的。

我待在活动帐篷里，一边给各种设备充电，一边看看书。在前进营地，每天只有在晚上才会发两三个小时的电，大家只能集中在这段时间抓紧为各种设备充电。

我为这次攀登珠峰做了充足的准备：笔记本电脑、iPad、Kindle、卫星电话、两部手机。一部手机是常用的苹果手机，装的是中国移动的卡；另一部是这次新买的华为P30手机，并且办了一张中国电信的卡。因为在西部地区，很多地方中国电信的信号比中国移动覆盖要广。

不过在前进营地，无论是电信还是移动，都没信号，只有卫星电话能跟外界保持联络——这对我很重要，因为与H基金的战斗一直在持续。

伴着帐篷外呼呼的风声，我迷迷糊糊地正要睡着时，突然被拍打帐篷的声音吵醒。

"怎么样？没问题吧？"是队医阿旺罗布。

"没问题，感觉良好。"我回答道。

"好的，好好休息。"阿旺罗布转去拍其他人的帐篷，他要一个一个询问大家身体有没有异常。

我摸到手机，看一眼时间，深夜两点。

"魔鬼营地"的威力实至名归。第二天早上，来到活动帐篷里的每一个人都蔫了，还有几个人高反症状强烈。我昨晚穿太多、睡袋太热，再加上有高反，睡得不是很踏实。然而，与队友们相比，我算是状态比较好的，尤其是我的胃口还不错。早餐提供了鸡蛋、馒头、稀饭和一些炒菜，我吃得很饱。

鲁达走进帐篷，环视了每个人的状态，问道："大家昨天休息得怎么样？"

"不怎么样。一晚上没睡着，喘不上气。"

"我头疼得要命，外面的风声也大，根本睡不了。"

每个人都有不同的表现，然而无一例外的都是没睡好。鲁达仔细询问了每个人的情况，随后说："今天留在营地休息调整。前几天上面下大雪了，到北坳的路还没修通，而且我们昨天刚到这里，大家还需要继续适应。"

鲁达继续说道："大家稍微休息一下，10点半我们出发，在周边拉练一下，待在帐篷里容易高反。"跟着鲁达在附近走了一个多小时,感觉果然好了很多。

和大本营一样,前进营地也是一个"国际村",除了我们这支队伍,还有来自其他国家的很多登山队。艾德里安·巴林杰(Adrian Ballinger)——美国染山霞探险队(Alpenglow Expeditions)的创始人,过来找王静,我正好遇上,就聊了起来,问他:"你们队伍有多少人呀?"

"我们这次有17人要登珠峰,还有4人是到北坳。"

2010年,艾德里安与王静一起登顶珠峰。后来,他加入罗塞尔于1996年创立的喜马拉雅高山探险公司(Himalayan Experience),是队里的明星向导。罗塞尔是一位经验丰富的登山家和探险队领队,自1996年以来一直在喜马拉雅地区担任向导。

艾德里安的法宝是他独有的快速攀登法,可以让客户能够在不到一个月的时间登顶珠峰,大大缩短了攀登周期。不过,使用这种方法登山,必须在前期进行针对性训练,并且使用相关设备模拟高山缺氧状态,包括模拟高山睡眠的帐篷、高山运动的面具,以及各种监测仪器。

快速攀登法虽然被证明可行,但出于安全考虑,我还是会选择传统的攀登方式,老老实实地一步步适应高海拔。

晚上休息时,有了昨晚的教训,我脱掉保暖衣物,只穿着短袖、短裤钻进睡袋,果然,比昨晚舒服多了。外面风大,我听着帐篷外呼呼的风声渐渐入睡。

## 第四节　半日闲

**切换工作状态**

结束了在前进营地附近的拉练，我们进入两天的短暂休整，然后就要攀登到海拔7028米的北坳营地。

队友们眼里的闲暇时光，正好是我处理这几天积累下来的工作的最好时间。在从登山状态切换到工作状态之前，我给自己放了半天假，早上睡个懒觉，8点40分才起来。吃过早餐，我坐在活动帐篷里用Kindle看起书来。我正在读的书名为《鲸吞亿万：一个大马年轻人行骗华尔街与好莱坞的真实故事》（Billion Dollar Whale: The Man Who Fooled Wall Street, Hollywood, and the World），写的是关于世界上最大金融欺诈案的纪实小说，它将我带入一个与珠峰前进营地天壤之别的世界。

由《华尔街日报》记者汤姆莱特（Tom Wright）和布拉利霍普（Bradley Hope）共同撰写的这本书，是基于大量的采访、文件和证据的，讲述了马来西亚人刘特佐（Jho Low）如何利用自己的政治关系和社交技巧，从马来西亚的国家基金1MDB中骗取了数十亿美元，并用这些钱在全球范围内进行了奢侈的消费和投资，包括购买豪宅、艺术品、游艇、飞机、赌场、电影公司等，以及他如何拉拢了一些知名的金融机构、律师、会计师、政治人物、名人和媒体，为他的骗局提供帮助或掩护。

一个上午的时间就不知不觉把这本书看了一半，故事情节紧凑、跌宕到让人无法相信这是真实事件，而非惊险小说。书中描述的世界，金融系统腐败，社会道德缺失，物质极尽奢华。而我此时此刻所处的世界，在物质层面堪称极简，甚至连空气也极简。

"极简"与"极奢"在这一刻巧妙相遇、碰撞、交汇。世界复杂多变，有表面的华丽和虚假，也有深层的质朴与真诚。

偷完半日闲，下午两点开始工作。

周一是公司总部例会，六七个部门的负责人要一起讨论上周的工作情况。而我身处雪山之上，由于地形原因，这里没有手机信号，想要与外界取得联系，目前只能依靠卫星电话。

我只能带着卫星电话，走出活动帐篷去找信号。

"老吴又要开工了。"队友们调侃道，我已经成为整个队伍公认的工作狂人了。

与手机通过天线向附近的基站发射和接收无线电信号的原理不同，卫星电话利用人造卫星进行通信。它的工作原理类似于对讲机，通过天线向卫星发射和接收信号，然后由卫星将信号转发给地面的网关站，再由网关站连接到公共交换电话网，从而实现全球范围内的通信。

我走到一个相对开阔的地方，打开卫星电话，调整天线方向，寻找稳定的卫星信号。时值下午，虽然有阳光，但在海拔6000多米的雪山上，一点点风就能让人感觉到冷。我不禁把羽绒服的拉链往上拉了拉。

卫星电话的通话质量受到多种因素的影响，如卫星系统的性能、天气状况、地形特征、建筑物遮挡等。一般来说，卫星电话的通话质量比较差，可能会出现延迟、杂音、断续等问题。

我等待卫星电话找到稳定的信号后，拨打远在上海的助理的手机，接通了。

"喂，吴总，能听到吗？"助理的声音清晰地传过来，通话质量还不错。

"我能听到。"为了保证通话质量，我尽可能维持现在的位置和姿势，生怕动一动，信号就不好了。

这又是一次奇异的时空连接。电话那头的同事们身在上海繁华地段的写字楼里，像往常一样开例会；而我的眼前，是不同颜色的帐篷和远处的冰塔林。

我们通过天上的卫星同时讨论着同样的事情，目力所及之处，又是截然不同的景象。

公司每个部门依次汇报工作，我的思路跟着他们汇报的内容从欧洲来到美洲，再回到亚洲聚焦国内。

这场电话会议开了将近一个小时。趁着信号好，赶紧拨通凡的电话，向她简单介绍了这段时间的情况。

"好的，你在山里注意安全，照顾好自己。"直到凡说完这句，挂断电话，我才发现，保持同样姿势被风吹了一个小时，手脚都已经冻得有点僵了，得赶紧回去喝杯热水暖和一下了。

转过身，看看眼前通往北坳的路，沿着路向上，终达攀顶点，世界之巅；沿着路向下，回归日常生活，繁华世间。

## 雪山下午茶

重新回到活动帐篷内，队员们正聚在一起聊天，看我进来忙着招呼。

"你这么长时间一直在外面站着呢？鼻子都冻红了。"

"快坐这里，喝杯热茶。"十八子给我倒上一杯他从宁波带来的好茶。

十八子沏上他的江南绿茶，吴教授贡献出色香味俱佳的瑞士火腿，我也拿出最爱的炭烧石斑鱼，既美味又营养丰富。

喝了几杯热茶，全身慢慢暖和了。这可是在海拔6500米的雪山之上——有好茶、有美食，一群为了攀登共同的目标而聚在一起的人，难得悠闲地喝了一个下午茶。

"哎呀，我们这个下午茶可真丰盛啊，跟我那次去加拿大直升机滑雪有一拼了。"王静的一句话把话题引向滑雪，大家的话匣子都打开了。队友当中喜欢滑雪的人还真不少。

我非常喜欢滑雪，去过世界上很多滑雪胜地，"90后"队友蔡卿问道："吴总，你有没有在北京周边滑过雪？"

"我在国内还真没怎么滑过。北京周边有什么好地方？"

"崇礼啊，我们每年都要去万龙滑雪场。"小蔡是中国登山协会的工作人员，

也是中国登山队队员兼教练。他饶有兴致地向我介绍着万龙滑雪场的情况，我兴趣上来了说："有机会一定去那里滑一次。"

"登完珠峰，下个雪季咱们就可以安排上。"小蔡这就和我约好了。

十八子借着这个话题，好奇地问大家："这次登完珠峰之后，你们接下来打算去哪儿？"

"去北极潜水，我的下一个目标。"王静率先回答道。去北极潜水有很多挑战和风险，但也能体验到极地海洋的奇妙和美丽，作为"世界级的玩家"，她有这样的想法不足为奇。

而我目前最迫切的愿望就是登顶珠峰，于是说道："我暂时没想那么多，登完七峰就是我最大的目标，其他的都是锦上添花。"

古人曾有诗云："偷得浮生半日闲"，旨在提醒我们在纷繁复杂的社会中要珍惜每一个能够让自己放松和快乐的时刻，不要被外界的压力所困扰，而应该保持内心的平和。在整个攀登珠峰的过程中，雪山上的这个"浮生半日闲"让我难以忘怀，仿佛一束温暖的光芒，在我内心绽放璀璨。

明天再休整一天之后，队伍将首次登上海拔7028米的北坳营地，也就是1号营地（C1）。

## 第五节　北坳

**攀向7028**

由于前几天连续下雪，积雪太厚，通往北坳的路还没有最后打通，4月30日，队伍继续在前进营地休整。尽管鲁达示意大家少安毋躁，但并没有谁能真正做到心静如水。

上午很快就过去了，下午一直在看《鲸吞亿万：一个大马年轻人行骗华尔街与好莱坞的真实故事》。一走路就喘气，感觉状态还没有昨天好。

黄昏时分，天色突然转变，北坳上方狂风卷起浓云滚滚而来，猛烈的暴风雪还未降临到北坳上，却已先落在我们的心头。这让我们不禁担心起来："明天是不是又登不成北坳了？"低迷的气氛一直延续到晚餐时，平日里喜欢开玩笑的队友们都沉默不语，心思沉重。

"快出来看，有星星了！"队友在外面朝着活动帐篷喊了一嗓子，大家一窝蜂跑出去。只见向导们和营地工作人员已经动作一致地站了出来，所有人都仰着头，看向夜空。风停了，云散了，满天繁星。心头的阴霾也被星光驱散，大家最关心的问题瞬间变成了："明天出发时要不要穿连体羽绒服？"

"我建议大家穿，明天我们要上到海拔7000米的高度，到北坳已经下午了，会降温，穿上连体保暖性好一些。"鲁达并没有强制要求，大家可以自行决定。

"这个高度一刮风就很冷，还是穿上保险。"

"但是一出发就穿，路上走热了很难受啊。"

听到大家的疑虑，鲁达把胳膊从连体羽绒服的袖子里抽出来，两只袖子在腰间打个结，"明天热了的话这样穿，像我们穿藏装一样，大家可以入乡随俗。"

其他队友决定明天出发时就穿连体羽绒服，而我还在犹豫。我怕热不怕冷，穿上连体羽绒服之后，一旦出汗整个行程都会很难受。不穿的话，我也有单体的高山羽绒服可以保暖，应付海拔7000米的环境问题不大，就这么定了。

决定就好，我现在唯一要做的就是：好好睡觉，恢复体力，明天挺进北坳。

夜里的好天气持续到了第二天。早上8点，营地里就热闹起来，修路队和运输队准备出发了。修路队要提前在北坳冰壁的攀登路线上架设好路绳；运输队要将所有人在北坳营地需要用到的帐篷、装备、食物等所有物资人工运上去，并提前建好营地。我们的出发时间定在11点。

大家吃完早餐，整理装备。一下子少了两批人，营地里安静了许多。在队伍准备出发前，我成为队友们关注的焦点："老吴，你果然不穿连体羽绒服吗？"

"还好，我身上的羽绒服足够保暖。"我回答道。

"吴总，路上要多注意，有情况及时跟我和随队的向导说。今天天气还可以，问题不大。"鲁达也专门提醒我。

中午11点，队伍正式出发。

从前进营地到北坳营地的路大致可分为三大部分：

第一部分：从前进营地到换鞋处，这一段是缓坡碎石路，不需要冰爪，难度不大，约一个小时行程。

  第二部分：从换鞋处到北坳冰壁底部，也是缓坡，但被冰雪覆盖，需要冰爪。这段路约一个多小时行程。

  第三部分：北坳冰壁，这是从北坡攀登珠峰的第一道难关。路线坡度较陡，需要路绳保护。从远处看，几百米的冰壁几乎就是直上直下，暴露感很强，给人非常大的心理压力。同时也需要一定的冰坡行走和攀冰技能。

今天的天气很好，前往北坳冰壁脚下的一片缓坡冰原上，都没有什么风。相比前两次的大风吹，这一趟走得舒服很多。很快走到北坳冰壁脚下，鲁达招呼大家坐下休息一会儿，说道："登山杖插在路边的雪地里，喝点水补充点能量，我们十分钟后上路绳。"

略作休整，大家跟着鲁达的脚步，推着上升器沿着路绳向上攀登。起步就不轻松，坡度大约50度。但雪坡上被修路队、运输队和其他攀登队伍踩出了台阶，比上次拉练好走多了。上一次拉练，雪坡上并没有多少人走过的脚印，所有的路都需要我们自己一步一步蹚出来。尽管只是往上走了一两个坡，还是费了不少劲。

爬过两个大坡后就是一个几乎直上的冰壁，冰壁总高度大约有20米，最唬人的是开始那段，高约5米的冰坡接近80度，前面几个队友上得都比较困难，基本上是在向导的帮助下才登上去的。

在排队等待的阶段，我回头看了一眼走过的路，绵延1千米的整个前进营地一览无余，视野格外开阔。

轮到我上了，我把上升器和保护主锁挂在路绳上。冰壁上都是亮冰，需要使劲踢冰才能把冰爪前齿挂住，然后再换脚继续踢冰。攀登到上次拉练的最高点时，已经下午两点多了，大家体力消耗都比较大，于是队伍就地休整，拿出路餐补充能量。

午饭后大家陆续出发，没有特定的排序，各自依据体力、节奏前进。我依然走在队伍中段，既不是最快，也不是最慢，按节奏匀速前进。

刚出发是一段很长的上坡路线，两段路绳，约45度的坡均匀地一直向上。基本上走一步就要喘一口气。爬完这段坡，又是一段陡坡，通向北坳的路就没有轻松的坡。好在修路队在前面已经把路都修通了。出发六个多小时后，终于看到了北坳营地的帐篷。

北坳营地位于珠峰和章子峰的连接部，是一处南北长、东西短的山梁，全部被厚厚的积雪覆盖。到达北坳营地后视野开阔，从这里向南看是雄伟的珠峰北壁，向北看是险峻的章子峰，向东看是前进营地和几座海拔7000米左右的山峰，向西看是远处的卓奥友和下方的中绒布冰川。北坳营地具体地貌根据每年的积雪量变化而略有不同，攀登路线也不固定，每年都会有一些变化。

　　向导带着我来到两排双人帐篷区，停在其中一个帐篷前面说："吴总，您的帐篷在这里。"这里有6顶帐篷，我们总共12名队员，两人住一顶帐篷。

　　"您先把包放下，冰爪和安全带脱掉，到球形帐篷里喝甜茶。不穿连体不冷吧？"向导问。

　　"不冷，一路走上来还微微有点出汗。"

　　"那就好，稍微休息一下，加件衣服再去大帐篷，天黑之后会冷。"

　　在球形帐篷里，已经有4名队友坐在里面了。喝上一杯热腾腾的甜茶，整个人由内而外地暖和起来，舒坦。

　　队友们行进距离拉得不远，大家陆续抵达营地，只是迟迟不见队长周和平的身影。天色开始有些暗了，大家不免担心起来。

　　"我刚用对讲机联系了向导，有向导跟着他，快上到最后一个坡了。"鲁达让大家不要担心。

　　过了半个多小时，周和平的身影出现在最后一个坡顶上。跟在他后面的向导，向着营地挥挥手，所有人都松了一口气，"老周加油！""就差最后两步了！""来这里喝甜茶！"大家呼喊道，为他打气。

　　周和平缓慢地迈着脚步，远远看去能感受到他的疲惫。当他终于来到我们身边时，大家热烈鼓掌欢迎他抵达营地。他努力地挥挥手，向大家致意。在海拔7000米以上的营地，即使走几步也会感到喘不过气来。

　　我们回到大帐篷里等待晚餐。由于这里的所有物资都需要人力运输，各方面的条件没法和前进营地相比。尽管有厨师，但在这里也没有新鲜食材供他一展厨艺。我们晚餐吃的扬州炒饭，是在前进营地做好后，由向导们背上来的。

## 惊魂时刻

　　队友老谭是一位虔诚的佛教徒，每天晚饭后他都会提前回到自己的帐篷里诵经。今天，他依旧没有参与大家的饭后闲聊，提前离开了作为餐厅的球形帐篷。

　　晚上8点多，突然刮起了狂风，球形帐篷被风吹得哗啦啦作响。风声中，传来了一连串的尖叫声和呼救声。

　　反应迅速的向导们冲出休息帐篷，我们紧随其后，眼前的景象让大家惊呆了——最外面的两顶帐篷被吹了个底朝天，正在向我们今天攀爬的冰壁滚去……

尖叫声和呼救声持续不断，"那是老老和楠楠的声音！"队友们听出了帐篷里传来的声音。而另一顶帐篷里面的人是老谭！情况十分危急！如果帐篷滚下近500米高的大冰壁，后果不堪设想！

幸运的是，向导们迅速抓住绳索，给滚动的帐篷紧急"刹了车"。赶忙打开两个帐篷门的拉链，惊魂未定的老谭从帐篷里钻了出来，尽管脸上带笑，但说话还带着颤抖："风把帐篷一吹起来，我在里面直接就给抛起来，打了一个翻滚，真是吓人啊！"

队员楠楠被向导从另一顶被掀翻的帐篷里拽出来，吓得已经说不出话来。同帐篷的老老赵琴尽管还能绘声绘色描述，也吓得不轻："大风刮过来，我们俩人在帐篷里都倒立了！脚在顶棚上面，整个帐篷都在空中摇摆，楠楠都吓坏了！"

我们赶紧搀扶着三位刚刚经历惊魂时刻的队友，缓缓走回了球形帐篷。我们也被吓坏了，大家都需要缓解一下紧张的情绪。

向导们在风中合力把险些滚下冰壁的两顶帐篷重新搭好、固定牢，再挨个儿把营地里的帐篷都加固一遍。

忙完这些，鲁达来到球形帐篷，先是查看了队员们的情况，然后紧急给大家开了个会，说道："我们已经把每一顶帐篷都加固了，大家放心，我们所有帐篷的绳子都是绑在一起的，晚上大家都进到帐篷里不会出现把单个帐篷吹起来的情况了。今晚睡觉的时候，内帐门的拉链一定要留一半，不要拉得太多，外帐门的口子也留大一些。"今夜注定无眠，一有风吹草动，随时准备跑走。

大家心有余悸地钻进各自的小帐篷。我躺在睡袋里，听着风一直不停地拍打帐篷，一方面被吵得根本睡不着，另一方面又在担心帐篷被风掀翻。帐篷下面是一片雪地，地面凹凸不平，尽管隔着防潮垫，我的背部仍然感觉很不舒服。一直到后半夜，风渐渐小了，我才迷迷糊糊浅浅地睡着了。

清晨醒来，外面的风停了，整个世界变得宁静，群山笼罩在肃穆的氛围中。回想起昨天那惊险的一幕，感觉仿佛是在另一个世界，很不真实。东方的晨曦渐渐露出微光，变得越来越明亮，天空中的云彩也变得斑斓多彩。当朝阳终于迸射出来，那一刻，所有的劳累、忧愁、繁杂烟消云散。

直到我们来到球形帐篷准备吃早餐，大家站在帐篷门前，一个景象将我们拉回到了现实。

巨大的球形帐篷被夜里的大风撕开了一条两米长的大口子，昨晚的大风不是虚幻，而是真实发生过的事情。鲁达找来几个向导处理这个大口子，然后宣布："今天的训练按计划进行，我们往上走走。"

队伍从C1往C2出发，拉练了近一个小时。虽然昨晚没有休息好，但今天天气不错，大家的状态都很好。大家希望能够继续前进，但是再往上的路绳还没有修好，鲁达决定让我们下撤，直接撤回海拔6500米的前进营地。大家都有些意犹未尽。

上山时花了六个半小时的路程，下山仅用了不到两个小时。在高海拔地区，与上山相比，下山还是相对容易一些，因为海拔越来越低，氧气越来越充足，身体机能也越来越好。

回到前进营地，住了一晚后，继续下撤回到大本营。大家收拾好行李，连夜从大本营坐车返回日喀则休整，车程在八个小时左右。第二天深夜两点半，我们终于抵达日喀则，入住山东大厦酒店，洗头洗澡，折腾到凌晨三点半才躺在床上。

第二阶段的拉练正式结束。

## 第六节 休整

**悠闲日喀则**

"我的家乡在日喀则，那里有条美丽的河。"

到西藏近一个月了，途中藏族司机总会播放音乐，这首韩红演唱的《家乡》也听了很多遍。每次听，都会有一个疑问：那条美丽的河叫什么名字？

这次总算弄明白了，美丽的河是雅鲁藏布江的重要支流年楚河，这是日喀则的母亲河，发源于西藏中南部的宁金康桑雪山，流经江孜和日喀则市区后，汇入雅鲁藏布江。

藏语中河流有两种：大的称"藏布"，小的称"曲"。"年楚"其实就是"年曲"，"年"曾是当地的古老部落，在藏语里有"美味"之意。"年楚"或"年曲"连起来就是"美味的水"。西藏工农业集中于"一江两河"：一江是雅鲁藏布江干流，两河是拉萨河和年楚河。三者之中，年楚河全长217千米，流程最短、水量最小，却成了西藏最大的粮仓。

舒适的床，城市的味道。设在9点的闹钟已经响了，却少有地不想起床。住的是酒店而不是帐篷，盖的是被子而不是睡袋，周围没有雪山而是翠绿的树木，想想昨天这个时候还在从前进营地下撤的路上，有种不真实的感觉，一夜之间的转变让我缓了好一会儿才开始适应。

大家从之前紧绷的拉练中得到暂时的放松。与此同时，我们也为最后的冲顶做好各种准备。早餐后，跟队友们约好一起将积攒下来的脏衣服送到洗衣店。每个人提着一袋子衣服，走在路上，有一种回到高中、大学寄宿时的感觉。老杨穿着拖鞋就跟大家上街了。

"老杨，不觉得冷吗？"

"不冷，终于可以不穿徒步鞋和高山靴了。上山时磨脚后跟，下山时压脚趾头，我要抓紧时间让双脚好好放松一下。"

"嘿，这里有一家修脚店。我们一起去修理修理我们的双脚吧。"无意中看到的修脚店引起了大家的兴趣。

高山靴非常硬，脚趾经常会顶住鞋尖，脚趾甲稍长一点就会很不舒服。在店里，每个人都修剪了脚趾甲，磨掉了脚掌上的茧，舒缓了大腿小腿这些天来积攒的乳酸，一下子感觉整个人都轻松多了。

晚餐时大家一起热热闹闹地吃了顿火锅，大家都很高兴能够回到城市里休整几天，这在珠峰南坡是我们从未敢想象的。

第二天继续在日喀则休整。午饭前，蔡卿向鲁达请假说："我中午就不跟大家一起吃了，我得在进山前再吃一顿汉堡补一补。"

"去吧去吧。"鲁达说。我一时兴起，尽管已经十多年没有吃过这一类的快餐了，我站起身来邀请小蔡，说："走，咱们一起去，我请你。"

小蔡很是惊讶，说："您不是一直不吃这些的吗？"

"偶尔吃一顿，没关系的。"

"得嘞，那我就谢谢吴总请客了。"

日喀则汉堡王位于上海路和珠峰路交叉口安鸿百货一楼，环境还不错。走进店里，就看到"源自美国、风靡全球""SINCE 1954"等字样。

全球第一家汉堡王是1954年由詹姆士·麦克拉摩（James Mclamore）及大卫·艾杰敦（David Edgerton）在美国佛罗里达州迈阿密创立的。在海拔约3900米的西藏日喀则能吃到汉堡王，感觉非常不可思议。

我们俩点好餐坐定之后，小蔡还是觉得有些意外，说道："感觉您一直特别注重健康饮食，真没想到您能主动说来吃汉堡、薯条。"

"你不知道，我原来天天吃汉堡、薯条。"我20多年前刚到美国读书时，勤工俭学就是在校园里的麦当劳打工。那时，我每个月可以领到1000美元的奖学金，支付房租和日常开销没问题。但家里为我出国借了很多钱，刚落地美国时，我的口袋里只有50美元，打个电话报平安，1分钟5美元，说了3分钟，15美元就没了。

我当年从复旦大学毕业后，先去了一家在上海的中日合资企业。在日本培训了不到半年，我就收到美国大学的录取通知书，并且提供全额奖学金，但是公司不同意我辞职。为了能圆我的美国留学梦，妈妈那段时间天天去公司找领导。磨了将近两年的时间，最终，公司还是放我走了，妈妈当时借了很多钱，赔给公司。

多亏了当时的复旦大学校长谢希德帮我写推荐信，才有美国大学两次同意我延期入学的申请。

"您的留学经历可真够波折的。"小蔡一边享用着他的汉堡套餐，一边饶有兴致地听我讲故事，"您当时在麦当劳具体做什么？"

"我负责炸薯条。就利用中午的两个小时休息时间，每小时工资5.95美元，每天差不多能挣12美元，还可以免费吃一顿饭。一顿饭至少也要三五美元，我觉得还是挺值的。"

"看来您是在那段时间天天吃麦当劳吃腻了。"小蔡拿起一块炸鸡块放进嘴里。

"麦当劳倒还好。我刚到美国时，发现超市里最便宜的就是鸡腿，10个鸡腿还不到1美元。这些鸡都是机械化养殖的，口感很差。我那会儿天天吃白水煮鸡腿，导致后来我再也不吃鸡了，看到鸡就要吐，直到最近几年才稍微缓解一些。"

"您就靠在麦当劳打工还清了那些钱吗？"小蔡一脸好奇。

"怎么可能？我打了好几份工，还了好长时间才还完的。"我向他详细列举了当时做过的工作，"我在举办棒球比赛的体育场卖过热狗，每小时能挣八九美元；还去别人家里帮忙打扫落叶，每小时五六美元，周末一天干8个小时能挣四五十美元；还照顾过一位80多岁的华裔老人，因为可以住在他家里，做了三四个月，房租全免，省了好几百美元，拿到300美元工钱。我负责给老人做饭，但我之前从来没有做过饭。高中到大学全是住校，哪里会做饭？我就把肉末、土豆、豌豆、胡萝卜切成小块炒在一起。还好干了三四个月就走了，我估计他要一直吃我做的饭可能也不行。"

小蔡和我一起笑起来，笑过之后，他突然很认真地对我说："吴总，说实话，我之前认为咱们俩的生活除了一起去登珠峰，没有什么交集，就是两个平行世界的人，您是成功人士，我就是一个普通人。没想到原来您小时候家里条件也不好，通过学习一步步努力获得现在的成功。我也是从一个穷困的地方走出来的，我总觉得跟别人比自己早就输在起跑线了，怎么追也不可能追上的。今天听了您的故事，真的特别励志，特别佩服您，我受到了很大的鼓舞。"

他向我讲起他自己的经历，小蔡是一名羌族小伙，他的家乡在四川省阿坝藏族羌族自治州汶川县，他从小是在阿坝州的山区里跑大的。用他的话说就是"从我们家的窗户望出去，四面八方全是山"，而他的珠峰梦想源自2008年读初二时老师组织观看的北京奥运火炬珠峰接力传递直播。

之前我只知道小蔡是中国登山协会高山探险部教练、中国登山队队员。他不仅体力好，而且有着过硬的登山技术，人也热情。平时在拉练中，他都会主动给向导帮忙，哪位队员遇到不懂的技术问题，有什么装备穿得不对，他也会细心指导。也因为如此，虽然我在队里说话比较少，但对小蔡的印象很好。

就在小蔡看完北京奥运火炬珠峰接力传递直播的第四天，震惊世界的"五一二"汶川大地震来袭。作为亲历者，至今回忆起当时的情景，小蔡的心情依然复杂，"地震那会儿我正走在去学校的路上，就觉得地在晃，怎么都站不住，幸好是在路上，没在房子里，不然我现在估计也不可能跟您一起吃汉堡了。"

幸运躲过一劫的小蔡，随后得知家里的房子也震塌了，好在那时家人没在家里住。满目疮痍的景象给当时15岁的他带来巨大的触动，他申请成为一名志愿者，负责清理学校周边的街道。

听他讲完，我明白了为什么"90后"的小蔡，这么知谦逊懂感恩。灾难面前，他强烈感受到生命的脆弱和可贵，也接受了太多人的帮助，感受到这个世界的坚强和善意。这和我在2015年亲历尼泊尔大地震的感受如出一辙。

"吴总，我能再点一个汉堡吗？"小蔡看着我，有点不好意思地问道。我这才发现他面前的那份套餐已经吃完了，"没问题。我也加一份甜品。咱们慢慢吃，不着急。"两个人边吃边聊，度过了一个闲适的中午。

午饭过后，我和小蔡各忙各的，我先去洗衣店取回送洗的衣服。路上经过好多家制作广告牌的店铺，一家一家走过，一个念头涌进我的脑海："要不要做一些宣传的旗帜、横幅带上珠峰呢？"

这一路上，队友们带来了各式各样的旗帜，有赞助商的，也有家人、朋友的。在进山和拉练的途中，每到一个地方，大家都会拿出旗帜和横幅拍照，而向导们则成为队员们的高海拔摄影师。每当这时候，没有带任何旗帜的我就无所事事地站在一旁看热闹。

攀登珠峰，我没有赞助商，只是为了实现自己的梦想，也不需要媒体宣传，因此之前完全没有准备任何旗帜。站在广告店门口，我在想，是不是应该"入乡随俗"一次呢？

仔细想了想，觉得还是有这个必要的，可以做几面旗帜，如全美华人金融协会（TCFA）、万得资讯（Wind）及我正在读博士的清华大学五道口金融学院（PBCSF）。

我在2016年9月就读清华大学五道口金融学院全球金融GFD应用金融博士项目。和我一同在读这个博士班的同学，都是中国最成功的一批企业家。清华五道口为我开启了一个新的窗口，与导师、同学们的交流，让我更加深入了解中国经济的底层逻辑和未来趋势。

在清华五道口学习期间的另一个收获则是"男神女神训练营"。这是我们三期班同学的运动打卡群，我为这个群制订了一个打卡的规则，达到跑步5千米、游泳1000米、其他运动45分钟这样的强度才可以打卡，每季度会统计每个人的打卡次数，督促大家养成运动习惯。很多同学后来都说，通过这个群养成了运动的习惯。我自己更是借助这个群很好地坚持了珠峰训练计划。

在广告店里，和店员沟通了三四个小时，最终确定了几个横幅的内容。我要把它们都带上珠峰顶。

**静候窗口期**

第二天，我原本打算一早取回横幅，不要耽误队伍返回大本营的行程。但鲁达给大家带来的消息是，"珠峰天气还是不好，队伍还要继续休整。"

一年中的大部分时间，珠峰顶峰都会受到时速超过160千米/小时的强风袭击。海拔接近9000米的高度使得它的顶峰"伸入"以西风为主的强气流区域，因此，珠峰几乎整年都面临着极端风速的影响。许多珠峰的照片都会显示山顶的侧向云，这被称为"珠峰旗云"，它是由强风从山顶吹出的雪、云和冰晶而形成的。当珠峰顶上出现旗云时，登顶是绝不可能的。

在每年的春季，通常是5月初至5月中旬，印度洋的季风天气向北推进到印度次大陆，从而将强风带推向珠峰北部。这是登山者用来寻找山顶平静天气的"窗口期"。当10月下旬至11月初冬季临近时，类似的情况也会出现，但这个"窗口"更加不稳定且更加寒冷，因此很少有探险队在季风结束后的秋季尝试攀登珠峰。

我一直很担心2019年珠峰攀登的天气窗口。一般而言，珠峰攀登的窗口期在5天左右。2018年的窗口期长达10天。根据回归平均值现象，我担心2019年的窗口期会很短。

在金融领域有一个非常重要的概念：均值回归（Mean Reversion），是指价格无论高于或低于价值中枢（或均值），都会有以很高的概率向价值中枢回归的趋势。根据这个理论，价格总是围绕其平均值上下波动的。一种上涨或者下跌的趋势不管其延续的时间多长都不能永远持续下去，最终均值回归的规律一定会出现。

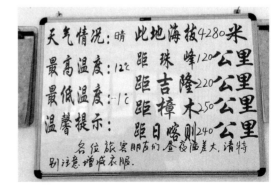

简单来说，回归平均值就是指事物的发展和变化，最终是要趋向于平均水平的。对此，行为心理

学大师、诺贝尔经济学奖得主丹尼尔·卡尼曼（Daniel Kahneman）在《思考，快与慢》中，说道："所有表现都会回归平均值，而回归现象的意义不亚于发现万有引力。"

正是因为这个原因，我比队友们对天气更敏感。这已经是我第3次攀登珠峰了，花了太多时间和精力，也有来自家庭的无形压力，无论从哪方面来讲，这一次都可能是最后的机会了。

为此，我把自己能够控制的因素尽可能做到万无一失：请两个向导把风险降到最低、认真完成拉练、充分做好身体和心理的准备。但是，天气因素是我无法控制的。登山，尤其攀登珠峰这样的高海拔雪山，在很大程度上就是"靠天吃饭"。

现在，除了等待，别无选择。

"我知道大家都着急回去，但是根据后面几天的天气预报，不光是我们自己购买的天气预报信息，我也召集了大本营几支国际队伍的领队，汇总了各方的天气预报信息，现在还不是冲顶的时候，我们需要继续等待窗口期。"桑珠召集大家开会时说道。

"这么一直等下去，万一没有窗口期了怎么办？"我很担心。

"那不会。现在是5月上旬，按照这么多年的经验，5月中旬和下旬都会各有一次窗口期。"桑珠安抚着大家的情绪，"为了让大家更好地放松，我们准备明天带大家到吉隆沟休整3天。再回来差不多就可以进山了。"

如果这次的目标不是攀登珠峰，我会很期待这次行程。但休整的时间越久，说明今年的窗口期越短，登顶的机会越少。一想到这些，内心就像是压了一块沉重的石头。况且，从日喀则到吉隆沟全程近600千米，距离实在太远了，一路颠簸过去，会不会更折腾？

"吉隆沟海拔更低，植被更丰富，氧气也更充足，大家在那边肯定比留在日喀则休息得要更好，休息好了最后的冲顶状态也会更好。"桑珠的这句话缓解了大家的焦虑。

出发，前往吉隆镇。

沿318国道一路向西，从农区逐渐过渡到牧区，车窗外的景致也切换成一望无际的戈壁、草原，有时汽车奔驰几十千米也感觉不到风景的变化。

途经定日县岗嘎镇时，车停在一栋藏式农房的门前。鲁达站起身来，对大家说道："这是我们的向导久美家，我们在他家休息一下。"

西藏腹心地区的农村和城镇居民居住的房屋称为"慷巴"（khang-pa），有楼房亦有只建一层的平房。楼房多为二三层，而建一层房屋的在西藏各地随处可见。久美家就是典型的藏式建筑。房屋的色彩朴素协调，泥土的土黄色、石块的米黄色、青色、暗红色，木料部分则涂上暗红色，与墙面屋顶的明亮色调形成对比。粗石垒造的墙面上有成排的上大下小的梯形窗洞，窗洞上带有彩色的出檐，点缀在雪域高原的蓝天绿草之间，与白云雪山相映。

久美还在山上忙着运输物资，他的父母用酥油茶、各种干果和油炸食品招待我们，非常热情。

岗嘎镇交通便利，318国道横穿全镇，是通往樟木口岸、吉隆县的必经之地，也是观赏珠峰、卓奥友峰、洛子峰、马卡鲁峰的最佳位置。这里曾经是定日县政府驻地，因此俗称"老定日"。1968年，县政府迁至协格尔镇。

每年都有登山者、旅游者通过岗嘎镇进入珠峰自然保护区核心区旅游，岗嘎镇组建了牦牛驮运服务队，为登山、探险的游客提供服务。向导久美也是从小就通过络绎不绝的登山者认识了登山，并考上登山学校，成长为登山向导，改变了人生。

西藏拉萨喜马拉雅登山向导学校98%的学员来自喜马拉雅山区核心的4个县的农牧民贫困家庭，其中以定日、聂拉木为主。他们当中的绝大多数人从学校毕业后，都会选择进入西藏圣山公司工作。

靠山吃山，以世界最高峰珠峰为首的众多雪山，为生活在这里的藏族人带来了改变命运的机遇。而西藏圣山公司的模式，让久美这样的普通藏族家庭脱离贫困——更重要的是，他们通过与外界的交流，改变了思想，发生了改变。

世界上还有一家登山学校，那就是法国霞慕尼国家滑雪登山学校。

法国霞慕尼国家滑雪登山学校是一所位于法国霞慕尼（Chamonix）的高山职业学校，专门培养登山和滑雪运动员、导游和教练等。该学校的历史可以追溯到1901年，当时成立的是一个滑雪学校，后来发展为现在的登山学校。法国霞慕尼国家滑雪登山学校是世界上最著名的登山学校之一，为许多著名的登山家和导游培训奠定了基础。学校的培训课程包括技术、安全、自然环

境和文化等方面，毕业生通常能够成为一名合格的登山向导或者教练。

离开久美家，我们继续沿着318国道向西，随后转入214县道往吉隆镇方向行驶。不久之后，连绵的雪山和蓝色的湖泊映入眼帘。

"那是希夏邦马吗？"

"在这边，最高的那座。"鲁达帮着大家从群山之中指出海拔8027米的希夏邦马峰，山峰前面的蓝色湖泊名叫佩枯错。

希夏邦马这个名字出自梵文"高僧赞"，旧称高僧赞峰，意为神之宝座。关于此，一般有两种解读：一种是字面上的，即"草原上的顶峰"；另一种理解为"气候严寒、天气恶劣多变"。希夏邦马核心峰群除了有希夏邦马主峰（海拔8027米）和非独立的希夏邦马中央峰（海拔8008米）这两座海拔8000米以上的山峰之外，还有野博康加尔等六七千米级的山峰。由于希夏邦马群峰完全坐落在中国境内，这个得天独厚的条件让希峰成为14座8000米级山峰里面唯一一座由中国人首登的山峰：1964年5月2日，许竞、王富洲、张俊岩、邬宗岳、陈山、索南多吉、成天亮、尼玛扎西、多吉、云登共10名中国登山队队员首登希夏邦马峰，标志着世界上海拔8000米以上的极高峰顶峰，已全部留下了人类的足迹。

喜欢登山的人看到雪山，总会有一种莫名的兴奋。但这一次，我的目的是攀登珠峰，希夏邦马峰不是我的目标，因此也就以游客的心情，透过车窗看看雪山、草地、湖泊的高原风光。

经过几十千米的平坦道路后，沿着214县道翻过海拔5236米的孔唐拉姆山口，开始一路向下，抵达海拔4200米的吉隆县城。县城主要就是一条几百米长的街道，周围是光秃秃的山脊，人也不多。

"这就到吉隆了吗？这还不如留在日喀则呢。"

鲁达看着大家迷惑的样子，解释说："这是吉隆县城，我们的目的地是吉隆镇，还有70多千米才到。"

果然，继续向下，开始有植被和树了，氧气也越来越充足，有一种回到内地某个风景区的感觉。

经过12个小时的长途奔波，我们终于在晚上9点多抵达海拔2800米的吉隆镇。这里位于中尼边境，再走上20多千米就进入尼泊尔境内了。尽管舟车劳顿，但每个人一下车都忍不住深深呼吸一口清新、湿润的空气。

喜马拉雅山脉在日喀则所属的吉隆、聂拉木、定日、定结、亚东等县地界打开了五条南北纵向的大裂谷，俗称"喜马拉雅五条沟"。最靠西的吉隆沟，是五条沟中最长的一条，从吉隆县城所在地宗嘎镇起，经吉隆镇一路往南，下降到海拔1800米的热索村，整个吉隆沟全长约90千米。

吉隆沟自古是青藏高原腹地与南亚往来的交通要道，历史上集"官道""商道"等于一身。1990年，考古专家在吉隆县城正北约4.5千米处的一处崖壁上，发现"大唐天竺使之铭"摩崖石刻。这是658年唐朝著名外交家王玄策一行出使古印度时，途经吉隆沟留下的石刻，是迄今为止西藏已发现的汉藏文石刻中年代最早的一处。摩崖石刻证明吉隆沟当时就是沟通大唐、吐蕃和南亚之间的一条官方要道。

吉隆镇虽然在1961年就作为开放口岸设立了海关，1978年被国务院确定为国家一级陆路通商口岸，但一直没有发展起来。

在2015年4月25日的尼泊尔大地震发生前，西藏与尼泊尔之间的交流主要是在樟木口岸。地震后，由于山体松动，樟木口岸整体搬迁，于是吉隆口岸取而代之，成为西藏与尼泊尔交流的主要通道。正因为如此，吉隆镇里一派大兴土木的景象。

位于吉隆镇中心广场的帕巴寺建于637年，当时与松赞干布联姻的尼泊尔赤尊公主进西藏时随身带有三尊释迦牟尼佛像，其中的瓦帝桑布之尊被安放在吉隆镇，并为它建造了帕巴寺。帕巴寺整体为楼阁式石木结构建筑，塔身方形，塔中心有楼梯可盘旋至顶，是典型的尼泊尔风格的寺庙。

那场地震发生时，正在南坡攀登珠峰的我与同样受到地震影响的吉隆镇相距并不远；地震中断了我的珠峰攀登之旅，但却为吉隆带来了历史性的发展机遇。尤其是在吉隆镇上的尼泊尔餐厅吃尼泊尔餐时，这种感觉更加明显，让我对吉隆小镇有了一种亲切感。

当队伍沿着盘山公路向上徒步到乃村，面对着雪山环抱、草地如茵的美丽风光，让我感觉像是回到了在尼泊尔徒步EBC的路上。小蔡站在我身边感慨道："这里的山很像我们老家的山。"经历过两场不同大地震的两个人，再一次产生熟悉的共鸣。

在吉隆镇休整的时间里，我们每天问鲁达："什么时候回去？"三天之后，终于从他那里得到期盼的回复："明天回大本营。"

离开大本营一周，所有人的身体状态已经从拉练时的紧绷、疲累恢复过来。现在，终于要回去迎接最后的挑战了。可是，窗口期会如期而至吗？

# 第十一章 站在世界最高处

## 第一节 整装待发

**什么时候才能出发?**

重返大本营的第二天早上,我7点半就从自己的帐篷出来了。天已经亮了,但由于营地被周围山头挡住,大本营真正晒到太阳暖和起来要到上午10点了。

早上的风不小,我明智地穿上了连体羽绒服,站在大本营的空地上,转向珠峰的方向望过去,这座世界最高峰的容颜被遮蔽在云雾后面。"天气似乎不太好啊,我们什么时候才能出发呢?"我一边在心里想着,一边走进活动帐篷。

"早啊。哟,连体都穿上了。"没一会儿,活动帐篷的门被掀开,队友吴教授和我打招呼。

"早。是啊,太阳没出来之前还是挺冷的。"

"不知道这几天天气怎么样,好像南坡已经有队伍冲顶了。"吴教授说出他了解的消息。

队友们陆陆续续聚集到活动帐篷，闲谈的内容都围绕着北坡的天气和南坡的情况。到底什么时候能出发冲顶？成为重返大本营之后所有人最关心的事情。

吃过早饭，珠峰从云雾中露出真容，太阳终于照在了大本营，然而呼啸的风却抵消了阳光所带来的温暖。

"大家早上好啊，昨晚休息得怎么样？"总指挥桑珠走进活动帐篷。

大家不约而同地回答道："还可以。桑总，我们什么时候出发？"晚上休息得如何不重要，重要的是什么时候出发。

"大家的心情我非常理解，在我们队员正式冲顶之前，我们首先要完成修路和运输工作，不然大家上去了也要等。天气预报显示，最近有一个一两天的小窗口期，我们的修路队和运输队可以利用这个时间继续向更高的营地修路、运输物资。大家也可以在大本营好好休整，养精蓄锐。"桑珠的介绍又引来了更多问题。

"这次路绳能修到顶峰吗？"

"错过了这个窗口期，后面会不会没有窗口期了？"

多年担任珠峰北坡攀登总指挥的经验，让桑珠对于大家的各种疑问早有预判，淡定的笑容始终挂在他的脸上。

"修路队会尽量把握这次窗口期，把路绳尽可能往上延伸，通往顶峰的路绳需要在我们队员冲顶前修通，太早的话有可能会遇到坏天气被雪埋掉。根据气象信息判断，在这次的小窗口期之后会有一个大的窗口期，通过往年的经验来看，每年5月下旬都会有适合冲顶的窗口期，大家不用着急。负责建营、运输的向导们过几天会撤回大本营休整，我们到时候开一个冲顶行前说明会，为大家分配向导，公布冲顶计划。"

活动帐篷里的氛围稍稍轻松了一些。

"大家不要那么紧张，放松一些，晒晒太阳、看看电视、打打牌，有什么需要随时跟我们的工作人员反馈。在大本营等待的这段时间，我们会安排一些拉练帮助大家保持状态。好了，我不耽误大家休息了。"桑珠微笑着走出了活动帐篷。

看来，我们除了在大本营等待，也没有什么办法。

在整个大本营，除了我们这支队伍，还有十余支来自世界各地的登山队伍，形成了一个小小的国际村。我决定去其他队伍打探一下消息，看看他们打算什么时候出发。

"这应该是19年来最差的天气了。今年的窗口期比往年短了很多。"在瑞士队营地，领队卡里·科布勒对我说道，他们可能要到5月17日或18日才能上去。

"5天之后才可以出发？"我只有在心里默默地感叹，科布勒的丰富经验让我很难质疑他的策略。今年64岁的科布勒，在过去的20多年间曾16次来到中国一侧攀登或组织攀登珠峰。对于珠峰的"脾气",他显然比我把握得更准。

到了俄罗斯队的营地,得到的出发时间更加延后,"要一周后"。

耐心等吧。

**冲顶计划出炉**

在等待中挨过了两天,我们的营地迎来几位外国朋友。两天前和我有过交流的瑞士队领队科布勒认出我来,笑着向我挥挥手。桑珠热情地和他们一一握手,然后邀请他们进到指挥帐里。

"他们应该都是国际队的领队,一起来这里找桑珠,肯定是来商量什么时候冲顶的。"大家纷纷揣测起来。

当鲁达通知我们中午在营地的空地上召开冲顶前说明会时,我们的猜测得到了证实。营地的工作人员忙碌地摆放桌椅,安排我们就座之后,桑珠带着他一贯的笑容走到桌前。参会的不仅包括所有队员,还有我们每个人的向导,以及负责接应和救援工作的人员。

"今天召集大家开这个会,主要是想和大家沟通一下冲顶计划。至于各位最想知道的向导分配安排,我打算放在最后来讲。"桑珠开门见山地说。

今天上午过来的是印度队、俄罗斯队、美国队和瑞士队的几名领队。桑珠和他们共同分享了

各自掌握的气象信息，一起讨论了冲顶的天气窗口，以及修路和攀登协调事宜。

"根据几支队伍分享的气象信息，我们预计5月16日或17日山上会有大风，接下来的3到4天会下雪，这些天气都不适合冲顶。综合各方信息，我们初步推断冲顶时间大约在5月22日到24日会有天气窗口。具体哪天从大本营出发，哪天冲顶，还要看准确度更高的三日天气预报才能确定。"桑珠的话为大家带来了一些确定性，至少知道我们有可能在5月22日、23日或24日其中的一天登顶。

桑珠制订的冲顶计划一共八天，每天的行程是这样的——

第一天：从海拔5200米的大本营到海拔5800米的过渡营地。

第二天：从过渡营地到海拔6500米的前进营地。

第三天：在前进营地休整一天。

第四天：从前进营地到海拔7028米的北坳营地（1号营地）。

第五天：从1号营地到海拔7790米的2号营地。

第六天：从2号营地到海拔8300米的3号突击营地。

第七天：冲顶（从3号营地到顶峰8848.86米）并下撤到1号营地或前进营地。

第八天：从1号营地或前进营地下撤到大本营，且当天晚上继续撤到日喀则。

"按照这个计划，我们可以先根据天气预报确定冲顶日期，再倒推出出发日期。"桑珠继续说道，"除了每个人的向导和备用向导，还有救援人员，我们在每个营地也都安排了接应人员，全力保障大家能够顺利冲顶，更重要的是安全返回。"桑珠话音刚落，大家都自发地鼓起掌来。

"好了，现在就进入大家最关心的环节，分配向导。"他一一宣布着队员和向导的名单，"老吴，你的主向导是普次仁，辅助向导是索朗次仁。"所有人的向导都分配好之后，桑珠一句话结束了会议，"总之，我们会及时把握住下一个攀登窗口期，希望大家不要烦躁，耐心等待。等向导们明天从山上下来，大家可以和自己的向导多多交流，互相熟悉一下。"

向导确定了，冲顶计划确定了，大家心情放松了不少。在无风的营地室外，大家享受了珠峰大本营难得的轻松时刻。

我在一对一向导配比的基础上，又增加了一名向导，双保险更安心一些。第二天，我第一次和我的两位向导见面。

41岁的普次仁，此前曾9次登顶珠峰，西藏登山学校第二批学员；28岁的索朗次仁，3次登顶珠峰，登山学校第七批学员。这样的新老搭配在攀登经验和体能上，都有保障。

"吴总好。"他们两个人略显拘谨地站在我面前，向我问好。

"你们好，今天刚回到大本营吗？真是辛苦你们了，谢谢你们。"我试图让聊天氛围轻松起来。

"没有没有,本来就是我们应该做的工作。"两位向导仍然有点拘谨。

"你们这次运输最高到了什么地方?"

"8300。"普次仁腼腆地笑了笑,主动了解起我的情况,"吴总,您的身体状况怎么样?有没有哪些明显的不舒服?饮食方面,您喜欢吃什么?我们正式冲顶时可以带一些您爱吃的东西。"

我回答完这些问题后,向他们简单介绍了我之前在南坡两次攀登珠峰的经历,并且告诉他们珠峰是我"七峰计划"中的最后一座。

普次仁和索朗次仁跟我一起来到个人帐篷,再一次进行装备检查。"除了高山靴、连体羽绒服这些大的装备,其他的个人装备都要有备份。"索朗次仁提醒我。

"好的,我的技术装备都放在6500了。"

"我们上去之后会再检查技术装备的,您也可以想想,之前拉练有哪些遗漏的、用着不顺手的装备,我们这次可以带上去。"

"好的,我想一下,谢谢你们。"

"不客气,那您先休息,有什么事情随时找我们。"

**出征前的准备**

向导的回归让活动帐篷里关于出发冲顶的聊天又热闹起来,"今天都15号了,还要等到什么时候呀?南坡都已经有人冲顶了。"

但是指挥部迟迟没有指令。

我们也在观察着其他国际队的动向,这两天没有任何一支队伍向山上出发。倒是在晚上他们的营地酒吧格外热闹,动感的音乐声远远传到我们的帐篷里,看来他们真的很放松。

桑珠说:"所有队伍都在盯着我们,我们没有动静的话,他们是不会行动的。"

"那我们到底什么时候能动呢?"这段时间里,这个问题已经问了无数次。

桑珠指指天,说道"这要看老天爷的脸色。"

"大家听说没?南坡那边一支中国队伍出问题了。"晚上十八子说出的一个消息,让活动帐篷里炸开了锅。

"说是冲顶时间拖得太长，一个队员已经没有氧气了。"

"听说他们到今天下午4点才登顶，估计要晚上9点才能下撤到C4。"

我们在北坡大本营为南坡的登山者揪着心，大家聚集在活动帐篷里，凭借各自从不同渠道获得的零星消息，试图分析可能的各种情况。

不知不觉，已经晚上11点了，平常这个时间大家都已经回到自己的帐篷准备休息了。此时，新的消息传来，南坡遇险队伍的组织者已经安排人员从C2带着氧气上去进行救援了。

第二天下午，我们听说了南坡队员有惊无险的脱困过程。本来这个队伍是准备好了备用氧气的，到换氧气的地方发现氧气被别人盗用了。夏尔巴人及时送上去两瓶氧气救了急，遇险队员今天应该可以撤到C2。

早餐后，领队鲁达把大家召集起来，详细介绍了冲顶阶段五瓶氧气的使用方式：在海拔7500米的位置使用第一瓶氧气，走到2号营地；2号营地第二天早上出发时换第二瓶氧气，走到突击营地，当晚休息时换第三瓶氧气；凌晨冲顶后在途中换第四瓶氧气；登顶下撤回突击营地后换第五瓶氧气。

如果行进途中氧气流量开到"2"，一瓶氧气瓶可用8小时，睡觉时氧气流量开到"0.5"，使用时间会相应延长。按照西藏圣山公司多年的经验，标配的五瓶氧气是足够保障顺利登顶和下撤的。保险起见，我和大多数队友都额外又买了两瓶氧气。

南坡发生的氧气被盗用的情况，让大家都在心里暗暗祈祷，我们存放在山上的氧气可千万不要出什么问题。

已经5月16日了，下午我们看到国外队伍的几个领队又来到桑珠的指挥帐，大家一阵躁动，也该有行动了吧。

晚饭前，鲁达走进活动帐篷，看着大家期待的眼神，他宣布："晚饭后八点半全体队员集中开会，我来给大家讲解冲顶路线和一些注意事项，我们明天正式出发！"

"终于要出发了！"这个消息让大家情不自禁地欢呼起来。

我们走进餐厅帐篷，餐桌上摆满了比萨和牛排。这是要在出发前给我们好好补一补吗？漫长等待中积蓄的焦虑终于得到了释放，这顿丰盛的晚餐让兴奋的氛围达到了高潮。

晚上的会议大家都严肃了起来，鲁达在一开始就说明，我们的登顶时间在5月22日到24日之间，现在决定明天出发，之前的冲顶计划也要进行调整。

"我们取消了在前进营地休整一天的安排，直接上北坳，也就是说，从明天出发开始，我们要按照一天上升一个营地的节奏前进。"鲁达解释说，"我们必须抓住这个窗口期，不然后面还有没有好天气就不好说了。"

冲顶路线对于已经登顶珠峰10次的鲁达来说,可谓了然于胸。"从北坡攀登的第一个难点就是北坳冰壁,再往上的难点就是海拔7500米的大风口,这些大家在拉练时已经体会到了。"从冲顶到下撤的7天时间里,每一天行程的关键点、危险点、注意事项,他都讲得清清楚楚。

对于只拉练到海拔7500米的我们来说,这个高度之上的路线都是陌生的,尤其是海拔8300米突击营地以上的冲顶阶段。"海拔8300米以上的珠峰跟海拔8300米以下的珠峰,在难度上完全是两座山。"此前听了很多次这个说法。

"从突击营地出发后,我们面临的第一个困难就是穿着冰爪在冰岩混合路段行进,大家按照我们之前训练时教的方法就没什么问题。接下来就是整个冲顶阶段难度最高的路段:第一、二、三台阶。"鲁达借助图片为我们详细讲解了这三个台阶的路线特点及通过技巧,海拔8300米以上的难点以最真切的形式展现在大家眼前,每个人都变得紧张起来。

我们都能感受到鲁达面临的两难境地。如果他说得太严重,可能会吓到我们;如果他说得太简单,我们可能不理解要领,导致后面出现状况。"大家不要害怕,难度肯定是有的,这毕竟是珠峰。但请大家放心,我们的向导会全力保障每个人的安全,而且我们在C1、C2和突击营地都安排了救援人员,如果出现险情,他们可以随时开展救援,我们的备用氧气也是充足的。"鲁达的这番话让我们放下了心中的不少疑虑。

"大家在山上一定要服从自己专属向导的指令,千万不能自作主张行动。对于关门时间,我们是要严卡的,没有商量的余地,到了关门时间,不管在哪个高度必须下撤,不然真的会有生命危险。"他在整个会议中不断强调的,就是纪律和服从。

桑珠在会议的最后走进活动帐篷,听鲁达讲完之后,看着大家紧皱的眉头,他轻松地说:"大家不要紧张,我会在大本营全程关注每个队员的情况,大家按照自己平时训练的水平,听从向导的指挥，就没有太大问题。预祝大家成功，我在大本营等你们凯旋。"

过了今晚，我们就要迎来最后的冲刺。七峰梦想能否实现，在此一举。

## 第二节 向顶峰

**终于出发**

"早上好！" 一个多月最期盼的时刻到了，过去几天在大本营等待的焦灼与无聊情绪，被出征前的好天气一扫而光。

"早上好！今天出发，下次再见就是一个星期以后了。"大本营工作人员朗加确珠一边给大家准备开水，一边笑容灿烂地回应着我的问候。

远处的珠峰静谧安详。这份安详很快被准备装备和物资的热闹打破。

"吴总，我们帮你一起收拾行李吧。"普次仁和索朗次仁来到我的帐篷门口。行李要分成两大部分，一个是今晚在海拔5800米过渡营地会用到的，另一个就是从前进营地直到C3及冲顶所需要的个人物品和技术装备。负责运输的牦牛队也是分成两路，小分队只到过渡营地，大部队直接将物资运到海拔6500米的前进营地。

这是一项非常细致的整理工作，好在有两位向导的帮助，我把每个营地需要的物品都拿出来，由普次仁检查确认之后，装在驮包及随身背包里。

"这个厚的手套后面两天的行程都用不到，可以放到驮包里，直接运到前进营地。"普次仁好心提醒我。

"这是备用的，没关系，这个不沉的，我可以自己背。"我告诉他，之前在国外登山时向导和领队都会要求，随身必备一副厚手套。虽然当时的天气不至于用到，但万一遭遇极端情况它甚至可能会救命。

一旁的索朗次仁表示认同："这确实是个很好的习惯。"

我继续往随身背包里塞着东西，冲锋衣裤、滑雪眼镜、卫星电话、两个手机、巧克力棒、坚果、洗漱用品、两壶水。普次仁再一次拦住我，说道："吴总，雪镜可以放到驮包里，现在用不到。另外，带一个保温杯就可以了，不然包太沉了，路上也喝不了这么多水。"

此时，电话铃声打断了我们，我拿起手机看到是凡，她照常问起我今天的安排。

"正在打包行李，一会儿负责运输的牦牛队要先出发。"

"我没有什么事，就是知道你今天要出发，给你加加油。你赶紧打包，别耽误出发。"

从我开启这次珠峰攀登之旅，只要有信号，我们每天都会通话。了解了我的行踪，凡会稍微

放心一些。挂掉电话,看到普次仁手里拿着我的雪镜,在等着我的回应。

"雪镜我是担心在运输过程中压坏了,还是自己背着放心,也没有多沉。"我接过普次仁手里的雪镜,再次放进包里。

至于已经放进包里的一个750毫升的保温杯和一个1升的大口塑料杯,又是我在国外登山的一个经验。在高海拔地区气温很低,攀登过程中很有可能把瓶口冻住,会导致拧不开保温杯的情况发生。备份一个大瓶口的杯子不容易冻住,多喝水也可以起到缓解高反的作用。

防患于未然的意识,让我在多备份和减轻负重的权衡中,宁可选择前者。尤其这次应该是我最后一次登珠峰的机会了,我不希望因为准备不足导致任何闪失。这些一塞完,背包立刻鼓鼓囊囊的了,两位向导看向背包的眼神里带着一丝担忧。

"没关系,我背得动的,这些都是必备的。"我赶紧解释。

"路上要是累了,可以让向导们帮忙背一些东西。"普次仁叮嘱道。抵达前进营地之前的路程,只有领队鲁达和两名向导陪同我们全队行进。我们的个人向导会晚一天出发,直接跨营地到达海拔6500米,和我们会合,省去在过渡营地停留的一晚。

普次仁说完,和索朗次仁提起我的两个驮包,走出帐篷。所有人打包好的行李被集中装到适合牦牛驮运的编织袋或者大塑料桶里,第一批运输队很快就出发了。

收拾好行李的队友们陆陆续续走到大本营空地上,大家的随身背包堆在一旁,我的包明显比其他人的都大。

"老吴，你这包里都装了些什么呀？"

"你是怕把牦牛累到，就自己多背了一些吗？"

"老吴是个善良的人，辛苦自己，造福牦牛。"

面对队友的调侃，我笑笑回应着，赶忙拿出手机回拨给凡。电话很快接通了，"一定要注意安全，有信号的时候记得通电话。我们都在家里等着你成功登顶，平安回来。"电话那头凡的声音，期待之中掩不住担忧。

在给我打电话之前，凡在香港家中刚看到一条令她震惊的新闻，她起身贴近计算机屏幕，一字一句看着醒目的标题——"珠峰南坡，一人丧命，一人失踪。"

2019年珠峰攀登季，第一个官方报道的死亡人员是名叫拉维·塔卡尔的28岁印度男子，他在前一天下午登顶后回到了南坳的4号营地，但第二天早上被发现死于帐篷内。死因不明，可能是由高原反应、脱水和极度疲劳综合引起的心脏病发作或中风。另一位在珠峰上失踪的登山者是来自都柏林的39岁计算机科学教授，名叫谢默斯·劳利斯。

此外，坏消息不断从喜马拉雅传来，一名保加利亚人从珠峰的姊妹峰——世界第四高峰洛子峰下山时殒命。一名印度士兵死在了位于珠峰东南约20千米处的世界第五高峰马卡鲁峰之上。两天前，两名印度人死在干城章嘉顶峰的附近，还有一名智利登山者失踪并推测已遇难，他的尸体或许永远不会被发现。

总之，在喜马拉雅山2019年春季的第一个登顶窗口期，有7个人永远地留在了四座海拔8000米以上的山峰上。我在珠峰北坡晴空万里的大本营，全然不知这些信息，自然也无从想象这些消息带给凡的冲击。

"今年的天气窗口可能会很短，具体的情况现在也说不准，大本营每两个小时都会更新天气预报，判断队伍行动的后续计划，大家只需要注意安全，听从指挥，不要擅自行动。"出征仪式上，总指挥桑珠再一次强调听从指挥和服从命令的重要性。

所有留在大本营的工作人员和我们握手拥抱，不断的祝福声响彻整个大本营。一盘大米和青稞放在了出征队伍的一头，每个人跟着领队鲁达有样学样，抓起一把米粒，撒向珠峰，虔诚祈求神山庇佑与接纳。

队伍向着珠峰进发，我们头上飞过一架无人机。这是珠峰北坡第一次发放无人机飞行的官方许可。

**时空交错**

首次获准飞行的无人机并非以我们为主要拍摄对象，它的目的是要解开珠峰攀登史上的一个谜团。

来自美国的登山家马克·辛诺特（Mark Synnott）拉起一支六人登山队，建立了由十二名夏尔巴人和营地工作人员组成的支持小组，带着这架无人机，从加德满都一路来到青藏高原，最终抵达了珠峰北坡。

马克·辛诺特在一张珠峰北坡的照片上用红色记号笔标出了无人机的空中搜索区域。400张每帧高达1200万像素的航拍照片将搜索区完全覆盖，他在大本营的笔记本电脑前仔细研究着这些照片，唯一的目的就是找到安德鲁·欧文的遗体，揭开一个谜团——在埃德蒙·希拉里和丹增·诺尔盖被公认的人类首次登顶珠峰30年前，英国登山家乔治·马洛里究竟有没有到达顶峰？

乔治·马洛里是珠峰攀登的先驱。他曾参加了英国对于珠峰的前3次探险。1924年6月8日凌晨，他和同伴欧文向顶峰发起了冲击。留守在大本营的队友看到他们在山脊上攀爬，后来下降的云层遮蔽了他们小小的身影。他们再也没有回来。

作为未竟的攀登者，马洛里留下了一句登山史上最著名的话。1923年，《纽约时报》的记者问他："你为什么要去攀登珠峰呢？"

"因为山在那里。"他回答。

1999年，一支美国攀登队在珠穆朗玛峰北坡大约海拔8190米处发现马洛里的遗体。但欧文仍然下落不明。

马洛里曾保证，一旦成功，他将把妻子露丝的照片留在峰顶。而随身遗物中，独缺了这张照片。

欧文带了一架柯达照相机，如果登顶，一定会拍照为证。找到欧文和照相机，恢复胶片上的影像，就能证明他们到底有没有成功。很多团队一次次前往珠峰，寻找欧文，均无功而返。

辛诺特现在和我一起置身珠峰北坡攀登线路上，他相信自己能找到欧文，改写世界最高峰的攀登史。

1999年，发现马洛里遗体的登山队队长，正是我前两次攀登珠峰的向导，曾带领我登顶南极洲最高峰文森峰的大卫·汉恩。同一条珠峰攀登路上，我仿佛穿过时间的大门，与马洛里、欧文有了某种奇妙的牵连。

大卫·汉恩率领的那支找寻马洛里的远征队，最开始在珠峰北坡海拔8190米的风吹碎石坡上偶然发现一具保存完好、穿着第二次世界大战前常见平头钉登山靴的雪花石色遗体时，还以为他是欧文。直到用手指拨弄着遗体上覆盖的一层层破旧衣物碎布，翻过衬衫领子上标有"G. Leigh Mallory"洗衣标签碎片时，他们才确信那就是乔治·马洛里本人。

"哦，我的天啊！"大卫·汉恩后来在一份书面报告中回忆道："我们花费了一些时间才意识到这一点。最后我们终于通透了！我们当时就在乔治·马洛里本人的面前！我们不仅仅在看一具遗体，我们看到的是一个时代，一个我们只能通过书本了解的时代。天然纤维衣服，毛皮衬里头盔,连他周围的绳子都如此传神。当我们站在那里时,这个无声而平静的身体正在试图给我们解答四分之三个世纪以来每个人都在问的问题。"

他们发现的这具遗体显示,马洛里的一条腿骨折了,头骨上还存在一处高尔夫球大小的骨折。他张开双臂,并且手指嵌入碎石之中,似乎在试图阻止滑落。裸露的背部显示出强壮的肌肉组织,登山绳残余仍缠绕在他的腰部,留下一处绳索拉伤痕迹。这很有可能表明,在马洛里滑倒,钩住绳子并滑向死亡时,他和欧文是绑在一起的。

在马洛里的身上和衣服口袋里,他们发现了一个高度计、一把随身小折刀和雪镜。

没有照相机。

大卫·汉恩用照片记录了马洛里的遗体,团队收集了一批所用工具、服装样本,并按照马洛里和欧文的家人在搜寻前提出的要求,从马洛里前臂上采集了一小块皮肤样本进行DNA分析。

然后,他们用一层石头盖住了马洛里的尸体,举行了一个简短的祭奠仪式。

## 不同选择

我们往过渡营地行进的状态,明显比拉练时好了很多。这段碎石路,我们上上下下走了六次,这一次大家一字排开,速度很快,也没有人说话,每个人都紧追前面队友的步伐。周和平走在我前面,不断缩小的间距让我们俩的登山杖不时碰在一起,发出噼噼啪啪的响声。

不到五个小时我们就到达了过渡营地,手表上显示的时间令我有些难以置信。要知道,我们第一次进行拉练时花了整整九个小时才到达这里。我不禁暗暗感慨:"圣山经验真是让人佩服,这一套安排太科学了。现在看来,圣山公司带着我们首次尝试攀登两座海拔6000米以上雪山,减少在珠峰大本营停留的时间,效果很好。包括去吉隆沟休整,都是非常好的安排。"

第二天,我们沿着绒布冰川一路缓慢上坡,来到号称"魔鬼营地"的海拔6500米前进营地。从最开始路过营地帐篷,直到抵达我们自己的营地,足足走了近一个小时。绵延在章子峰东壁的前进营地聚集了很多队伍。那些在帐篷外面晒太阳的外国队员看到我们都很兴奋,他们一边热情地跟我

们打着招呼，一边互相击掌，"中国队伍上来了。"原本以为这里只有我们的修路队和运输队，没想到有这么多人，感觉所有队伍都在这里了。

西藏圣山公司副总经理旺青索朗走进活动帐篷，了解我们的状态，他是前进营地的指挥官，和身在大本营的总指挥桑珠打配合。旺青说："这里确实有好多队伍，其中一些队员已经在这里等天气等了好几天了。现在所有队伍都盯着我们，只要我们的修路队一出发，他们就会跟在后面等着冲顶。"

今年珠峰北坡春季攀登的第二次窗口期，大约在5月21日至24日，大部分登山队似乎已确定了5月23日是最佳登顶日。西藏圣山公司的修路队即将再次出发，把路绳一直铺设到山顶上，山上所有的队伍都蓄势待发。

没多久，我们每个人的向导也来到前进营地，他们直接从大本营跨营过来，并没有比我们晚多少。从这里开始，向导就要一直和自己负责的队员在一起了。

相比我们马不停蹄向更高营地进发的节奏，马克·辛诺特的队伍选择了等待。在他们看来，所有人扎堆在第二个天气窗口冲顶是一件好事，因为之后就没什么人上山了，如果天气条件良好，他们就可以在其他人离开之后再进行攀登。

这是从一开始就计划好的，此刻身在大本营的辛诺特很清楚，如果这座山上人太多，他们就

无法离开既定路线去寻找欧文。

山上拥挤不堪，这也导致了不确定性的相应增加。一组令人震惊的统计数据，也促使他们决定必须要避开大规模登山人群。据统计，大约1%的登山者在珠峰登顶那天不幸丧生。

5天之后，大约200人计划沿北坡传统路线前往顶峰。

第二天，没有人提早起床，海拔6500米的气温已经明显比大本营低了许多。此外，旺青索朗已提前通知，必须等到上午11点收到最新的天气预报才能确定是否可以前往北坳。

直到温暖的阳光洒在帐篷上，大家才陆续起床。我走出小帐篷，就看到修路队和运输队已准备好出发。在山上，能力越强，自由度越高。我们所无法抵御的风险对他们来说微不足道。

时针指向11点，所有人的目光聚集在旺青索朗的指挥帐篷上。与大本营进行了详细的汇报和沟通后，他掀开帐篷门走了出来，我们都盯着旺青索朗那张被阳光晒得黝黑的脸庞。

"大家不要这么紧张。都别盯着我看了，我也没那么好看，可以准备出发了。"他咧开嘴大声宣布。一个简短的行前动员说明会后，我们在向导的帮助下收拾睡袋、换衣服、整理背包。

在前进营地，我们就代表着中国队，一举一动都被其他队伍牢牢盯着，看着我们在做出发前的准备，整个前进营地立刻变得忙碌起来。

从这里出发就要穿连体羽绒服和高山靴了，我的背包里主要装了路餐和热水，还有必要的备份衣物，加起来大约六七公斤。普次仁和索朗次仁每个人背上65升的背包塞得满满的，还要外挂我们的睡袋、防潮垫。提一提他们的包，差不多有20公斤重。

在前进营地的煨桑台，旺青索朗带着大家面对北坳冰壁祈福，他厚实的手掌依次握住我们每个人的手，送上一句："一路平安，等你们登顶回来！"

队伍浩浩荡荡，我们成为前进营地的流动路标。跟在后面一起出发的，几乎是整个营地所有队伍的队员、向导、协作及运输人员。岩石路段上只有一条窄路，刚出营地大家就要排着队慢慢往上走了。

普次仁走在前面，我在中间，索朗次仁殿后，这样两个向导可以更好地关注我的状态。

从前进营地出发走了一个小时后，我们看到一些戳在雪里的蓝色塑料桶，这里是换鞋处，所有人要在这里穿上冰爪和安全带。向导们根据标记寻找自己队伍的桶，索朗次仁很快找到我们的桶，拿到了我的技术装备。它们是半个多月前从北坳拉练下来之后被放进桶里的。

接下来就要踏上冰雪路段了，北坳冰壁像一面巨大的墙，立在冰原的尽头。先于我们出发的修路队和运输队已经变成这面白色大冰壁上移动的小黑点。

冰壁脚下，路绳起点，大家把自己的登山杖插在路边的雪里，等待下山时再取回。看到我只放下一根登山杖，普次仁提醒道："吴总，后面的路都有路绳了，用登山杖可能不太方便。"

"我已经习惯用登山杖了，这样走起来会轻松些。"我把主锁和上升器挂在路绳上，向他演

示如何一只手推上升器，一只手撑着登山杖快速前进。吸取了上次卓奥友的教训，我再也不会轻易离开我的登山杖了。

普次仁放心地走在了前面，索朗次仁还是跟在我的后面。队伍在一处陡峭的冰壁前停住了。这个冰壁有三米多高，看上去几乎垂直，要排队等着前面的人一个一个通过这里。遇到胆子小、攀冰技术不熟练的人，等的时间就更长了。又赶上一支庞大的印度登山队从上面下来，拥堵加剧。

普次仁决定我们三个人在这里休息一下。

"吴总，我帮你在这里拍张照吧，后面的景色很美。"索朗次仁主动说道。

挂在冰壁上的我这才顾上回头看看一览无余的冰原，远处的前进营地好像一片微缩景观。年轻的索朗次仁举着手机，难得跟我开了句玩笑："吴总，你笑一下嘛，我们这才刚上北坳，可不能在这里就累得笑不出来啊。"

这句话让我放松了一下，镜头里的笑容也自然了许多。原来在向导眼中，我是一个很专注于登山的人，平时不怎么笑，也很少说话。

通过了这个难点，之后的冰壁被反复上下的队伍踩出了台阶，省力不少。有了登山杖的助力，行进速度也提升了，只用了四个半小时，我们就抵达C1，海拔7028米的北坳营地。

从这里开始，队员们需要两两结组同住一个帐篷，我和王静在一组。每个帐篷里必须有一名向导，以便观察队员晚上的状态，及时提供帮助。索朗次仁在今晚承担了这份责任，普次仁和王静的两个向导一起住在球形大帐篷里。

"吴总，跟您商量个事情。"领队鲁达找到我，"明天可不可以让索朗次仁提前出发，和运输队一起到7790建营？"

"我们的营地不是在运输氧气的时候就建好了吗？"

"高营地没办法提前那么久建好，会被风吹走。"鲁达解释道，"明天我们有5个协作去建营，但是7790风太大，5个人搭10顶帐篷用的时间会比较长，我们打算再派2个向导一起帮忙。

这样就能确保大家到达7790的时候可以直接进到帐篷里休息。"

"明天的路线难度如何？普次仁一个人跟着我能不能搞定？"

"明天的难点主要在海拔7500米的大风口，通过之后，就是冰岩混合地带，我们也是根据之前拉练和前几天的表现，觉得您的能力在队员里面是比较强的。明天的路线一个向导跟着您是没有问题的，所以就想跟您商量一下，看能不能抽调索朗次仁去建营。"

"好的，没问题，那就让他去吧。"

"谢谢您的支持。"

没多久，索朗次仁把热腾腾的晚饭端进了我们的帐篷，晚饭是运输队从前进营地背上来的炒饭。吃过之后，待天黑休息。

一夜无话，等着上C2。

## 新征程

早上，索朗次仁最先起床，跟着运输队提前出发建营去了。普次仁和王静的两个向导接替他，烧水、做早餐，一个小时后，我们也踏上前往C2的征程。

从C1出发我们就要全程吸氧了，背包里多了一个重3.5公斤的氧气瓶。这额外的负重是必需的，因为在这个高度之上，氧气就是生命。

氧气瓶上的压力表显示压力约为290帕。调节器上的刻度盘从"0.5"到"4"提供8种不同的流速。这是一个简单的系统：指向"1"时，可提供每分钟1升的氧气；指向"2"时，可提供每分钟2升的氧气，以此类推。流速越低，得到的氧气越少，但使用时间越长。按照每分钟1升的流速，一瓶可以持续1200分钟，也就是20小时。按照每分钟4升的流速，一瓶可以用5个小时。一般情况下我们睡觉时氧气开在"0.5"档，行进时缓坡开到"2"档，爬陡坡、攀岩壁或者冰壁开到"3"档或更高档位。

普次仁将调节器牢牢固定在我的氧气瓶上，打开阀门，问道："有没有氧气？"我感受着氧气面罩里面涌出的气流，冲他点点头。经过此前卓奥友的攀登，我已经可以很快适应戴氧气面罩了。我想，这应该就是西藏圣山公司要求从北坡攀登珠峰的队员必须要有8000米级山峰攀登经验的原因之一吧。

普次仁帮我把氧气瓶放进背包里，我们俩都背好包之后，他用手势示意我，可以出发了。戴上氧气面罩之后，我们本就不多的语言交流就更少了。

一路向上翻过几个雪坡，我们很快来到珠峰北坡著名的"大风口"。这是一个山脊，从绒布山谷来的风沿山体往上，横切扫过山脊。如果赶上大风，甚至有可能把人吹下山脊。

大风夹着雪粒从右边山下呼啸而来。我抬起一只脚，想要往前走，立刻被风吹得东倒西歪。

挂在路绳上的其他队友也都走得跟跟跄跄。在大风中艰难前行了200多米，走在队伍最前面的领队鲁达停下脚步，思忖片刻，他做出决定并掉转头说"我们下撤，风太大了，不能再往前走了，太危险。"

这是我们前期拉练时的遭遇，那一次原本计划要通过大风口到达雪岩交界处。然而，今天天气不错，尽管"大风口"依然不太平静，但我们走起来还算平稳，最终顺利通过。

雪线到海拔7500米处就结束了，接下来就是雪岩混合地带，已经能远远看到营地里的帐篷陆续搭起来了。我把另一支登山杖留在这里，等下山时再用。

这之上，都是我没有走过的路了。

冰爪刚一接触到岩石，我就脚下一滑，完全没有扎进冰雪里的稳定感，手上赶忙抓紧路绳，稳住身体。

"小心！"走在前面的普次仁不时回头看看我，"跟着我的落脚点走。"

他很有技巧地踩在石头缝的积雪里，在复杂的路面找到合适的落脚点。我紧跟着他的脚步，

之前在雪坡上一步一步很舒服的节奏感也没有了，走得很费力，速度也慢了下来。

"吴总，我们的帐篷在这里。"就这么埋头走着，头顶上突然传来索朗次仁的招呼声。马上就到营地了。

C2就建在一个暴露极强的乱石斜坡上，每一顶帐篷都用了很多石头和钎子来固定。我钻进我们的小帐篷里，看看表，耗时四个半小时。普次仁也看了看表，只不过他看的是我的氧气表，他帮我把流量调小了一些，接着说："到晚上再换瓶新的。"

王静和我前后脚抵达营地。在这里，我们要四个人挤在一个帐篷里。普次仁用藏语叮嘱了索朗次仁几句，就去到他自己的帐篷了。

王静的一个向导在外面装好一口袋的雪，递进来，索朗次仁坐在帐篷一侧，在小小的门厅里化雪烧水。他们配合得很默契，全程都无须语言沟通。

**南北两重天**

晚上6点，索朗次仁煮好一碗方便面递给我，我三下五除二吃完，赶紧钻进睡袋里，躺下休息。

此时此刻，在珠峰的另一侧，冲顶的人已经出发了。南坡的C4位于海拔7900多米处，由于距离顶峰路线很长，下午5点就有队伍出发冲顶。

珠峰海拔8000米以上的地区被称为"死亡区"，南坡的希拉里台阶则是"死亡区"中最艰难的一段，希拉里台阶海拔8790米，离登顶只有一步之遥。这是一处几乎垂直的裸露山体岩石断面，长50~80米，仅能容一个人通过。一侧是万丈悬崖，一侧是常年累积而成的冰壁。上下只有这一条路，在冲顶阶段，这里很容易造成拥堵。

因为路太窄，登山者必须抓着路绳逐人通过，所以堵在这里的人们每隔一两分钟就要紧贴着冰壁，给对面的人让出空间，方便他们摘掉或者挂上安全锁。一摘一挂之间，稍有不慎就会跌落万丈深渊。在海拔8790米的、几近垂直的岩石山壁，进退两难，动弹不得，体力、氧气却在不停消耗，担忧和焦虑的情绪迅速感染了那条窄路上的所有人。

当太阳照在珠峰北侧的时候，两位向导先起来烧开水、做饭。一切收拾妥当后，我们的队伍在这个斜坡上分散出发。

今天的路基本都是陡坡裸石路，几乎没有什么雪。冰爪踩在坚硬的岩石上，发出刺耳的声音。推动上升器，后脚用力踩踏，前脚移动重心向上，迈出一步，深呼一口气，就这样一步一步地往上。普次仁和索朗次仁一个在前面帮助我通过路绳节点，一个在后面随时观察我的体能状态，检查调节我的氧气。

坡度越来越陡，暴露感也越来越强。山体经受四季风雪和紫外线的侵蚀，石头变得松散。我们走在上面就像踩在碎石堆上，不断有小碎石掉落，发出哗啦哗啦的声音。

从C2到C3也是四个半小时。海拔8300米的C3位于一个30度的斜坡上，而我们队伍的几顶帐篷都在整个营地的上方，因此，凌晨冲顶时就可以直接出发，不需要穿过其他队伍的营地。

C3还是四个人一顶帐篷，换普次仁和王静的另一个向导来照顾我们。冲顶出发时间定在凌晨1点，休息时间只有短短几个小时。

想着公司尚未处理的事，我拿出华为手机作为热点，然后用苹果手机回复邮件，处理工作，王静看着我在用手机，好奇地问道："吴总，你有网啊？"

"对，这里有电信的4G信号。"

"信号好不好？能发出去信息吗？"

"还可以，有点慢。"

"那我能连一下你的热点吗？"王静从连体羽绒服内侧口袋里掏出自己的手机。

我点点头回答道："可以呀，我告诉你密码。"

她把手机递过来，让我直接输入网络密码，片刻之后，我听到她的感慨："真的可以上网，谢谢吴总。"通过氧气面罩传出的声音听起来咕噜咕噜的。

在珠峰的南坡上，来自美国犹他州的多纳德·卡什刚刚完成他"7+2"计划的最后一站。他在尼泊尔时间早上8点10分成功登顶。那时，我刚刚从C2出发。

多纳德·卡什下撤到希拉里台阶时，他们所处的位置正遭遇着严重的堵塞。前方队伍停滞不前，人群拥挤。每个登山者都希望尽快离开这个高海拔的危险区域，但动弹不得。

多纳德·卡什和他的队友们站在队伍的末尾，焦急地等待着能够继续前进的机会。突然间，队伍中发出一阵骚动，多纳德·卡什无力地倒在地上，失去了意识。

夏尔巴向导立刻察觉到紧急情况，立即展开心肺复苏，同时，他也加大了多纳德·卡什的氧气流量，希望能够唤醒他。然而，一切努力都成了徒劳，多纳德·卡什永远地停留在了希拉里台阶上。珠峰是他"7+2"计划的最后一站，也成为他生命的"终点站"。

## 第三节 珠峰悲喜

**冲顶**

在珠峰北坡海拔8300米的突击营地，汇聚了一百多名来自世界各地的登山者。一个好消息给整个营地带来了巨大的鼓舞——就在我们前往这个营地的途中，西藏圣山公司的六名修路队员成功地将路绳铺设至顶峰。在这之前，他们已经几次因山上雪面过厚、风力过大，不得不下撤休整。

铺设到达顶峰的路绳是一项艰巨而危险的任务，需要精湛的技能和丰富的登山经验。这条铺设完成的路绳为我们登顶提供了重要的安全保障。自2009年起，西藏圣山公司就全权担负起珠峰北坡的修路职责。修路队一般由顶尖的向导组成，他们要在几乎无保护的情况下，在雪线之上铺设辅助的路绳，后续攀登者便可借助上升器等装备将自己固定在路绳上。

再过几个小时，我们就要沿着他们打通的路线向顶峰进发。

"吴总，没什么事情的话，就早点休息吧，抓紧睡几个小时。"拥挤的帐篷里，普次仁提醒我。我还在专注地使用手机处理工作事务。

"好的，我马上睡。"迅速发完最后一条工作消息，我把手机放进连体羽绒服的内兜里，看看表，晚上8点，还可以睡三个多小时。

在海拔8300米的高度，晚上八九点，太阳还挂在天上，帐篷里人挤人，睡不着，只是熬着。突击营地很难找到平的地方搭帐篷，我们的帐篷几乎是挂在这个斜坡上，放在帐篷里的装备全都滑到了边缘。我侧着身体躺在睡袋里不敢动，生怕动一动就连人带帐篷一起滑下去了。

过了一会儿，整个身体由于重力作用，自然就会向脚那边滑动，我必须用脚蹬住帐篷最下方，将整个身体推回去，没几分钟，又开始循环。尽管是在躺着，可我总感觉自己像是在一个慢慢下滑的滑梯上。

一想到再过几个小时就要开始最后的冲顶，我在心里强迫自己迷迷糊糊地睡了一会儿。也不知道迷糊了多久，我的眼前忽然有光闪起，光束毫无规律地不时扫过我们的帐篷，原本窸窸窣窣的声音变得越来越清晰。有队伍要出发冲顶了。

我掀开眼罩，又一次看看表，晚上10点半。还有一个小时可以睡。

没过多久，普次仁和王静的向导起床开始烧水了。我继续在他俩偶尔的藏语交流中迷糊着，直到晚上11点45分，普次仁拍拍我，说："吴总，该起来收拾了，您的水壶在哪里？"

我从睡袋里坐起来，摸到冻出一层霜的保温壶，递给他。一旁的王静也被向导叫了起来。我们俩都戴着氧气面罩，就省略了互道早安的礼节。

普次仁把刚烧开的热水灌进我的壶里，壶口蒸腾的水汽给满是冰霜的帐篷增添了短暂的温暖，"水壶放到包里，您先穿好连体服和高山靴，我来做早饭。"他手里拿着两包麦片，询问着，"吃这个对吧？"

一包是我特意带过来的自己平时就喜欢吃的，一包是西藏圣山公司准备的高海拔补给。我点点头，表示同意，在这样的高度，惜字如金可以减少体能和氧气的消耗。同样戴着氧气面罩的普次仁回应我一个"OK"的手势。

四个人在一顶小帐篷里分头行动。坐在睡袋里面，把连体服穿上，并非一件容易的事。本来行动就迟缓，还要注意氧气瓶的管子不要被压到、扯到。

努力拉好连体服的拉链之后，普次仁端着一碗煮好的麦片递过来。我还没来得及穿高山靴，早饭就已经做好了。吃完一碗，我又加了一碗，出发之后肯定没什么机会补充能量了，现在要多

吃一点。两碗麦片下肚,开始穿高山靴。

这又是一项大工程。

海拔8300米的高度,即使是帐篷里,温度也在零下20多摄氏度。我掀起睡袋,拿起垫在脚下的两只高山靴外靴,发现它们已经被冻得硬邦邦的了。放在睡袋里面的内靴被摸出来时还稍微有些温暖。内靴还算好穿,这项大工程的难点在于把内靴蹬进外靴里。

这项任务既需要技巧又需要体力。把脚放进靴子里需要找到正确的角度,拥挤狭小的空间使任务的难度进一步增加。好不容易把内靴塞到外靴里面,技术难题攻克,接下来就是体力活了。我提起高山靴的鞋帮使劲往后扯,与此同时,穿着内靴的脚使劲往前往里面挤,当两只脚依次踩实在鞋里,我明显感到呼吸急促。

穿高山靴的大工程完成,用时20多分钟。

这时,普次仁也在帐篷外面拿了一瓶新的氧气瓶,招招手示意我收拾好背包就出来。王静已经在我之前出去穿冰爪和安全带了。

普次仁在帐篷门口,接过我的背包,再小心翼翼接过我的氧气瓶,生怕扯到管子。最后,他接过缓慢挪到帐篷口的我,用力拉了一把,我就站在了帐篷外面。另一位向导索朗次仁也站在那里。

远处的登山线路上,长长一队的头灯灯光,好像给雪山装饰了一串圣诞彩灯。数百只"小萤火虫"正慢慢向着地球最高点前进。在我被这些灯光吸引的时候,索朗次仁已经迅速地帮我更换好氧气,并把满满的氧气瓶放进我的背包里。

附近的队友们纷纷做好了出发的准备。收拾妥当的王静向我挥挥手,我们互相比着手势给对方加油。随后,她就转身加入了这支长长的、向上攀登的队伍。

我穿好冰爪和安全带之后,普次仁带我走向通往顶峰的路绳。我拉住他,告诉他我需要上个厕所,每次登顶前,我都有这个习惯,否则走在路上感到不踏实。

"就这里吧。"普次仁带我往营地边上稍稍走了一点,他把我的主锁挂在保护绳上,并且和他自己的主锁挂在一起,双保险。

在一片斜坡的营地,要找一个安全又隐蔽的地方,并不现实。相比隐蔽,安全更重要。顾不了那么多了,我把安全带解开褪到腿上,拉开连体服后面的拉链,在普次仁的注视下,蹲在海拔

8300米的斜坡上。这种感觉很奇怪。这种奇怪让我毫无便意，蹲了一会儿，时间不等人，我只能放弃，重新穿好连体服和安全带。一番折腾后，看到队友们已经陆续出发了。

5月23日凌晨1点10分，比预计出发时间稍晚了一些，我终于踏上了冲顶之路。两位向导，一个在前一个在后，我们也出发了。

**"超车"**

珠峰北坡的冲顶过程一般从凌晨开始，登山队员从突击营地出发，赶在清晨或上午时分登顶，同时设定关门时间，关门时间一到无论在哪里都必须马上下撤。今年规定最晚的下撤时间为下午两点。

按照惯例，每年桑珠都会在冲顶前召集会议，与所有队伍的领队共享气象信息，并商讨、分配各队从突击营地出发的时间。每支队伍的正式冲顶都是从不同时间开始的。和城市交通一样，错峰出发，目的是避免拥堵。

然而，刚出发不久，我们就被堵在了路上。我们前面是一支动作缓慢的印度队伍，我们跟在后面也只能走一步歇半天。

从突击营地往上只有一条狭窄的小路，所有前往顶峰的人全都挂在一根路绳上。"超车"很难。要把挂在路绳上的主锁解下来再绕过去，这时候是没有保护的，很危险。而且要加快速度，连超好几个人，很容易打乱自己的节奏，也很累。

所有人都谨慎地选择了等。

在那里等一段时间，对我来说不是一件坏事，慢慢走更容易找到自己的节奏。停下来等的时候，索朗次仁会上前问我："冷不冷？要多活动手脚。"再检查一下我的氧气是否正常。多买的两瓶氧气给了我底气，即使被堵在路上，也不用把氧气流量调低。普次仁也会回头看看我，看到我站在那里一直跺脚搓手，就放心了。

就这样走走停停了好半天，我开始感觉有点儿冷了。在坡度稍缓的路段，普次仁回过头，向我凑近说道："他们走得太慢了，我们要超过去。"我点点头。身后的索朗次仁接收到"超车"指示后，调大了我的氧气流量，普次仁同时摘掉了我挂在路绳上的主锁，和他的主锁挂在一起。索朗次仁在最后，"超车"时互相保护，万一发生滑坠，可以有效形成制动。

慢悠悠的印度队伍人数不少，每五六个人之间有一个空档。普次仁一个手势，"超"，我和索朗次仁紧跟其后。为了保障安全，必须尽量缩短"超车"时间。普次仁走得很快，我跟得很费劲。

高效而安全的"超车"是成功攀登8000米级高峰的基本技能之一，尤其在近年来山上人满为患的情况下。当我们接近速度较慢的攀登者时，两位向导和我形成了一个默契，普次仁会通过手势示意索朗次仁将我的氧气流量调高至"3"或"4",这样做可以帮助我快速超过他们。一旦我们顺利通过并安全返回主路线,索朗次仁会降低我的氧气流量。而他们自己,和大多数登山向导一样,流量设定为"1",并保持一整天。

那天早上我们使用了好几次这种策略。尽管每次完成"超车",我都要花很长时间才能恢复正常的呼吸和步伐节奏,但这个策略无疑是非常奏效的。我渐渐从最后一个出发赶超到我们这支队伍的前三分之一位置。

**上台阶**

从北坡攀登珠峰,大部分难点都在海拔8300米以上。而最大的难点就是海拔8500米以上的三个台阶。这些可不是普通的台阶,全都是至少十几米高的接近垂直的大岩石,在那样的海拔高度攀爬这样的岩壁,即便有梯子助力,自然环境也将攀登难度放大了很多倍。

通向这些台阶的路,同样是巨大的挑战,全都是暴露感极强的横切路段。好在夜色朦胧,脚下的横断面看得并不真切,我小心地贴着悬崖边一步一步往前走。

海拔8500米,第一台阶,一个差不多60度的圆形岩石坡。

"吴总,我走前面,你跟着我的手点和脚点往上爬。"普次仁停在岩石下面叮嘱道。

我伸手调整了一下头灯的角度,好看清楚他每一步手抓在哪里,脚落在哪里。

第一台阶顺利通过,难度可以接受。

这时,我才注意到,西边天空上挂着一轮在云层中忽隐忽现的半月,积雪在月光的照耀下发出微光。雪下得很小,断断续续的,雪花纷飞在我的脸上。

慢慢走到第二台阶,海拔8680米左右,这是角度几乎完全垂直的岩石路段,也是珠峰北坡路线中最难的部分,只能单人通过。1975年由中国登山队员在这个位置首次架设了梯子,被称为"中国梯"。2008年,"中国梯"被新的金属梯替代。

在我们来到第二台阶之前,三名印度男青年正困在两段梯子上,进退不得。他们身后,被堵住的队伍越等越长。

第二台阶并不是一堵连续的岩石墙。它大约27米高,被分成了两层,中间有一块较平坦的雪区。底部是一个之字形斜坡,没有顶部陡峭。第二台阶架设了两段梯子。底部的梯子并没有固定,必须抓牢梯子两侧的路绳,才能站上去。

其中一个印度小伙子根本不知道该如何爬上这个摇摇晃晃、格格作响的梯子。在焦灼等待的所有人的注视下,他踩上梯子的第一层梯级,脚不断打滑,不敢往上爬。更高处的另一个印度小伙子境况也好不到哪去,第三个胆怯地在下面等着。他们的三个夏尔巴向导穿插其间。

一开始,三位向导用不是很熟练的英文充满耐心地鼓励着这三个年轻人,"加油,你能做到的！你一直都爬得很好。"然而，随着时间的推移，他们逐渐发现这些鼓励的话语并不能改变年轻人的无效尝试，夏尔巴向导的耐心消耗殆尽。"不要乱动！低头看你的脚！把脚放在我跟你说的地方！认真点爬！"他们终于忍无可忍大喊大叫起来。

站在第二台阶下，仰着头等候的每个人都不停地跺着脚，挥动手臂来保暖，维持血液循环。向导们纷纷调小了客户的氧气流量。

经过半个小时无望的挣扎，三个夏尔巴向导决定采取另一套方案。他们其中一个迅速上到梯子顶端的岩石，从上面伸出手抓住爬得最高的印度小伙子的安全带，另外两个向导站在下面的梯级把他往上推。就这样，三个小伙子被依次拖拽上去。这场海拔8680米的交通堵塞总算解决了，人流开始缓缓移动。

终于轮到我了。对于爬梯子，我并不担心。之前两次的南坡之行，已经爬过很多梯子了，横的、竖的、长的、短的都有，只是没有在这么高的海拔。

金属梯边上挂着很多条绳索，这里面只有一条是在我们冲顶前一天刚刚铺设好的。不小心挂错路绳的话，就会很危险。"主锁挂在红色绳子上，这是今年的新绳子。"普次仁在前面适时提醒着，他爬上梯子，回头对我说道："爬梯子的时候，手不要只抓红色的绳子，像我这样，抓住所有的绳子。"

他很快爬完第一段梯子，站在岩石平台上等着我。我模仿着他的操作也上来了，紧接着是跟在后面的索朗次仁。再往上就是第二台阶"中国梯"的位置。五个梯子绑在一起，总高度大约7米。依然是晃来晃去的，由于梯子的高度更高，晃动的幅度也更大。

还是普次仁打头阵。"像我这样，一只手扶住梯子，另一只手抓住上面的绳索。"他依然耐心地为我做着示范，又补充一句，"每一步踩稳了再迈下一步，不要着急，慢慢来。"看到我点点头，他转过身三下两下上到第二台阶顶端。我在后面一步一步爬到梯子最高的一级，发现离岩石顶端还有1米多，并没有办法一步直接上去。

"再往上迈一步，踩到两个扶手上。"普次仁在岩石上俯身向我喊道。

"这踩得稳吗？"站在摇摇晃晃的梯子上，我心里犯着嘀咕。给自己鼓了鼓劲，颤颤巍巍地站上梯子的两个扶手，像踩着高跷一样，两只手死死抓住新的、旧的所有路绳。

普次仁伸下一只手，另一只手给我指出下一步的脚点，"把手给我，脚踩在那个位置。"我把手伸过去，一只脚踩在普次仁指的地方，正准备用力，另一只腿感受到一股向上送的力量，是索朗次仁，他赶上来托了我一把。

终于上来了，最难的部分通过了。我还没来得及松口气，普次仁就示意我继续前进。毕竟我们已经在这里耽误了不少时间。

过了第二台阶，要沿着山体转到后面的路。这时，天已经蒙蒙亮了，身旁悬崖的暴露感开始若隐若现。"不要往下看，不看就不会害怕。"我强迫自己只盯着脚下被头灯照亮的一小片地方。

"小心，这块石头有点松。"普次仁再一次回头提醒并示范起来，"右脚轻轻点在这个石头上，左脚尽快踩到更稳的地方。"说完，他很快过去了。

这一次我虽然照样点了点头，心里实在没底，"万一我踩上去，这块石头滑下去怎么办？下面就是悬崖啊。"

普次仁看我停在那里，没有动弹，说道："不要想那么多，踩一下很快就过来，你的主锁挂在路绳上，不会有危险的。"他似乎猜到了我心里在想什么。

我还在犹豫着，"这怎么可能没有危险？"

"我们要抓紧时间了！上面还有第三台阶，再上面还要走很远，不赶紧上去天气要变了！"一向很有耐心的普次仁有些着急了，他伸出手准备拉我一把。

索朗次仁站在我身后，没有说话，但他只是站在身后就给了我一些安全感。我果断地踩上那块松动的石头，脚下摇晃了一下，心也跟着摇晃了一下，同时，左脚迅速地踩稳，这时候右脚踩的那块石头已经落入了落差3000米的绒布冰川。

到了第三台阶，天已大亮。"那是老杨。"我和两位向导排队等候时，通过连体羽绒服和帽子的颜色，认出岩壁上正在攀爬的那个人。

他没有使用上升器，爬得很费力，两只手不停摸索可以抓住的石头。在第三台阶上，有很多看似可以用手去抓的石头，但是它们都不是很固定，非常容易掉下来。

索朗次仁拽拽我的背包，示意我往后站一些，"小心落石"。

"是不是用上升器会好爬一些？"我一边往后退一边询问道。

"对，一会儿我们上的时候要用上升器。"索朗次仁回答道。

轮到我把主锁挂上路绳时，我把上升器也挂了上去，吸取老杨的教训。左手拉紧上升器，右手找岩石上可以抓的缝隙，三下两下就上去了。珠峰上这最后一个台阶，确实也是最容易的一个。

随之而来的是暴露感极强的横切路段，天亮了之后，它就越发令人害怕。因为不管你想不想看，有没有刻意去看，那3000多米的巨大落差就那么直截了当地呈现在眼前。

这时，已经有登顶成功的队伍开始下山了，我们不时地停在横切路段，给他们让路。"身体往岩壁上靠，注意安全。"普次仁提醒着我，然后切换着语言对擦肩而过的外国登山者祝贺道："扎西德勒！Congratulations！"

有些人兴致勃勃地一字一句地学着藏语回应他："扎——西——德——勒！"而有些人明显状态不佳，走得很慢。向导们拉着自己客户的主锁，小心翼翼地从我身旁绕过。普次仁示意我加快速度，尽快通过横切路段。在这里让路，实在是很危险。

终于通过横切，面对着通向顶峰的最后一个雪坡，我心想："应该过完所有的横切了吧，后面就是顶峰了。"

我看到老杨就势坐在雪坡上休息，还有一些其他队伍的人都在这里休息，吃东西补充能量。尽管已经快九个小时不吃不喝了，我还是不想停在这里，一鼓作气到顶再说。我从老杨身边超过去，开始爬上雪坡，可以看到前面所有朝着山顶前进的人。

"吴总！你怎么样？状态还好吧？"突然，一声兴奋的招呼穿透氧气面罩，传了过来。

是王静！

"你登顶下来了？"

"是呀。"

"祝贺你。"

"谢谢，你也加油，没多远了，拐过去再往上一点儿就是顶了。"她回身用手指了指前面不远的位置。

挥别了王静，我很快来到大雪坡的顶上，以为看到的就是顶峰了，没想到，还有一个横切！

"到底还有多远才能到呀？"眼前的情形让身心俱疲的我有点崩溃。

"这回真的快到了，过了这个

横切再走一小段就到顶了。"普次仁安抚着我的情绪。

## 登顶

普次仁没有骗我,过了横切,爬上一段岩石坡,终于看到顶峰了。精神上的稍稍放松,让身体一下子感受到了九个小时没吃没喝的疲累。

"我想在这里休息一下,吃点东西。"我停下脚步,跟普次仁说道。

"吴总,马上到顶峰了,差不多走十分钟就到了。我们从顶峰下来回到这里可以休息一下。"普次仁建议我继续往前走。

看看近在眼前的顶峰,我决定继续前进。一步一步往上走,离顶峰越来越近了。快到顶峰的时候,两位向导默契地停下脚步,等着我先登顶。

顶上人很多,不停地有登山者从山峰两侧涌到这里。我们必须从人群中挤过,来到顶峰挂起层层叠叠经幡的位置。

北京时间2019年5月23日上午10点03分。

普次仁让我坐在那里休息一会儿。他拿出对讲机向身在大本营的总指挥桑珠汇报,他们两人的藏语交流我听不懂,但能听到桑珠说的最后一句"扎西德勒!"很快,对讲机里的语言切换成我能听懂的了,"祝贺吴皓成功登顶珠穆朗玛峰,扎西德勒!"普次仁用手按住对讲机,伸到我的面前,我向大本营回应道:"谢谢桑总。"

汇报完毕,普次仁从他的背包里拿出我需要拍照的旗子。索朗次仁用他的照相机为我们拍了合影,又迅速地帮我把带上来的所有旗子拍完。我拦住他正要盖上照相机盖的手,从连体羽绒服的内兜里掏出一块海螺化石,是送给凡的礼物。

亿万年前,喜马拉雅山脉汪洋一片,历经沧海桑田的巨变后,海洋褪去,山峰隆起,那些曾经生活在海洋中的生物,换了一种形式永久地留在了喜马拉雅层峦叠嶂的褶皱中。

站在索朗次仁的镜头前,我手拿这块海螺化石,见证了地球亿万年间的时空变迁,也记录了我带它来到世界之巅的时刻,凡应该会喜欢这份礼物的。

趁着拍照的机会,我站起来往身后的南坡看了一眼,很多人正在慢慢向着顶峰前行。我站在珠峰南北坡汇合的最高点,环顾着世界之巅的风景。

东面,太阳高悬于青藏高原上空,在

清澈的蓝天中闪烁，地平线有着看起来不太协调的弧度。

南面，俯视着世界第四高峰洛子峰、第五高峰马卡鲁峰，平日里让人高山仰止的8000米级山峰，从这个高度来看，它们却显得如同精心制作的立体模型一般。

经过15年的坚持和努力，我终于站在了珠穆朗玛峰的顶峰。攀登珠峰不仅是一项极限的体力挑战，更是毅力和精神的象征。这些年来每一次攀登、每一次挫折和怀疑，以及无数个小时的训练，都在考验我的决心，塑造我的性格。我明白，每一次失败都是垫脚石，而非障碍。

当我凝视着无边无际的雪地和天空时，我没有感到兴奋或难以置信，那是需要下山之后过一段时间才会有的感受。在那一刻，身体的疲惫与由衷的释然交织在一起，唯有一点感悟：我终于做到了！

清新的空气和令人惊叹的景色带来了平静，四周的喜马拉雅山脉让人感到谦卑。曾经攀登过这座山的先辈们，他们的故事与珠穆朗玛峰的历史交织在一起。能够体验这样一个时刻，是这个星球上极少数人有机会享有的"特权"，心中涌起一种深深的平静与满足感。

十几分钟后，普次仁适时提醒道："吴总，我们要抓紧下撤了，天气要变了。"

顶峰并非终点，70%的登山事故都是发生在下山时。

## 下山路

晨光熹微，横切路段的险境也被完全暴露了出来。我每一步都走得小心翼翼，战战兢兢。抵达第二台阶的顶端时，那里人头攒动，队伍排得长长的。前面有二十多个人正在等待着爬下梯子。

天气正在以肉眼可见的速度恶化，回看顶峰，从山谷沸腾的云朵慢慢升起，吞没了珠峰的顶部。开始下雪了。凛冽大风卷着雪花，气温在急剧下降，站在那里不动，顿时感到寒冷刺骨。

"手不冷吧？脚要在鞋里面多活动。"普次仁用力拍打我戴着羽绒手套的双手。队伍里的每个人都在拍着手、跺着脚，焦灼等待着。

"前面是怎么回事？这队伍怎么一动不动？"大家都伸长了脖子往前看，用不同的语言表达着相同的疑惑。

"最前面的一个女孩给堵住了。她不敢下梯子。"

下撤的唯一一条路被这名未知登山者挡住了。在她行动起来之前，谁都走不了。

时间一分一秒地过去了。半个小时之后，队伍依然纹丝不动。一个小时之后，显然，那位登山者还没有克服自身的恐惧。我回头看了看，身后又排了至少有20人。

雪越下越大，天也越来越冷。终于，队伍开始往前挪动了。此时，我们已经在海拔8680米的风雪中等了一个半小时。尽管一直在拍打手指、活动脚趾，我依然冷得快要没有知觉了。

终于轮到我们站在第二台阶的边上了，普次仁准备顺着金属梯下去前，转身看着我和索朗次仁，最后说了句"小心"，就往下走了。

下完第二台阶的两段梯子，我靠在路边的岩壁上调整呼吸和心情。等着索朗次仁下来，普次仁查看了我的氧气存量，稍稍调大了氧气流量，帮助我调整呼吸。

雪时下时停，两名向导继续一前一后地把我夹在中间往下走。下午两点，我们回到了海拔8300米的突击营地。提前上来的接应组队员已经烧好了开水。普次仁安顿我坐在安全的地方休息，随后就去往我们冲顶前住的帐篷，"我去拿氧气"。

索朗次仁把我的水壶拿到接应组所在的帐篷，灌了满满一壶热水回来，"吴总，要不要吃点东西？那边可以煮方便面。"他指指接应组的方向。

我接过他倒在壶盖里的热水，摆摆手说："喝点水就可以了，不吃东西了。"

普次仁提着一罐新氧气瓶走回来，这是我们冲顶前留在这里的。换上满瓶的氧气，继续下撤。这时，停了没多久的雪又下了起来，并且有着越下越大的势头。

三个小时后，我们回到了海拔7790米的C2。C2几乎被拆完了，只剩下一两顶帐篷。我们坐在帐篷外面休息，普次仁递给我一个面包，这里没有热的东西吃了。尽管毫无胃口，为了补充体能，我还是接过了这个冻得硬硬的面包，在冷风寒雪中吃掉了，喝点热水提升一下胃里的温度。三个人同时起身准备出发，谁也不想在这么恶劣的天气里多待一会儿。

随着海拔高度的降低，我的状态好起来，下撤的速度也越来越快。一路上，不断"超车"，被我超过去的有我的队友，也有外国队员，大家都走得特别特别慢。

到了大风口的斜坡顶端，风反而小了，天气慢慢好了起来，没一会儿太阳就出来了，心情也随之大好。海拔7028米的C1的帐篷已经清晰可见了，我遇到走在前面的队友吴教授和张楠。三人行，脚步也轻快了一些。

距离C1只剩最后一个雪坡时，先行回来的队友和向导们远远地向我们挥手。每一个人回到营地都受到了热烈的祝贺和欢迎。

比起上面两个高营地,这里的条件可好太多了,有甜茶,还有蛋炒饭。历经19个小时,终于可以好好吃顿热乎饭了。一碗蛋炒饭很快被我吃完,从来没有吃过这么好吃的蛋炒饭,太香了。

"吴总,您的状态怎么样?我们要不要休息一会儿继续下到6500?"普次仁看我吃完,凑过来问道。

我评估着自己的状态,确实累,但还没到力竭的程度,真要下到海拔6500米的前进营地,也是完全可以的。不过,我还是觉得没必要。我告诉普次仁:"今晚就在这里住吧,继续下太累了,明天休息好了再慢慢下。"

"好,那可不可以让索朗次仁先下去,他要把这里不需要的一些东西背下去。明天我一个人带您下北坳,没多大问题的。"

索朗次仁的背包已经塞满了,还外挂了很多东西。和他道别后,已经晚上9点多了。

这一夜,我一个人睡在帐篷里。睡袋冰冰凉,没有一丝热气。帐篷外,风声四起,更添寒意。这一夜,还有队友承受了更痛苦的寒冷——老谭和芳芳两个人体能消耗过大,滞留在海拔8300米。十八子氧气面罩出问题,下山时与周和平结伴,千辛万苦回到C2,在那里过了一夜。

这一夜,很煎熬。

## 生与死

第二天一大早,我还沉浸在梦乡中,就被一阵混乱的声音惊醒了。我走出帐篷,发现吴教授也站在他自己的帐篷外面。

"发生了什么事情?"我迷迷糊糊地问道。

"住在我们旁边的美国队,刚刚发现有个队员在帐篷里过世了。"

我心头一震,难以置信地问:"什么情况?"

吴教授脸色凝重,回答说:"目前我们还不清楚具体的原因,为什么没有来营地寻求医生的帮助呢?如果他们寻求了帮助,或许我们可以立即采取急救措施,情况可能会有所改善。"吴教授在医院见多了生死,但是在雪山之上,眼见身边的一个人失去了生命,他依然无法平静地接受这个事实。

"我听说还有一个外国队员在第二台阶滑坠而亡。"他提起了另一个不好的消息。

在向导们拼拼凑凑的信息中,两位不幸者在山上的遭遇渐渐被还原。

爱尔兰籍登山者凯文·海恩斯(Kevin Hynes)是澳大利亚向导罗尔夫·奥斯特拉(Rolfe Oostra)带领的美国队的一名队员。5月22日,大约晚上10点,海恩斯跟随向导从海拔8300米的突击营地出发,正式冲顶,比我们的出发时间早了3个小时。

然而,前进了不足100米,海恩斯就决定放弃了。他也不知道是体能出了问题,还是心理上没做好准备。他唯一知道的就是,他没法继续往上爬了。

奥斯特拉把他护送回突击营地,交给两位经验丰富的夏尔巴人照顾。"你们可以一直休息到天亮,然后下山。"奥斯特拉叮嘱道。夏尔巴人点点头。

奥斯特拉再次踏上冲顶之路,而海恩斯在两位夏尔巴人的带领下,掉头向前进营地下撤。尽管行动缓慢,并且一直在吸氧,但其他方面似乎状态还好。到了海拔7028米的北坳营地,夏尔巴人将他安置在帐篷里,检查了他的氧气,足够支撑到第二天。

第二天早上7点,其中一个夏尔巴人去到海恩斯的帐篷查看情况。他在帐篷外面听到一些鼾声,决定让海恩斯再睡半个小时。7点30分,他端着早餐再回来查看时发现帐篷里毫无动静。他迅速拉开帐篷拉链,看到海恩斯一动不动地躺在睡袋里,确认已无生命体征。

这是一个典型的高山猝死案例,发生在第二台阶的是另一个案例。

5月23日中午,奥地利籍登山者兰德格拉夫(Landgraf)跟随两名夏尔巴人登顶珠峰。下撤至第二台阶时,刚爬下两三级梯子,兰德格拉夫就不慎滑了下来,整个人不受控制地倒栽葱般悬挂在路绳上。

在这危险的境地中,兰德格拉夫不断挥动着双臂,蹬踏着双腿,试图保持平衡并扳正身体。

然而，不论他如何努力，都无法摆脱困境。他就像一只被翻倒过来的甲虫，无助地挣扎着，没有办法自行解脱。

这时，兰德格拉夫的夏尔巴向导也从梯子上下来了。就在向导努力从下面推着他的身体，试图帮他回到梯子上的时候，兰德格拉夫突然停止了扑腾，他抬头看了一眼，然后身体彻底瘫软了。他掉到了梯子底部。

他的氧气面罩脱落了，背包里的东西全都散落在他的连体羽绒服上。向导晃动着他的身体，试图把他叫醒。但兰德格拉夫始终眼睛紧闭着，没有任何反应。

兰德格拉夫所参加的登山队隶属瑞士人卡里·科布勒的探险公司。作为这家公司的经理，

科布勒后来与大本营的随队医生交流过，这名医生是德国波恩一所大学的教授，他们都认为，兰德格拉夫死于突发心脏病。

"如果你年纪大了，心脏没那么强壮，在高海拔地区就需要喝很多水，可能他没有喝足够多的水。"科布勒说，"另外，那天的路很长。"

那天的路的确很长，而且经历了两段死亡故事。我尽量控制它们带来的影响，但内心的巨大冲击是我难以控制的。心跳明显加快，气也喘得更厉害了。

在珠峰北坡海拔8300米以上的冲顶路上，散落着大约十几具尸体，大多数都被移出路绳区域之外。但我登顶的过程中还是看到了"绿靴子"，它就侧卧在路边。这些景象是我本能排斥的，刻意不去看，专注脚下的每一步。

登珠峰就是这样，生死是一瞬间的事。

## 定心丸

第二天早上10点，我和队友吴教授、张楠跟随普次仁从北坳下撤。这次下撤很快，之前爬上去很费劲的大冰壁，下来只用了一个半小时。

到了前进营地，放下背包安顿好之后的第一件事，就是用卫星电话给家人报平安。

先打给凡。

"我登顶了，现在回到前进营地了。"听到电话那头熟悉的声音，我的心情有些激动。

"终于听到你的声音了，总算安全了。"凡如释重负。

"我是在5月23号上午10点03分登顶的。"

"我知道。"凡告诉我，"你们从大本营出发后，我每天都会联系桑珠，了解你们的位置和情况。我拜托他第一时间把你登顶的消息通知我。他很守信用，你的向导在顶峰向他汇报之后，他马上就把这个消息告诉了我。"

我这才知道，在有手机信号的时候，凡不单单会每天给我打电话，也会在队友的社交媒体上认真看完他们记录的每日行程和状态。联系不到我的时候，她就联系西藏圣山公司，询问我和队友们的情况。

这座世界最高峰，不只我一个在登，凡也以另外一种方式陪我登了一次。这些年我登的每一座山，凡都是全程关注，想尽办法保持联络，了解我每一天的计划和时间表。

第二通电话打给妈妈，汇报了我成功登顶并且安全下撤的情况之后，电话那头明显比我激动多了。

"哎呀，我就知道你这次能登上去的。太了不起了，妈妈以你为荣，替你高兴。我跟你说呀，我这段时间一直在看珠峰的新闻，南坡死掉好多人呢。你以后可不要再爬山了，太吓人了。"

好，我都答应。

放下电话，终于可以长长地舒一口气了。我一个人站在前进营地的煨桑台前，面对着北坳冰壁想了很多，之前这一路都没有工夫去想这些——

七峰，这么多年坚持的一个梦想，也是带给我很多无形压力的一个目标，我终于做到了。付出了各种代价，经受了各种磨难，进行了各种训练，我总算真正完成了这件事。我很欣慰，终于给了自己一个完整的交代。

多年的压力在那一刻释放了很多，以后再也不用去考虑这件事情了。

整个下午，不断有队友回到前进营地，我们和每个人拥抱、握手，互相祝贺、安慰。晚上9点多，最后一个到的是女队员芳芳。从看到营地里迎接的队伍，她的泪水就止不住了，一路哭进队员活动帐篷。"我都以为自己下不来了。"芳芳哭得一塌糊涂，我们无从想象她这一路经历了怎样的惊心动魄和痛苦折磨。

好在，一切都过去了，我们全员登顶，并且都安安全全地回来了。

直到回到大本营，有了网络信号，我才看到让妈妈和凡担惊受怕的关于珠峰南北坡的新闻。

5月24日，我下撤到C1的那一天，一张珠峰南坡希拉里台阶拥堵的照片就登上了全世界各大媒体的头版新闻。

这个登山季，有11个人为了珠峰梦想付出了生命的代价。

刚刚下来时觉得自己什么事都能干成的意气风发，被更深刻的对山的敬畏驱散。这一次我真正理解了，登顶并不是最终目标，能够全身而退才是。我也真正意识到，之前自己每次登山都很幸运，见证了很多大事件，却没有遇到什么大的风险。

在这个登山季，由于天气窗口期很短，事故频发。西藏圣山公司多次凭借实力帮助外国登山者脱离险境。

4月30日，一名爱尔兰籍登山者在海拔6500米的前进营地因高反引起肺水肿，陷入重度昏迷。西藏圣山公司派出10人上山营救，于当晚11点左右将其安全护送至大本营，并在初步检查后连夜送其出境，前往低海拔地区治疗。

5月22日晚上7点，中国修路队员从顶峰下撤至海拔7500米处左右时，发现一名外籍登山者体力严重透支、意识不清；随行的两名尼泊尔籍夏尔巴向导因背负物资，无法协助其下撤。西藏圣山公司驻守在海拔7028米营地的5名向导和1名队医耗时4个小时，将遇险者下撤至海拔6500米的营地。5月23日，再次派遣3名向导、10名当地牦牛工和1头牦牛上山接应，当晚将遇险者撤至海拔5200米的大本营。

西藏圣山公司的高山向导就是反应最迅速的救援力量，无险情，他们是商业向导；有险情，他们可以迅速转化为救援队。在珠峰北坡，西藏圣山公司提供的强大的救援力量，是我们的定心丸，也是我们这次全队有惊无险的重要原因。

## 寻不到的欧文

5月23日的那天早上，我们离成功登顶还有一步之遥时，马克·辛诺特，寻找欧文登山队的组建者，正坐在大本营等着渐渐升起的喜马拉雅阳光晒到身上。

在他眼里，5月23日的窗口期太拥挤了。但老天爷会给他们这个登山季的第三个窗口期吗？

直到5月28日，我回到上海的家中，还是没有看到关于辛诺特及寻找欧文登山队登顶的报道。

然而，关于珠峰北坡天气的报道却越来越不乐观。管理部门甚至启动了应急响应体系，向登山团队提供天气信息，劝阻那些在不利天气日期有意登顶的队伍尽快下山。其中，就包括寻找欧文登山队。

但是，马克·辛诺特有他自己的想法。5月29日，辛诺特和他的队员来到海拔8300米的突击营地。天气预报显示第二天有强风，而他们正打算在第二天的凌晨冲顶。

登顶并不是寻找欧文登山队的首要目的。他们的首要目的是寻找欧文和他的照相机。根据GPS显示，最有可能找到欧文和他的照相机的位置，就在第一台阶下面，偏离正常的攀登路线大约30米。这意味着，只是走过去，都需要冒很大的风险。

冰镐的镐头卡在雪壁中，钢刃刺破了被风吹打的岩石表面。他的脚下，是令人头晕目眩的悬空。在精疲力竭、独自一人、没有保护的情况下，别说这海拔8500米高度下一览无余的暴露感了，就连一块不起眼的小岩石，都足以令人生畏。

辛诺特跳过岩石，跨越小悬崖，直到他的脚踩在一块坚如磐石的雪地上时，才顾上深呼吸几口气，停下来好好观察周围的情况。GPS显示，就是这里了。他把眼睛睁得大大的，做好了迎接惊喜的心理准备。

一番寻找过后，他不得不接受这个事实：那里什么都没有。没有什么可找的，也找不到任何东西。

2019年的喜马拉雅山脉对登山者并不仁慈。无论资金和技术保障多么坚实，登山依然是一件靠山看天而行的事，由此出现的各种状况，是登山过程中再自然不过的。这或许也是资深登山人从不言征服的原因。每次登顶，只会感谢山峰的接纳。

辛诺特的寻找欧文登山队没能在珠峰上找到欧文和他的照相机。但他依然觉得，这个项目是成功的，不仅仅是因为他加入了成功站在地球最高点的人组成的俱乐部，还因为他在这个过程中收集的人类故事。2024年，金国威所在的队伍找到了欧文的一只靴子，而那部有可能留存着人类首次登顶珠峰真相的照相机仍未现身。毫无疑问，和辛诺特一样想要找到欧文和照相机的人，必将继续组队来到珠峰。

对我而言，登顶珠峰并完成"七峰计划"一直是这次探险的目标，但更重要的收获是，我对于"人生中最重要的是什么"这个问题的答案更加坚定了——那就是内心的宁静、与亲人朋友的情感联系和与他人的真诚关爱。

我从上海飞回香港，出机场时首先看到的就是凡和贝贝、宝宝脸上灿烂的笑容。两个孩子亲手为我画了"欢迎爸爸"的一幅画，凡送上了特地为我选的一束花。他们都认为我做了一件很了不起的事情，他们在迎接家里的英雄。

几个星期后，一场热闹的庆功派对上，我再度向朋友们讲起登顶珠峰的历程，有一种真实的恍惚感。

大梦一场，曾经如是。

## 第四节　上山是为了下山

**香江欢聚**

这场热闹的庆功派对在我从拉萨回来后的第19天举行。

那是一个星期六的下午，位于香港南区的美国俱乐部Vista Ballroom，凡正和几个朋友张罗着整个场地的布置。

香港的私人会所文化浓厚，有许多有趣且有价值的俱乐部。美国俱乐部成立于1925年，它最初是美国人为了社交和交换商业观点而聚集起来的小型会所，慢慢发展成一家老牌私人会员俱乐部。俱乐部的走廊上挂了很多有纪念意义的照片，俱乐部里有历届美国总统的头像，以及他们的亲笔签名。环境服务都一流的美国俱乐部也是香港唯一一家同时拥有城市和乡村设施的会员制俱乐部，露台餐厅、酒吧、健身中心等一应俱全，还在跑马地赛马场设有一个包厢。

"这几个金色的气球穿插在这些银色的气球中间，不要集中在一起。"凡告诉工作人员。会场高高的天花板上悬浮着很多气球，每一个气球都很大，有金色和银色两种颜色，搭配起来很好看。场地四周放大打印好的登山照片，也都是凡一张一张精心挑选好的。

眼前的场景让我仿佛回到了2015年的纽约分享会，但这一次的心情却和四年前大不同。

这次的分享会，凡依然花费了很多心血，做了不少准备，从确定场地到邀请嘉宾，再到布置会场、设计流程，都是她一手操持的。

会场里面五个大圆桌已经布置好了，外面的露台也摆放了几张桌子。走出去，可以看到蔚蓝的海水与天空交相辉映，岸边洋房的玻璃幕墙反射着阳光，熠熠生辉。远处的水面上来往穿梭着各种各样的船只，彰显着这个国际级港口的繁忙与活力。巨大的货轮、豪华的游艇，划破海面，激起一道道浪花。

大约50多名嘉宾陆续到达。他们都是我和凡的好朋友，有很多人是从世界各地专程赶来的，也有很多人参加过我们2015年举办的纽约分享会。他们的心情或许和我一样，与四年前不可同日而语。

"感谢各位莅临本次庆典。这个分享会是为了庆祝吴皓成功登顶珠峰，完成了他的七峰梦想。在座的很多人可能都还记得，四年前，吴皓从加德满都飞回纽约。在他平安回来之前，尼泊尔大地震让我无法和他取得联系，那种担心和焦灼我再也不想重复了。当他终于回到家时，我在

纽约举办了一场派对。以这种方式告诉他,是时候挂起登山靴了。但在内心深处,我知道,他不会放弃的。"分享会由凡来主持,说到这里,她看了看坐在台下的我,我们心有灵犀。四年前我就知道,她不会相信我"再也不登山"的承诺。

"时间快进到今年,吴皓于2019年5月23日登顶珠穆朗玛峰,成为全世界站上世界之巅的6000多人之一。这也标志着他完成了多年来的七峰梦想,全世界只有400多人完成了这一壮举。"凡话音刚落,全场响起热烈的掌声。她站在台上,一起鼓掌,满脸自豪。

我同样以她为傲,凡是了解我并且理解、支持我的。没有她,还有其他家人的支持,我的七峰梦想也不可能实现。

"吴皓对山有一种与生俱来的热爱。他从大学时期起就遍访中国名山。他爱山,我爱海,但我愿意陪着他去体验高山。"凡讲起我们2005年一起去坦桑尼亚攀登非洲最高峰的经历,"在那时候,我很难想象珠峰有多高,因为我知道,乞力马扎罗山的顶峰只是珠峰中间营地的海拔。这已经让我觉得很艰难了,更无法想象攀登珠峰到底有多难。"

"完成七峰,对于吴皓和我们全家人来说,确实是一个特殊的时刻。感谢各位新老朋友今天能够前来和我们一起庆祝。接下来,就欢迎主角登场,有请吴皓来为我们分享他的七峰圆梦历程。"凡的总结和介绍,让全场的目光都集中到我的身上。我走上台,看到每个人在热烈鼓掌的同时,投向我的都是期待的眼神。

在巨大的屏幕上,开始展示我精心挑选的攀登照片。一座座高山接连出现,每一座都有一个故事,每一座都讲述着我所经历的艰辛与危险,以及获得的喜悦和满足。对我来说,这些经历已在内心深处沉淀成平静,轻舟已过万重山。然而在台下,人们不时发出惊叹声,所有人都被这些照片和我的讲述所触动,震撼不已。山上遇到的很多危险,我之前从来没有向凡细致描述过,怕她因为过于担心而不赞同我继续登山。现在终于可以没有顾虑地讲出来了。

当我分享完毕,全场安静了几秒钟之后,掌声才突然爆发出来。雪山带来的震撼,需要让所有人都缓一缓。

接下来的问答环节,主角是我们的女儿贝贝。12岁的小女孩像一位专业记者一样,提前做好了充分准备，她的采访提纲上面列了足有19个问题。时间有限，我只能简要地回答每一个问题。

贝贝小记者严肃认真的问题一个接一个地来了——

贝贝："你在珠峰上距离云层有多远？"

我："1000米。"

贝贝："真的很冷吗？冷到什么程度？你会不会感觉自己的脚趾都要脱落了？"

我："很冷，气温大概在零下30摄氏度。在第二台阶等待时，差不多海拔8680米的高度，我在那里站了1个多小时，必须要不停地跺脚、拍手，防止冻伤。"

贝贝："你在哪个阶段遇到的困难最大？"

我："第一台阶和第二台阶，在海拔8800米以上，要攀爬垂直的岩壁，距离很长，也很冷，那一段最难。"

贝贝："你有没有害怕过？"

我："有，在海拔8800米有一段横切路段，路很窄，一次只能放下一只脚，左边是岩石，右边是3000米的悬崖，我很害怕。"

贝贝："山上的天气一直都很好吗？有没有因为雾或者风，看不到脚下的路？"

我："天气并不是一直都很好。我下降到2号营地时，开始下起暴风雪，风很大，行进确实很困难。"

贝贝："在团队中有没有你很尊敬的人？或者在你的旅程中，有什么人为你提供过帮助？"

我："我最尊敬的人是高山向导。他们在我攀登时给了很大的帮助和鼓励。有了他们，我才能克服重重困难，登上顶峰。"

贝贝："可以列举一些你在攀登时用到的装备和衣服吗？"

我："比如冰爪、高山靴、攀登绳索、帐篷、氧气面罩、保暖衣物，等等。"

贝贝："什么是氧气面罩？你什么时候会需要它？它很重吗？"

我："这是帮助我可以呼吸到氧气的一种面罩。从海拔7028米的1号营地开始，我就需要它了。它不重，重的是它连接的氧气瓶，一罐氧气

瓶重3.5公斤。"

贝贝："你在寺庙里祈祷的是什么？寺庙是什么样子的？"

我："祈祷安全，向山神表达敬意。寺庙依山而建，孤零零地在距离珠峰不远的地方。"

贝贝："当你到达山顶时，你有什么感觉？"

我："我感觉离天空很近，我想拍一些可以展示我脚下所有山脉的照片，但我想的更多的还是尽快安全地下来。"

贝贝："当你到达山顶时，你有没有感到很高兴，以及很自豪、很兴奋？"

我："没有，我只是觉得又累又担心。"

贝贝："那你在攀登珠峰的过程中有什么感受？"

我："我感觉自己决心已定，没有想其他的，只想完成它。"

贝贝："开始登山之前，你害怕吗？"

我："登山之前我并不害怕。我的决心很大，这是我第三次尝试攀登珠峰，也可能是我最后一次机会。我只想确保一切顺利。"

贝贝："雪地攀爬和岩石攀爬有什么区别呢？"

我："我很习惯在雪地上攀爬，因为我可以很熟练地使用冰爪，我在这方面的技术很好。但是很不习惯穿着冰爪在岩石上行走，又危险又累。"

贝贝："那你的装备里有哪些是保护你的安全的？"

我："上升器和主锁，上升器连接在攀登路绳上，这样就不会发生滑坠。主锁扣在路绳上，可以提供双重保护。"

贝贝："在攀爬过程中你想到了什么？"

我："我想到了攀爬路线和天气窗口，想到了你们和其他的朋友，还想到了如何在这一路维持氧气使用量，保证我能成功登顶并安全下撤。"

贝贝："山上有哪些地方有坠落死亡的危险？"

我："在海拔8300米以上，到处都是非常需要技术的路段，最难的就是第一、二、三台阶，需要爬梯子。"

贝贝："在梯子上或攀爬非常陡峭的岩石时感到害怕吗？"

我："是的，很害怕。梯子上有一段约20米的垂直路段，在上面跌倒是有致命风险的。"

贝贝："你在攀登过程中看到的景色和天气是什么样的？你的队友是什么样的？"

我："较高处营地的景色非常壮丽。我就站在云层之上，可以看到周围所有的云层。天气一开始非常平静，这对登顶成功起到了至关重要的作用。但是，后来情况发生了巨大的变化，恶劣的天气阻止了我们前往更安全的营地。但我的队友们都很了不起，所有人都意志坚定。"

一口气完成了所有问题的采访，贝贝小记者长舒一口气，露出天真的笑容。圆满完成任务！台下欢呼声四起。整个会场的气氛一下子放松起来，其他小朋友受到贝贝的感染，纷纷跑上台来问问题。凡不得不开始维持秩序，让孩子们一个一个按顺序和我交流。

孩子们的问题天马行空，我有时会被问得哭笑不得，但还是要认真对待每一份好奇心。大人们的好奇心并不亚于孩子们，我被各种各样的问题包围，同时也被他们启发着，这些问题拓展了我对登山这件事思索的角度。

晚餐时刻，凡安排的切蛋糕环节，让整个分享会的仪式感达到顶峰。意犹未尽的老朋友们移步到露台，享用着美酒和甜品，又继续和我聊了很长时间。

海湾的夜璀璨绚烂，一如我今夜的心情。

## 硝烟散尽

香江之畔那场分享会，为我的"七峰计划"画下一个完整的句号。我的身体从珠峰攀登的极大消耗中彻底恢复过来，现在我可以将珠峰这座山放在一边，全身心地专注于与H基金的较量。

2019年的整个4月和5月，在需要极致专注的珠峰攀登全程中，我分出了大量的精力来应对这场商业"拉锯战"。

在我们的不懈抗争下，形势渐渐好转。争端稍稍平息，双方开始寻求和平解决的办法。

我们计划于7月初在上海举行会议，商讨和解条款。公司和H基金的管理层，以及双方庞大的法律顾问团队都将出席。我提前从香港回到上海，和团队商议相应对策。

我们的办公室所在地是一座很有特色的建筑，它将上海传统园林的色彩和质感与现代虹桥的物质性和形式感融为一体，可谓繁忙城市中的当代绿洲。但显然，这位咄咄逼人的H基金CEO并没有心思欣赏建筑风格。

上海会议的氛围一点都不祥和，从一开始就剑拔弩张。激烈的拉锯战持续了一整天，谁都不想在气势上输给对方。

当H基金又一次强硬地抛出条件逼迫我们接受时，我没有立刻回应，而是随口提到："大约一个月前，我刚刚登顶珠穆朗玛峰。"

"我在登顶的路上跨过了尸体，我自己也亲历了很多危险。"我淡淡地说，"雪山上关乎生死的困难都没有难倒我，下山之后不管遇到什么困难，我一定会克服。"

对方一时语塞，陷入沉默之中。

"我们继续来讨论刚才说到的条款。"片刻之后，才有人打破僵局。

我不知道H基金谈判团队在那短暂的沉默中想了些什么。我也不知道自己登顶珠峰的经历会为这场谈判及后续的博弈带来怎样的影响。我能确定的只是，登上珠峰后，我确实觉得自己在气势上碾压了对方。

上海和谈，我们拒绝了H基金的大部分要求。

随后，经过一年多艰难而激烈的谈判，双方签署和解协议，最终又重启诉讼。整个过程令人沮丧，我们经历了巨大的折磨。但好在，我们没有像对方在2019年1月预测的那样，"在两周内就破产。"

我们以一场持久战击破了H基金速战速决的企图。

2020年，当我再一次见到H基金CEO时，他的语气中隐含了一丝欣赏："你攀登了珠穆朗玛峰，你不怕承受那些痛苦。"

"是的，我不怕。"我回答说。

对方很明白，他的对手十分强大，愿意承受巨大的痛苦来实现目标。

"但你要明白，我们现在不是在登山，而是在玩三维国际象棋"，他暗示，他比我棋艺好。

"我当然知道。就算是三维国际象棋，我也下定决心陪你玩。"我看向他，眼神坚定地回应道。

又历经一年多的斗智斗勇，几番博弈后，我们总算在2021年与H基金达成和解协议。这项和解协议不仅结束了双方之间的法律纠纷，还宣告了双方之间紧张对抗的终结。这不仅仅意味着T公司的胜利，也为公司带来了新的机遇和前景。我们的团队展现了出色的领导能力和卓越的执行力，成功地抵御了H基金的挑战，保护了公司的利益。

# 第十二章　登山看世界

为什么要登山?

这个问题可以有无数种答案,而我一直在寻找自己的答案。

登山之于我,更像是一场一场旅行,它带我去探索更广阔的世界。登山使我能够前往罕见的地方,欣赏不为人所知的景色,观察不同的生活方式和人生态度,同时让我更深入地了解自己,清楚地认识到哪些人和事对我来说最为重要。

除此之外,对于登山的理解也在逐渐加深。每一次攀登都带给我新的体验和领悟。我发现登山不仅是一种体力的考验,更是一种心灵的磨砺。它教会我坚持不懈、超越自我、勇于面对恐惧和挑战。登山让我学会与团队合作并相互支持。这种领悟使我更加谦虚、勇敢而自信。

总而言之，登山不仅是一种冒险和探索，更是一种个人成长与修行的方式。它在不断塑造着我作为一个个体的独特性格和价值观。

## 第一节 山里的多样风光与人生

**非洲印象**

非洲的浪漫更接近生命的本源。在古老的埃及，我曾徜徉在金字塔、尼罗河、狮身人面像、空中花园之间。北非独特的文明让人印象深刻，然而心目中真正的非洲，始终还是在撒哈拉以南。那一次的行程是攀登乞力马扎罗和塞伦盖蒂草原游猎。我对乞力马扎罗的了解，仅限于知道它是非洲最高峰。

当时，登山对于我来说，只是旅行中顺带的一部分，完全不了解"七峰"是怎么回事，更没有想过自己有朝一日会完成它。

2005年7月，从纽约启程。

从北美到欧洲，从欧洲到非洲，等到我们终于降落在位于坦桑尼亚的乞力马扎罗国际机场时，已经横穿了几乎整张世界地图。行程紧凑，我们没有时间在城镇逗留。从机场出来，领队就带着我们和其他四名队员坐上两辆越野车，直奔山里绝尘而去。

低矮破旧的建筑不时从车窗外闪过，看不到多少楼房。顶着筐子卖水果的当地人有一搭没一搭地招揽着生意。他们好奇的目光隔着车窗投射过来，我们同样好奇地注视着他们。很快，透着闲散、衰落气息的城市景观就被我们的越野车甩在了后面。车窗外的景致渐渐换成丛林风光，路况也越来越差，颠簸之中，我们来到了非洲的丛林里。

接下来短短几天的时间里，我们感受到了四季的轮回，从春天历经夏秋走到冬天，再一个循环走回春天。

在乞力马扎罗的最后一个营地，海拔5486米的高度，我看到了之前从来没有看过的景象。我们的露营地在泛着淡淡蓝光的冰川旁，第二天一早，旭日初升，阳光照在云边金光万丈，一团一

团的云滚滚而来，汹涌成海，大气磅礴。

笼罩在云海之下的，还有塞伦盖蒂国家公园。从没看过的，还有自然生长的野生动物。

一条东非大裂谷，如同一道巨大的伤痕，穿过坦桑尼亚中部，中间那一片水草茂盛的草原，为野生动物的繁衍栖息提供了理想场所，这就是塞伦盖蒂草原，也是塞伦盖蒂国家公园所在地。

在这里，动物自由奔跑，人只能坐在越野车里透过车窗和顶篷安静观赏，正如坦桑尼亚最有名望的一位酋长曾说的那样："我们只是这里的短期客人"。

坐在车里并没有那么舒服。草原上，不下雨的时候，尘土飞扬；下过雨后，泥泞不堪。身兼司机和向导的国家公园工作人员车技了得，但野生动物的能力更是了得。每当看到他鹰隼般犀利的眼神突然定格，紧接着把头侧向一边，支起耳朵仔细聆听时，我们就知道有情况了。

长颈鹿、角马、斑马、瞪羚、斑鬣狗、狮子、猎豹、大象、河马、鳄鱼……昔日只在电视画面和动物园看到过的野生动物，接连出现在我们的视野里。它们无拘无束，自由自在，又彼此制衡，才维持了这里永恒的和谐。

## 极昼净土

比非洲更遥远的是南极。

2012年12月，我在南半球的夏天来到这里，目标——登顶南极洲最高峰文森峰。

这个季节，南极洲的一个奇特自然现象始终与我们相伴，那就是极昼。初识极昼，是在北美洲最高峰迪纳利峰。身处阿拉斯加的迪纳利已经在北极圈之内了。当时是5月，每天差不多有20个小时都有如白天一样强烈的光线，其余4个小时天色会稍微昏暗一些，但是并没有天黑的时候。

到了南极，一天24小时光线始终炽烈，白天夜晚，毫无差别，时间变得模糊。生物钟完全被打乱，只能靠手表来确定时间。想要睡个好觉，眼罩和自我催眠都不可少。先仔仔细细戴好眼罩，不漏一丝光，再用意念郑重地告诉自己："现在是半夜12点，可以睡觉了。"

对于我的南极之行，人们的好奇心主要集中在两个问题上，除了极昼时怎么睡觉，另一个就是是否看到了企鹅。

南极之大，超乎我的想象，内陆和沿海就像是两个世界那样遥远。企鹅生活在南极的海冰上或者沿海地带无冰的露岩地带，而我们攀登的文森峰位于南极内陆。我和企鹅注定也无缘在这一次登山之旅中相遇。

真正置身南极内陆，我才发现这里没有水，没有植物，没有动物，没有任何生命迹象。有的只是白色的雪和白色的山，很多时候甚至天空也是白色的。山就在我们脚下，放眼望去，分不清天际线，分不清哪里是冰雪，哪里是云层，整个世界仿佛变成一个平面，只剩下混作一团的白茫茫一片。

恍惚间有一种置身远古冰河世纪的错觉，或者一个不同的星球，一个超出我们认知范围的新领域。一个人站在那里，与眼前和平的、遥远的、广阔的一切融为一体。自然的伟大，人的渺小，当下立见。

"你无法保护一个你所不知道的世界。"来到了南极，才真正理解这句话。

在日常生活中，我们或多或少了解全球气候变暖对南极大陆可能带来的危机，以及这些危机对人类社会可能产生的影响。然而，南极离我们太过遥远，远到很难把这些警示和自己的行为联系起来。

真正站在南极大陆茫茫雪原上，就自然明白为什么这里有着这个星球最严苛的环保要求。

于是，在南极，上厕所这件日常之事也成为每个人必须重新学习并适应的新技能。

在文森峰大本营的露天厕所，大便池和小便池是分开的，四周没有任何遮挡，一览无余，可以看风景，也可能成为别人眼中的风景。

所有固体排泄物都要装在塑胶袋里，袋子里放有化学物品，会与排泄物混合发生作用进行除味降解。液体排泄物要排到尿瓶里，然后倒到指定的地点，并报告那里的GPS坐标。

这样严格的环保规定贯穿文森峰攀登始终。登山过程中产生的所有垃圾，包括固体排泄物，绝对不可以随意丢弃，一路都要自己携带

着，直到下撤回大本营。这些垃圾会被集中处理，最终全部被运送出南极。

人们可以将南极的企鹅带到各地的动物园和海洋馆中，然而，南极的风貌是无法被搬迁或复制的。南极大陆是地球上最遥远、最寒冷、最荒凉的地方之一，我们必须确保这片纯净的天地不被人类的活动受到影响，让未来的世代有机会欣赏到南极大陆的美景。

这片荒无人烟，宛如外星的白色陆地，是人间最后的净土，我很庆幸我曾来过。

**葡萄美酒大牛排**

历经遥远飞行，所见景致总能值回旅途辛劳。在非洲、南极洲是这样，在南美洲也一样。

2010年2月，我从纽约起飞，穿越了半个美洲大陆降落在门多萨机场。崭新的攀登之旅正式开启，这一次的目的地是南美洲最高峰阿空加瓜。

坐落于安第斯山脉脚下的门多萨，并没有我想象中热情浓烈的南美风情，反而处处洋溢着一种欧陆风韵。比较像样的建筑都集中在市中心，再往周边走走，街道开始杂乱破败，略显萧条。2008年爆发的全球金融危机在阿根廷依然阴霾不散，却让门多萨这个只有12万人口的小城更加安详平和。车流稀疏的宽敞大道，林荫下的广场，安静的街头咖啡馆，随处可远离喧嚣。

高大的安第斯山脉阻断了太平洋湿润空气向东进入门多萨。2月正是南半球夏末秋初之际，炎热干燥的气候在城市里不太能彰显它的威力，但它带来的大风，早已成为攀登阿空加瓜及周边其他雪山的最大障碍。

从门多萨驱车前往阿空加瓜国家公园入口，一路上，一片一片的葡萄园一望无际地摊开在路两边，连空气中都飘满了葡萄香。每年300天的日照时长，高海拔带来的多样微气候加上门多萨河的灌溉，使得这里成为闻名于世的优质葡萄种植和葡萄酒酿造区域。门多萨每年的葡萄酒产量占阿根廷全国产量的三分之二，整个国家绝大多数的顶级酿酒商汇聚于此。红酒之都，名副

其实。

门多萨的葡萄酒享誉全球，其中最知名的就数马尔贝克了。马尔贝克，是一个葡萄品种的名字，绝大多数阿根廷葡萄酒都是由它酿造的。它的地位大致可以这样类比：一说起雪茄，首先想到的就是古巴；一看到马尔贝克，首先想到的就是阿根廷。

马尔贝克其实原产自法国波尔多，在十九世纪中叶才由法国人带到阿根廷，进而大面积进行种植。结果，旁支出硕果，换了个环境的马尔贝克一下子就扬名天下了。阿根廷的葡萄园，大部分是在安第斯山脉的山麓上，而马尔贝克又很偏爱高海拔地区。这里的地形气候能够让葡萄达到非常高的成熟度，酿造出的马尔贝克酒浓郁浑厚、口感上乘、品质极好。

对于马尔贝克，我是一见倾心。初尝过后，就认定这是契合我口味的。深沉的酒色，接近于墨水般的黑色，闻起来有一股成熟浆果的香气，还掺杂了类似丁香、肉蔻等香料的味道，层次丰富，风味特别。而且，它还物美价廉。

离开南美之后，无论我在哪里吃饭，只要想喝红酒，马尔贝克始终是我的首选。摇晃的红酒杯中，马尔贝克的香气总能把我带回门多萨，带回当年登顶成功的庆功宴。

和马尔贝克同样令人难忘的，还有前进营地的烤牛排。

阿根廷恐怕是世界上最爱吃牛肉的国家。作为著名的畜牧业大国，阿根廷的牛肉产销量位居世界前列。全国总人口只有4700多万，但是这里的牛却有5200多万头，辽阔的潘帕斯草原有足够的天地供这些牛自然生长。如此培育出的牛肉，鲜嫩程度自然是其他国家工业化棚养育肥的牛无法企及的。

在阿空加瓜大本营，一队队负责驮运的骡子带来登山必需的装备、物资和食物，可以现烤芝士面包、比萨、牛排、羊排。离开大本营，在山上就只能吃自己准备的路餐和便捷的高山食品了。不过冲顶日的前一天，领队告诉大家，今天的晚餐要为大家补充能量。

在海拔5500米的2号营地公共帐篷里，餐桌上铺着平整的桌布，桌布上对应每一个座位摆放着一盘盘烤牛排、色彩鲜艳的配菜、闪着银光的刀叉、叠出造型的餐巾。要不是帐篷外呼呼的风声提醒着我们，这里是阿空加瓜最后一个营地，我真觉得自己身在某个高档的西餐厅了。整个帐篷里香味四溢，经过高温炙烤的牛排带着来自潘帕斯草原的鲜美气息，让我们暂时忘记了艰苦的雪山生活。

登山的另一重意义，就是让我们意识到日常生活中轻易可得的一切，其实是多么值得珍惜。阿空加瓜海拔5500米营地的这一顿美妙晚餐，带给我的欣喜和满足，是城市中多么奢华丰盛的晚宴都难以取代的。

**画家与女孩**

在阿空加瓜大本营，距离我们营地不远的一个大帐篷，让我好奇很久了。它的门前竖着一棵假棕榈树，一把沙滩躺椅上总会躺着不同的人，这一片精心打造的热带海岛小环境，在时常狂风大作的大本营里，显得突兀又浪漫。

它是米格尔·多拉（Miguel Doura）的鹦鹉螺号。它是个画廊。

凡尔纳写的《海底两万里》里有个潜艇，就叫鹦鹉螺号。米格尔的帐篷画廊也很像一艘潜艇，所以也叫鹦鹉螺号。

米格尔曾经是一位摄影师，也喜欢旅行和登山，后来迷上了绘画，成为一名半路出家的画家。早在1995年，米格尔就登顶了阿空加瓜。从那之后，他便迷恋上了这个地方，每年都会到山里徒步和攀登。从2003年开始，在每年的攀登季节，他就驻扎在阿空加瓜大本营，建立了自己的帐篷画廊。

掀开鹦鹉螺号的帐篷门，仿佛进入另一个奇幻世界。帐篷里面空间很大，地上、墙上摆挂着一幅幅风格强烈而独特的画作。仔细一看，画的全都是阿空加瓜。

米格尔并不在那里。他平时用的颜料、画架，还有一些未完成的作品，随性地摆在帐篷不同的角落里。目之所及的每一幅画都非常生动，大多是由粗犷的线条和浓烈的色彩堆积而成的。看得出来，米格尔尤其喜欢阿空加瓜的日出日落，许多画都红彤彤的。画中的阿空加瓜热烈奔放，帐篷外真实的阿空加瓜伟岸壮阔，艺术与现实在这方小天地里交融碰撞。

"艺术并不超越大自然，不过会使大自然更美化。"《堂吉诃德》的作者塞万提斯曾经说过的这句话，在米格尔身上得到诠释。他就是阿空加瓜的"堂吉诃德"，以一种古典又浪漫的游侠精神在最恶劣的环境中作画，把更美的大自然展现给大家。

2010年，就在我完成阿空加瓜攀登的几个月后，鹦鹉螺号获得一张吉尼斯世界纪录的证书，它被认证为世界上海拔最高的画廊。

在阿空加瓜的2号营地，领队突然很兴奋地跟一个人打起招呼："嘿，你又回来了！"

"我在门多萨又找了一名向导，就回来再试一次了。"回应他的是一个笑容明朗的女孩。

女孩来自纽约，一个多星期前，她来攀登阿空加瓜，可惜冲顶失败，抱憾下撤。回到门多萨停留了一周后，她又来第二次冲顶了。

这个女孩让我第一次知道，原来可以这样安排，一次不行，马上可以尝试第二次。

换作是我，肯定以后再找机会了。在我的登山计划里，从来都是把登山后的工作精准安排好，我不可能因为登山没有成功而耽误后面的事情。

无论是米格尔还是那位不记得名字的纽约女孩，都让我大开眼界，我从未想到居然会有人以这么不同的方式行事。我被他们的精神所触动，他们的坚持也影响着我。

进到山里，反而会发现，人生更丰富，世界更奇妙。

## 第二节　不同的登山理念

每一座山都有自己的特点，每一座山也都有适合的攀登方式。在完成七峰目标的过程中，看到更广阔世界的同时，也切身感受到不同地域的不同攀登理念。这些不同会带来碰撞和不适，更会带来反思和进步。

**勃朗峰的碰撞**

最开始的碰撞和不适起于勃朗峰。

我的向导之前带的欧美客户攀登能力都很强，完全可以自主攀登。这一次，我这个一对一客户让他始料未及。

想象你在玩一个名叫"攀登勃朗峰"的游戏，通过我这个"菜鸟"登山者的视角，你看到的将会是这样的场景：行走在险峻的山上，干渴和疲劳达到了极限，而耳中却充斥着一连串的声音，不断地对我进行指责和否定——"你根本没有足够的能力攀登勃朗峰。""如果你还保持这种状况，就没有必要继续攀登下去了。"这些声音在我的脑海中回荡，给我带来了沉重的挫败感。每一次脚步的艰难，每一滴汗水的滴落，都被这些话语无情地夸大和放大，使我更加心灰意冷。

得出的结论必然是，这个向导只知道训斥我，不给我合理建议，到最后干脆不管我，太不靠谱了。

内心的感受必然是愤怒："我是一位客户，我交了向导费用的，凭什么得不到什么指点，还得天天挨训。"

接下来，换成向导的视角，同样的过程会有不同的呈现：我们在陡峭的山路上，按照正常的速度前进时，我发现客户根本跟不上。我不得不放慢脚步甚至停下来，等待他赶上来。我开始思考，他在登山之前是否接受过任何训练？为什么他无论做什么都不顺利？为什么我需要不断提醒他？在我看来，这些事情并不困难，为什么他就无法胜任？他对于如何穿衣、何时饮水等基本问题都没有概念。

得出的结论似乎是，这是一个根本没有做好准备就来攀登勃朗峰的不靠谱"菜鸟"。

内心的感受似乎也是愤怒："我是一名向导，我的责任只是为客户选择合适、安全的路线，我没有义务做更多的事情。"

能力的不同和登山理念的错位，是矛盾产生的根源。

在欧美登山者看来每一个要上山的人必备的那些能力，很多我都不具备，在山上必须要掌握的很多经验，我也是匮乏的。很多常识我都没有概念，彼时的我根本达不到在山上照顾好自己的程度。

**半自主登山初体验**

去往南美洲最高峰阿空加瓜大本营的路上，我们在宿营地按照向导教授的方法，尝试着自己搭帐篷。我们打开帐篷包，将零散的部件摆放整齐。在夕阳的余晖下，有的人负责铺设地布，有的人搭建支架，还有人拉紧帐篷绳索。不一会儿，我们成功地将帐篷搭建完毕。

这还是我生平第一次亲手搭起一顶帐篷。

尽管在此之前，我已经登顶过包括非洲最高峰乞力马扎罗、欧洲最高峰厄尔布鲁士在内的几座雪山，但这些山上都用不着自己搭帐篷。

在欧洲阿尔卑斯山和美国瑞尼尔山，山上都有木屋提供给登山者住宿。在乞力马扎罗虽然要住帐篷，但一路都有庞大的服务团队，根本不需要自己操作。

阿空加瓜，让我第一次感觉到登山是一种探险。没有那么多人为我们提供服务，属于一次半自主式的登山。

所谓半自主式登山，一半要靠在大本营之前负责运输的骡子和大本营至1号营地之间负责背负物资的背夫，以及在各个营地负责保障伙食的厨师；另一半就只能靠自己了。

从大本营出发前往1号营地，

整理个人物资和装备是我最头大的一项任务。整理分两个方向：一个驮包要装后面攀登中不需要的东西留在大本营，等我们回到大本营时由骡子带回拜尼腾泰斯小镇；另一个驮包则要装后面能用到的所有东西。并且，必须满足一个限制条件——总重量不超过20公斤，这其中还包括每个人分摊的4.5公斤公共装备。

留给我的空间只有15.5公斤。

一大早我就在为打包而纠结。"我怎么带了这么多东西？"在家里收拾行李时的逻辑是我现在没有办法理解的了。在山上，哪些东西用得着，哪些用不到，用得着的东西装多少是合适的，全是学问。带少了，会要命；带多了，是累赘。

向导站在秤前面，报出一个数字17.5公斤。我精筛细选了半天，还是超重了。

继续第二轮筛选，纠结着从我认为会用到的东西里取走一些，再上秤，15公斤。目睹了我整理装备的纠结，向导报出终于符合要求的数字之后，都忍不住要祝贺我了。

这个总重量近20公斤的驮包可以让背夫背到1号营地。没有设限的随身背包被我塞得满满的，重量达到13公斤。从1号营地再往上走，就没有背夫帮忙了，驮包要由我自己背着，往返于海拔6000米的三个高营地，先把一半的物资搬运到上面的营地，再下来回到出发营地过夜，第二天再把另一半物资运上去。这就意味着每个营地我们都要上去两次。

这种半自主式登山方式是我此前从没有接触过的。我一直以为，登山都是一个营地一个营地往上走，不需要下来后再上去。可以说，对这一场高强度攀登完全没有概念。

登山的智慧不单单体现在各种攀登技术上，从正确打包行李到合理穿搭衣服，处处都是学问。这些知识和技巧同样要在不断上山攀登的过程中获得，并巩固强化。

**更纯粹的登山**

有了阿空加瓜的初次体验后，等到我攀登北美洲最高峰迪纳利的时候，就完全适应了这种自主运输的攀登方式。

在我去过的这些雪山里，我只觉得迪纳利和文森峰才是真正的雪山，是那种从大本营到顶峰全是雪的雪山。而在迪纳利学习了解到的攀登方式和攀登理念，更让我觉得这才是真正的登山。

在迪纳利国家公园里面，没有一位背夫和高山协作。美国人的攀登理念就是要自主攀登，不应该有别人来帮忙。如果你自己无法搞定所有事情，那只能说明你还不具备攀登这座山峰的能力。

就像这里的向导公司有准入门槛一样，攀登迪纳利同样有准入门槛。在美国向导眼中不适合攀登或者没能力冲顶的队员，真的会被劝退，无关乎你的身份和财富。

这才是真正对雪山、对登山者、对整个登山行业良性发展负责任的态度。

从最初攀登美国的瑞尼尔，到迪纳利、文森峰，以及后来的珠峰南坡，我都坚定地选择RMI。曾经15次登顶珠峰，30多次登顶文森峰的大卫·汉恩是这家探险公司的金字招牌。怎样正确地呼吸，怎样最省力地行走，山上的这些技巧，我都是跟着RMI的向导学习到的。

如果说我的登山户外生涯在起步时就像一个小学生，那么在最开始时就学习到最科学实用的方法，让我在后面的历次攀登中受益匪浅，而我也会在每次的攀登过程中，把这些方法分享给队友们。

"你觉得哪座山最难？"

我后来登顶珠峰后，被很多人问过这个问题。

诚然，珠峰作为世界最高峰，在海拔适应和攀登技术上有很大的难度。但我还是认为迪纳利才是最难的，登顶了珠峰的人不一定能登顶迪纳利。

难在哪里？

在分析难度之前，首先要明晰的是，在迪纳利，你将体验的是完完整整的登山过程。这个过程中，很多事情是需要你自己去考量和做决定的，向导更多时候只是提供建议，提供能够保障你安全的服务。

难度从登山前的准备就开始了，如何准备每一天的路餐、如何合理规划所需装备等重要但细碎的事情，都要自己考虑周全。

七峰之中，迪纳利对体能和登山技能的要求最高。所有的物资装备都需要向导和队员们共同负责运输。攀登迪纳利，有一半时间是在运输、建营。从大本营出发后，每到一个营地都要分两次进行运输，通常是到距离下一个营地一半的路程运输一部分物资，再下到低海拔的一个营地休息，第二天再上去运输剩余物资，这同样也是一个反复拉练适应的过程。

登山技能方面，要能够自己搭帐篷，要掌握结组技术，能熟练使用冰爪、冰镐，熟练掌握冰雪行走及攀爬技能，知道如何快速通过危险地带，能够自己很快地在路绳上挂锁、拆锁，所有这些技能要求其实是攀登每一座山峰都应该做到的。不然，在高海拔极限环境下，把自己的生命完全托付给向导，也是非常危险的。

环保方面的严苛要求也增加了攀登迪纳利的难度。真正的登山本应该是更负责任的登山。

从2007年开始,迪纳利国家公园管理处决定将每年接待的登山者人数控制在1500人以内,并制定了详细的环境保护条例和检查措施,要求每个登山者必须严格执行。在正式攀登前接受环保培训也成为每一个登山者的必修功课。

在迪纳利国家公园管理处报到时,工作人员给每人发了一个黑色塑料袋,这个特制的袋子里面含有一些化学物质可以降解排泄物。每人只发一个。大家必须全程带着这个袋子,要把登山过程中产生的所有垃圾和排泄物带回来,不能遗留在雪山上。

毫无疑问,我登过的所有山里,迪纳利最辛苦。

正是成功登顶了迪纳利之后,我才真正对自己完成"七峰计划"有了信心。

**幸福的攀登**

在国外登山多年,回到国内登山后,巨大的差异性总让我深深感叹,在国内登山真的太幸福了。

或许是因为国内的登山活动依然处于起步阶段,没有经历太长时间的发展过程。目前大部分客户的水平就像我刚去攀登勃朗峰时那样,需要很多协助。为了保障客户的安全,向导公司的服务非常到位,他们在一定程度上也起到了启蒙、培训登山者的作用。

仰仗强大的后勤保障,客户只需专注完成自己的拉练和攀登就好,完全不用考虑运输后勤的事情。甚至很多原本应该客户自己做的事情都有人帮忙做好了,自然会轻松一些。

攀登珠峰这样极高海拔的山峰,如果没有协作的话,很多人是没有能力完成攀登的。在如此

漫长的攀登周期里,自主登山的方式只适合那些体能超群、技术顶尖的登山家们。

喜马拉雅式攀登还有很多科学的准入条件和行程设计。

2019年,在我开启珠峰北坡攀登之前,看到行程安排上写着抵达拉萨后会去攀登海拔6010米的洛堆峰和海拔6206米的启孜峰,再前往珠峰大本营的安排。

洛堆峰比我想象的要简单很多，强度不是特别大。紧接着，又在风雪中完成了启孜峰的攀登，一周登两座海拔6000米以上的山峰，对我来说也是第一次，我不太理解初始阶段这样大强度训练的合理性。直到来到了珠峰大本营，我和队友们都没有什么高反症状。这才意识到，之前的拉练很有必要，对身体的调整一下子就上了一个台阶。

完成第二阶段的适应性训练后，我们到吉隆沟调整休养。当时队员中不理解的声音很多，为什么要去那么远的地方？这不是更耗费精力吗？

真到了吉隆沟，树木繁茂，满眼绿色，流水潺潺，氧气充足，这让所有不理解的声音自动消失了。那里休整的三四天，大家的状态恢复得非常好，每天到周围的小山头爬一爬，保持体能。

再回到大本营，正式冲顶时，所有人的行进速度都比拉练时有显著提升，最开始到过渡营地要用9个小时，这次只用了6个小时。这一套经验确实有其科学性，效果很好。

西藏高山向导很专业，很多事情都会帮你想到前面，并且会根据每个人的具体情况进行调整，服务非常人性化。

在海拔5200米的大本营，我第一次见到了我的向导普次仁。和西藏圣山公司的其他向导一样，普次仁在整个行进过程中非常清楚我的需求点，我的氧气瓶压力表随时在他的观察视线内。

这一路，他也在观察着我的状态。直到到了海拔7790米的C2，普次仁才对我的体能、节奏、技术能力放下心来，觉得我登顶没问题了。

顺利登顶下撤回来，我越发觉得"678"的要求非常合理，即必须循序渐进攀登过海拔6000米以上、海拔7000米以上、海拔8000米以上的山峰，才有资格攀登珠峰北坡。8000米级的大山，路更长，危险也更多，更关键的是有足够的时间去适应氧气面罩。经验不够的登山者必须要经过这个过程，否则对自己、对向导、对向导公司来说，都很危险。

我的登山目标始终都是登顶并安全回来，我要尽可能地利用外界的帮助去实现这个目标，但在可能的情况下，我还是更欣赏自主攀登的方式。在亲近自然的过程中，借助的外力越小，付出的艰辛越多，越多地凭借自身的力量去实现目标，成就感才会越强，收获才会越多。

## 第三节 登山中的亲情与友情

**无言的支持**

这些年，我能够一路接近自己的七峰梦想，凡的支持是非常重要的。她有自己的事业，工作也很忙，还要照顾两个孩子。我可以没有后顾之忧地去登山，每次一走，短则半个月，长则两个月，凡的付出可想而知。

"全家人都支持你的,你只管安心去登山。但你始终要明白,登山不是你自己的事,你有家庭有孩子,父母年纪也大了。你知道的,我们对你唯一的要求就是确保安全。"凡内心的纠结全都反映在复杂的神情上,她的眼神中有坚定,有期待,更有担心。

这一点我们是达成共识的:登山当然是有风险的,存在很多变数,我们唯一能做的就是在各个方面做好充足的准备,把自己能掌握的因素控制好。

长长的装备清单,成为每一次登山前我和凡的必修课。随着清单上的项目一个一个被勾掉,出发的日子就不远了。

安全问题要从源头解决。凡的要求是,必须谨慎选择登山团队,必须跟一个好的向导、一个负责任的队伍。和我的领队、向导当面或者电话聊一聊,是凡的例行功课。

无论是文森峰和珠峰南坡选择的美国知名登山家大卫·汉恩,还是珠峰北坡选择的西藏圣山公司,凡要了解的除了向导的个人情况,还有队友的情况、向导和队员的比例,以及种种准备工作情况。确定这是可靠的队伍,她才会放心让我去。

我登每一座山,凡都是全程关注,她知道我们每一天的计划和时间表,除了我先斩后奏的卓奥友峰。有信号的时候,能打电话就打电话,保持联络,听到我的声音会让她安心很多。

我在跟着RMI登山时,向导们几乎每天都要更新博客。每一篇博客后面都有凡的留言,在为我加油。在珠峰北坡,手机信号覆盖很好,队友每天都会写东西发布到网上,凡会跟着看,了解我们每天的行程和位置。我登顶珠峰的消息,凡也是通过登山队负责人第一时间获知的。

登山的影响也在反作用于我们的家庭。

在凡看来,我能够有毅力完成七峰的攀登,生活中的很多事情对我来说就都算不上困难了。当她遇到压力很大的事情,我也可以给她支持,帮助她从不同的角度来看问题。

在孩子们眼中,登上了珠峰和那么多山峰的爸爸是他们的骄傲,也是很好的榜样。我会跟他们讲登山的事情,也受邀去他们学校里,跟其他小朋友分享登山的故事。

而原本就很喜欢投身大自然的凡,也在慢慢被我影响。以前她更喜欢去海边,后来,去山里徒步,去各地滑雪,成为我们的一种生活方式。

除了凡,还有一个人对于我登山这件事特别关心,那就是妈妈。每次我从山上下来,她都会说,登山太危险了,下次再也不要登山了。她的话语充满了对我的安全的无尽牵挂。

我努力向她解释每次出发前我都会进行充分的准备工作。我会与凡详细讨论路线规划、气候状况及必备装备,我有世界上最顶尖的向导,会严格遵守安全规范,确保自己和队友的安全。我也会保持与家人的联系,及时向他们报告我的行程和进展。

尽管我竭尽所能地向妈妈解释,她依然放心不下。在她眼中,登山活动始终是一项危险而艰难的挑战。我知道妈妈的关心是出自爱,她只是希望我能远离危险并保持安全,她的关怀让我在山上的时候倍感温暖,因为我知道,即使远隔万水千山,妈妈总是在惦记着我。在我横跨15年的登顶七峰过程中,亲情的力量无处不在。两个妹妹洁和晶,以及孩子的外公外婆都给予了我巨大的支持和鼓励。正是因为有了他们的默默付出与支持,我才能在这条充满挑战的登山路上坚持不懈,迎接每一个艰难的时刻,追寻自己的梦想。

**重返阿拉斯加**

2012年,在我登顶迪纳利的第二年,我带着妈妈、凡、贝贝、宝宝又回到阿拉斯加。在去往塔基特纳小镇的路上,有个绝佳的迪纳利观景点,可惜,受山间小气候的影响,迪纳利顶峰经常会被云层遮盖,无法看到它的全貌。我们远远望到迪纳利顶峰雄伟的轮廓,贝贝兴奋地指着山问道:"它有多高呢?"

"6194米。你现在差不多有1米高,要6000多个你这样的小朋友搭在一起才可以到山顶。"我尽量用她能理解的方式回答这个问题。

登山这件事对于5岁的女儿来说,还太过懵懂。她当时完全不能理解到底需要做出怎样的努力,经历怎样的过程,承受怎样的风险才能完成这件事情。

就连我自己再一次站在这座山脚下都会恍惚,我真的曾经登上它的顶峰吗?太不可思议了。

再往里走,就进入迪纳利国家公园,这里也被称为"亚北极的塞伦盖蒂国家公园",野生动

物随处可见。行走其间，看见一只大驯鹿在路上漫游，巧遇一只灰熊在远处踱步，感受一只老鹰从头顶呼啸而过，都不是稀奇的事情。绵延的冰川，巍峨的雪山，广袤的荒野，自由的动物，所有这些都令人神往。

一个天气特别好的上午，我们在酒店附近散步，拐过一个小弯后，孩子们兴奋地尖叫起来。是迪纳利顶峰！

整座山完完全全呈现在我们眼前，难得一见的景象。山上是皑皑白雪，山下是湛蓝湖泊，湖中山的倒影同样完整雄伟，那画面美到让所有语言都苍白。

这是阿拉斯加送给我们的礼物。

**"爸爸带我去登山"**

2021年8月，我报名参加川藏队组织的第二季"爸爸带我去登山"活动，我打算带贝贝和宝宝去攀登位于四川省阿坝州黑水县的奥太娜雪山。这座山海拔5210米，它和奥太基、奥太美并称为三奥雪山。

这是两个孩子第一次来到雪山。盛夏的三奥雪山大本营没有城市里的燥热与喧闹，目光所及，全是郁郁葱葱的景象。孩子们叽叽喳喳的惊叹声一路上就没停过。看到这里的三角木屋，我和凡会心相视——"这里好像阿尔卑斯山啊。"

在三奥雪山大本营学习基本攀登技能与技术装备使用的过程，在孩子们眼中像玩游戏一样有趣。真正的考验从大本营周边的原始森林徒步训练开始。孩子们小小身躯里蕴藏的巨大能量，出乎我们的意料。突然下起的雨，也没有劝退任何一个孩子。

正式攀登了，孩子们走向C1。这一次，爸爸妈妈和孩子被分成两队，徒步过程中，只有向导跟着孩子们，到了营地才能与家长会合。孩子跟着向导们走在前面。没有爸爸妈妈陪在身旁，

孩子们的坚强和韧性也被激发出来。三个小时后，全员顺利到达C1。

第一次在海拔4000米的帐篷里睡觉，让孩子们新奇又兴奋，更兴奋的是凌晨3点的正式冲顶。这一次换了策略，家长先出发，孩子在向导的陪伴下独立完成最后的冲顶任务。

我们走了两个小时，转过头来

看，身后是一排头灯的微光，每一盏头灯后面都是一个小小身影，他们在努力攀登，一步步跟随着我们走过的路向上迈进。这一幕让我激动不已，无法言喻的感觉涌上心头。人生路又何尝不像登山路，身为父母，面对终将独当一面的孩子们，我们既充满牵挂又得告诉自己，要学会放手。

历经六个小时的徒步，每一个家长都在顶峰等来了成功挑战自己的"小英雄"们。这是这些孩子们人生中的第一座海拔5000米以上的山峰，对于其中许多父母来说，也是人生第一次。孩子们兴奋地分享着自己的感受，他们也许依然没有办法理解登山的意义，但这一段经历必然会成为难忘的记忆。因为他们和我们都看到了，更勇敢坚强的自己。

## 雪山见证的友情

2014年5月，我和王静跟随不同的队伍来到珠峰南坡，那是她第3次从南坡攀登珠峰。当我前往她所在队伍营地时，与外出拉练的她遗憾错过。正是在那一年，王静用143天完成了"7+2"。

第二年的夏天，我邀请在纽约哥伦比亚大学做访问学者的王静到家里分享她的登山经历。

"吴总，原来你也有'七峰计划'。"王静欣喜地说。

"还想听听静总分享一些经验，我非常需要你的建议。"

"珠峰是'7+2'最难的一座，至少我是这么认为的，它很有挑战性。"性格爽朗的王静在现场就跟我探讨起很多攀登珠峰的细节问题，最后向我发出邀请："有机会我们一起登座山，再好好交流。"

2019年我和王静作为队友共同从北坡攀登珠峰。在出发前往拉萨集合之前，王静邀请我来到北京，带我到探路者公司进行参观。她侃侃而谈，向我介绍各种高海拔攀登装备的特点。我也饶有兴趣地试穿体验了其中的一些。最后，她赠送了我一套探路者的连体羽绒服作为此次攀登珠峰的装备。

作为已完成"7+2"的过来人，王静知无不言地和我分享了很多实用的经验。在她的办公室里，我们从高海拔攀登的装备、体能、心理等方面聊到如何做好和登山团队的融合，如何解决突发问题，最后话题又延伸到彼此的事业上。

一边攀登一边处理工作的我们俩成为队友眼中的工作狂。王静很感慨冲顶前夜我在悬吊于悬崖边的帐篷里发邮件的一幕，"在珠峰海拔8300米的高度还在回公司邮件，恐怕再找不到第二个人了。"

来自各行各业的队友，因为各种各样的原因相遇在同一座山上。这些同甘共苦的情谊，是生命中珍贵的礼物。一起登过山的人，无论何时，在山下相见都会格外亲切。

2018年卓奥友的队友刘萍后来成为苏州从南北坡双登珠峰第一人，2019年珠峰队友杨董柱时隔5年之后于2024年5月从南坡再次登顶珠峰，成为广西首位从南北坡登顶珠峰的人。

正在进行七峰挑战的还有我2019年珠峰的队友周和平。2023年底我们再次成为队友，参加了由巅峰户外运动学校孙斌组织的南极最后一纬度徒步活动。在为期7天的徒步中，我们在零下40摄氏度左右的极端环境下，从南纬89度出发，拖着50公斤的雪橇，于2023年12月14日一起抵达南极点。老周的体能比他2019年登珠峰时还要好。我跟其他登顶珠峰的队友也常有联系。我们都相信，雪山见证的友谊将会地久天长。

## 第四节　人生如登山

在伟大的自然面前，我不过是渺小人类中的一员。可再渺小的人也有斗志去挑战自己，去学会坚持，去完成一件自己想做又很有意义的事情，去实现梦想。这是登山给我的答案。这也是登山的意义所在。

正是这样的信念推动着我用15年的时间，完成了攀登七大洲最高峰的目标，也鼓舞着我在事业和生活上不断向前。

从这一层面来看，人生，的确如登山。

**普通人也能成就非凡事**

"Ordinary Men Do Extraordinary Things."

这是我在一次分享中，分享稿中的最后一句话。这也是我在这些年的登山经历中最深刻的领悟。

是登山让我更加笃信，普通人同样能成就非凡事。

登山原本只是我的个人爱好，是我人生的小插曲。渐渐地，它开始由外及内地对我产生很强的影响。因为登山，我的人生发生了很多变化。

一个从来不跑步的人，之前到健身房找个教练偶尔练一练，不过是为了缓解办公室职业病，保持身体健康。后来开始进行系统的体能训练，从耐力到力量，全方位提升，5千米跑、1千米游泳早已是常规运动，这一切都是因为登山。到最后，百千米徒步、6000米高山攀登都可以成为实施"七峰计划"前开展的预热训练。

一个对雪山并没有太多了解的人，在一次次出发前的收集资料、进行前期准备的阶段，储备了很多雪山的知识。那些关于登山的书籍、电影，让我知道了更多发生在这些雪山上的故事，更让我在精神层面接近雪山、理解雪山。

登山让我发现自己的潜能。体能是可以日积月累练出来的，理念是可以潜移默化形成的。

"我怎么可能完成？"一开始接触到"七峰"这个概念时，这就是我直接的想法。更多地了解了七峰的情况，以及完成它所需要的条件之后，我的想法渐渐发生改变。

"我觉得我有可能完成。"当目标确定，在完成它的过程中，不知不觉间，我的能力也得到了锻炼和提升，推动着我离目标越来越近。

2019年5月23日下午，当我终于从珠峰顶峰安全下撤至前进营地，松了一口气后，开始有工夫去回顾和感慨了。回过头望着金字塔形状的珠峰，心中涌起一股强烈的感觉："我终于做到了！"这句话在我内心默默地回响，如影随形的压力释放了很多。

尝试了三次，经受了各种磨难，总算真正完成了这么多年一直在做的一件事情。

放眼全世界，只有几百人完成了七峰的攀登。如今，像我这样的普通人，也能做出这样非凡的成就，给了我莫大的信心和鼓舞。

为什么要去登山？

每一个攀登者都有自己的答案。对于我来说，登山就像是一种修行，它能带给我宁静的感觉和心灵的安慰。走进雪山，心就会变得简单、纯粹，当现实生活中的所有杂念被放下，随之感受到的与大自然的默契共鸣，让我格外迷恋。

诚然，每一次登山的过程都很辛苦。在山上走到喘不过气的时候都会质问自己："为什么非要自讨苦吃来登山？"但下山之后，回到城市中，回想起山里留下的记忆，一种宁静的释然都会萦绕心头。

刚刚登山时，登顶成功之后我都意气风发地觉得这么艰难、让人恐惧的事情我都干成了，还有什么事我干不成？然而，登的山越多，越能清醒地意识到，自己在山上见证并经历了很多大事件，却从来没有遇到什么大的风险，实属幸运。对山的敬畏也随之加深，面对每一座山，登顶不是最终目标，全身而退才是。

任何事情只要想去做，都能找到解决方案；只要确定了目标，不管遇到什么挫折，想要完成，也都是可以完成的。

当我登上了珠峰，完成七峰攀登之后，能够将这样的心态长久地保持在工作上、生活中，这是登山带给我的最大收获。

**从终点回到起点**

2023年冬天，美国犹他州，阿尔塔山脊对面的秘鲁峡谷雪道和盖德山谷雪道里，我带着家人在雪鸟滑雪场（Snowbird）度假。绵延的雪道充满刺激，惊呼声和欢笑声伴随着风声，不时从耳边掠过。

雪鸟滑雪场从创立之初，很快就以其独特的雪质、便捷的交通食宿、多样的滑雪线路名声大

噪。随即凭借众多奖项成为世界级滑雪目的地，受到全球各地滑雪爱好者的追捧。

阿尔塔镇是一个世纪之交的矿业小镇，以前有8000人口，靠着当地的高品位银矿为人们所熟知。雪鸟的诞生源自银矿衰败，时任阿尔塔旅馆经理的泰德·约翰逊萌生了在当地开设滑雪场的想法。随后他们夫妇与滑雪爱好者兼电影制作人沃伦·米勒合作，设计了共管公寓，并制作了一部13分钟的宣传片，帮助向潜在买家介绍开设滑雪场的想法。然而，到1969年，融资仍然是个问题。

直到约翰逊在科罗拉多州的一次聚会上遇到了美国石油大亨、金融家迪克·巴斯。这个想法触动了巴斯。在考察阶段，阿尔塔山脊对面的秘鲁峡谷和盖德山谷凭借得天独厚的自然优势彻底打动了巴斯。他决定与约翰逊合作。

两年后，雪鸟起飞。1971年12月，雪鸟滑雪场开业。几年后，雪鸟滑雪场就成为世界上最伟大的滑雪场之一。

在雪鸟滑雪场的大厅里，有一小块室内展示区，这里比户外的雪道更加吸引我。高山靴、冰爪、锁扣，双面透明的玻璃展柜里陈列的这些登山装备都属于巴斯，而巴斯是全世界第一个登上七大洲最高峰的人。

时间倒回2008年夏天。在纽约曼哈顿联合广场，Barnes & Noble书店复古字体的绿色招牌格外醒目。这家成立于1873年的美国最大实体书店，有着超过150万种的图书、唱片和DVD。这里是我在纽约生活时常去的地方。

我流连于书店"Adventure"（探险）分类的区域。我看到一本名字叫《七峰》的书。这本书的作者正是雪鸟滑雪场的投资人迪克·巴斯。20世纪80年代美国人第一次登顶七峰的故事，让我第一次知道了七峰的含义。

尽管我在那一年刚刚登完欧洲最高峰厄尔布鲁士，也在之前完成了四座包括非洲最高峰乞力马扎罗在内的雪山攀登，但我丝毫不认为"七峰"目标和我有什么关系。

简单翻阅了一下，那本书又被我放回了书架。

神奇的是，接下来，无论我穿行在其他门类的书架前，还是路过倚坐而读的人群，或者在书店内设的咖啡馆里择座而憩，翻阅刚买的书籍和报刊，"七峰"和"迪克·巴斯"，这些名字一直在我脑子里打转，挥之不去。

我决定重返"Adventure"分类区域，买下《七峰》。七峰确实和我没什么关系，但作为调研下一座山的参考资料，这本书还是有用的。

我也确实把这本书当成了工具书，买回来就没有系统地看完过。先把自己登过的两座山的内容读完，发现1985年开始攀登七峰的巴斯当时所经历的很多情况，和我攀登乞力马扎罗、厄尔布鲁士的时候已经大不相同了。

还有一些变化是随着科技的发展和人们认知能力的提升而出现的。例如，现在公认的大洋洲最高峰查亚峰，并没有出现在这本书里。巴斯当年登的是科修斯科山，当时人们以为这座山就是大洋洲最高峰。

但书中对每座山的描述，依然是可供了解的背景信息。

这本书及巴斯的七峰经历，对我而言，最重要的意义或许在于潜移默化的激励作用，它让我知道了原来还有七峰这样一个目标。尽管，很长时间以来，我要去完成这个目标的想法压根就没出现在我的脑海中。

2012年12月，在收拾去南极洲最高峰文森峰的装备时，我带上了《七峰》这本书。在大本营的帐篷里，我第一次认认真真从头到尾把这本书读完了。从只关注登山行程到更好奇登山人后来的有趣故事，这本书在我手里完成了从工具书到精神标杆的转变。

阅读之前的一些疑问，有些依然没有答案，甚至至今还在思考。时至今日，全世界完成七峰攀登的也只有几百人。这是一件很少人去做的事，完成了又能证明什么？

我没有找到答案。

雪鸟滑雪场入口处有个雪道称为秘鲁峡谷，在它的底部树立着一座巴斯的铜像，彰显着他对这片土地的贡献。这位传奇人物于2015年7月离开人世，享年85岁。他留下的遗产依然迎接着世界各地的游客。

登顶七大洲最高峰，到底能证明什么？对于我来说，这没有什么特殊的意义。它只是我为自己设定的一个目标，虽然很难，但我就是想完成它。

当它真的被完成的时候，我实现的只是对自己的挑战和提升，给了自己一个交代而已。不需要被别人佩服、称颂这样的虚荣，因为，或许，它根本证明不了什么。

如果，非要一个答案，那么，我的答案是——

一个普通人也可以做成非凡的事情。

# 附录
## 附录A 七峰基本情况

# 乞力马扎罗

## 基本情况

乞力马扎罗（Kilimanjaro）是非洲的第一高峰，同时也是世界上最高的独立山峰。其位于坦桑尼亚和肯尼亚的交界之处，素有"非洲屋脊"之称。最高点乌呼鲁峰海拔达到 5895 米。乞力马扎罗以其壮丽的景观和独特的生态系统吸引着无数攀登者和游客。

## 首登纪录

乞力马扎罗山于 1889 年首次被成功攀登，登顶者为德国地理学家汉斯·迈尔（Hans Meyer）、奥地利登山者路德维希·普茨切尔（Ludwig Purtscheller），以及当地导游约哈尼·金亚拉·劳沃（Yohani Kinyala Lauwo）。

## 攀登时间

乞力马扎罗位于南半球赤道附近，气候特点为雨季和旱季，没有传统的四季。雨季主要集中在每年的 3 月至 5 月和 11 月，因此这两个时段应避免攀登。最佳登山季节为旱季，从 6 月到 10 月，以及雨季之间的 12 月至次年 2 月至 3 月上旬。这段时间天气相对干燥，适合进行高海拔攀登。

## 最大特色

乞力马扎罗以其显著的垂直地带性而闻名，山体自下而上呈现出明显的自然带变化，包括热带雨林带、常绿阔叶林带、落叶阔叶林带、高寒草原带、高寒荒漠带，以及积雪冰川带。在攀登过程中，登山者不仅可以欣赏到丰富的植被变化，还有机会偶遇多种野生动物，如猴子和各种鸟类。

## 攀登路线

乞力马扎罗的主要攀登路线共有七条，分别是：马兰古路线、马切姆路线、莱莫绍路线、龙盖路线（Rongai Route）、翁背路线（Umbwe Route）、西拉路线（Shira Route）、环北路线（Northern Circuit Route）。

虽然这些线路在冲顶日的安排上差异不大，但它们在海拔抬升的节奏上有所不同。其中，莱莫绍线路是乞力马扎罗国家公园官方认证的登顶率最高线路。该线路的攀登节奏较为缓慢，通常需要 5 天时间进行海拔适应，从海拔 2000 米的起点逐步升至海拔 4600 米的大本营，平均每天抬升约 500 米。这种渐进式的升高方式有助于身体适应高海拔环境，使得登顶的成功率大大提升。整个周期需要 5～8 天。

乌呼鲁峰 5895米

# 厄尔布鲁士

## 基本情况

厄尔布鲁士（Elbrus）位于俄罗斯西南部的大高加索山脉，是该山脉的最高峰，同时也是欧洲的最高峰。其主峰（西峰）海拔5642米，卫峰（东峰）海拔5621米，呈现出一大一小、一高一矮的"双峰并峙"之势。厄尔布鲁士的形成源于地质史上火山的长期喷发，主要由安山岩构成，山体壮丽且气势恢宏。

## 首登纪录

1874年，英国探险家贺拉斯·沃克（Horace Walker）首次成功登顶厄尔布鲁士主峰，开创了这座山峰攀登的新历史。

## 攀登时间

厄尔布鲁士的最佳攀登时间通常是在每年的5月至9月，这段时间气候相对温和，适合登山活动。

## 最大特色

厄尔布鲁士不仅是登山者向往的目的地，也是俄罗斯著名的滑雪胜地。每年冬季，这里吸引了大量滑雪爱好者，成为一个综合性的运动和旅游中心。区域内设施齐全，包括滑雪道、登山营地和观光中心，游客可以在这里享受多种户外活动。

## 攀登路线

厄尔布鲁士的攀登路线主要分为南北两条线路：南线是最传统的攀登路线，雪线高度为海拔3500米，难度较低，适合大多数登山者。南线的路线相对清晰，配备了必要的基础设施，使得攀登过程更加安全。对于体能不足或经验较少的登山者，可以选择乘坐"雪猫车"到达海拔4700米，然后再开始攀登，这样可以减少体力消耗并提高成功率。北线相对较具挑战，雪线高度为3200米，攀登时间和难度均高于南线。北线的徒步攀登需要较强的体能和丰富的经验，适合有一定登山基础的登山者。整个周期需要7天左右。

# 阿空加瓜

## 基本情况

阿空加瓜（Aconcagua）位于阿根廷门多萨省西北端，邻近智利边界，属于科迪勒拉山系的安第斯山脉南段。它的海拔为 6962 米，是南北美洲大陆上最高的山峰，也是南半球和西半球的最高峰，同时是亚洲之外的最高峰。这使得阿空加瓜成为登山者的热门目标，吸引了来自世界各地的冒险者。

## 首登纪录

阿空加瓜于 1897 年首次被瑞士登山家马蒂阿斯·楚布里根登顶，他选择了西北侧的登顶线路，这条线路如今被视为该山峰的"传统攀登线路"。此后，大多数攀登者都选择从这条线路登顶。

## 攀登时间

阿空加瓜的最佳攀登时间是每年的 12 月至次年 2 月，正值南半球的夏季，适合进行高海拔登山活动。

## 最大特色

阿空加瓜被广泛视作 8000 米级高峰攀登的试练场。尽管其技术要求相对较低，且冰雪覆盖较少，登山路线也相对较短，顶峰较为平缓，但强烈的高山风和突如其来的天气变化可能会显著增加攀登的难度。因此，攀登者需要具备一定的高山经验和应对恶劣天气的能力。

## 攀登路线

阿空加瓜的常规攀登路线是从北面出发，通常会经过四个主要的营地，分别为：大本营（Plaza de Mulas）、中营地（Camp Canada）、中高营地（Nido de Cóndores）和冲顶营地。我们选择的是横穿路线：从阿根廷广场大本营（Plaza Argentina）出发，经过 1 号营地和 2 号营地，冲顶营地为 5970 米的卡莱拉广场营地（Plaza Cólera）。到达顶峰后，到山的另一侧的穆拉斯广场大本营结束。南面的攀登路线则较为艰难，山壁陡峭，适合有经验的攀登者。整个周期需要 14 ~ 20 天。

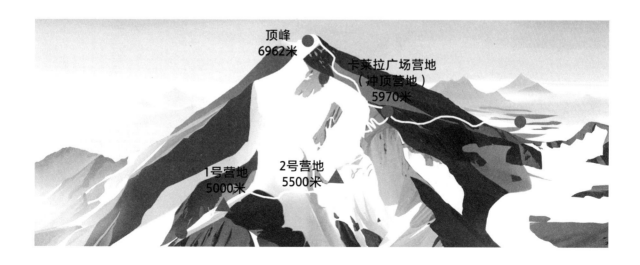

# 迪纳利

### 基本情况

迪纳利（Denali），位于美国阿拉斯加州中南部，海拔 6194 米，是北美洲的最高峰。2015 年 8 月 30 日迪纳利正式取代了原名"麦金利"，这一更名突显了阿拉斯加州原住民文化的深厚内涵。在阿拉斯加原住民的语言中，"迪纳利"意为"高峰"。迪纳利从海拔几百米的平原拔地而起，大本营与顶峰之间高差超过 4000 米，甚至比珠峰的相对高度还要高，因此迪纳利也是世界上相对高度最高的山峰。

### 首登纪录

1913 年美国登山者沃尔特·赫特成功登顶，成为迪纳利的第一位登顶者。

### 攀登时间

迪纳利所在区域气候极为严寒，给登山者留出的攀登时间短暂，大多数登顶者选择在每年的 5 月中旬至 6 月中旬进行攀登，这段时间天气相对稳定，适合登山活动。

### 最大特色

迪纳利的天气变化无常，攀登路线大部分时间被积雪覆盖，导致其攀登难度在七大洲的最高峰中仅次于珠峰。攀登迪纳利的独特之处在于，向导不负责为登山者背负个人物资，所有装备和物资必须由登山者自行携带，这对登山者自主攀登能力的要求非常高。每位登山者背包加雪橇的负重大约在 100~120 公斤，这对体能和心理素质都是巨大的挑战。

### 攀登路线

迪纳利攀登路线始于北侧，沿马德鲁冰川（Muldrow Glacier）抵达峰顶。这条路线在首登后的几十年里成为攀登的唯一途径。直到 1951 年，美国波士顿科学博物馆馆长布拉德福·华斯伯恩开辟了新的西·巴鲁斯（West Buttress）登顶路线，从卡希尔特纳冰川出发，如今已成为经典路线。这条路线可以让登山者搭乘小型飞机直接抵达雪地大本营，减少了长途跋涉的艰辛，整个周期需要 20 天左右。

# 文森峰

## 基本情况

文森峰（Vinson Massif）位于南极内陆深处的艾尔斯沃兹山脉，是南极洲的最高峰，海拔4892米，也为艾尔斯沃兹山脉的主峰。该峰于1935年由美国探险家林肯·艾尔斯沃兹（Lincoln Ellsworth）首次发现。直到今天，文森峰依然是南极探险和登山的象征。

## 首登纪录

1966年美国登山队成功首次登顶文森峰，标志着这座偏远高峰的攀登历史的开始。

## 攀登时间

文森峰的最佳攀登时间通常是在每年的12月至次年1月，此时南极的气温相对较高，天气条件较为稳定。虽然其他"六峰"几乎可以在任何月份被攀登，但文森峰的冬季首攀尚未实现，显示了其独特的挑战性。

## 最大特色

文森峰是七大洲最高峰中最后一座被成功登顶的高峰。尽管其海拔较低，文森峰的攀登依然充满挑战，要求登山者具备丰富的经验，以应对极寒天气、大风及高海拔带来的风险。

## 攀登路线

文森峰的标准攀登路线为布兰斯科（Branscomb）路线。这条路线从联合冰川搭乘小型飞机到文森峰雪地大本营，其间经过平缓的冰川、45度的积雪斜坡、裸露的高原和壮观的山脊，景观壮丽。整个攀登过程通常需要5~9天，加上抵达及离开南极联合冰川的时间，整个周期需要12~18天。

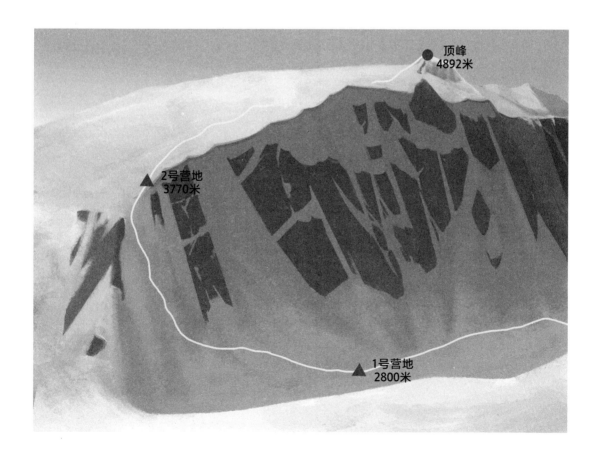

# 查亚峰

### 基本情况

查亚峰（Carstensz Pyramid）位于印度尼西亚巴布亚省，海拔 4884 米，是新几内亚岛的最高峰，也是大洋洲的最高峰。同时，它也是世界上最高的岛屿山峰，峰顶终年被冰雪覆盖。

### 首登纪录

1962 年奥地利登山者海因利希·哈莱（Heinrich Harrer）率领一支探险队首次成功登顶查亚峰，为后来的攀登者开辟了道路。

### 攀登时间

查亚峰的攀登季节相对灵活，一年中的任何季节均可进行攀登。然而，考虑到天气和当地环境，通常建议在旱季进行攀登。

### 最大特色

查亚峰接近性较差，攀登活动通常从迪米卡（Timika）出发，需要徒步 4～5 天的时间才能到达查亚峰大本营（海拔 4250 米）。另一选项是从迪米卡乘坐直升机直接到大本营，但天气原因可能等待长达十几天。另外，攀登查亚峰的真正考验是当地的冲突活动。由于巴布亚新几内亚地区的动荡，查亚峰在 2019 年至 2023 年期间未对外开放。2024 年查亚峰的登山活动重新开放，但名额有限，仅接受 8 名攀登者。

### 攀登路线

查亚峰的攀登路线主要从北侧沿着山脊登顶，路途中需穿越坚硬的岩石。攀登需要有高海拔攀岩的经验和能力，其中包括难度达 5.6 级的岩石段，提洛尔悬空横跨，以及下撤过程中的一系列绕绳下降。整个周期需要 8～20 天。

# 珠穆朗玛峰

## 基本情况

珠穆朗玛峰（Mount Qomolangma）是喜马拉雅山脉中的主峰，位于中国与尼泊尔的边界上，北坡在中国青藏高原境内，南坡在尼泊尔境内。海拔 8848.86 米，是世界最高峰。

## 首登纪录

1953 年 5 月 29 日，新西兰登山家埃德蒙·希拉里和夏尔巴向导丹增·诺尔盖首次从南坡成功登顶珠穆朗玛峰。此后，1960 年 5 月 25 日，中国登山队的王富洲、贡布与屈银华三人首次从北坡成功登顶。

## 攀登时间

每年的 5 月中旬至下旬，是攀登珠峰的黄金窗口期。这是因为每年的 10 月至次年的 3 月或 4 月是珠峰的季风期，在海拔 8000 米以上的山峰上，季风没有遮挡，非常强劲，比台风有过之而无不及；每年的 6 月至 9 月则是珠峰的雨季，也不利于攀登；而 5 月份是风季和雨季的交替期，天气情况比较稳定，会出现短暂的适宜攀登珠峰的"窗口期"。

## 最大特色

珠峰海拔极高，需要 4～6 周的时间在大本营及前进营地让身体适应高海拔，然后才能开始攀登，整个攀登过程大致需要 50～60 天。冲顶阶段天气条件至关重要，需有持续的好天气窗口才能成功，而每个登山季的窗口期一般出现在 5 月的中旬至下旬。

## 攀登路线

珠峰的攀登路线共有 19 条，主要分为传统的南坡路线、北坡路线及其他 17 条路线。山体由北壁、东壁和西南壁三大冰雪岩壁组成，东北山脊、东南山脊和西山脊是珠峰的"分水岭"。东南山脊是尼泊尔一侧传统攀登之路，而东北山脊则是西藏一侧的经典攀登路线。

# 附录B 吴皓珠峰登顶训练计划

**需求分析（专项体能）：**

肌肉耐力、心肺耐力、力量素质、敏捷协调能力（良好的心肺与体能、在高压缺氧下的恢复能力、肌肉组织抗疲劳能力）
手臂肌肉群（抓握牵拉的能力）、核心肌群（支持与稳定能力）、背部肌群（背负能力）、下肢肌群（踏蹬与敲挖力）

**目前存在的问题：**

心肺耐力训练缺乏
手臂肌群力量不足

5天为一个训练周期，持续5个月
训练频率为一周4或5次训练，有氧训练以稳态长距离有氧项目为主
体能训练日遵循力量训练原则，除传统训练项目（胸、背、腿、手、臂、腰腹核心训练）外，加入循环训练项目以提升心肺水平与肌肉耐力水平。训练以全身训练动作为主

| 训练内容 | 第1天 | 第2天 | 第3天 | 第4天 | 第5天 |
| --- | --- | --- | --- | --- | --- |
| 训练重点 | 传统训练项目：胸、肩、肱三头肌 | 传统训练项目：背、肱二头肌、肩 | 传统训练项目：下肢肌群、核心肌群 | 心肺与体能训练 | 协调与敏捷训练、核心训练 |
| 有氧训练 | 5~6千米（30分钟完成） | 5~6千米（30分钟完成） | 5~6千米（30分钟完成） | 5~8千米（35分钟完成） | 5~8千米（35分钟完成） |
| 体能训练 | ①辅助引体向上；②药球砸地；③滑雪跳；④过顶深蹲；⑤坐姿V字起身；⑥单臂哑铃划船（训练动作每组1分钟，6个循环共36分钟） | ①跳绳；②药球抛球砸墙；③悬挂举腿；④过顶深蹲；⑤跳箱；⑥仰卧起坐 | ①辅助引体向上；②负重俯卧撑；③俄罗斯转体；④坐姿V字起身；⑤波比跳+推举；⑥抗阻力冲刺跑 | ①负重俯卧撑；②辅助引体向上；③过顶负重深蹲；④侧向收腹；⑤举腿；⑥平板侧向移动；⑦跳绳；⑧战绳训练 | ①波速球翻转；②侧向移动；③兔子跳；④跳绳 |

# 附录C 吴皓迪纳利登顶训练计划

训练周期

每次训练前先快走或慢跑热身10分钟，让心率稍微上升一些，然后开始训练（见下表）

训练结束后进行一些轻微的拉伸活动

| 内容 | 动作1 | 强度 | 动作2 | 强度 | 动作3 | 强度 | 动作4 | 强度 |
|---|---|---|---|---|---|---|---|---|
| 第1天 | 原地高抬腿30秒，尽量抬高膝盖<br>原地轻松慢跑30秒<br>休息30秒 | 4组 | 10次仰卧起坐<br>10次仰卧抬腿放下<br>10次仰卧抬腿转体（每侧5次）<br>休息60秒 | 3组 | 8次俯卧撑<br>10次俯身划船<br>10次分腿跳<br>休息60秒 | 3组 | — | — |
| 第2天 | 20次开合跳<br>20次深蹲<br>休息60秒 | 2组 | 20次俯身登山（每条腿10次）<br>20次原地弓步（每条腿10次）<br>休息60秒 | 2组 | 20次侧平板撑，臀部放下再抬起（每侧10次）<br>20次深蹲跳<br>20次波比跳<br>休息60秒 | 2组 | — | — |
| 第3天 | 俯卧撑<br>深蹲 | 每个动作30秒锻炼+30秒休息，共4分钟 | 仰卧起坐<br>仰卧抬腿转体 | 每个动作30秒锻炼+30秒休息，共4分钟 | 原地弓步<br>仰卧蹬车 | 每个动作30秒锻炼+30秒休息，共4分钟 | — | — |

287

(续)

| 内容 | 动作1 | 强度 | 动作2 | 强度 | 动作3 | 强度 | 动作4 | 强度 |
|---|---|---|---|---|---|---|---|---|
| 第4天 | 10次原地弓箭步（每条腿5次），最后一次时深蹲15秒，休息30秒；20次原地弓箭步（每条腿10次），最后一次时深蹲20秒，休息30秒；30次原地弓箭步（每条腿15次），最后一次时深蹲30秒，休息30秒 | 2组 | 30次原地弓箭步（每条腿15次），最后一次时深蹲40秒，休息30秒；40次原地弓箭步（每条腿20次），最后一次时深蹲60秒，休息60秒 | 2组 | 45秒仰卧起坐，休息30秒；45秒俄罗斯转体，休息30秒；45秒波比跳踢腿，休息30秒 | 2组 | 45秒俄罗斯转体，休息30秒；45秒平板支撑，休息30秒；60秒侧平板支撑（每侧30秒），休息30秒 | 2组 |
| 第5天 | 50次仰卧起坐；50次弓箭步；50次俯卧撑；50次深蹲；50次俯身划船 | 可以一次完成所有50次，也可以随意组合 | — | — | — | — | — | — |
| 第6天 | 16次四点支撑平衡伸展；16次深蹲；16次俯卧撑 | 2组 | 16次俯身登山（每条腿8次）；16次分腿深蹲（每条腿8次，脚放在长凳上）；16次仰卧蹬车 | 2组 | 16次俯身划船；16次仰卧抬腿转体（每侧8次）；16次原地弓箭步（每条腿8次）；16次平板支撑交替触肩 | 2组 | — | — |

(续)

| 内容 | 动作 1 | 强度 | 动作 2 | 强度 | 动作 3 | 强度 | 动作 4 | 强度 |
|---|---|---|---|---|---|---|---|---|
| 第 7 天 | 4×30 秒侧平板支撑（每侧 15 秒），休息 30 秒，共 4 分钟<br>4×30 秒波比跳，休息 30 秒，共 4 分钟 | 2 组 | 4×30 秒原地高抬腿慢跑，休息 30 秒，共 4 分钟<br>4×30 秒原地蛙跳，休息 30 秒，共 4 分钟 | 2 组 | 4×30 秒俯身登山，休息 30 秒，共 4 分钟<br>4×30 划船或俯身划船，休息 30 秒，共 4 分钟 | 2 组 | — | — |
| 第 8 天 | 1 次俯卧撑，10 次俯身登山（每条腿 5 次）<br>2 次俯卧撑，16 次俯身登山<br>3 次俯卧撑，20 次俯身登山<br>4 次俯卧撑，26 次俯身登山<br>5 次俯卧撑，30 次俯身登山 | 每条腿 5 次 | 1 次深蹲+15 秒深蹲保持<br>2 次深蹲+15 秒深蹲保持<br>3 次深蹲+15 秒深蹲保持<br>4 次深蹲+15 秒深蹲保持<br>5 次深蹲+15 秒深蹲保持<br>6 次深蹲+15 秒深蹲保持 | 每组深蹲最后保持 15 秒 | 8 次 20 秒波比跳踢腿 | 10 秒休息 | — | — |

# 鸣谢

在创作这本关于攀登七大洲最高峰的书籍过程中，我得到了许多宝贵的支持与帮助，在此向所有人致以最诚挚的谢意。

首先，感谢那些在攀登过程中给予我无私帮助的队友和向导们。2019年攀登珠峰北坡的队友：王静、李焕尧、周和平、蔡卿、吴劲松、李芳、杨董柱、次仁扎西、谭百浚、赵琴、张楠，以及西藏圣山探险公司的所有向导，特别是次仁桑珠、鲁达、普次仁、索朗次仁。你们中许多人在我写书过程中接受了采访，你们的故事和精神使这本书的内容更加丰富，成为其不可缺少的一部分。

感谢2014年攀登珠峰南坡的队友：Nicole LoBiondo, Kara Stinson, Spencer Pipkin, James Choo, Fatima Wiliamson, Pawelec Poczta；2015年攀登珠峰南坡的队友：Hans Hilscher, Robbie Massie, Larry Seaton, HP, Peter Roger；2014年攀登和2015年攀登珠峰南坡的向导：Dave Hahn, JJ Justman, Mark Tucker, Chhering Dorjee；以及攀登乞力马扎罗、厄尔布鲁士、查亚峰、阿空加瓜、迪纳利峰、文森峰的队友和向导们，你们的支持和鼓励让我受益良多。特别感谢全球登山界的传奇人物、RMI高山向导Dave Hahn，跟随你登顶了文森峰及两次从南坡攀登珠峰。你的严格要求和悉心指导，让我在面对复杂山况时能从容应对，也让我更加深刻地理解到，成功不仅依赖于技巧和力量，更需要毅力、团队合作和对雪山的尊重。

感谢所有支持我攀登梦想的TCFA的朋友们，清华五道口金融学院、复旦及复旦附中的同学们，感谢"三好生"登山队的王巍和方泉，北大珠峰登山队的厉伟，是你们在我攀登七大洲最高峰过程中给予我鼓励和信心，激励我踏上这段充满挑战的旅程。你们的每一次点赞和分享，都是我攀登路上的动力源泉，你们是这本书的参与者和见证者。

感谢那些在我写作过程中提供帮助的朋友们。你们热情地为我查找各类资料，让我更深入地了解七大洲最高峰的攀登历史和文化内涵。卢明文老师参与了本书早期的构架设计与创作；壹帆制作了登山路线图；David Zhang细心阅读了我的初稿，并对许多细节提出了中肯的建议。你们帮助我不断完善书中的内容，使其更加严谨而生动。

在本书的创作过程中，我要特别感谢合作者史卫静，你对山峰的深刻理解和对文字的精雕细琢，无不体现在这本书的字里行间。在这个过程中，你也成功登顶珠峰，这本书能真实还原雪山的面貌，离不开你作为攀登者的亲身体验。

感谢出版团队的每一位成员，特别是晓磊和鞠杨，从编辑到校对，从设计到发行，你们以专业的素养和敬业的态度，为这本书的出版做出了贡献。

感谢完成了"7+2"探险目标的探险家、企业家王静为本书作序。感谢开创性完成中国人登顶七大洲最高峰探险计划的中国登山队队长王勇峰，松禾资本创始合伙人、北京大学名誉校董厉伟，全联并购公会创始会长王巍，川藏队创始人、珠穆朗玛峰登山纪录片《珠峰队长》出品人苏拉王平，高山向导/教练、巅峰户外运动学校/巅峰探游创始人、The North Face赞助运动员孙斌，登山文化独立学者马德民，为本书撰写推荐语。你们的登山经历及为推广登山运动做出的努力和贡献，给我带来诸多启发，感谢你们对这本书的认可和推荐。

最后，我要感谢我的家人，你们是我坚实的后盾和力量的补给站。特别感谢凡，在我七峰攀登的过程中，你始终给予我无条件的支持与鼓励。在写书过程中，从背景资料的收集到章节细节的反馈，你事无巨细地陪伴，为这本书的完善倾注很多心血。没有你的付出与参与，就不会有这本书的诞生。

感恩每一位在创作路上给予我支持和帮助的人，你们对攀登的热爱和对探索的渴望，是我创作这本书的驱动力。希望这本书能成为大家了解七大洲最高峰的窗口，也能在你们的心中种下勇敢攀登的种子，激励着我们一起去追求自己的梦想。

从乡村小学到赴美留学，从名校学霸到金融高管，攻得下双博士学位，登得上七大洲最高峰，吴皓的登山故事如同一场场惊心动魄的冒险旅程，从登顶威特尼峰开始，最终站在世界的最高点，吴皓是如何做到的？本书以第一人称的视角，带领读者领略地球七大洲最高峰的壮美景象，写就一部历时15年在雪山之巅探寻的精神史诗。

每座山都有独特的历史和故事，在时空交错中，随着吴皓攀登的步伐，本书重现了那些攀登过这些山峰的人和他们的经历。

每座山也有各自适合的攀登方式，在这本书中，吴皓不仅描绘了山的雄伟，更探讨了不同国家和地域的不同攀登理念及风格，以及其带来的碰撞与挑战，孕育的反思与成长。

本书努力探讨"为什么要登山？"这一深刻问题，吴皓在攀登中获得的最珍贵财富，便是坚信：普通人也能够成就非凡事。

加入吴皓的旅程，感受攀登的激情与启迪，发现你内心的那座高峰！

## 图书在版编目（CIP）数据

心向顶峰：登顶七大洲最高峰的故事 / 吴皓著．
北京：机械工业出版社，2025.3（2025.6重印）．-- ISBN 978-7-111-78177-6
Ⅰ．G881
中国国家版本馆 CIP 数据核字第 2025NN7121 号

机械工业出版社（北京市百万庄大街 22 号　邮政编码 100037）
策划编辑：宋晓磊　　　　　责任编辑：宋晓磊　李宣敏
责任校对：曹若菲　刘雅娜　责任印制：李　昂
装帧设计：鞠　杨

北京利丰雅高长城印刷有限公司印刷
2025 年 6 月第 1 版第 2 次印刷
180mm×245mm · 22 印张 · 563 千字
标准书号：ISBN 978-7-111-78177-6
定价：128.00 元（含附加册）

电话服务　　　　　　　网络服务
客服电话：010-88361066　机　工　官　网：www.cmpbook.com
　　　　　010-88379833　机　工　官　博：weibo.com/cmp1952
　　　　　010-68326294　金　书　网：www.golden-book.com
封底无防伪标均为盗版　　机工教育服务网：www.cmpedu.com

My guide and I moved along the climbing route of Mount Qomolangma, nearing the summit,
May 23rd, 2019.

This photo, captured with a serene and tranquil ambiance, perfectly encapsulates my entire mountaineering career—humble yet determined, achieving my goals step by step with the company of fellow adventurers and the support of countless others.

Climbing high-altitude snow-capped mountains represents not just an extreme physical challenge but also a testament to perseverance and spirit. After 15 years of dedication and hard work, I finally stood on the top of Mount Qomolangma and completed the Seven Summits Plan. Every setback, every moment of doubt, along with countless hours of training, have tested my resolve and shaped my character. I've learned that every failure is not an obstacle in my path, but a steppingstone to success.

Why do we climb mountains? There are countless answers to this question, and I have been looking for my own answer.

Mountaineering is more like a journey for me. It takes me to explore a wider world and opens the door to faraway places, letting me appreciate breathtaking landscapes and witness diverse lifestyles and perspectives on life. It also helps me understand myself more deeply and clarifies what and who are most important to me. Each climb brings new experiences and insights, teaching me to persevere, push my limits, and face my fears and challenges with courage.

As I walk into the snow-capped mountains, my mind becomes simple and pure, leaving behind all the distractions in everyday life. This deep connection with nature captivates me. The journey of mountaineering is always filled with pains and hardships. On mountains I often ask myself, "Why do I ask for trouble?" Yet, once I am off the mountains and reflect on the experience, a profound sense of tranquility fills my heart.

2019年5月23日，我和向导行进在珠峰攀登路线即将到达顶峰的位置。

这张氛围平和、淡定的照片很像我自己整个登山生涯的映照——不张扬，不退缩，在同行者的陪伴中，在很多人的帮助、支持下，一步一个脚印去完成目标。

攀登雪山不仅是一项极限的体力挑战，更是毅力和精神的象征。经过15年的坚持和努力，我终于站在了珠穆朗玛峰的顶峰，以完成"七峰计划"。这些年来每一次攀登，每一次挫折和怀疑，以及无数个小时的训练，都在考验我的决心，塑造我的性格。我明白，一次失败都是通向成功的垫脚石，而非障碍。

为什么要登山?这个问题可以有无数种答案,而我一直在寻找自己的答案。

登山之于我，更像是一场旅行，它带我去探索更广阔的世界和为我打开远方的门。登山使我能够前往罕见的地方，欣赏不为人所知的景色，观察不同的生活方式和人生态度，也让我更深入地了解自己，清楚地认识到哪些人和事对我来说最为重要。每一次登山都带给我新的体验和领悟。它教会我坚持不懈，超越自我，勇于面对恐惧和挑战。

走进雪山，心灵变得简单纯粹，现实生活中的所有杂念都被抛开，这种与大自然的默契共鸣让我深深着迷。每一次登山的过程都充满艰辛，在山上我常常会问自己："为什么要自讨苦吃？" 但下山后，回想起山中的记忆，那种平静的释然感便会萦绕心头。

The summit of Mount Qomolangma from the north side, I (first from the right) and the guide took a photo together holding a flag at the top, May 23rd, 2019.

As we neared the summit, my two guides paused to allow me to reach the top first. The summit was bustling with climbers arriving from both sides of the mountain. We had to squeeze through the crowd to get to the top where the layers of prayer flags were hung.

The guide Pu Tseren asked me to sit there and rest for a while. He pulled out a walkie-talkie to update Sangzhu, the commander-in-chief at the Base Camp. A voice crackled through, saying, "Congratulations to Wu Hao for successfully reaching the top of Mount Qomolangma, Tashi Delek!" Pu Tseren held the walkie-talkie out to me, and I responded to the Base Camp. "Thank you, Commander Sang."

After the report, Pu Tseren took out the flags I needed for photos from his backpack. Another guide, Solang Tseren, took a group photo for us with his camera and quickly helped me take pictures of all the flags I had brought along, including The Chinese Finance Association (TCFA), Tsinghua University PBC School of Finance (PBCSF), and Wind Information Co., Ltd (Wind), among others.

Seizing the moment after taking photos, I stood up and looked at the southern slope from Nepal side behind me. Many climbers were making their way slowly toward the summit. I stood at the highest point where the southern and northern slopes of Mount Qomolangma met, taking in the majestic scenery at the top of the world.

To the east, the sun hovered above the Tibet Plateau, shimmering in the clear blue sky, and the horizon had a seemingly incongruous arc. To the south, I saw the world's fourth highest peak, Lhotse, and the fifth highest, Makalu. From this height, these towering 8,000-meter peaks that usually command awe appeared like intricately crafted three-dimensional models.

As I gazed at the endless snow and sky, I didn't feel a rush of excitement or disbelief, those feelings would come later, once I was off the mountain. At that moment, my physical exhaustion intertwined with a deep sense of relief, and all I could think was: I finally did it!

2019年5月23日，从北坡登顶珠峰，我（右一）和向导在顶峰展旗合影留念。

快到顶峰的时候，我的两位向导默契地停下脚步，等着我先登顶。顶上人很多，不停地有登山者从山峰两侧涌到这里，我们必须从人群中挤过，来到顶峰挂起层层叠叠幡的位置。

向导普次仁让我坐在那里休息一会儿。他拿出对讲机向身在大本营的总指挥桑珠汇报，对讲机传出声音："祝贺吴皓成功登顶珠穆朗玛峰，扎西德勒！"普次仁用手按住对讲机，伸到我的面前，我向大本营回应道："谢谢桑总。"

汇报完毕，普次仁从他的背包中拿出我需要拍照的旗子。另一位向导索朗次仁用他的照相机为我们拍了合影，有全美华人金融协会（TCFA）、清华大学五道口金融学院（PBCSF）、还有万得资讯（Wind）等我需要拍照的所有旗子拍完，还有万得资讯机会。我站起来让身后的两坡看了一眼，很多人正沿着拍照的机会。

在慢慢向着顶峰前行。我站在珠峰南北坡汇合的最高点，环顾着世界之巅的风景——

东面，太阳高悬于青藏高原上空，在清澈的蓝天中闪烁，地平线有着看起来不太协调的弧度。南面，俯视着世界第四高峰洛子峰、第五高峰马卡鲁峰，平日里让人高山仰止的8000米级山峰，从这个高度来看，它们却显得如同精心制作的立体模型一般。

当我凝视着无边无际的雪地和天空时，我没感到兴奋或难以置信，那是需要下山之后才会有的感受。在那一刻，身体的疲惫与身体的释然交织在一起，唯有一点点感慨：我终于做到了！

Passing the traverse section after the Third Step at 8,800 meters on the north side of Mount Qomolangma, May of 2019.

Most of the difficulties in climbing Mount Qomolangma are concentrated between High Camp at 8,300 meters and the summit. There are famed "Three Steps." In this section, the First Step is a nearly 60-degree circular rock slope at 8,500 meters. While it presents some difficulty, the First Step is less challenging compared to the Second Step. The Second Step, located between 8,650 meters and 8,700 meters, is the biggest challenge in climbing Mount Qomolangma. Rising about 27 meters high, it is divided into two sections of vertical smooth rock walls that are steep and narrow and cannot be bypassed. There is a relatively flat snow area in the middle. Two ladders are set up on the Second Step. The lower ladder is not fixed and swings around, requiring climbers to hold onto the ropes on both sides to maintain balance. The Third Step at 8,800 meters. Although it is not particularly difficult to navigate, it is physically very demanding.

After the three steps, the route went on upward along the ridge to the last challenge: a traverse section at 8,800 meters. To reach the summit, you must traverse a vertical rock wall that slopes between 70 and 90 degrees, moving from the east to the north of Mount Qomolangma. This area is exposed to strong winds at high altitudes, and the footholds are very narrow. Therefore, it is essential to take small steps to reach the west side and approach the summit.

After daybreak, this highly exposed traverse section becomes even more intimidating, as the massive drop of over 3,000 meters is visible right in front of you, whether you choose to look at it or not.

At this point, some teams that had successfully reached the summit began their descent, and we had to stop at the traverse section from time to time to let them pass. My guide, Pu Tseren, signaled me to speed up and cross the traverse section as soon as possible, as it was too dangerous to stop there.

Finally, we passed the traverse section and in front of us was the last snow slope leading to the summit. Just above this slope was the summit itself.

## 2019年5月，经历珠峰北坡海拔8800米第三台阶之后的横切路径。

攀登珠峰的难点大部分集中在从海拔8300米的突击营地到顶峰之间，其中有名的三个台阶——第一台阶是一个近乎60度的圆形斜坡，位于海拔8500米的位置，难度虽然有但比起第二台阶来说不算太大。第二台阶位于海拔8650米至8700米之间，是登珠峰最大的难点，它大约27米高，被分为两段垂直光滑的岩石墙，这里陡峭而且狭窄，又不能绕过去，中间有一块相对平缓的雪区。第二台阶架设了两架梯子，底部的梯子不是固定的，必须借助两侧的绳索才能爬上去。第三台阶位于海拔8800米，虽然难度不大，但相对消耗体力。

翻过三段台阶，继续沿着山脊向上，就会迎来最后一个难关——海拔8800米的横切。最后登顶，必须从珠峰的东侧翻越到北侧，在这期间要走过垂直角度在70度到90度之间的岩壁路段，由于海拔高且完全暴露在罡烈的大风中，而落脚点又非常狭窄，必须走一个一段螺旋式上升的小路，才能到达西侧接近顶峰。

天亮后，这段暴露感极强的路段显得更加令人胆怯，因为不管你看不看前者，有极有到底的，超3000多米的巨大落差就在真真切切地感受着。

这时有些沿途顶峰成功开始下山，我们也不得不在横切路段停下不来给他们让路，夏尔巴向导扎西仁添示意我加快速度，在这里通其危险不能停留太久。

终于通过横切路段后，呈现在我面前的顶峰的最后一个雪坡，雪坡的上方就是顶峰了。

Arriving at C2 on the north side of Mount Qomolangma at 7,790 meters during the summit push, May of 2019.

After passing the "Big Wind Gap" section at 7,500 meters, we entered a mixed terrain of ice and rock covered with gravel. After trekking up slopes ranging from 20 to 35 degrees, we finally arrived at C2. The camp was situated on exposed rocks, and tents were set up on the edge of the cliff, with one side relying on the naturally inclined rock surface and the other side reinforced with schist piles. Windproof ropes were used to secure the perimeter of the tent, and numerous stones were placed around to ensure safety.

The C2 offered an expansive view, with the breathtaking scenery of the Himalayas stretching out in front of our eyes, and all the surrounding mountains appeared small. As we looked up, Mount Qomolangma seemed to draw nearer. Straight ahead, we could see Changtse and Eastward Peak, while below lied the North Col and the East Rongbuk Glacier. The distance from C1 to C2 spanned 1.85 kilometers, with a total elevation gain of almost 770 meters, which I completed in four and a half hours.

C2 is known for its strong winds. Normally there is little to no snow here due to the steep slopes and strong winds that blow the snow away. Compared with lower camps, C2 has a greater inclination, and in some places, you may even feel your feet hanging in the air when sleeping. Resting at C2 is very important because the summit push from High Camp at 8,300 meters usually starts between 1am and 2am in the morning, leaving little time for rest there. Adequate rest at C2 can help to improve the speed and state for the climb to the High Camp the next day, as well as prepare you for the final summit push from High Camp.

2019年5月，在正式冲顶过程中抵达海拔7790米的珠峰北坡C2。

经过海拔7500米的"大风口"路段后，我们进入了碎石遍布的冰岩混合区。在20度至35度的斜坡上跋涉，最终抵达了C2。营地建在裸露的岩石上面，帐篷搭建在悬崖边缘，一侧依托着自然倾斜的岩面，另一侧则以片岩堆砌加固，四周用防风绳固定并拉紧，周围压了很多石头，以保证安全。

C2视野开阔，抬头可见喜马拉雅山脉一望无际的震撼景色就在眼前，一览众山小。喜马拉雅山脉，平视可望章子峰和向东峰，俯视则可见越来越近的珠峰。从C1到C2的全程为1.85千米，累计爬升近770米，我用了4个半小时完成这段路程。

大风是这个营地的特色。一般情况下，C2没有积雪，因为风大坡陡，雪都被风吹走了。与之前的营地相比，C2 的倾斜度较重，某些地方睡觉时甚至会有脚部悬空的感觉。在C2的休息非常重要，因为从海拔8300米的突击营地出发冲顶，通常在凌晨1点至2点之间，在那里没有足够的时间休息。在C2进行充分的休息，将有助于提升次日前往突击营地的速度和状态，以及最终冲顶时的状态。

Passing through the "Big Wind Gap" on the way to C2 during the summit attempt on the north side of Mount Qomolangma, May of 2019.

Departing from C1, we needed to use supplemental oxygen for the rest of journey, so we were carrying an extra 3.5 kg oxygen bottle in the backpack. This extra load was essential, as oxygen is vital at such high altitudes.

The pressure gauge on the oxygen bottle shows a pressure of about 290 Pa. The dial on the regulator provides eight different flow rates from 0.5 to 4. It's a simple system: when it points to 1, it provides one liter of oxygen per minute; when it points to 2, it provides two liters of oxygen per minute, and so on. The lower the flow rate, the less oxygen you get, but the longer it lasts. At a flow rate of 1 liter per minute, a bottle can last 1,200 minutes, or 20 hours. At a flow rate of 4 liters per minute, a bottle can last 5 hours. Generally, we turned on the oxygen at 0.5 when we slept, turned it to 2 when we were moving on gentle slopes, and turned it to 3 or higher when climbing steep slopes, rock walls or ice faces.

After climbing up several snow slopes, we soon arrived at the famous "Big Wind Gap" on the north side of Mount Qomolangma. This ridge channels the wind from the Rongbuk Valley, causing it to rise up the mountain and flow across the ridge. If you're caught in a strong gust, it may even blow you off the ridge.

During our early training, we originally planned to reach the junction of snow and rock after passing the "Big Wind Gap". However, gusts carrying snow particles howled in from the right side of the mountain. As our team tried to move forward, I was quickly knocked to the ground. Other teammates hanging on the rope also stumbled. After we struggled for more than 200 meters in the gust, the lead guide, Luda, who was in the front stopped and decided to retreat. The wind was simply too strong and posted an immediate danger.

The weather was good when we officially started the summit attempt. Although the "Big Wind Gap" was still not calm, we moved steadily and passed it smoothly. The snow line ended at 7,500 meters, leading us into a mixed terrain of snow and rock. From a distance, we could see the tents in C2 being set up one after another.

Encountering challenging weather conditions and experiencing panic moments at Camp 1 located at an altitude of 7028 meters, April of 2019.

The North Col Camp is located at the junction of Mount Qomolangma and Changtse. This mountain ridge extends long from north to south and short from east to west, completely covered in thick snow. From this vantage point, one can see the majestic north face of Mount Qomolangma in the south, the steep Changtse in the north, the high camps and several peaks around 7,000 meters in the east, and the distant Cho Oyu and the Middle Rongbuk Glacier below in the west. The unique topography of the North Col Camp varies slightly each year based on snowfall, and the climbing route is not fixed, undergoing minor changes every year.

At about 8pm on the night we arrived at the North Col campsite, a fierce wind suddenly swept through, rattling the spherical tents wildly. Amidst the howling wind, a chorus of screams and cries for help could be heard.

The guides reacted quickly and rushed out of the rest tent. We followed closely behind them. The scene in front of us shocked everyone – the two outermost tents had flipped upside down and were tumbling towards the ice wall we had climbed earlier in the day. If the tents rolled down the nearly 500-meter-high ice wall, the results would be disastrous! Fortunately, the guides quickly grabbed the ropes and managed to brake the rolling tents. We quickly opened the zippers of the two tent doors, and the three teammates, still in shock, emerged, visibly shaken and terrified.

The guides collaborated to reposition and secure the two tents that had nearly rolled off the ice wall, and then they reinforced all the tents in the camp. The ropes of each tent were tied together to prevent a single tent from being blown off. The team leader advised everyone to leave the inner tent door zipper partially open while sleeping, and to keep the outer tent door opening wider, so that we could get ready to rush out at the first sign of trouble.

I lay in my sleeping bag, listening to the wind battering the tent. I couldn't sleep because of the noise, and I was worried that the tent might be blown over. Beneath me was a snow field, with an uneven ground that made it hard to find comfort. Even with the moisture-proof mat, my back felt uncomfortable. It was not until wee hours when the wind gradually died down that I drifted into a light sleep.

When I woke up in the morning, the wind had stopped and the world outside was enveloped in a serene silence, as if nothing had happened.

2019年4月，在海拔7028米的C1遭遇恶劣天气，经历惊险时刻。

北坳营地位于珠峰和章子峰的连接部，是一处南北长、东西短的山梁，全部被厚厚的积雪覆盖。从这里向前进营地和几座海拔7000米左右的山嶂，向北看是险峻的章子峰，向东看是远处的高峰友和下方的中绒布冰川。北坳营地具体地貌根据每年的积雪变化而略有不同，攀登路线也不固定，每年都会有一些变化。

我们抵达北坳营地的当天晚上8点多，突然刮起了狂风，营地里的球形帐篷被风吹得哗哗作响。风声中，传来了一连串的尖叫声和呼救声。

反应迅速的向导们冲出休息帐篷，我们紧随其后，眼前的景象让大家惊呆了——最外面的两顶帐篷被风吹下近500米高的大冰壁，正在向我们之前攀爬的冰壁滚去。如果帐篷滚下冰壁的话，后果不堪设想！幸运的是，向导们迅速抓住绳索，给滚动的帐篷紧急"刹了车"。赶忙打开两个帐篷门的拉链，惊魂未定的三名队友从帐篷里钻了出来，都吓得不轻。

向导们在风中合力把险些滚下冰壁的两顶帐篷重新搭好，固定好，再把营地里的所有帐篷都加固一遍，每一顶帐篷的绳子都绑在一起，避免发生单个帐篷被刮起来的情况。领队提醒大家，睡觉的时候内帐门的拉链一定要留一半，不要拉得太大，外帐门的口子也留大一些。一有风吹草动，随时准备跑走。

我躺在睡袋里，听着风一直不停地拍打帐篷，一方面被吹得根本睡不着，另一方面又担心帐篷被风掀翻。帐篷下面是一片雪地，地面凹凸不平，尽管后背垫着潮垫，我的背部仍然感觉不太舒服。一直到后半夜，风渐渐小了，我才迷迷糊糊浅浅地睡着了。

清晨醒来，外面的风停了，整个世界变得宁静，似乎什么也没发生过。

# Passing through the North Col ice wall on Mount Qomolangma, April of 2019.

The North Col ice wall presents the first significant challenge on the north side of Mount Qomolangma. Towering several hundred meters high and featuring nearly vertical incline at times, climbers need to be proficient in techniques for traversing steep ice slopes and ice climbing.

It was a beautiful day, with calm winds on the gently sloping ice field at the base of the North Col ice wall. We swiftly made our way to the foot of the ice face, planted our trekking poles in the snow beside the path, took a moment to hydrate, and attached our main lock and ascender to the fixed rope in preparation for the climb.

Climbing up the rope with the ascender was not easy at the beginning, as the slope was around 50 degrees. However, the snow slope had been compacted by the advance team, porters, and other climbing teams, making it significantly easier than during our last training session. Previously, there were few footprints in the snow, requiring us to carve out our own path step by step.

After navigating two large slopes, we reached an almost vertical ice wall rising about 20 meters high. The initial section featured a nearly 5-meter ice slope with an incline of about 80 degrees. The first few teammates struggled to climb it and required help from the guide. When it was my turn, I attached the ascender and main lock to the fixed rope. Given that the ice face was entirely solid ice, I had to kick hard into the ice to secure the front points of my crampons, then shift my feet to continue making progress.

After ascending this section of the ice wall, we faced a long uphill path with a steady slope of about 45 degrees. Each step required a moment to catch our breath. Once we conquered this slope, another steep incline awaited us. After more than six hours of climbing, we finally caught sight of the tents at North Col Camp.

## 2019年4月，在珠穆朗玛峰经过北坳冰壁。

北坳冰壁是珠穆朗玛峰北坡路线上的第一个大难点。几百米的高度，近乎垂直的角度，密布的冰裂缝，要求登山者必须掌握过硬的冰坡行走和攀冰技术。

这一天的天气很好，前往北坳冰壁脚下的一片缓坡冰原上没有什么风。我们很快走到北坳冰壁脚下，把登山杖插在路边的雪地里，喝点水补充能量，再把安全带上的主锁和上升器挂在路绳上，准备攀爬冰壁。

推着上升器沿着路绳向上攀登，起步就不轻松，因为这里坡度大约有五十度。但雪坡上已被修路队、运输队和其他登山队伍踩出了明显的台阶，比上次拉练好走多了。上一次拉练，雪坡上并没有多少人走过的脚印，所有的路都需要我们自己一步步踩出来。

爬过两个大坡后就是一个几乎直上的冰壁，冰壁总高度大约有20米。开始那段高约5米的冰坡接近80度，前面几个队友上得都比较困难，基本上是在向导的帮助下才登上去的。轮到我上了，我把上升器和保护主锁挂在路绳上。冰壁上都是亮冰，需要使劲踢冰才能把冰爪前齿挂住，然后再换脚踢继续踢冰。

上了这段冰壁后是一段很长的上坡路，约45度的坡均有地一直向上，基本上走一步就要喘一口气。爬完这段坡，又是一段陡坡，出发六个多小时后，终于看到了北坳营地的帐篷。

Taking a photo with teammates who were going to climb Mount Qomolangma from the north side at Tibet Mountaineering School in Lhasa, Tibet, April of 2019.

On the north side of Mount Qomolangma, Tibet Holy Mountain Mountaineering Exploration Service Co., Ltd ("Shengshan Company") is the only organization that has the qualification to organize Mount Qomolangma climbing activities. To ensure safety, the number of climbing space each year is very limited, and applicants need to go through strict screening Shengshan Company will comprehensively evaluate the applicants' physical fitness, skills and past climbing experience to determine the final team list. I applied and got the approval successfully. I finally got the opportunity to climb Mount Qomolangma for the third time.

There are only two mountaineering schools in the world: the Chamonix National Ski and Mountaineering School in France and the Tibet Mountaineering School, founded in 1999. Shengshan Company, which offers logistical support for climbs on Qomolangma, was established in conjunction with the Tibet Mountaineering School. In the realm of 8,000-meter peaks, particularly Qomolangma, Shengshan Company stands out as the leading institution in China, known for its extensive mountaineering experience and exceptional service. Because I knew the extensive expertise built over many years by Shengshan Company, coupled with the reliable and down-to-earth character of the Tibetans, I decided to climb Mount Qomolangma from the north side with them. In every aspect of mountaineering, I try my best to minimize the risk, including using the best guide company, so that the entire expedition can be safer. This is the lesson that many high-altitude mountains have taught me over the years.

The 2019 China Qomolangma Climbing Team consisted of 12 members, and we were the only Chinese team on the north side of Qomolangma that year. There were 9 male members and 3 female members in the team. The oldest member was 57 years old and the youngest was less than 30 years old. Many members had climbed other peaks together and had established deep friendships with each other. After 4 years of preparation and waiting, I finally got the opportunity to climb Qomolangma again.

2019年4月，在西藏拉萨喜马拉雅登山向导学校和攀登珠峰北坡的队友们合影。

在珠峰北坡，西藏圣山登山探险服务有限公司（西藏圣山公司）是唯一拥有组织珠峰攀登活动资质的机构，为了确保安全，每年的攀登名额都非常有限，报名者需要经过严格的筛选。西藏圣山公司会综合评估报名者的体能、技能及过往的攀登经历，以确定最终的队员名单。我报名成功，终于获得了第三次登珠峰的机会。

全球仅有两所登山学校，一所是法国的霞慕尼国家滑雪登山学校，另一所则是成立于1999年的西藏圣山公司，正是依托于西藏登山学校而建立的。在8000米级雪山攀登，尤其是珠峰登顶领域，西藏圣山公司是国内技术最专业、服务最好的机构。

正是因为了解了西藏圣山公司在多年实践中积累的专业实力，加之藏族人淳朴、踏实的性格，我才决定跟着他们从北坡登珠峰。在每一个环节，尽自己最大的努力将风险降到最低，包括用最好的向导公司，整个登山过程才有可能更加安全，这是这些年来高海拔山峰教给我的经验。

2019年的中国珠峰登山队由12名队员组成，我们也是那一年珠峰北坡唯一的中国队伍。队伍中男队员9人，女队员3人，年龄最大的队员57岁，最年轻的队员不到30岁。许多队员之前已共同攀登过其他山峰，彼此之间早已建立了深厚的友谊。经过4年的准备和等待，我终于再次迎来了攀登珠峰的机会。

The devastating scene at the Qomolangma Base Camp after the earthquake in Nepal, April of 2015.

We were rescued by helicopter from C1. In just 5 minutes, we flew over the most dangerous climbing route in the world. Looking down from the helicopter window, huge new cracks were visible everywhere in the Khumbu Glacier. As we approached the Base Camp, the devastating impact of the earthquake was more vividly displayed before our eyes. How could this be the Qomolangma Base Camp? This was clearly a battlefield that had just been bombed! There were broken pieces everywhere.

On the way to our camp, everyone coming down from C1 looked at the devastation in disbelief. We were at the center of the disaster, and everything we saw was horrific. The large-size tents, the most solid type, had only a steel framework left, and even thick steel poles were bent by the impact. Shredded tents, broken cooking pots, colorful moisture-proof mats, dent helmets...all kinds of supplies and equipment were scattered everywhere, hundreds of meters away on the Khumbu Glacier. What kind of force could throw them so far away?

When our guide JJ saw the snow stained with blood, he realized that many people were thrown onto the rocks by the blast or hit on the head by debris, and some died right where his feet stood. Sherpa guide Cherring found it hard to control his emotions. As the tragic scene caused by the blast swept his mind, he recalled the violent avalanche that killed sixteen Sherpas in 2014 and the painful memories of retrieving the bodies of his friends. And now, he had lost contact with his family and didn't know if his pregnant wife and family were still alive.

2015年4月，珠峰地震之后惨烈的大本营惨状。

我们从C1被直升机救援回来。在短短5分钟的飞行中，我们飞越了世界上最危险的攀登路线。透过直升机的窗户望下去，昆布冰川新生的巨大裂缝随处可见。接近大本营时，地震带来的毁灭性影响更加直观地展现在我们眼前。这哪里是珠峰大本营？这分明就是一片刚被轰炸过的战场！到处都是破碎的狼藉。

在走向我们营地的路上，每一个从C1下来的人都难以置信地看着眼前的一切。我们置身于灾难的中心，目之所及都是惨不忍睹的景象。即便是最坚固的大型帐篷，也只剩下了钢铁骨架，连粗壮的钢杆都被冲击成了弯曲的形状。撕碎的帐篷，损坏的烹饪锅具，彩色的防潮垫，有凹痕的头盔……各式各样的物资和装备散落各处。昆布冰川上几百米远处都有五颜六色散落着的营地装备的残骸。究竟是怎样一股巨大的力量，才能将它们抛到如此远的地方？

当我们的向导JJ看到鲜血染红的雪地时，他意识到许多人被气浪冲击到岩石上，或被碎片击中头部，一些人就死在他双脚站立的地方。夏尔巴向导次仁发现自己难以抑制情绪。猛烈的气流冲击现场如同洪水般卷走了他的脑海，他想起2014年雪崩后夺去16位夏尔巴人生命的昆布冰川，以及找回朋友尸体的痛苦记忆。而现在，他与家人失去联系，不知道自己怀孕的妻子和家人是否还活着。

# Waiting for helicopter rescue at C1 on Mount Qomolangma, April of 2015.

After the earthquake, Dave Hann came to a grim conclusion after two days of careful observation and waiting: the route via Khumbu Glacier no longer existed, and aftershocks continued, so helicopter evacuation became the only way out. However, the snow continued to fall in the next few days, the helicopters might not be able to land. In addition, the helicopters might be requisitioned by the government to participate in the rescue work in Kathmandu and other areas, so even if we applied for helicopter evacuation, it might not be approved.

But this is the only hope, there is no other choice.

Dave Hahn communicated with Base Camp, trying to coordinate an unprecedented helicopter rescue operation on Mount Qomolangma. He estimated that more than 160 people were trapped in C1 and C2. This large-scale high-altitude helicopter rescue was indeed the first in history.

Veteran pilot Jason Laing was one of the few pilots willing to perform rescue missions at altitudes that other pilots dared not approach. His AS350B3E helicopter could carry six passengers, but to reach C1 where the air was so thin, even with the doors and all seats removed, he could only carry two passengers at a time after calculating the minimum possible fuel load.

To allow the helicopter to land, we followed Dave Hann and trampled out a 15 square meter hard surface in the snow as a temporary helipad. The "H" in the big circle was marked with red dye, carrying all our hopes that the pilot could see it in the air and find our position quickly and accurately.

At 5am on April 27, we all got up before dawn. The helicopter could only carry two people at a time, and each person was allowed to carry only one small bag, leaving everything else behind in the mountain. We packed the small bag we wanted to bring, put on the clothes, and stood in front of the helipad that we had trampled out the day before. The climbers from C2 passed through the misty sea of clouds in a slender and winding line on their way to C1. The line behind them continued to extend.

The first helicopter landed at C1 at 6:15am. As the helicopters went back and forth continuously, the waiting line gradually shortened. After waiting in the queue for three hours, it was finally our turn. In the end, the helicopters made more than 80 round trips, bringing all the people trapped in C1 and C2 back to the Base Camp safely.

# 2015年4月，在珠峰南坡C1等待直升机救援。

地震发生后，经过两天的仔细观察和等待，大卫·汉恩得出了一个严峻的结论：通往昆布冰川的道路已经不复存在，乘直升机撤离成为我们唯一的出路。然而，余震还在继续，直升机可能也无法抵达。此外，如果未来几天继续降雪，直升机可能也无法降落。此外，如果未来几天继续与加德满都和其他地区的救援工作，即便我们提交了直升机撤离的申请，也未必能够获得批准。

但这是唯一的希望，别无选择。

大卫·汉恩与大本营进行了沟通，试图协调一次前所未有的珠峰直升机救援行动。据他估计，有超过160人被困在C1和C2。这样大规模的高海拔直升机救援，的确是有史以来第一次。

资深飞行员詹森·朗是少数几个愿意在其他飞行员不敢接近的高度执行救援任务的飞行员之一。他驾驶的AS350B3E直升机可以搭载六名乘客，但要飞到空气如此稀薄的C1，即便已经拆除了直升机的舱门和所有座位，在计算了可能的最低载油量后，他一次也只能搭载两名乘客。

为了让直升机能够降落，我们跟随大卫·汉恩在雪地上踩出了一个15平方米的硬面，作为临时的直升机停机坪。大圆圈中的"H"被红色染料标记，它承载着我们所有人的希望。我们希望飞行员能在空中看见它，迅速而准确地找到我们的位置。

4月27日清晨5点，天还未亮我们便起床了，直升机一次只能搭载两人，每个人准备好了要带的小包，穿好衣服，站在我们昨日一脚一脚踩踏出来的停机坪前。来自C2的登山者穿过缭绕的云海，队伍细长而蜿蜒，到达C1与我们会合，身后的队伍仍不断延伸。

第一架直升机在早上6点15分降落在C1，附着直升机频繁地往返，等待的队伍也逐渐变短。在队伍中等待了三个小时后，终于轮到了我们。最终，直升机往返了80多趟，把困在C1和C2两个营地的所有人员安全运回大本营。

## 2014年4月，一架直升机正将一名遇难者的遗体从珠穆朗玛峰运出。

2014年4月18日，也就是我们到达珠穆朗玛峰大本营的第14天，我再一次被昆布冰川的冰崩声惊醒。这样的冰崩对于这片天天都在缓慢移动的冰川来说，实在是太平常了，就像我们每天听到的一样，不过这一次听起来有点不同，而是像一声沉闷的，如同用锤子敲击钟的声音。

每年的珠穆朗玛峰登山季，作为高山向导、冰川、"医生"、夏尔巴人的背夫们，我们要在昆布冰川上来来回回四十次，在冰裂缝及其他危险地段架梯子、架绳索等，还要将大量物资运到更高的营地，带领客户完成攀登轮换。他们从事的工作是世界上最危险的工作。他们见识过无计其数的雪崩。

但这一场雪崩非同一般，一次带走了16名夏尔巴人，这是人类登顶珠穆朗玛峰史上最严重的一场事故。遇难者全部是尼泊尔的夏尔巴人，他们当时正出发向海拔5900米的C1，目的是为后续登山者准备冰裂缝上的梯子和绳索。

在营地末称为"足球场"的冰坡上，直升机不断起降。隆蒂，倒最严重的3名伤者幸存者被送回大本营，在那里，9名来自多支探险队的医生聚集在拉拔保罗队的高山救护帐内，对他们进行紧急救护，随后又被送往加德满都的医院接受救治。

伤者送走后，就开始运送遇难者的遗体。天江·汉和刘联尽快把他们合力将救援出来的遇难者的遗体绑在直升机的悬挂索上。随着直升机螺旋桨搅起的气流愈发强烈，打捞人站立不稳，随着其升起的力度，机身之下的绳索开始绷紧，被抓起的遗体在半空中挂着。

几天之后，2014年的珠穆朗玛峰登山季就这样结束了。

---

A helicopter carrying the bodies of the victims of the avalanche on Mount Qomolangma, April of 2014.

On April 18th, 2014, the 14th day that we arrived at the Qomolangma Base Camp, I was once again awakened by the sound of avalanche on the Khumbu Glacier. Such noises were common for this glacier that moved slowly every day, and we were all used to it. However, the sound seemed a little different this time. It was not like a thunderous explosion, but a dull sound, like a muffled bell being hit by a hammer.

During the Qomolangma climbing season each year, Sherpas, as mountain guides and porters, will go back and forth on the Khumbu Glacier at least 30 or 40 times, setting up metal ladders on crevasses and ice walls for easy passage, carrying large amounts of supplies to higher camps, and leading clients to complete their rotations. The work they do is considered the most dangerous in the world. They have seen and experienced countless avalanches.

But this avalanche was an unusual one. It caused heavy casualties, with 16 Sherpas killed, making it the worst accident in the history of climbing Mount Qomolangma. All the victims were Sherpas from Nepal, who were heading to C1 at about 5,900 meters to make technical preparations such as fixing ropes and placing ladders for upcoming clients.

Helicopters kept taking off and landing on the ice near what climbers called the "Football Field." Three seriously injured survivors were sent back to the Base Camp first, where nine doctors from multiple expedition teams gathered in the Himalayan Rescue Association's emergency tent to treat the injured. They were then transported to hospitals in Kathmandu for further treatment.

After the injured were sent off, the bodies of the victims needed to be transported. Dave Hahn and JJ worked together to tie the bodies they dug out from the avalanche site to the helicopter sling. The rotating propellers stirred up strong winds, making it difficult for people to stand. As the helicopter rose higher, the ropes under the fuselage began to tighten, and the bodies of the victims hanging in the air swung.

A few days later, the 2014 Qomolangma climbing season came to an abrupt end.

On the way to Camp 1 on the south side of Mount Qomolangma, the tents at C1 were vaguely visible, with Lhotse in the background. April of 2015.

The Khumbu Icefall is the most treacherous section of the climbing route from Base Camp to C1. We had to rely on the fixed ropes and aluminum ladders to safely pass through the dangerous crevasses, seracs and ice walls.

C1 was in a wide and flat area covered with thick snow. To the east is the west slope of Mount Qomolangma, to the south is Lhotse, and to the west is Nuptse. It was often washed by avalanches and was surrounded by deep crevasses and towering ice walls. When we arrived, four Sherpas had already set up the camp tents, near an ice face full of ice and snow on the west slope. Dave Hahn looked at the tents in front of him and frowned. He had witnessed an avalanche that broke through the ice wall and destroyed the tents. He couldn't expose his team to such potential risks.

For safety reasons, Dave Hahn asked us to move the camp 400 meters out. Despite of the fatigue, we worked together to dismantle the tents that had been set up, and then carried them across the white snow field. Soon, several yellow tents were rearranged in a row, away from the west slope. Under the dark starry sky, our tents flickered faintly on the snow like fireflies. We all rested soundly on the first night at C1, unaware of the great danger approaching.

2015年4月，前往珠峰南坡C1途中，营地帐篷隐约可见，背景是洛子峰。

在从大本营前往C1的途中，昆布冰川是最为艰险的一段。我们必须依赖铺设好的路绳和铝制梯子，才能安全通过那些危险的裂缝、冰塔林和冰壁。

C1是一个宽阔且平坦的区域，覆盖着厚厚的积雪，东边是珠峰的西坡，南边是洛子峰，西边则是努子峰。这里经常被雪崩冲刷的西坡，周围有深邃的冰裂缝和高耸的冰壁。当我们到达时，4名夏尔巴人已经搭建好了营地帐篷，营地靠近西坡的一座积满冰雪的冰壁。大卫·汉恩看着眼前的帐篷，眉头紧锁。他曾经目睹过雪崩冲垮冰壁并毁坏了帐篷，他不能让自己的团队暴露在这样潜在的危险之中。

为了安全起见，大卫·汉恩要求我们应该将营地向外迁移四百米。顾不了身体的疲累，我们齐心协力，先是拆除已经搭好的帐篷，然后艰难地抬着它们穿越白茫茫的平地。很快，几顶黄色的帐篷重新排列成一行，固定在雪面上，远离了西坡。在漆黑的星空下，我们的帐篷像萤火虫一样在雪地上闪烁着微弱的光芒。C1的第一晚，大家带着疲惫的身躯安然度过，浑然不知即将到来的巨大危险。

Acclimatization training on Pumori Peak near the Base Camp of Mount Qomolangma, April of 2015.

Pumori, which means "daughter of the mountain" in Sherpa, offers a unique vantage point of Mount Qomolangma. From the Base Camp on Qomolangma's south side, only a small portion of the peak is visible due to surrounding mountains. However, from Pumori, the entire mountain can be seen clearly. During our training, Dave Hahn and Sherpa guide Cherring led the team at a brisk pace, challenging us along the way. When we climbed on the giant icy rocks of Pumori, Dave assessed each climber's fitness, acclimatization level, climbing skills, and overall readiness for climbing the icefall. Later, I learned that of the six climbers, Dave believed three of us had a real chance to reach the summit, and I was one of them.

Acclimatization over an extended period is essential for climbing Mount Qomolangma, whether from the south side or the north side. The process helps our bodies to gradually adapt to the cold and oxygen-deficient environment on high-altitude mountains. At Qomolangma Base Camp, the oxygen level is only half that of sea level, and above 8,000 meters, it drops to just one-third. Hypoxia presents one of the greatest challenges when attempting to climb Qomolangma. To allow our bodies to gradually adapt to such an environment, we would ascend progressively reaching greater heights each time.

RMI, the American mountaineering company I chose, is a very traditional and old-school one. It strictly follows the climbing tradition and requires lengthy acclimatization period. In addition to the training on Pumori, we also needed to complete three rotations on Mount Qomolangma: the first time we had to go to the middle point between the Base Camp and C1, and then return to the Base Camp; the second time we went to C1 and stayed overnight before coming down; the third time we went to C2 and then came down. Such rotation period usually lasted for about a month.

2015年4月，在珠峰大本营附近的普莫里峰进行适应性拉练。

普莫里在夏尔巴语中意为"山的女儿"。由于周围山峰的遮挡，在珠峰南坡大本营只能看到珠峰露出的一个小山顶。而在普莫里峰，我们可以清晰地看到珠峰的全貌。在拉练过程中，向导大卫·汉恩和夏尔巴向导次仁走在队伍的最前面，他们行进的速度很快，这算是对我们的一种测试。当我们在普莫里冰冷的岩石上攀登时，每个人的健康状况、适应情况、攀登技巧，以及攀登冰瀑的整体准备情况，都在大卫·汉恩的观察之中。后来我才知道，在这次的6名登山队员中，大卫·汉恩通过观察测试，认为有3个人是有机会登顶的，我是其中之一。

攀登珠峰，无论是从南坡还是北坡，都需要经过长时间的适应拉练，这样做的目的是为了让我们的身体能够逐渐适应高海拔地区高寒缺氧的自然环境。在珠峰大本营，氧气含量仅为海平面的一半，而在海拔8000米以上，氧气含量仅为三分之一。缺氧是攀登珠峰面临的最大挑战之一。为了让我们的身体能够逐渐适应这样的环境，通常采用的拉练方式是上到较高海拔的营地再回到较低海拔的营地，反复采用以适应海拔。

我选择的美国RMI登山户外公司，是一家非常传统和老派的公司，更是会严格按照攀登传统，将拉练周期排满。除了在普莫里的拉练外，我们还需要在珠峰上完成三次拉练：第一次上到C1住一晚再下来，再回到大本营；第二次上到C1中间的位置，再回到大本营；第三次上到C2再下来。这样的适应周期通常在一个月左右。

Visiting the home of a Sherpa guide and taking the photo of the child at home on the way to the Base Camp on the Nepal side of Mount Qomolangma, April of 2015.

Khumjung Village is the hometown of the Sherpas. Most of the guides and porters active in the Himalayas come from here. Nearly every family has members working on the nearby high-altitude snow-capped mountains. The Sherpas' support for climbers can be traced back more than 100 years. Edmund Hillary, the first person to summit Mount Qomolangma, also received help from Khumjung Village. His fate was changed because of the mountain, and he gave back to the villagers at the foot of the mountain with his changed fate.

At the entrance of the village, next to the conspicuous white pagoda and Mani wall, sits the primary school funded by Hillary and named after him. A statue of Hillary stands in the simple campus.

"Namaste ('Hello' in Nepali)", the children sitting on the ground playing waved their little hands and greeted us loudly, with each face filled with innocent smiles.

Dave Hahn led us into the Sherpa family in a way that we could feel he had been there many times. It had two small rooms, a yard and a small piece of farmland behind the house. Although simple, everything looked very neat. This was the home of one of our Sherpa guides, who had already left for the Qomolangma Base Camp in advance, to complete the camp construction work and wait for our arrival.

Only the grandmother and her grandson entertained us. During the climbing season, almost all young and middle-aged men worked on mountains, leaving only the elderly, women and children at home. Despite the language barrier, the kind smile and warm hospitality of Dave Hahn made us feel at home. We had home-made milk tea, black tea and home-grown highland potatoes at lunch, simple but making all of us feel particularly satisfied.

We couldn't climb Mount Qomolangma without the help of Sherpas, and we have established deep friendships with them. I have gained many such friendships in my climbing journey. For me, climbing is not only about reaching the summit, but also about exploring the world, experiencing different cultures, and understanding different customs and lifestyles.

2015年4月前往珠峰南坡大本营途中，探访夏尔巴向导的家，为家里的小孩子拍下了这张照片。

昆琼村可谓是夏尔巴人的故乡，活跃在喜马拉雅群山之上的向导和背夫大多来自这里，几乎家家户户都有成员在雪山上工作。夏尔巴人对登山者的支持可以追溯到100多年前。埃德蒙·希拉里成为第一个登顶珠峰的人，也得益于昆琼村的帮助。他的命运因山而改变，而他也用自己被改变的命运回馈了山脚下的村民。

在村子入口处，最醒目的白塔和尼玛墙旁，坐落着希拉里资助建立的小学，学校以他的名字命名。希拉里的雕像矗立在简朴的校园中。

"Namaste（尼泊尔语中的"你好"）"，坐在地上玩耍的孩子们挥舞着小手，大声向我们问好，每一张脸上都洋溢着纯真的笑容。

大卫·汉恩带领我们轻车熟路地走进一户夏尔巴人家，不大的两间屋子，一个院子，以及房子后面的一小片耕地，构成了这个家的全部。虽然简朴，但一切都显得非常整洁。这是我们的夏尔巴向导的家，他已提前进驻珠峰大本营，完成建营工作，等待着我们的到来。

家中只有奶奶领着小孙子招待我们，在登山季节，昆琼村是见不到青壮年男子的，只有老幼妇孺守家园。尽管语言不通，但老人家和谐的笑容和热情的招待让我们感到温暖。自制的奶茶、红茶，自家种植的高原小土豆，一顿简单的午餐，却让人感到格外的满足。

在登山过程中，我们离不开夏尔巴人的帮助，也与他们建立了深厚的友谊。在我的登山生涯中，我收获了许多这样的友谊。对我而言，登山不仅是为了登顶，更是为了探索世界，体验不同的文化，了解不同的风土人情和生活方式。

Resting in a tent with two teammates while climbing Vinson Massif, the highest peak in Antarctica, December of 2012.

I have climbed many mountains before the Vinson Massif expedition, but my ability and experience are still insufficient compared with my teammates, especially the two tough guys who appeared in the photo with me. I learned a lot from them throughout this mountaineering journey. Most of the teammates I met on Vinson Massif and the other six summits were extreme sports enthusiasts. Some of them were planning to climb the Seven Summits and other high-altitude peaks, and some participated in triathlons across five continents. It was all too common for them to take part in marathons and ultra trail races.

In the common tent at the Vinson Base Camp, my teammates and I shared our climbing stories, which made the otherwise routine camp life lively and interesting. But what we were most interested in was Dave Hahn's Antarctic adventure stories and his personal climbing experience over the years.

"Do you know who the first person in the world was to reach the South Pole?" Dave Hahn's question brought out the story that impressed me the most – the fierce competition between the British and Norwegian expeditions 100 years ago.

On October 15, 1911, the Norwegian expedition team, led by Roald Amundsen, began their journey, advancing at a remarkable pace of over 30 kilometers per day. They ultimately became the first group to reach the South Pole on December 15, 1911, where they planted the Norwegian flag. Meanwhile, on January 16, 1912, Captain Robert Scott and his four-member British team arrived at the South Pole, demonstrating incredible perseverance despite facing extreme conditions such as blizzards, hunger, and frostbite. To their surprise, they discovered that Amundsen's team had already been there, leaving behind a letter and a flying Norwegian flag.

Although the competition was fierce, they were both heroes in the history of human exploration. In 1957, the United States established a scientific research station in Antarctica, naming it the Amundsen-Scott Station to honor these two legendary explorers.

David Hahn has many stories like this, but I prefer to chase him for details of climbing Mount Qomolangma. After Vinson Massif, I only have Carstensz Pyramid (Puncak Jaya) and Mount Qomolangma left in my Seven Summits Plan.

2012年12月，在攀登南极洲最高峰文森峰的过程中，我与两名队友在帐篷内休息。

在攀登文森峰之前，我已经登过很多山峰了，但与我的队友们相比，我的能力和经验仍显不足。尤其是与我合影的这两位队友，这一趟攀登旅程我也从他们身上学到了很多东西。在文森峰及在其他六峰遇见的队友大都是极限运动的爱好者，他们有的正在进行七大峰和其他高海拔的登山计划，有的在五大洲参加铁人三项赛事，至于马拉松和长距离越野跑对他们来说更是家常便饭。

在文森峰大本营的大帐篷里，我和队友们分享着各自的登山探险故事，使得原本可能枯燥的营地生活变得有趣。但是我们最感兴趣的，还是大卫·汉恩这么多年来积累的南极探险故事，以及他个人的攀登经历。

"你们知道世界上第一个到南极点的人是谁吗？"大卫·汉恩的这个问题带出了让我印象最深刻的故事——发生在100年前英国探险队和挪威探险队之间的激烈竞争。

1911年10月15日，挪威探险队的罗尔德·阿蒙森，以每天30多千米的速度前进，最终在1911年12月15日抢先于英国探险队，成为首批抵达南极点的人，并在极点插上了挪威国旗。1912年1月16日，当英国探险队队长罗伯特·斯科特和其他四人在忍受了暴风雪、饥饿和冻伤的极端条件下，以惊人的毅力到达南极点时，他们发现阿蒙森的队伍已经先一步到达，并留下了一封信和飘扬的挪威国旗。

竞争虽然残酷，但他们都是人类探险史上值得铭记的英雄。1957年，美国在南极建立的科学考察站被命名为阿蒙森—斯科特站，以纪念这两位具有传奇色彩的探险家。

大卫·汉恩类似的故事还有很多，但我更喜欢追着他询问攀登珠峰的细节。登完文森峰，我的"七峰计划"就只剩下查亚峰和珠峰了。

On the way from Camp 1 to Camp 2 on Vinson Massif, the highest peak in Antarctica, December of 2012.

Vinson Massif is a high peak rising from an ice field about 2,000 meters above sea level, with a vertical climbing distance over 2,500 meters. The climbing route is very long. The section from C1 to C2 is the most difficult part of the whole route, with an altitude gain of about 1,000 meters, which usually takes 6~8 hours to climb. The route is steep throughout, with slopes ranging from 45 to 70 degrees and numerous crevasses. It is necessary to operate an ascender along the fixed rope to move forward. At C1, we left the sleds that were used to transport the supplies between Base Camp and C1, transferring all our supplies into personal backpacks, which significantly increased their weights.

No one knows Vinson Massif better than our guide Dave Hahn, who holds the world record for the most ascents of Vinson Massif with an impressive of 29 summits.

Dave Hahn's name has long been associated with high-altitude mountaineering. The American has climbed many peaks, including the Alps, Mount Rainier and Denali in the United States, Aconcagua in Argentina, and Mount Qomolangma and Cho Oyu in Asia. In the following year after guiding us to the top of Vinson Massif, David Hahn summitted Mount Qomolangma again in May 2013, his 15th time standing on the top of the world.

His extensive experience naturally inspires confidence in me. As a result, I always followed in David Hahn's footsteps, particularly during the section from Camp 1 to Camp 2. He took the lead, and I stayed right behind him. As shown in the photo, I was the second person in line. Along the way, we navigated soft and hard snow blocks alongside thin ice drifting with the wind. Surrounding us was a landscape of endless snow cornices, rolling mountains, and vast ice fields that defined the Antarctic continent. There were no signs of water, vegetation, animals, or any life at all. The horizon appeared blurred, obscuring the boundaries between ice and clouds. The whole world seemed to be flattened into a single plane, leaving only a chaotic white, as if we were on a completely different planet, a new world beyond our understanding and imagination.

## 2012年12月在南极洲最高峰文森峰C1至C2途中。

文森峰是一座从约海拔2000米的冰原中耸立而起的高峰，攀登的垂直高度超过2500米，攀登路线很长。而从C1到C2这段路，是整个线路中最困难的一段，海拔高度差有1000米左右，通常需要6~8小时才能到达。这段路全程上坡，坡度介于45度至70度之间，遍布冰裂缝，需要沿着路绳操作上升器前行。从C1出发后，之前用于大本营和C1之间运输物资的雪橇就会被留在营地，按下来的所有装备必须装入个人背包中，一下增加了背负的重量。

没有人比我们的向导大卫·汉恩更了解文森峰了。在带领我们攀登之前，他已经29次登顶文森峰，成为世界上登顶该峰次数最多的纪录保持者。

长期以来，大卫·汉恩的名字就与极地登山密不可分。这位美国人的脚步遍布众多高峰，包括阿尔卑斯山、美国的雷尼尔和迪纳利、阿根廷的阿空加瓜山，以及亚洲的珠穆朗玛峰和卓奥友等。带我们登完文森峰的第二年，2013年5月，大卫·汉恩再次登顶珠峰，这已是他第15次站在世界之巅。

他的这些经历对我来说，就是天然的信任感来源。因此在攀登过程中，特别是在C1至C2这段路途中，我一直紧随着大卫·汉恩的步伐。他领头开路，而我紧随其后。照片中排在队伍第二个就是我。沿途中，我们的脚下是时而松软时而坚硬的雪块，以及随风飘动的薄冰。放眼望去，是南极大陆无边无际的雪檐，起伏的山峦和广阔的冰原。这里没有水流，没有植被，没有动物，没有任何生命的迹象。地平线变得模糊，冰雪与云层的界限不再清晰。整个世界仿佛被压平成了一个单一的平面，只剩下一片混沌的白色，好像置身于另外一个完全不同的星球，一个超越了我们常规认知的新世界。

Arriving at the Union Glacier Base Camp in Antarctica on a cargo plane to climb Vinson Massif, the highest peak in Antarctica, December of 2012.

The remoteness of Vinson Massif became apparent the moment I set off for Antarctica. It is truly the end of the world. It took me nearly 18 hours to fly from New York to Santiago, the capital of Chile, then to Punta Arenas. We would be waiting at Punta Arenas for a few days before flying to Antarctica.

December to January each year is the busiest time for Antarctic routes. Since there are no commercial flights from Punta Arenas to Antarctica, we took a giant aircraft converted from a Russian cargo plane, the Ilyushin IL-76TD. The IL-76 was originally designed to transport heavy machinery to the sparsely populated Siberia during the Soviet era. Therefore, it must have the ability to take off and land at short and unprepared airstrips and cope with the extreme weather conditions that it might encounter in Siberia and the Arctic, which is exactly what is needed for takeoff and landing on the Antarctic ice sheet. The IL-76 has a longer range and a greater load capacity than the original IL-76.

The front section of the cargo plane was used to carry people, with all seats installed temporarily, and the rear section of the plane was used for transporting supplies to support the daily needs of all the teams at the Antarctic Base Camp.

It was another 4.5-hour flight. Against the backdrop of the Sentinel Mountains in Antarctica, Vinson Massif, the highest peak in Antarctica at 4,892 meters, was not very conspicuous. But because of its remoteness, Vinson Massif was the last of Seven Summits to be climbed. Simply reaching this mountain is a significant challenge in itself.

The plane landed directly on the simple blue ice runway and arrived at the Union Glacier Base Camp at 80 degrees south latitude. Established in 2010, the Union Glacier Base Camp serves as the main hub for all Antarctic expeditions. From there, we need to take a small plane for about an hour to reach the Vinson Massif Base Camp at 78 degrees south latitude.

Now, more than ten years later, people who travel to Antarctica for adventure and sightseeing can take more comfortable Boeing passenger planes, and the conditions are much better than we had back then.

2012年12月，搭乘货机抵达南极洲联合冰川大本营，准备攀登南极洲最高峰文森峰。

文森峰的遥远从我启程飞往南极大陆的那一刻便已呈现。那里是真正的世界尽头。从纽约出发，经智利首都圣地亚哥转机至智利最南端城市蓬塔阿雷纳斯，一共需要近18个小时，随后还需在蓬塔阿雷纳斯等待几天再飞往南极大陆。

12月至次年1月，是南极航线最繁忙的时节。从蓬塔阿雷纳斯飞到南极并没有商业航班，我们定的是由俄罗斯伊留申伊尔-76型货机改装的巨型飞机，伊留申 IL-76 TD。伊留申 IL-76 最初设计用于向苏联时期地广人稀的西伯利亚地区运送重型机械，因此它必须能在短且未经准备的简易机场起降，并能应对西伯利亚和北极地区可能遇到的极端天气，这也正是南极冰原起降所需的。伊留申 IL-76 TD相较于原来的伊留申 IL-76 拥有更远的航程和更大的载重能力。

货机的前半舱位全是临时加出来的；后半舱用于装载物资，这些物资用于所有队伍在南极大陆营的日常生活保障。

又是一段长达4个半小时的飞行，在南极洲哨兵山脉的映衬下，海拔4892米的南极最高峰文森峰并不显眼，但因为它的遥远，文森峰成为七大洲最高峰中最后一座被登顶的山峰。登达座山，单是抵达就已是一项挑战。

飞机直接降落在蓝冰上的简易飞行跑道，抵达南纬80度的联合冰川大本营。联合冰川大本营是南极探险的大本营，2010年新建的营地，也是南极探险期间活动的主要地点。从这里到南纬78度的文森峰大本营，还需改乘小飞机再飞行约一小时。

十多年后的今天，前往南极大陆探险观光的人们可以搭乘更新适的波音客机，条件比我们当时好多了。

The view at the top of Denali, the highest peak in North America, at 5:30 pm on May 30, 2011.

On the summit day, the weather was surprisingly good. We kept going forward, and the summit was hidden behind a gentle slope called Football Field. It seems that every mountain has a discouraging slope located near its peak. The despair doesn't stem from the slope itself, but rather the constant feeling that the summit is just within reach, only to reveal another uphill stretch ahead.

Facing such a despair slope, we had no choice but to push on. If we could get through it, success would be ours; if not, all our efforts would be wasted. We trudged out of the Football Field step by step, only to encounter another small hill called Pig Hill. What was even more depressing than the despair slope was that there was another hill behind it. It was already 4 pm. Reaching the summit too late would increase the risks of our descent. Our guide, Brent, decided to lead us as a single group over Pig Hill. We were all connected by a rope, which forced us to match his pace. But this disrupted my rhythm and made the climb particularly hard in this part.

Finally, we came to the ridge leading to the top of the mountain. There were no fixed ropes here, and cliffs loomed on both sides. The narrowest section allowed space for only one foot. Facing the extremely exposed ridge, everyone was a little overwhelmed. Fortunately, the wind was not strong at that time. I took a decisive step forward to take advantage of the situation, because if the wind was strong, one might be blown off the ridge. I could only walk in a straight line by alternating feet for the narrowest ten meters of the ridge. I tried my best to control myself and found that the most effective way was simply avoid looking down.

Amidst the silent of despair, I suddenly found myself standing on the top of Denali, and the time was 5:30 pm on May 30, 2011. I still remember the time clearly even now, since it uniquely contains two '530' in the digits.

The weather at the summit was clear and blue, with clouds only in far distance. I had a breathtaking panoramic view of all the mountains and rivers in Alaska, as if I had got a god-like viewpoint. Before standing here, I thought that my physical fitness would never be good enough to summit this majestic mountain. But now, I really did it.

2011年5月30日下午5点30分，在北美最高峰迪纳利顶峰看到的风景。

冲顶之日，天气出奇地好，我们一路前行，顶峰就隐藏在一个名为足球场（Football Field）的平缓山坡之后。似乎每座山都有一个让人绝望的坡段，而且都位于接近顶峰的地方。让人绝望的并非那个坡本身，而是总感觉得马上就能到达顶峰，却只看到下一个上坡。

面对这样的绝望坡，我们唯有坚持，熬过它就能迎来成功。我们一步步走出了足球场，却又要翻越一个名为猪山（Pig Hill）的小丘。比绝望坡更令人绝望的是，坡后面还有坡。已是下午4点。太晚登顶会增加下撤的风险，向导布伦特决定带领我们结组翻越猪山，所有人都固定在一根结组绳上，他的步伐成了我们统一的节奏。但这打乱了我的节奏，让我走得格外苦。

终于我们来到了通往山顶的山脊路段。这里没有保护绳，两侧都是悬崖，最窄处仅能容纳一只脚掌。面对着暴露感极强的山脊，大家都有些不知所措。幸运的是，当时风并不大。我果断地迈出了步伐，必须把握时机，因为风大时过山脊可能会被吹落。山脊最窄的地方有十几米长，只能两只脚交替着走直线，努力控制自己，最有效的方法是不往下看。

就在这种无声的绝望中，我突然发现自己已经站在了迪纳利顶峰，时间定格在2011年5月30日下午5点30分。我登顶迪纳利顶峰的时间两个"530"，至今依然清晰记得。

顶峰的天气晴空万里，在站在这里之前，我都觉得自己的体能根本达不到登上它的水平，但现在，我真的做到了，将阿拉斯加的全部山川尽收眼底，仿佛拥有了神一般的视角。

Pulling a sled against the wind and snow during the climb of Denali, the highest peak in North America, May of 2011.

When climbing Denali, each team member is responsible for carrying both personal and public supplies. Before departure, under the guidance of the guides, we packed all personal equipment – including all snacks, sleeping bags and clothing – for the 21-day expedition. We also evenly distributed public supplies among the team members, which included tents, fuel, food, and ropes, and loaded them into backpacks and sleds. The plastic sled itself weighed just a few kilograms, but each person's sled was packed with nearly 80 kilograms of supplies. As a result, each of us had to carry nearly 120 kilograms in total during the journey. Brent and the two assistant guides likely carried even heavier loads than the rest of us.

During this climb, learning how to drag the sled became an essential skill we needed to master. The sled was controlled by ropes attached to three fixed points on the backpack. When going uphill, the sled would slide backwards, and the three ropes would be tight, requiring more strength to pull it up. When going downhill, the sled would rush downward towards us, so we had to walk diagonally in a zigzag fashion to keep the sled stable. Nevertheless, the sled would tip over from time to time, and we had to work hard to set it upright again.

During the long ascent of Denali, we spent lots of the time going back and forth to transport the supplies. Before reaching Camp 2, we would carry all the supplies in a single trip, that is, bringing everything together to the camp. Above Camp 2, as the terrain got steeper, we had to divide our loads. This meant making two trips to each camp: first, we would carry half of the supplies to a cache point established between the camps, where they would be stored for later pickup, and then return to the lower camp. On the second trip, we would transport the remaining half to the higher camp. This kind of ant-moving-style transportation method highlights the wisdom of mountaineering regarding the question, "how much stuff do you really need to bring?" There is no definitive answer, as it varies for each individual, but your physical fitness must be sufficient to support the weight of the supplies you choose to bring.

2011年5月在北美洲最高峰迪纳利的攀登过程中，冒着风雪拉着雪橇前行。

攀登迪纳利时，所有个人公共物资都需要团队自己背负。在出发前，我们在向导的指导下，将个人装备包接下来的21天的路餐、睡袋、衣物等，以及每个队员平均分配的公共物资包括帐篷、燃料、食物、绳索等，全部打包进背包和雪橇。塑料材质的雪橇自重只有几公斤，但每个人的雪橇装载近80公斤的物资，加上40公斤的背包，因此，每个人在行进过程中的总负重就达到了120公斤。布伦特和两位助理向导背负的重量甚至比我们还要更多。

在这次攀登过程中，拖雪橇成为我们必须掌握的新技能。雪橇通过三个固定点的绳子连接背包来加以控制。上坡时，雪橇会向后滑，三条绳子拉紧绷，需要用更大的力气才能向上拖动它。下坡时，雪橇会朝身体方向直冲下来，我们必须斜着走"之"字路线，以保持雪橇的稳定。雪橇不时会翻倒，我们还得费力扶正。

在迪纳利漫长的攀登周期里，循环往复地运输物资占去了大部分的时间。在2号营地之前，我们都是单次运输，即两次前往之间设立的缓存点，然后返回前一个营地；第二次将另一半物资运至更高的营地。这种一趟又一趟的蚂蚁搬家式的运输，让登山的智慧重点体现在"到底需要多少东西"上。这似乎没有固定答案，因人而异，前提是你的体能足以支撑你想携带的物资重量。

In the Camp 2 tent on Denali, the highest peak in North America, with the guide and teammates, May of 2011.

Brent Okita, the first from the left, is a professional guide that I trust deeply. He has climbed Mount Rainier 570 times in the United States, and he has set a record for the most ascents of Denali with 23 summits. Brent also participated in the expedition to find the remains of Mallory and Irvine on the north slope of Mount Qomolangma.

At Talkeetna Airport, when Brent was checking each team member's equipment, he asked whether I had brought a pair of mountaineering glasses. When he saw the glasses case I had put in my backpack, he did not ask me to take them out for further inspection, thinking that I had climbed several snow-capped mountains before so there would be no problem with such basic equipment as mountaineering glasses.

However, when we arrived at the camp and I put on the pair of ordinary sunglasses, Brent found that it did not meet the requirements. It was then that I realized that climbing Denali requires snow goggles specially designed for snow mountains, which must fit snugly around the eyes to block out light reflected by the snow that could lead to snow blindness.

I awkwardly held my ordinary sunglasses in my hands. It had accompanied me on several climbs, but on Denali, it was clearly not up to the challenge. What should I do? I had already climbed several mountains, but I was still so unprofessional.

After a moment of self-blame and panic, I discovered a roll of green tape in the camp that saved my inadequate sunglasses. By wrapping the tape around the sides of the frames to create a makeshift shield, I fashioned a simple yet effective pair of mountaineering snow goggles. With my teammates teasing around, I could only manage a bitter smile. From that point on, I always made sure to bring two pairs of professional snow goggles on every climb.

2011年5月在北美洲最高峰迪纳利的C2帐篷内，与向导和队友在一起。

图中左一为向导布伦特·冲田，是一位让我非常信赖的专业向导。他在美国瑞尼尔峰的登顶次数达到了570次；在迪纳利，他更是以23次登顶创下了登顶迪纳利峰次数最多的纪录。布伦特还参加过在珠峰北坡寻找马洛里和欧文遗物的探险行动。

在塔基特纳机场，布伦特逐一检查每一位队员的装备的时候，他问我的登山眼镜放在背包里的眼镜盒，也许是知道我之前已经登过几座雪山了，登山眼镜这样基础的装备肯定不会出什么差错，便没有让我拿出来进一步检查。

然而当我们到达营地，我戴上这副普通太阳眼镜时，布伦特发现我的装备不符合要求。这时我才意识到，攀登迪纳利峰需要雪山专用的雪镜，四周要有包裹性，以防止雪地反射的光线从眼镜缝隙中漏入，从而造成雪盲。

我尴尬地握着手中的普通太阳镜，它曾伴我攀登过几座雪山峰，但在迪纳利，它显然不足以应对挑战。怎么办？我已经攀登过好几座山，却还是如此不专业。

短暂的自责和慌乱之后，营地里的一卷绿色胶带拯救了这副不合格的太阳镜。胶带缠绕在镜腿两侧，形成遮挡，一个简易但实用的登山雪镜就此改造完成。面对队友们的调侃，我只能苦笑。在这之后，每次登山，我总是会带上两副专业雪镜。

Looking back at the Base Camp in Elbrus, the highest peak in Europe, August of 2008.

Mount Elbrus shows the characteristics of a dormant volcano with its elegant conical body. The last eruption of this silent volcano occurred about 2,000 years ago. In ancient Greek mythology, Prometheus was punished by Zeus for stealing fire for mankind and was chained to a cliff in the Caucasus Mountains to suffer. That cliff is the Mount Elbrus we see today.

Mount Elbrus has an East Peak at an altitude of 5,621 meters and a West Peak at 5,642 meters, forming a "double peak" landscape of one large and one small. Among the seven summits, Elbrus was the first to be conquered by humans. In 1829, local guide Killar Khashirov led a scientific expedition team of the Russian Imperial Army to complete the first ascent of the East Peak of Elbrus, marking the beginning of modern mountaineering activities on Mount Elbrus. In July 1874, a group of British climbers who were interested in the Caucasus Mountains, let by a Swiss guide, successfully climbed the main peak of Elbrus. This was the first time that humans reached its true peak.

Compared to the climbers who first ascended Elbrus almost a hundred years ago, the modern climbing process has been greatly simplified. Today, you take a cable car to the cabin at the Base Camp, stay overnight, then set out to the summit, descend back to the cabin, and take the ski resort cable car down the mountain with all your gear. In fact, the actual climbing time can be as short as a single day.

However, everything has two sides. The simplified process shortens the time for high-altitude acclimatization, causing climbers to underestimate the risks and uncertainties of Elbrus. In September 2021, a 19-member climbing team encountered a blizzard at an altitude of more than 5,000 meters, which eventually resulted in the deaths of 5 people.

No high-altitude snow-capped mountain is easy to climb, and Elbrus is no exception.

## 2008年8月在欧洲最高峰厄尔布鲁士，回望大本营。

厄尔布鲁士山以其优雅的锥状体展现了其休眠火山的特征。这座静默的火山最后一次喷发大约发生在两千年前。在古希腊神话中，普罗米修斯因盗火种给人类而遭宙斯惩罚，被锁在高加索山脉的悬崖上受苦。那片悬崖，便是我们今日所见的厄尔布鲁士山。

厄尔布鲁士山拥有海拔5621米的卫峰（东峰）和海拔5642米的主峰（西峰），形成了一大一小的"双峰对峙"景观。在七大洲最高峰中，厄尔布鲁士是最早被人类征服的。1829年，本地向导基拉尔·卡希洛夫（Killar Khashirov）带领俄罗斯帝国军队的科学考察队，完成了对厄尔布鲁士东峰的首次登顶，这标志着厄尔布鲁士山近现代登山活动的开始。1874年7月，一群对高加索山脉充满兴趣的英国登山者，在瑞士向导的带领下，成功登顶了厄尔布鲁士山的主峰。这也是人类首次到达其真正的顶峰。

与近百年前首次登顶厄尔布鲁士的登山者相比，现代的攀登过程已经简化了许多：乘坐缆车到达大本营小木屋，住上一晚，然后出发登顶，下撤回到小木屋，携带所有装备乘坐滑雪场的雪地车下山。实际的攀登时间仅有一天。

然而凡事都有两面性。便捷的条件缩短了高海拔适应的时间，让登山者低估了厄尔布鲁士的风险，以及其不可预测的一面。2021年9月，一支19人组成的登山队在海拔5000多米的地方遭遇暴风雪，最终导致5人不幸遇难。

没有哪座雪山是可以轻易登顶的，厄尔布鲁士也不例外。

## Reaching the top of Kilimanjaro, 2005.

We started our quest at 1am, following the light of our headlamps. In the endless darkness, it seemed that we would never reach our destination. The road to the summit was long and demanding.

"We are almost at the top." I didn't know how long it took before I finally heard the guide say these exciting words. Then, we arrived at a relatively flat area. I assumed this was the summit, and my tense mind and fatigued body relaxed instantly.

However, through the guide's not-so-fluent English, I learned that there are three peaks on the climbing route of Kilimanjaro: Gilman's Point at an altitude of 5,685 meters, Stella Point at 5,756 meters, and Uhuru Peak at 5,895 meters. You can get a summit certificate when you reach any peak, but the altitude and peak name on the certificate will be different.

But mountaineering is not just for a summit certificate. Since we knew that the highest altitude of this mountain is 5,895 meters, we must reach the true summit to claim our achievement. As we pressed on with our final reserves of strength, the first light began to break on the horizon, signaling the dawn of our victory. We just had to hold on!

When we stood at the true summit and saw the sign of 5,895 meters, it was dawn, and the sun jumped out from the clouds. As far as the eye could see, the places where the sun shone were golden, and the places where it did not were deep blue. The colors where these areas merged were so vibrant that words could hardly capture their beauty. Taking a photo at the summit to memorize such a beautiful scene was the best reward for our perseverance.

## 2005年攀登乞力马扎罗, 到达顶峰。

我们是在凌晨1点开始冲顶的, 我们循着头灯的光列队出发。在无尽的黑暗中, 我们似乎永远走不到尽头。通往顶峰的道路漫长而艰辛。

"马上就要到顶了。" 不知过了多久, 终于听到向导说的这句令人振奋的话语。随后, 我们到达了一个相对平坦的地带。我以为这里就是顶峰了, 紧绷的精神和疲惫的身体瞬间松懈了下来。

通过向导不太流利的英语, 我才明白, 乞力马扎罗山的攀登路线上有三个顶峰: 海拔5685米的吉尔曼点 (Gilman's Point)、海拔5756米的斯戴拉点 (Stella Point) 和海拔5895米的乌呼鲁峰 (Uhuru Peak)。到达任何一个顶峰都能获得登顶证书, 只是证书上的海拔高度和顶峰名称会有所不同。

但登山并不是为了一张登顶证书。既然知道这座山的最高海拔是5895米, 那就要到真正的顶峰, 这样才算是登顶乞力马扎罗。当我们用尽最后的力气爬上去时, 天已经蒙蒙亮了, 就要迎来胜利的曙光了, 坚持住!

当我们站在真正的顶峰, 看到海拔5895米的标志时, 恰巧拂晓, 太阳从云层跃出, 目之所及, 阳光照到的地方是金色的, 没有照到的地方则是深邃的蓝色, 色彩交融的区域层次丰富到难以用合适的词汇去描述。用一张顶峰合影将这样的胜景定格, 作为对自己的坚持最好的奖赏。

A photo taken with porters during the climb of Kilimanjaro, Africa's highest peak, 2005.

Mount Kilimanjaro, the iconic equatorial snow-capped mountain, is the largest free-standing mountain in the world and does not belong to any mountain range. It stretches for more than 80 kilometers from east to west, naturally separating the two African countries of Tanzania and Kenya. The tropical snow mountain was formed approximately 750,000 years ago from the active geological processes of the Great Rift Valley of East Africa. Kilimanjaro is primarily composed of three extinct volcanoes: Mawenzi, Shira, and Uhuru.

Uhuru Peak is the highest point on the African continent, standing at 5,895 meters above sea level. Seen from the air, Kilimanjaro features with gently rising slopes that lead to the huge basin-shaped crater at the summit. Due to its high altitude, the top of the mountain is covered with snow all year round.

In Swahili, "Kilimanjaro" means "sparkling mountain". However, the mountain is facing the serious problems with the melting of ice and snow and the disappearance of glaciers due to global warming. In the past 80 years, the glaciers here have shrunk by more than 80%.

Climbing Kilimanjaro is a vertical journey from tropical to frigid zones. Our team were accompanied by more than 30 local guides and porters. The guides on Kilimanjaro often said "Pole Pole", which means "take your time" in Swahili. This journey made me truly appreciate the warmth and the enthusiasm of the African people. The guides and porters not only provided attentive services but also spread joy by singing and dancing around the camp.

## 2005年在非洲最高峰乞力马扎罗的攀登途中与背夫合影。

乞力马扎罗山，这座著名的赤道雪山，是世界上最大的独立山体，不属于任何山脉。它主体呈东西走向，绵延80多千米，自然地分隔了坦桑尼亚和肯尼亚这两个非洲国家。至今仍活跃着赤道运动的东非大裂谷孕育了乞力马扎罗这座热带雪山。它的形成大约始于75万年前，主要由三座死火山组成：马文济、西拉和乌呼鲁。

其中乌呼鲁峰海拔5895米，是非洲大陆的最高点。从空中俯瞰，乞力马扎罗的峰顶轮廓分明，平缓上升的斜坡延伸至顶部巨大的盆状火山口。由于高海拔，山顶常年被皑皑白雪覆盖。

在斯瓦希里语中，"乞力马扎罗"意为"闪闪发光的山"。然而由于全球变暖，乞力马扎罗的冰雪消融和冰川消失现象非常严重，在过去80年间，这里的冰川已经萎缩了80%以上。

攀登乞力马扎罗是一场从热带到寒带的垂直穿越之旅，30多名当地向导和背夫与我们的队伍一起同行。乞力马扎罗的向导们常挂在嘴边的一句话是"Pole Pole"，在斯瓦希里语中意为"慢慢来"。这次旅程让我深刻感受到了非洲人民的热情，向导和背夫们不仅提供周到的服务，他们在营地载歌起舞的场面也把快乐传递给现场的每一个人。

## Ladder climbing on the vertical ice face of the Khumbu Glacier on the south side of Mount Qomolangma, April of 2015.

Khumbu Glacier, on the way from the Base Camp of Qomolangma to the C1, is the first major challenge for climbers on the south side of Mount Qomolangma. It starts at about 7600 meters from Lhotse, with a total length of about 17 kilometers. Due to the high altitude and friction with the underlying surface, the upper part of the glacier moves faster than the lower part, which has produced steep crevasses and towering seracs that post extreme danger to climbers. The Khumbu Glacier may change every year as the snowfall and temperature change, which further increases the uncertainty of climbing.

In response to these challenges, the Nepal government sends a professional team of "Ice Doctors" to conduct route survey and fix safety ropes before the start of each climbing season. Nevertheless, even extensive rope and ladder networks installed by Ice Doctors cannot prevent loss of life, as the movement of the glacier creates new ice cracks, which may cause seracs collapses and avalanches at any time.

The route through the Khumbu Glacier to C1 is particularly rugged and steep, interrupted by huge crevasses which can only be crossed by climbing several aluminum ladders tied together to bridge the gaps. Along the way, we must pass more than 30 such ladders placed vertically or horizontally.

This vertical ice face rises more than 20 meters high and is located at nearly 6000 meters above sea level. C1 is not far away after climbing it. Climbers need to carefully fix the crampons on the rungs of the ladder, hold both sides of the ladder with hands and move forward with great caution each step. Therefore, there are often "traffic jams" around ladders as climbers wait their turn.

## 2015年4月在珠峰南坡昆布冰川，沿着梯子攀爬垂直冰壁。

攀登珠峰的南坡路线上，昆布冰川是登山者面临的第一个重大挑战。它位于珠峰大本营前往C1的必经之路上。昆布冰川起源于洛子峰约海拔7600米处，全长约17千米。由于其高海拔位置和与地表的摩擦作用，冰川的上部移动速度比下部快，这种速度差异造成了陡峭的冰裂缝和耸立的冰柱，从而增加了攀登的难度和风险。每年，昆布冰川都会因降雪量和气温变化而发生改变，这进一步增加了攀登的不确定性。

为了应对这些挑战，尼泊尔政府会在每年的登山季节开始前，派遣专业的"冰川医生"团队进行路线勘查和固定安全绳索的工作。尽管如此，由于昆布冰川的地形不断变化，无法保证绝对的安全，每次穿越的路线都可能不同。冰川的移动还可能产生新的冰裂缝，这些裂缝随时可能引发冰崩和雪崩，对登山者构成极大威胁。

穿越昆布冰川，通往C1的路线格外崎岖陡峭。一路上，我们要经过三十多处这样垂直或水平放置的梯子。

这面高达20多米的垂直冰壁，海拔接近6000米，翻越它后，C1便不远了。在珠峰上，无论是横着还是竖着的梯子，都需要登山者小心地将冰爪固定在梯子的横档上，双手紧握梯子两侧，谨慎地一步步攀爬。在有梯子的路段，常常会出现因等待而形成的"交通堵塞"。